2023년도 시험대비

공무원 예상문제

김세현 영어 단원별 실전 400제

김세현 편저

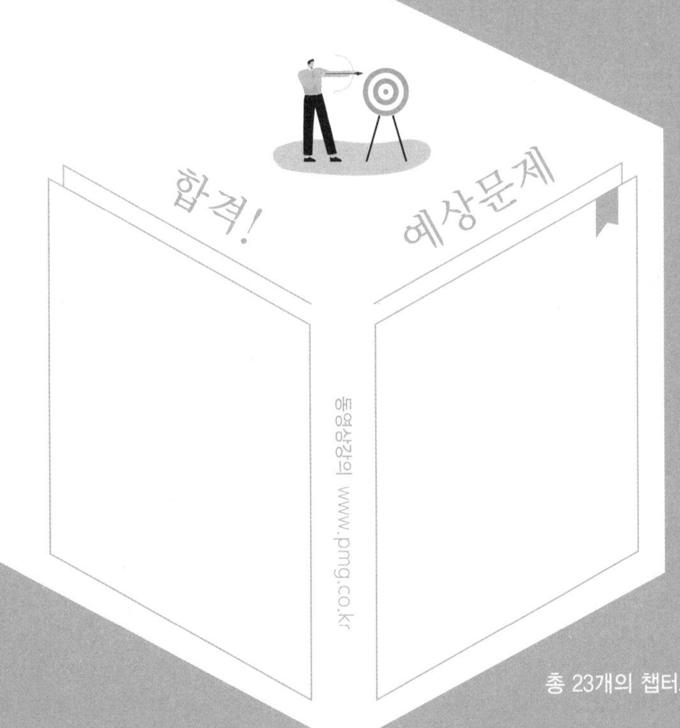

문법, 독해, 어휘, 생활영어 영역별 단원 구성

총 23개의 챕터로 단원별 실전 핵심 문제 수록

출제 경향에 최적화된 기출 분석과 명쾌한 해설

김세현 영어

단원별

실전 400제

PREFACE

이 책의 머리말

To Unite...

펼쳐져 있는 지식이 하나로 모아집니다.

우리 수험생들은 많은 어휘 지식, 문법 실력 그리고 독해 능력을 갖추고 있습니다. 하지만 그 많은 지식들이 하나로 통합되지 않아서 문제풀이에 어려움을 겪는 것이 사실입니다. 이제 그 펼쳐져 있는 지식이 하나로 모아져야 할 때입니다. 문법이 독해로, 독해가 어휘로, 다시 어휘가 독해로 서로 하나가 될 수 있도록 '김세현 영어 단원별 실전 400제'가 여러분과 함께할 것입니다.

To Know...

아는 것과 적용은 다릅니다.

많은 시간과 노력을 들여 우리 수험생들은 정말 열심히 영어 공부를 해 왔습니다. 그럼에도 불구하고, 막상 문제를 풀다 보면 발목을 잡히게 됩니다. 이는 아는 것과 적용 사이에 분명한 차이가 존재하기 때문입니다. 출제자의 눈으로 여러분이 알고 있는 지식이 어떻게 문제풀이로 적용되는지 그 훈련 과정이 필요합니다. '김세현 영어 단원별 실전 400제'가 여러분의 문제풀이 적용 훈련을 함께 할 것입니다.

To Honor...

수험생 여러분께 경의를 표합니다.

끊임없는 치열한 경쟁 속에서 오직 하나의 목표를 위해 지금 이 책을 마주하고 있는 여러분의 궁극적 목표는 이번 공무원 시험에서의 합격일 것입니다. 그 합격을 위해 작은 마음을 보태고자 합니다. 모두 다 합격할 수는 없습니다. 단, 스스로를 잘 관리한다면 그 합격의 영광은 여러분들에게 반드시 돌아올 것입니다. 힘내시고 '김세현 영어 단원별 실전 400제'와 함께합시다. 합격의 영광을 곧 맞이하게 될 여러분께 경의를 표합니다.

To Acknowledge...

모든 분들께 감사드립니다.

이 교재가 나오기까지 많은 힘을 실어 주신 박용 회장님께 깊은 감사를 드립니다. 또한 우리 연구실 직원들에게도 고마움을 표합니다. 마지막으로 주말까지 반납하면서 애써주신 박문각 출판팀의 노고에 깊은 감사 말씀을 전합니다.

2022년 12월
서초동 연구실에서

GUIDE

이 책의 구성과 특징

최신 기출문제

최신 출제된 기출문제를 토대로 출제 방향이 어떻게 제시되었는지 먼저 확인해 보도록 하였습니다.

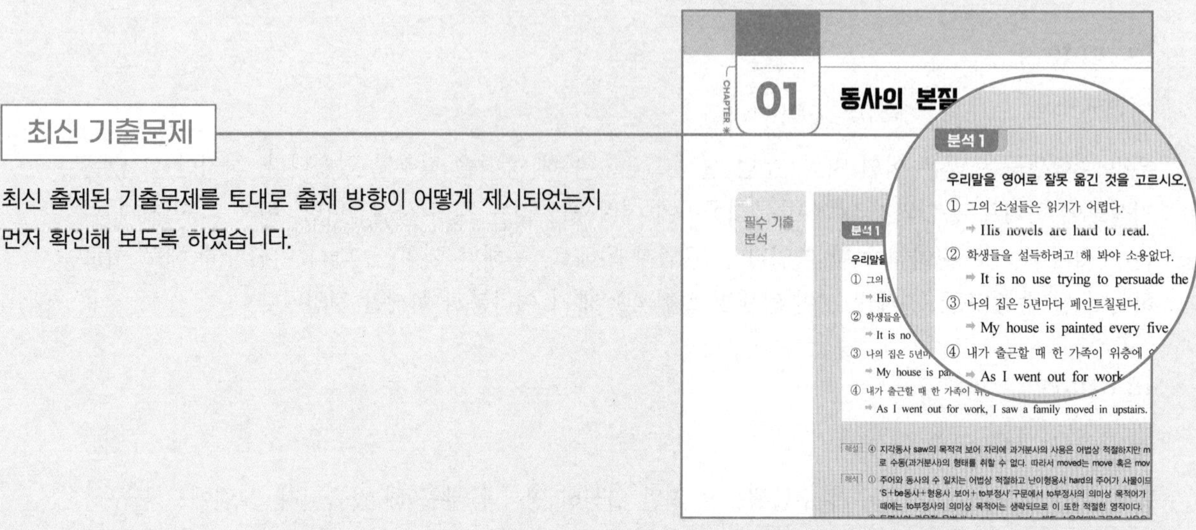

유형별 문제

공무원 시험을 유형별로 분류해서 문제들을 구성했습니다.
각 유형별로 문법·독해·어휘·생활영어를 정리하도록 하였습니다.

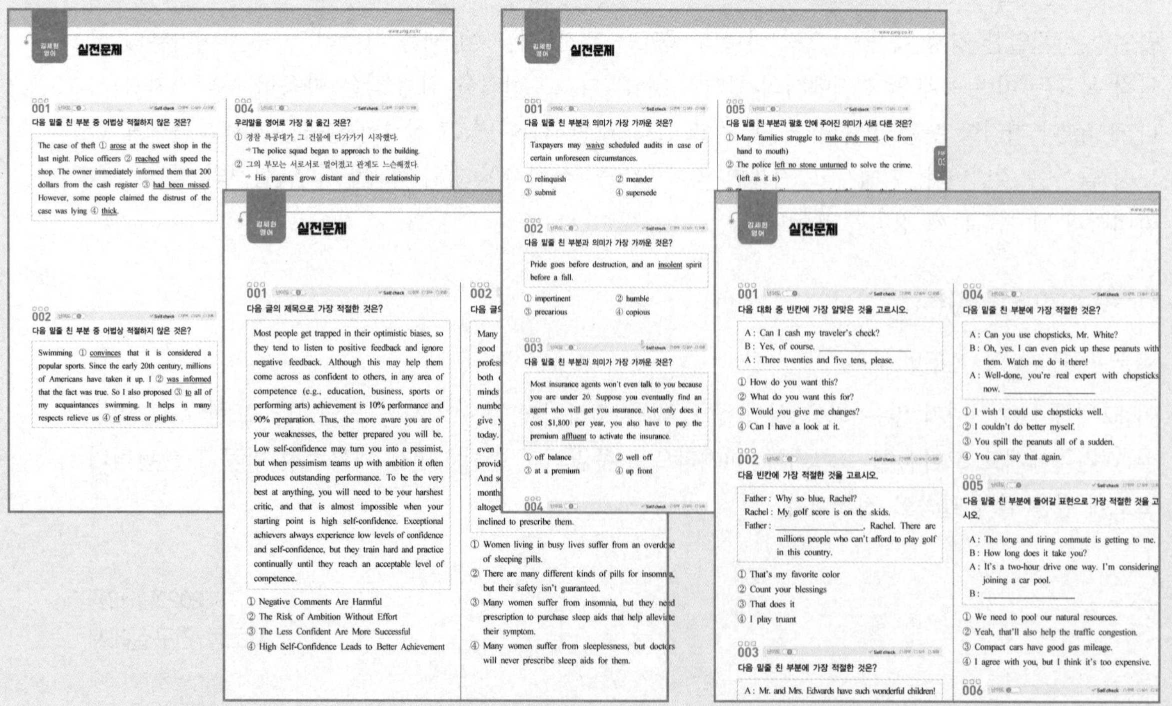

김세현 영어
단원별 실전 400제

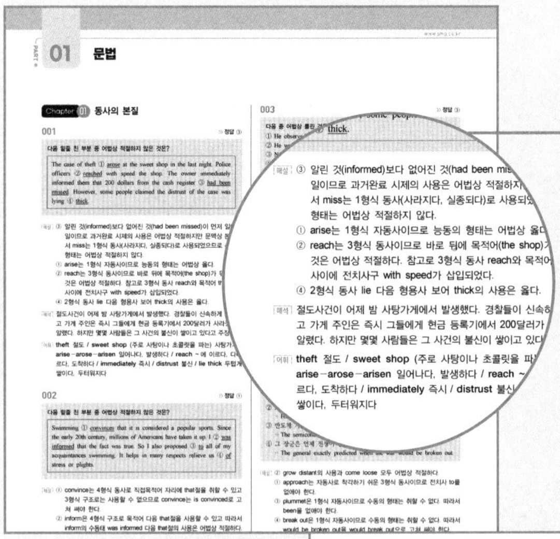

자세한 해설

좀 더 구체적이고 정확한 해설을 통해 펼쳐졌던 지식들을 하나로 모았습니다.

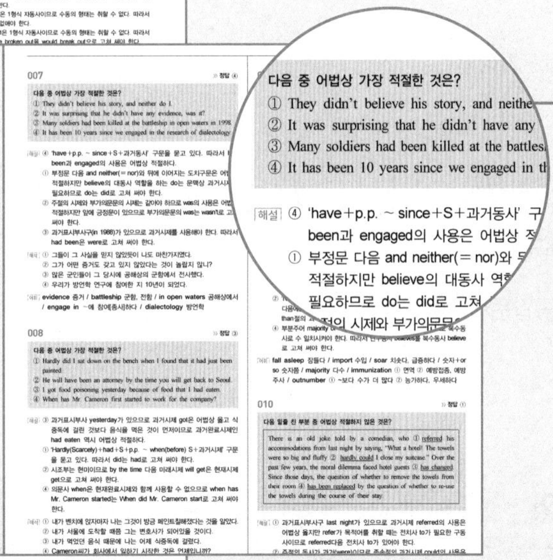

복습 한 번 더

모든 문제들을 해설편에 다시 수록하여 한 번 더 복습할 수 있도록 구성했습니다.

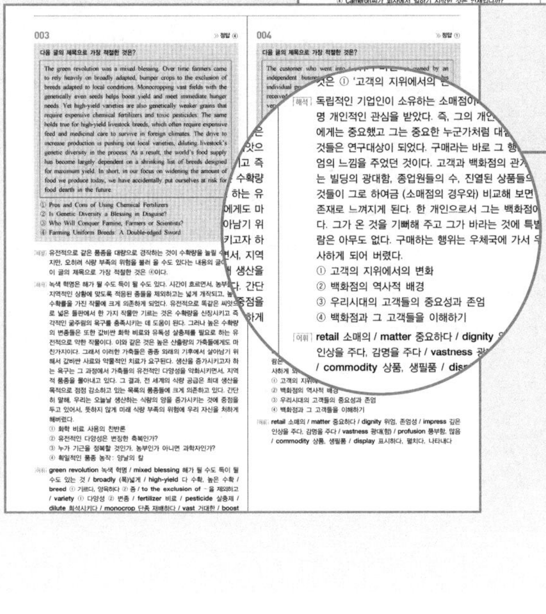

정확한 해석과 필수 어휘

각 지문마다 정확한 해석을 제시했고, 그 지문과 관련된 필수 어휘를 함께 구성해서 좀 더 쉽고 효과적으로 어휘를 외울 수 있게 했습니다.

CONTENTS

이 책의 차례

PART 01 문법

PART 02 독해

김세현 영어
단원별 실전 400제

박문각
공무원

합격! 예상문제

김세현 영어

단원별 실전 400제

PART

01

문법

CHAPTER ✳

01 동사의 본질

필수 기출 분석

분석 1

▸ 2021. 지방직 9급

우리말을 영어로 잘못 옮긴 것을 고르시오.

① 그의 소설들은 읽기가 어렵다.

➡ His novels are hard to read.

② 학생들을 설득하려고 해 봐야 소용없다.

➡ It is no use trying to persuade the students.

③ 나의 집은 5년마다 페인트칠된다.

➡ My house is painted every five years.

④ 내가 출근할 때 한 가족이 위층에 이사 오는 것을 보았다.

➡ As I went out for work, I saw a family moved in upstairs.

해설 ④ 지각동사 saw의 목적격 보어 자리에 과거분사의 사용은 어법상 적절하지만 move는 1형식 자동사이므로 수동(과거분사)의 형태를 취할 수 없다. 따라서 moved는 move 혹은 moving으로 고쳐 써야 한다.

해석 ① 주어와 동사의 수 일치는 어법상 적절하고 난이형용사 hard의 주어가 사물이므로 이 역시 어법상 옳다. 'S+be동사+형용사 보어+to부정사' 구문에서 to부정사의 의미상 목적어가 문법상의 주어와 일치할 때에는 to부정사의 의미상 목적어는 생략되므로 이 또한 적절한 영작이다.

② 동명사의 관용적 용법 'it is no use ~ing(~ 해도 소용없다)' 구문의 사용은 어법상 옳다.

③ 주어와 동사의 수 일치와 태 일치 모두 어법상 적절하고 'every+2 이상의 기수+복수명사'의 사용 역시 어법상 옳다.

어휘 persuade 설득하다 / upstairs 위층

정답 ④

분석 2 ▸ 2019. 지방직 9급

우리말을 영어로 잘못 옮긴 것은?

① 혹시 내게 전화하고 싶은 경우에 이게 내 번호야.
➡ This is my number just in case you would like to call me.

② 나는 유럽 여행을 준비하느라 바쁘다.
➡ I am busy preparing for a trip to Europe.

③ 그녀는 남편과 결혼한 지 20년 이상 되었다.
➡ She has married to her husband for more than two decades.

④ 나는 내 아들이 읽을 책을 한 권 사야 한다.
➡ I should buy a book for my son to read.

해설 ③ marry는 3형식 타동사로서 전치사 없이 바로 뒤에 목적어를 취해야 하므로 전치사 to의 사용은 어법상 어색하다. 따라서 has married는 has been married로 고쳐 써야 한다.
① '접속사 in case 다음 S+V' 구문을 묻고 있다. 따라서 in case you would like는 어법상 적절하다.
② 'be busy ⓥ-ing' 구문을 묻고 있다. 따라서 preparing은 어법상 옳고 또한 '~을 준비하다'라는 구동사 prepare for 역시 어법상 적절하다
④ to read의 의미상 주어가 my son이고 to 부정사의 의미상 주어는 그 격을 목적격으로 사용해야 하므로 my son 앞에 전치사 for의 사용은 어법상 옳고 또한 to read가 수식하는 명사가 a book이므로 to read 다음 의미상 목적어 a book의 생략 역시 어법상 적절하다.

어휘 in case S+V ~의 경우에(대비하여) / decade 10년

정답 ③

김세현 영어

실전문제

001 난이도 중

Self check □완벽 □실수 □모름

다음 밑줄 친 부분 중 어법상 적절하지 않은 것은?

The case of theft ① <u>arose</u> at the sweet shop in the last night. Police officers ② <u>reached</u> with speed the shop. The owner immediately informed them that 200 dollars from the cash register ③ <u>had been missed</u>. However, some people claimed the distrust of the case was lying ④ <u>thick</u>.

002 난이도 중

Self check □완벽 □실수 □모름

다음 밑줄 친 부분 중 어법상 적절하지 않은 것은?

Swimming ① <u>convinces</u> that it is considered a popular sports. Since the early 20th century, millions of Americans have taken it up. I ② <u>was informed</u> that the fact was true. So I also proposed ③ <u>to</u> all of my acquaintances swimming. It helps in many respects relieve us ④ <u>of</u> stress or plights.

003 난이도 하

Self check □완벽 □실수 □모름

다음 중 어법상 틀린 것은?

① He observed the thief unlock the door.
② He was made to join the army last month.
③ Never let the chance gone if you wish to do something.
④ This machine will help the sick in the hospital recover soon.

004 난이도 중

Self check □완벽 □실수 □모름

우리말을 영어로 가장 잘 옮긴 것은?

① 경찰 특공대가 그 건물에 다가가기 시작했다.
➡ The police squad began to approach to the building.
② 그의 부모는 서로서로 멀어졌고 관계도 느슨해졌다.
➡ His parents grow distant and their relationship comes loose.
③ 반도체 가격이 요즘 급감하고 있다.
➡ The semiconductor price has been plummeted nowadays.
④ 그 장군은 언제 전쟁이 발발하게 될지 정확하게 예언했다.
➡ The general exactly predicted when the war would be broken out.

005 난이도 중

Self check □완벽 □실수 □모름

다음 중 어법상 틀린 것은?

① She will make someone taken care of it.
② People residing in the rain forests have hunted wild animals.
③ The skilled surgeon is operating on a patient who has pancreatic cancer.
④ I informed her that the conference had been put off.

□□□
006 난이도 ⓢ ✓Self check □완벽 □실수 □모름

다음 우리말을 영어로 옮긴 것이 적절한 것은?

① 그 학생들은 모두 설문지를 작성해 달라는 부탁을 받았다.
➡ All the students were asked completing a questionnaire.

② 이 약이 감기 증상을 완화시키는 데 도움이 될 것이다.
➡ This medicine will help relieving the symptoms on a cold.

③ 불가피한 사정으로 나는 그 일을 시작할 수밖에 없었다.
➡ Unavoidable circumstances led me to enter into the work.

④ 나는 형이 그녀에게 2000불을 빌리도록 설득했다.
➡ I induced my brother to borrow her two thousand dollars.

□□□
007 난이도 ⓢ ✓Self check □완벽 □실수 □모름

밑줄 친 부분 중 어법상 적절하지 않은 것은?

> Because of the test accident last Thursday, teachers decided to prohibit students ① <u>from cheating</u> so, students ② <u>walked</u> out of classroom and had their bags ③ <u>rummage</u> for smart phones and crib sheets and a number of police officers were arranged outside an exam room to keep someone ④ <u>from moving</u> to help students inside.

□□□
008 난이도 ⓢ ✓Self check □완벽 □실수 □모름

다음 우리말을 영어로 적절하게 옮긴 것은?

① 그의 글은 수백만 명의 삶에 영향을 주었다.
➡ His writings have influenced to the lives of millions.

② 그는 자신의 돈을 당신이 쓰는 걸 원하지 않는다.
➡ He doesn't want to long for you to spend his money.

③ 그 교수는 학생들에게 첫 번째 강의의 주요 과정을 소개했다.
➡ The professor introduced students the main course of the first lecture.

④ 나는 3년 전에 그들이 서로 결혼했다는 것을 알게 되었다.
➡ I was notified that they had married with each other three years ago.

□□□
009 난이도 ⓢ ✓Self check □완벽 □실수 □모름

다음 중 어법상 적절하지 않은 것은?

① The politician was often called a real liar.
② This medicine will help ease the symptoms on a cold.
③ The renowned scientist lay his experimental rat on the table.
④ The evolutionary processes of the universe remain mysterious to astronomers.

□□□
010 난이도 ⓢ ✓Self check □완벽 □실수 □모름

다음 중 어법상 적절하지 않은 것은?

① Some of the commercially produced venison resembles beef in flavor.
② The Government has introduced to the public a number of money-saving policies.
③ The employee found it difficult to convince that his suggestions are reasonable.
④ Professor Griffiths explained to his students how the drug comes to work.

CHAPTER 02

동사의 수 일치

필수 기출 분석

분석 1 ▸ 2022. 지방직 9급

어법상 옳지 않은 것을 고르시오.

① He asked me why I kept coming back day after day.
② Toys children wanted all year long has recently discarded.
③ She is someone who is always ready to lend a helping hand.
④ Insects are often attracted by scents that aren't obvious to us.

해설 ② 주어가 복수명사(Toys)이므로 단수동사 has는 have로 고쳐 써야 하고 또한 동사 뒤에 목적어가 없으므로 능동의 형태 has recently discarded도 역시 have been recently discarded로 고쳐 써야 한다.
① 4형식 동사 ask의 사용과 명사절을 유도하는 why 다음 주어 + 동사의 어순 그리고 'keep ~ing'의 사용 모두 어법상 적절하다.
③ 주어동사의 수 일치, 관계대명사 who, 그리고 'be ready to ⓥ'의 사용 모두 어법상 옳다.
④ are attracted 다음 목적어가 없으므로 수동태의 사용은 어법상 옳고 관계대명사 that과 that 앞의 선행사가 scents(복수)이므로 복수동사 are의 사용 역시 어법상 적절하다.

해석 ① 그는 내게 왜 매일 계속해서 다시 왔는지 물었다.
② 아이들이 일 년 내내 원했던 장난감들이 최근에 버려졌다.
③ 그녀는 늘 도움의 손길을 줄 준비가 되어 있는 사람이다.
④ 곤충들은 우리에게 명확하지 않은 냄새에 종종 매료된다.

어휘 keep ~ing 계속해서 ~하다 / discard 버리다 / attract 매혹시키다 / obvious 분명한, 명백한

정답 ②

분석 2

▸ 2020. 지방직 9급

밑줄 친 부분 중 어법상 옳지 않은 것은?

Elizabeth Taylor had an eye for beautiful jewels and over the years amassed some amazing pieces, once ① declaring "a girl can always have more diamonds." In 2011, her finest jewels were sold by Christie's at an evening auction ② that brought in $115.9 million. Among her most prized possessions sold during the evening sale ③ were a 1961 bejeweled time piece by Bulgari. Designed as a serpent to coil around the wrist, with its head and tail ④ covered with diamonds and having two hypnotic emerald eyes, a discreet mechanism opens its fierce jaws to reveal a tiny quartz watch.

해설 ③ 장소의 전치사 Among이 문두에 위치해서 주어와 동사가 도치된 구조로 주어가 단수(time piece)이므로 동사는 단수동사가 필요하다. 따라서 were는 was로 고쳐 써야 한다.
① 자릿값에 의해 준동사 자리(접속사 once 다음 주어+be동사가 생략된 구조)이고 뒤에 목적어(직접인용문)가 있으므로 능동의 형태 declaring은 어법상 적절하다.
② 선행사 auction이 있고 뒤에 문장구조가 불완전(주어가 없다)하므로 관계대명사 that의 사용은 어법상 옳다.
④ 자릿값에 의해 준동사 자리이고 뒤에 목적어가 없으므로 수동의 형태 covered는 어법상 적절하다.

해석 Elizabeth Taylor는 아름다운 보석에 대한 안목이 있었고 수년 동안 몇몇 놀라운 보석들을 수집했다. 그리고 그녀는 한때 "여성은 늘 더 많은 다이아몬드를 가질 수 있다."고 선언했다. 2011년에 그녀의 가장 좋은 보석들이 Christie의 경매장에서 팔렸는데 그 가격이 1억 1590만 달러였다. 그날 저녁 경매에서 팔린 그녀의 가장 값비싼 소유물들 중에는 1961년 Bulgari의 보석이 박힌 시계가 있었다. 손목을 뱀이 휘감는 모양으로 디자인된 그 시계는 머리와 꼬리가 다이아몬드로 덮여 있고 최면을 거는 듯한 두 개의 에메랄드 눈을 갖고 있는데 이 작은 쿼츠시계(수정발진식 시계)를 드러내기 위해 정교한 기계장치가 사나운 입을 벌린다.

어휘 jewel 보석 / amass 모으다, 수집하다 / declare 선언하다, 말하다 / fine 좋은, 멋진 / auction 경매 / prized 소중한 / possession 소유(물) / bejeweled 보석이 박힌 / time piece 시계 / serpent 뱀 / coil 휘감다 / wrist 손목 / hypnotic 최면을 거는 / discreet 신중한, 정교한 / mechanism 기계장치 / fierce 사나운 / jaw 턱 / reveal 드러내다 / tiny 아주 작은 / quartz watch 쿼츠시계(수정발진식 시계)

정답 ③

실전문제

001 난이도 (하) ✓Self check □완벽 □실수 □모름

다음 중 어법상 올바른 것은?

① Against the brick walls are many a student leaning.

② The average life of a street tree surrounded by concrete and asphalt are seven to fifteen years.

③ Someone who reads only newspapers and books by contemporary authors look to me like a near-sighted person.

④ Whether I should enroll in business school or find a job is not easy to decide.

002 난이도 (중) ✓Self check □완벽 □실수 □모름

다음 밑줄 친 부분 중 어법상 적절하지 않은 것은?

Guidelines for the safe disposal of industrial waste ① are being compelled to do something more carefully. And a drop in demand for factory goods ② is seen as a sign of trouble in the manufacturing. But there ③ are lot of representatives at the nice restaurant. And all that ④ lies there seem not to care.

003 난이도 (중) ✓Self check □완벽 □실수 □모름

다음 밑줄 친 부분 중, 어법상 적절하지 않은 것은?

Interestingly enough, a lot of the technological advances in bread making ① have sparked a reaction among bakers and consumers alike. They are looking to reclaim some of the flavors of old-fashioned breads that ② were lost as baking ③ were more industrialized and baked goods became more refined, standardized, and — all that ④ are interested in baking breads say — flavorless.

004 난이도 (중) ✓Self check □완벽 □실수 □모름

다음 우리말을 영어로 옮긴 것 중 적절하지 않은 것은?

① 단지 내가 어렸을 때 나는 그 사실을 알고 있었다.
➡ Only when I was young I knew the fact.

② 많은 특징이 이 유인원들과 다른 것들을 구별해준다.
➡ A number of characters tell these apes from others.

③ 내가 그 소식을 들었을 때 나는 좀처럼 당황하지 않았었다.
➡ Rarely did the fact embarrass me when I heard of the news.

④ 기상 상태가 너무 위험해서 모든 공항들은 운항을 중지했다.
➡ So perilous were the weather conditions that all service shut down operations.

005 난이도 (중) ✓Self check □완벽 □실수 □모름

어법상 옳지 않은 것은?

① Most of the dollars previously spent on newspaper advertising have absolutely migrated.

② The number of crew continues to rise and so do a number of travelers.

③ Uncommon is psychological research of women who become mothers later than usual.

④ A fourth of people staying there uses 10 times more electricity than a local resident.

006 난이도 중 ✓Self check □완벽 □실수 □모름

밑줄 친 부분 중 어법상 적절하지 않은 것은?

A series that fairness in distributing access to an institution ① has nothing to do with the virtue that associations appropriately ② pursue ③ explain why tracing the values ④ is negligible.

007 난이도 중 ✓Self check □완벽 □실수 □모름

어법상 옳지 않은 것은?

① All of them in the institution are studying philosophy.
② In history, one of the longest wars was the Hundred Year's War.
③ Included in the latest DVDs are an epilogue of the movie.
④ Neither of them wants to live the rest of their lives abroad.

008 난이도 중 ✓Self check □완벽 □실수 □모름

다음 우리말을 영어로 옮긴 것 중 적절한 것은?

① 이 사무실 컴퓨터의 대다수가 어제 밤에 도난당했다.
➡ The majority of the computers in this office was stolen last night.
② 단점뿐만 아니라 장점들 역시 그의 평가에 영향을 준다.
➡ The advantages as well as the drawback affect his evaluation.
③ 그때 이래로 혼자 밥을 먹는 사람들의 숫자는 점차로 증가하고 있다.
➡ Since then, the number of solo eaters have gradually increased.
④ 그 통계는 인구 1000명당 사망자 수를 보여준다.
➡ The statistics shows death toll per 1000 of the population.

009 난이도 상 ✓Self check □완벽 □실수 □모름

밑줄 친 부분 중 어법상 적절하지 않은 것은?

Last night ① happened a strong hurricane. After a storm ② comes a calm and there ③ are people who fall sick now. Into the US embassy ④ have many people taken refuge.

010 난이도 중 ✓Self check □완벽 □실수 □모름

다음 밑줄 친 부분 중, 어법상 적절하지 않은 것은?

① More helpful to the calm and peaceful atmosphere that the four-year-old children need but ② are not able to produce for himself ③ are being of comforting music than any other type of music. Thus, almost three-quarters of parents ④ use music for toddlers.

CHAPTER ✳

03 동사의 시제

필수 기출 분석

분석 1

▸ 2022. 지방직 9급

우리말을 영어로 잘못 옮긴 것을 고르시오.

① 식사를 마치자마자 나는 다시 배고프기 시작했다.
➡ No sooner I have finishing the meal than I started feeling hungry again.

② 그녀는 조만간 요금을 내야만 할 것이다.
➡ She will have to pay the bill sooner or later.

③ 독서와 정신의 관계는 운동과 신체의 관계와 같다.
➡ Reading is to the mind what exercise is to the body.

④ 그는 대학에서 의학을 공부했으나 결국 회계 회사에서 일하게 되었다.
➡ He studied medicine at university but ended up working for an accounting firm.

해설 ① 부정어 No sooner가 문두에 위치하면 주어와 동사가 도치되어야 하고 No sooner는 과거완료시제를 이끌므로 No sooner I have finishing은 No sooner had I finished로 고쳐 써야 한다.
② 조동사 will have to의 사용과 '조만간'의 의미를 갖는 sonner or later의 사용 모두 어법상 적절하다.
③ 관계대명사 what의 관용적 표현인 'A is to B what C is to D (A와 B의 관계는 C와 D의 관계와 같다)' 구문의 사용은 어법상 옳다.
④ 접속사 but을 기준을 과거동사의 병렬과 동명사의 관용적 용법인 'end up -ing(결국 ~하게 되다)' 구문 모두 어법상 적절하다.

어휘 no sooner A than B A하자마자 B했다 / accounting 회계 / firm 회사

정답 ①

분석 2

▸ 2021. 국가직 9급

어법상 옳은 것은?

① This guide book tells you where should you visit in Hong Kong.

② I was born in Taiwan, but I have lived in Korea since I started work.

③ The novel was so excited that I lost track of time and missed the bus.

④ It's not surprising that book stores don't carry newspapers any more, doesn't it?

해설 ② 'have+p.p. ~ since+과거시제'의 사용은 어법상 적절하다. 또한 태어난 시점은 과거이고 지금 현재 한국에 살고 있으므로 문맥상 시제일치 역시 어법상 옳다.

① 간접의문문의 어순을 묻고 있다. 직접의문문은 의문사 다음 '동사+주어'의 구조이지만 동사 뒤에 의문문이 올 때에는 '의문사+주어+동사'의 어순이므로 should you visit는 you should visit로 고쳐 써야 한다.

③ 감정표현동사 exite의 주체가 사물(novel)이므로 exited는 exiting으로 고쳐 써야 한다.

④ 부가의문문은 앞에 부정문이 있을 때 뒤에 긍정이 와야 하고 앞에 동사가 be동사일 때에는 be동사를 사용해야 하므로 doesn't는 is로 고쳐 써야 한다.

해석 ① 이 안내서는 당신이 홍콩에서 어디를 방문해야 할지 알려준다.

② 나는 대만에서 태어났지만 일을 시작한 후 한국에서 살고 있다.

③ 그 소설이 너무 재미있어서 나는 시간가는 줄 몰랐고 그래서 버스를 놓쳤다.

④ 서점에 신문을 더 이상 두지 않는 것은 놀랄 일이 아니죠?

어휘 novel 소설 / lose track of time 시간 가는 줄 모르다 / miss ① 그리워하다 ② 놓치다 ③ 실종되다, 사라지다

정답 ②

실전문제

001 난이도 하 ✓Self check □완벽 □실수 □모름

다음 우리말을 영어로 가장 잘 옮긴 것은?

① 이상하게도 그녀의 아들은 나를 많이 닮았다.
➡ Strangely, her son is resembling me very much.

② 그들은 두 개의 칼과 세 자루의 권총을 소유 중이다.
➡ They are possessing two knives and three guns.

③ 나는 그 수프가 짜지 않은지 확인하려고 맛보고 있다.
➡ I'm tasting the soup to make sure it's not salty.

④ 그녀는 그 소식을 들었을 때 불행해 보였다.
➡ She was looking unhappy when she heard the news.

002 난이도 중 ✓Self check □완벽 □실수 □모름

다음 밑줄 친 부분 중 어법상 옳지 않은 것은?

What I ① wanted to explain to you guys ② was related with a computer, then. In fact, interest in automatic data processing ③ grew across the board rapidly since the part of large calculators ④ were first introduced about thirty years ago.

003 난이도 중 ✓Self check □완벽 □실수 □모름

다음 밑줄 친 부분 중 어법상 가장 적절한 것은?

I am about to ① contact to the prospective manager who ② will make the final hiring decision. Once I ③ reach the work, I'll be able to do my best. However, I wonder ④ if I'll be employed or not.

004 난이도 중 ✓Self check □완벽 □실수 □모름

어법상 옳은 것은?

① Please tell me when your dad will come back home?
② If I have some free time tomorrow, I go there for a change.
③ The minute you will see the picture, you'll be reminded of your hometown.
④ The scheme is planning to be revoked automatically unless it'll be posted on the bulletin board.

005 난이도 상 ✓Self check □완벽 □실수 □모름

다음 중 어법상 적절한 것은?

① His failing health forbade him staying in his position then.
② Professor Kate listened to the students speak him last night.
③ My colleague and companion is coming to see us tomorrow.
④ The student never played the video game over the past 2 weeks.

006 난이도 중 ✓Self check □완벽 □실수 □모름

다음 우리말을 영어로 옮긴 것 중 가장 적절한 것은?

① 그 트럭이 내 차를 들이받고 나서야 나는 모든 것이 끝났다라고 생각했다.
⇒ Not until that truck plowed into my car did I think it was over.

② 대부분의 사람들이 나에게 애완 햄스터를 원하는지 물어보았다.
⇒ Most of the people asked me that I wanted to have a pet hamster.

③ 아내가 잠들자마자 그녀의 남편이 집에 왔다.
⇒ Scarcely did his wife fall asleep before her husband came home.

④ 이 지역에서만 아이들의 1/10이 작년에 실종됐다.
→ A tenth of the children in this district alone were missed last year.

007 난이도 중 ✓Self check □완벽 □실수 □모름

다음 중 어법상 가장 적절한 것은?

① They didn't believe his story, and neither do I.

② It was surprising that he didn't have any evidence, was it?

③ Many soldiers had been killed at the battleship in open waters in 1998.

④ It has been 10 years since we engaged in the research of dialectology.

008 난이도 중 ✓Self check □완벽 □실수 □모름

다음 중 어법상 가장 적절한 것은?

① Hardly did I sat down on the bench when I found that it had just been painted.

② He will have been an attorney by the time you will get back to Seoul.

③ I got food poisoning yesterday because of food that I had eaten.

④ When has Mr. Cameron first started to work for the company?

009 난이도 상 ✓Self check □완벽 □실수 □모름

우리말을 영어로 가장 잘 옮긴 것은?

① 10년 전 고향을 떠날 때, 그는 다시는 고향을 못 볼 거라고 꿈에도 생각지 않았다.
⇒ When he left his hometown 10 years ago, little does he dream that he could never see it again.

② 소년이 잠들자마자 그의 아버지가 집에 왔다.
⇒ No sooner had the boy fallen asleep than his father had come home.

③ 북한의 중국 석유 수입은 2014년에 40%쯤 치솟았다.
⇒ North Korea's imports of China oil soared by 40percent or so in 2014.

④ 다수의 전문가들은 예방 접종의 이점이 몇 가지 위험을 훨씬 더 능가할 수 있다고 믿는다.
⇒ The majority of healthcare professionals believes the benefits of immunization far outnumber their few risks.

010 난이도 중 ✓Self check □완벽 □실수 □모름

다음 밑줄 친 부분 중 어법상 적절하지 않은 것은?

There is an old joke told by a comedian, who ① <u>referred</u> his accommodations from last night by saying, "What a hotel! The towels were so big and fluffy ② <u>hardly could</u> I close my suitcase." Over the past few years, the moral dilemma faced hotel guests ③ <u>has changed</u>. Since those days, the question of whether to remove the towels from their room ④ <u>has been replaced</u> by the question of whether to re-use the towels during the course of their stay.

CHAPTER 04

동사의 태 일치

필수 기출 분석

분석 1 ▸ 2021. 지방직 9급

우리말을 영어로 잘못 옮긴 것을 고르시오.

① 경찰 당국은 자신의 이웃을 공격했기 때문에 그 여성을 체포하도록 했다.
⇒ The police authorities had the woman arrested for attacking her neighbor.

② 네가 내는 소음 때문에 내 집중력을 잃게 하지 말아라.
⇒ Don't let me distracted by the noise you make.

③ 가능한 한 빨리 제가 결과를 알도록 해 주세요.
⇒ Please let me know the result as soon as possible.

④ 그는 학생들에게 모르는 사람들에게 전화를 걸어 성금을 기부할 것을 부탁하도록 시켰다.
⇒ He had the students phone strangers and ask them to donate money.

해설 ② 부정명령문의 수동태 구문을 묻고 있다. 이 문장을 능동으로 바꾸면 'Don't distract me by the noise (that) you make.'가 되고 다시 이 문장을 수동으로 바꾸면 'Don't let me be distracted by the noise you make.'여야 하므로 distracted 앞에 be가 있어야 한다.
① 사역동사 had의 목적격 보어 역할을 하는 과거분사(arrested) 뒤에 목적어가 없으므로 수동의 형태는 어법상 적절하고 전치사(for)+동명사(attacking)+의미상 목적어(her neighbor) 구문 역시 어법상 옳다.
③ 사역동사 let의 목적격 보어 역할을 하는 원형부정사(know) 뒤에 목적어(the result)가 있으므로 능동의 형태는 어법상 적절하다.
④ 사역동사 had의 목적격 보어 역할을 하는 원형부정사(phone) 뒤에 목적어(strangers)가 있으므로 능동의 형태는 어법상 적절하고 접속사 and를 기준으로 phone과 병렬을 이루는 ask의 사용 역시 어법상 옳다. 또한 ask 다음 목적어 자리에 strangers를 대신하는 복수대명사 them의 사용과 목적격 보어 역할을 하는 to부정사(to donate)의 사용 모두 어법상 적절하다.

어휘 authority ① 권위 ② 당국 / arrest 체포하다 / attack 공격하다 / distract (마음이나 정신을) 산만하게 하다, 흩어지게 하다 / as soon as possible 가능한 한 빨리 / phone 전화(하다) / donate 기부하다

정답 ②

분석 2 ▸ 2018. 국가직 9급

밑줄 친 부분 중 어법상 적절하지 않은 것은?

It would be difficult ① to imagine life without the beauty and richness of forests. But scientists warn we cannot take our forest for ② granted. By some estimates, deforestation ③ has been resulted in the loss of as much as eighty percent of the natural forests of the world. Currently, deforestation is a global problem, ④ affecting wilderness regions such as the temperate rainforests of the Pacific.

해설 ③ 능동과 수동의 의미구조를 묻고 있다. 의미상 삼림벌채가 손실에 야기되는 것이 아니라 삼림벌채가 손실을 야기하는 것이므로 has been resulted in은 has resulted in(능동)으로 고쳐 써야 한다.
① 가주어, 진주어 구문을 묻고 있다. 진주어 자리에 to imagine은 어법상 적절하고 뒤에 의미상 목적어 life가 있으므로 능동의 형태 역시 어법상 적절하다.
② 'take A for granted' 구문을 묻고 있다. 어법상 적절하다.
④ 자릿값에 의해 준동사 자리는 적절하고 뒤에 의미상 목적어가 있으므로 능동의 형태 역시 어법상 적절하다.

해석 숲의 아름다움과 풍요로움이 없는 삶을 떠올리기란 어려울 것이다. 하지만 과학자들은 우리가 우리의 숲을 당연시 여겨서는 안 된다고 경고한다. 몇몇 추정치에 따르면 삼림벌채는 세계 자연 삼림의 80퍼센트를 손실시켰다. 현재, 삼림벌채는 국제적인 문제가 되었으며, 태평양의 온대강우림과 같은 황무지 지역들에 영향을 주고 있다.

어휘 warn 경고하다 / take A for granted A를 당연시 여기다 / estimate 추정(치) / deforestation 삼림벌채 / result in ~을 야기하다, 초래하다 / wilderness 황무지 / region 지역 / affect ~에 영향을 주다 / currently 현재 / wilderness 황야

정답 ③

김세현 영어

실전문제

001 난이도 (중) ✓Self check □완벽 □실수 □모름

다음 밑줄 친 부분 중 어법상 가장 적절한 것은?

Today's purposes of education ① are certain centered on making us all better humans, in addition to making a good living. However, when education ② is considered a mere means of making a good fortune, you think, don't let it ③ kept in your mind ④ permanently.

002 난이도 (중) ✓Self check □완벽 □실수 □모름

다음 우리말을 영어로 옮긴 것 중 가장 적절한 것은?

그들은 그 사람을 그 이사회의 의장으로 선출했다고 말했다.

① He was said to have been elected chairman of the board.
② It was said that he had elected chairman of the board.
③ They said that he had elected chairman of the board.
④ That he had been elected chairman were said.

003 난이도 (중) ✓Self check □완벽 □실수 □모름

다음 밑줄 친 부분 중 어법상 틀린 것은?

My secretary, Jenny, was good at doing her job. I ① was always reminded of a number of business affairs. She sometimes ② assured me that I received e-mail message. Not only ③ was she told that my company launched the new project, she also ④ notices that I was going to take a business trip.

004 난이도 (상) ✓Self check □완벽 □실수 □모름

다음 밑줄 친 부분 중 어법상 가장 적절한 것은?

Someone in this town ① which has worked in the auto industry since 1980s ② must be quit his job now that his job ③ is now being done more quickly by a robot. According to the technicians, the robot's memory volume ④ can load into 86 billion bits of information.

005 난이도 (중) ✓Self check □완벽 □실수 □모름

다음 밑줄 친 부분 중 어법상 틀린 것은?

Let me ① imagine life without the beauty and richness of forests. In fact. this kind of imagination cannot be easy. But scientists ② are convinced that we must not take our forest for granted. By some estimates, deforestation ③ has been brought about the loss of as much as eighty percent of the natural forests of the world. Currently, deforestation is thought ④ to be a global problem.

006 난이도 (중) ✓Self check □완벽 □실수 □모름

다음 중 어법상 적절한 것은?

① I was observed by him cross the street.
② The artistic techniques complimented on the press.
③ The judges were made to work overtime by the court.
④ The unintentional news has angrily been reacted to local residents.

□□□
007
난이도 중 ✓Self check □완벽 □실수 □모름

우리말을 영어로 가장 잘 옮긴 것은?

① 사람들은 그가 유창하게 러시아어를 말했다고 생각한다.
➡ He is thought to have been spoken Russian fluently.

② 많은 특징이 이 원뿔들과 다른 것들을 구별해준다.
➡ A number of traits tell these cones from others.

③ 내가 들었던 그 소문은 내게 좀처럼 흥미롭지 않았다.
➡ The rumor I heard of was rarely excited to me.

④ 코로나바이러스로 인한 후각 상실은 음식섭취에 크게 영향을 미친다.
➡ Loss of smell from Coronavirus is largely influenced by food intake.

□□□

008
난이도 상 ✓Self check □완벽 □실수 □모름

어법상 옳은 것은?

① She is caused to be appointed by CEO of our company.

② This problem is too serious to be left unkept or uninterested.

③ In these exported files, patients' names will be kept anonymously.

④ This container was made to heavy rain impervious thanks to thick paint.

□□□
009
난이도 상 ✓Self check □완벽 □실수 □모름

우리말을 영어로 가장 잘 옮긴 것은?

① 그 여자는 서울에 있을 때 아주 거만했었다고 한다.
➡ The woman is said to have been very arrogant while in Seoul.

② 100일 동안 만남을 위해 당신이 내게 해 줬던 이벤트는 감동이었다.
➡ The events you gave me for meeting for 100 days were impressed.

③ 아무 준비 없이 호박 케이크를 만드는 것은 쉽다고 나는 확신했다.
➡ I convinced that making pumpkin cake from scratch would be easy.

④ 미각의 민감성은 개인의 음식 섭취와 체중에 영향을 미친다.
➡ Taste sensitivity is greatly affected by food intake and body weight of individuals.

□□□
010
난이도 상 ✓Self check □완벽 □실수 □모름

다음 중 어법상 가장 적절한 것은?

① 도대체 무엇 때문에 모든 사람들이 그를 깔보는가?
➡ What on earth makes all the people looked down on him?

② 토네이도가 호주의 남부지역에 가장 큰 영향을 주었다.
➡ The tornado was the most influenced by the south of Australia.

③ 작은 기업체들을 위해 그 조직은 가능한 한 빨리 완성되어야 한다고 설득하고 있다.
➡ The organization induced to be completed for small business bodies as soon as possible.

④ 그들은 많은 소설가들 중에서 인정받아 마땅한 위대한 작품을 썼다.
➡ They achieved the great promises that deserve admitting among many novelists.

CHAPTER 05

준동사

필수 기출 분석

분석 1

▸ 2021. 지방직 9급

어법상 옳지 않은 것은?

① Fire following an earthquake is of special interest to the insurance industry.

② Word processors were considered to be the ultimate tool for a typist in the past.

③ Elements of income in a cash forecast will be vary according to the company's circumstances.

④ The world's first digital camera was created by Steve Sasson at Eastman Kodak in 1975.

해설 ③ 동사 be와 동사 vary는 겹쳐 사용할 수 없다. 따라서 be vary는 be various나 vary로 고쳐 써야 한다.

① 주어가 Fire이므로 단수동사 is의 사용은 어법상 적절하고 또한 following 뒤에 의미상 목적어(earthquake)가 있으므로 능동의 형태 역시 어법상 옳다. 또한 'of+추상명사'는 형용사 역할을 하므로 be동사 뒤에 사용 가능하다.

② 인지동사 consider의 수동태 구문으로 목적격 보어 자리에 to부정사의 사용은 어법상 적절하고 과거 표시 부사구 in the past가 있으므로 과거동사 were의 사용 역시 어법상 옳다.

④ 주어가 단수명사(camera)이므로 단수동사 was의 사용은 어법상 적절하고 뒤에 목적어가 없으므로 수동의 형태도 어법상 옳다. 또한 과거 연도 1975년이 있으므로 과거시제의 사용 역시 어법상 적절하다.

해석 ① 지진 후에 따른 화재는 보험업계에 특별한 관심이 된다.

② 워드 프로세서는 과거에 키보드 사용자에게 최고의 도구로 여겨졌다.

③ 현금 예측의 소득 요인은 회사 상황에 따라 달라질 것이다.

④ 세계 최초의 디지털 카메라는 1975년 Eastman Kodak에서 Steve Sasson이 만들었다.

어휘 earthquake 지진 / insurance 보험 / industry 업계, 산업 / ultimate 최고의, 궁극의 / element 요소, 요인 / forecast 예상, 예측 / circumstance 상황

정답 ③

분석 2 ▸ 2020. 지방직 9급

우리말을 영어로 잘못 옮긴 것은?

① 나는 네 열쇠를 잃어버렸다고 네게 말한 것을 후회한다.
⇨ I regret to tell you that I lost your key.

② 그 병원에서의 그의 경험은 그녀의 경험보다 더 나빴다.
⇨ His experience at the hospital was worse than hers.

③ 그것은 내게 지난 24년의 기억을 상기 시켜준다.
⇨ It reminds me of the memories of the past 24 years.

④ 나는 대화할 때 내 눈을 보는 사람들을 좋아한다.
⇨ I like people who look me in the eye when I have a conversation.

해설 ① regret 다음 to 부정사는 '앞으로 할 일에 대한 유감'을 나타내므로 '과거사실에 대한 후회'를 나타내는 우리말은 적절한 영작이 될 수 없다. 따라서 주어진 우리말을 영어로 적절하게 옮기려면 to tell을 telling으로 고쳐 써야 한다.
② 비교대상의 명사(experience)를 반복해서 사용하지 않으므로 소유대명사 hers의 사용은 어법상 적절하다.
③ 'remind A of B' 구문을 묻고 있다. 따라서 reminds me of의 사용은 어법상 적절하고 지난 24년간의 기억을 지금 현재 상기시켜 주는 것이기 때문에 현재시제의 사용 역시 어법상 옳다.
④ '보다/접촉동사+목적어+전치사+the+신체일부' 구문을 묻고 있다. 따라서 look me in the eye의 사용은 어법상 적절하다.

정답 ①

실전문제

001 난이도 (중) ✓Self check □완벽 □실수 □모름

밑줄 친 부분 중 어법상 적절하지 않은 것은?

Any manager of a group that longs employees ① to achieve a meaningful level of acceptance and commitment to a planned change ② furnishing the rationale for the contemplated change as clearly as possible. And he should also provide opportunities for discussion ③ to clarify consequences on those ④ affected by the change.

002 난이도 (중) ✓Self check □완벽 □실수 □모름

밑줄 친 부분 중 어법상 가장 적절한 것은?

All in this field ① assumes that textbook writers ② restricted themselves to the very fact that they were affecting ③ to anyone else and evaded ④ to present their fallacies.

003 난이도 (중) ✓Self check □완벽 □실수 □모름

다음 중 어법상 가장 적절한 것은?

① We suggest to use the coffer to keep money safely.
② I really appreciated you to come here and join us tonight.
③ The military made a choice to cross the border line and fight to the last.
④ The police officer determined to escape to take on this complicated case.

004 난이도 (중) ✓Self check □완벽 □실수 □모름

다음 우리말을 영어로 옮긴 것 중 가장 적절한 것은?

① 이 책은 그가 읽기에는 어렵다.
➡ This book is difficult for him to read it.
② 그가 당신의 계획에 동의하는 것이 어렵다는 것을 안다.
➡ He finds it difficult to agree to your plan.
③ 그녀는 동행할 많은 지인들이 있다.
➡ She has many acquaintances to accompany with.
④ 그가 마약 중독자라는 사실을 알고서 모든 사람은 충격을 받았다.
➡ Everyone was shocking to hear the rumor that he was drug abuser.

005 난이도 (중) ✓Self check □완벽 □실수 □모름

다음 밑줄 친 부분 중 어법상 적절하지 않은 것은?

Five studies ① examined whether upright positioning decreased reflux in babies, using a very sensitive probe that ② placed in the baby's esophagus to measure changes in acidity and provide a very precise measure of reflux. Either elevating the head of the bed or positioning the baby upright after meals ③ was not shown to have any significant effect on the reflux of the babies ④ studied.

006 난이도 (중) ✓Self check □완벽 □실수 □모름

다음 밑줄 친 부분 중 어법상 적절하지 않은 것은?

The vice-president requested to one of the ① employees that the reports ② submitted by the end of the day ③ to complete all projects without ④ doing any delay.

007 난이도 중 Self check □완벽 □실수 □모름

어법상 옳은 것은?

① Not knowing what to do, the rumor got very disappointing.
② We blame him for not having been told us the truth.
③ Having been finished the race, we all fell down.
④ I locked the door for him to not get in.

008 난이도 중 Self check □완벽 □실수 □모름

밑줄 친 부분 중 어법상 적절하지 않은 것은?

Wealth and materialism have been said ① leading to inferior-quality happiness, but there is no real proof of that. Individuals differ enormously in what makes them happy, but for others, feeling competent or socializing may be more ② satisfying. So, extensive programs to encourage individuals ③ to appreciate art are often necessary. ④ Raised with frequent exposure to sculpture and paintings, it is much more likely that young people will mature into artists and patrons of the arts.

009 난이도 중 Self check □완벽 □실수 □모름

우리말을 영어로 가장 잘 옮긴 것은?

① 그가 그들의 제안을 받아들였다니 경솔했다.
➡ It was careless for him to have accepted their offer.
② 날씨가 허락한다면 그 공연은 야외에서 열릴 것이다.
➡ Permitting weather, the performance will take place outside.
③ 그 예술작품은 정교하게 만들어졌기 때문에 칭찬받을 가치가 있다.
➡ As the art work was made elaborately, it is worth complimenting.
④ 일하는 엄마들은 직장과 가정에서 동시에 일하느라 바쁘다.
➡ Working mothers are busy to do office and house work at the same time.

010 난이도 상 Self check □완벽 □실수 □모름

다음 중 어법상 올바른 것은?

① Totally being exhausting, they fell asleep at once.
② For a newspaper to publish such lies are disgraceful.
③ Being cold outside, she needed to put on a heavy coat.
④ There being no class yesterday, I went see a movie with her.

011 난이도 상 Self check □완벽 □실수 □모름

다음 밑줄 친 부분 중 어법상 적절하지 않은 것은?

Companies are using commercials to help ① address societal challenges beyond ② selling brands and ideas, However, the function of ③ use this strategy for advertisement which used to help us a lot is ④ confusing now.

012 난이도 상 Self check □완벽 □실수 □모름

다음 빈칸에 들어갈 내용으로 가장 적절한 것은?

________________, seemingly irrational tendencies can lead even the brightest minds to make costly mistakes.

① Leaving unchecked ② Leaving unchecking
③ Left unchecked ④ Left unchecking

013 난이도 중 ✓Self check □완벽 □실수 □모름

다음 우리말을 영어로 옮긴 것 중 가장 적절하지 않은 것은?

① 그녀는 이자와 함께 100달러를 되갚은 우편환을 동봉했다.
→ She enclosed a money order paying back the 100 dollars with interest.

② 그는 테니스 치는 것은 말할 것도 없고 탁구 치는 것도 좋아하지 않는다.
→ He does not like playing table tennis, not to mention playing tennis.

③ 가열된 기체를 물에 둘러싸인 동그란 모양의 파이프를 통해 운반한다.
→ The heated gas conveyed through a round shaped pipe surrounded by water.

④ 그 갤러리에 전시되는 작품 중에 3/4이 19세기 미국에서 온 것이다.
→ Three quarters of the work exhibited in the gallery is from America in the 19th century.

014 난이도 상 ✓Self check □완벽 □실수 □모름

다음 중 어법상 잘못된 것은?

① Having not studied hard in the university, he has lots of troubles.

② The man leaning against the car is waiting for his wife.

③ She is competent enough to strike a deal with the company.

④ The villagers are willing to give a hand to the people in trouble.

015 난이도 중 ✓Self check □완벽 □실수 □모름

다음 중 어법상 잘못된 것은?

① My husband has dedicated his life to help the blind.

② His plan for raising more money sounds overwhelming.

③ Having lost my money, I cannot give up buying the book.

④ He is ashamed of his teacher having scolded him.

016 난이도 중 ✓Self check □완벽 □실수 □모름

다음 중 어법상 올바른 것은?

① I regret to buy new copy machine since it broke down more often.

② We are not capable of definition what was wrong with him.

③ Cooperating with outside monitor to oversee the company's progress makes us resolve the problem.

④ Thirty miles is so long a distance to walk a day.

017 난이도 중 ✓Self check □완벽 □실수 □모름

다음 우리말을 영어로 가장 적절히 옮긴 것은?

① 그는 그 상자를 들 만큼 충분히 강하다.
➡ He is enough strong to lift the box.

② 당신이 결코 만날 필요가 없는 사람이 그 사기꾼이다.
➡ The last one you need to meet is the swindler.

③ 정치가들이 이 문제들에 대해 법적으로 대답할 의무는 없다.
➡ Politicians are legally bound to answer these questions.

④ 이 마을에 사는 사람들은 통제된 삶 속에서 사는 것 같다.
➡ The people in this town appear to inhabit in controlled lives.

018 난이도 중 ✓Self check □완벽 □실수 □모름

다음 중 어법상 잘못된 것은?

① Taking this medicine every day, you'll recover soon.
② Not realizing what to do, she asked me for some advice.
③ A mid-term is scheduled to emerge the day after tomorrow.
④ Michelangelo, the famous sculptor, died leaving the work unfinishing.

019 난이도 상 ✓Self check □완벽 □실수 □모름

우리말을 영어로 가장 잘 옮긴 것은?

① 그 상황에서 당신이 그를 도와주지 않은 것은 잔인했다.
➡ It was cruel in the situation that you didn't help him.

② 그녀는 나를 너무 화나게 해서 나는 그녀에게 소리치고 싶었다.
➡ She made me too annoyed to feel like shouting at her.

③ 그는 손을 호주머니에 넣은 채 벽에 기대 있었다.
➡ He was leaning against the wall with his hands in his pocket.

④ 그 당시 열심히 일하지 않았기 때문에 나는 많은 문제를 가지고 있다.
➡ Having not working hard then, I have lots of troubles.

020 난이도 상 ✓Self check □완벽 □실수 □모름

다음 중 어법상 잘못된 것은?

① He has bought land with a view to build a house.
② Given that she is interested in children, she has to do many things.
③ I spent my evenings watching television when I was young.
④ Using these products is about to advise you to cut fuel costs dramatically.

CHAPTER 06

관계사

필수 기출 분석

분석 1

▸ 2021. 국가직 9급

밑줄 친 부분 중 어법상 옳지 않은 것은?

Urban agriculture (UA) has long been dismissed as a fringe activity that has no place in cities; however, its potential is beginning to ① be realized. In fact, UA is about food self-reliance: it involves ② creating work and is a reaction to food insecurity, particularly for the poor. Contrary to ③ which many believe, UA is found in every city, where it is sometimes hidden, sometimes obvious. If one looks carefully, few spaces in a major city are unused. Valuable vacant land rarely sits idle and is often taken over — either formally, or informally — and made ④ productive.

해설 ③ which 다음 문장구조는 불완전하지만(believe 뒤에 목적어가 없다) which 앞에 선행사가 없으므로 관계대명사 which는 what으로 고쳐 써야 한다.
① be realized 뒤에 목적어가 없으므로 수동의 형태는 어법상 적절하다.
② 자릿값에 의해 준동사 자리이고 involve는 동명사를 목적어로 취하는 동사이므로 creating의 사용은 어법상 옳다.
④ 접속사 and를 기준으로 taken과 made가 병렬을 이루고 있고 make는 5형식 동사이므로 목적격 보어 자리에 형용사가 위치해야 한다. 따라서 is made 다음에도 형용사가 필요하므로 productive의 사용은 어법상 적절하다.

해석 도시농업(UA)은 오랫동안 도시와 어울리지 않는 주변 활동으로 무시되어 왔지만 그것의 잠재력을 깨닫기 시작하고 있다. 사실, UA는 식량의 자급자족에 관한 것인데, 그것은 일자리를 만들어내는 것을 포함하며, 특히 가난한 사람들을 위한 식량 불안정에 대한 반응이다. 많은 사람들이 믿는 것과는 반대로, UA는 모든 도시에서 발견되는데, 그곳에서 때로는 눈에 띄지 않고 때로는 분명하다. 만약 우리가 주의 깊게 살펴보면, 대도시에는 사용되지 않는 공간은 거의 없다. 가치 있는 빈 땅은 거의 방치되지 않으며 종종 공식적으로나 비공식적으로 양도되어 생산적이기도 하다.

어휘 urban 도시의 / dismiss ① 해고하다 ② 무시하다 / fringe ① (실을 꼬아 장식으로 만든) 술 ② 주변부, 변두리 ③ 비주류 / potential ① 잠재력 ② 잠재적인 / self-reliance 자기의존, 자급자족 / involve 포함하다 / insecurity 불안정 / contrary to ~와는 반대로 / obvious 분명한 / vacant 텅 빈 / rarely 거의 ~않는 / idle ① 게으른, 나태한 ② 방치된, 놀고 있는 / take over 인수하다, 양도하다 / formally 공식적으로(↔informally 비공식적으로) / productive 생산적인

정답 ③

분석 2

▸ 2018. 지방직 9급

우리말을 영어로 잘못 옮긴 것은?

① 보증이 만료되어서 수리는 무료가 아니었다.

➡ Since the warranty had expired, the repairs were not free of charge.

② 설문지를 완성하는 누구에게나 선물카드가 주어질 예정이다.

➡ A gift card will be given to whomever completes the questionnaire.

③ 지난달 내가 휴가를 요청했더라면 지금 하와이에 있을 텐데.

➡ If I had asked for a vacation last month, I would be in Hawaii now.

④ 그의 아버지가 갑자기 작년에 돌아가셨고, 설상가상으로 그의 어머니도 병에 걸리셨다.

➡ His father suddenly passed away last year and what was worse, his mother became sick.

해설 ② 복합관계대명사는 뒤의 문장구조가 불완전해야 하는데 whomever 다음에는 주어가 없고 동사가 바로 위치해 있기 때문에 주어가 없는 불완전한 문장이다. 따라서 목적격 whomever는 주격 whoever로 고쳐 써야 한다. 참고로 whoever절은 전치사 to의 목적어 역할을 하는 명사절로 사용되었다.

① expire는 자동사이므로 능동의 형태는 어법상 적절하고 보증이 만료된 것(had expired)이 수리 되는 것(were)보다 먼저 일어난 일이므로 시제관계 역시 어법상 적절하다. 또한 '무료로'라는 영어표현인 free of charge의 사용도 어법상 옳다.

③ 혼합가정법(if절에 had+p.p. ~ / 주절에 과거시제+now)의 사용은 어법상 적절하다.

④ 과거표시부사구 last month가 있으므로 과거시제 passed의 사용은 어법상 적절하고 '돌아가셨다'의 영어표현인 pass away와 '설상가상으로'의 영어표현인 what was worse의 사용 모두 어법상 옳다.

어휘 expire 만료되다 / free of charge 무료로 / complete 완성하다 / questionnaire 설문지 / ask for 요청하다 / pass away 죽다 / what was worse 설상가상으로

정답 ②

실전문제

001 난이도 중 Self check □완벽 □실수 □모름

다음 빈칸에 들어갈 말로 가장 적절한 것은?

> You must explicate the algorithms, especially, ______ is quite important.

① which ② where
③ rest of which ④ the last of which

002 난이도 상 Self check □완벽 □실수 □모름

다음 밑줄 친 부분 중 어법상 적절한 것은?

> Mr. Smith is a music teacher of ① which saying is unclear, but he is one of the very few teachers ② who I know can manage his classes in a calmed manner, ③ that is an ability of the teacher ④ which deserves appreciating highly.

003 난이도 중 Self check □완벽 □실수 □모름

다음 중 어법상 적절한 것은?

① I couldn't explain what takes place on the sidewalk.
② I would like to tell her that you have already known.
③ I forgot the name of the attraction in which they visited.
④ The students are interested in what their professor explained then.

004 난이도 상 Self check □완벽 □실수 □모름

우리말을 영어로 가장 잘 옮긴 것은?

① 그는 내가 그에 대해 듣고 싶은 말을 한 마디도 하지 않았다.
➡ He didn't say any word which I wanted to hear of him.
② 나는 돌봐야 하는 자폐증을 가진 아이가 있다.
➡ I have a kid with autism of which I should take care.
③ 당신이 내게 추천했던 것에 대해 생각해 보겠습니다.
➡ Let me think about what you recommended me.
④ 그가 이루어 냈던 결과물은 다소 놀라운 것으로 입증되었다.
➡ The result that he had achieved proved somewhat astonishing.

005 난이도 중 Self check □완벽 □실수 □모름

다음 중 어법상 올바른 것은?

① In the aircraft I saw a man whom I guessed was a criminal.
② The sales world is one in which constant interaction is required.
③ The rumor which all Asian students are ingenious cannot be true.
④ The prejudice is a sort of error of a person who one might fall into.

006
난이도 상 ✓Self check □완벽 □실수 □모름

다음 중 우리말을 영어로 적절하게 옮긴 것은?

① 그녀는 내가 결혼하고 싶은 바로 그 여자이다.
➡ She is the very woman, that I have wanted to marry.

② 범죄를 저지르지 않은 많은 사람들이 교도소에 있다.
➡ There are many people in prison which did not commit crimes.

③ 나는 당신이 문제를 해결했던 방식을 기억한다.
➡ I remember the way you solved the problem.

④ 내 결정에 영향을 준 그들의 의견은 몹시 훌륭했다.
➡ Their opinion which was affected by my decision was quite excellent.

007
난이도 중 ✓Self check □완벽 □실수 □모름

다음 중 어법상 틀린 것은?

① She resides in the two story building whose roof is red.

② Kids whose parents work long hours are addicted to TV.

③ He will end the task which his brother was supposed to finish.

④ I met a friend of mine who I had made fun of him in school days.

008
난이도 중 ✓Self check □완벽 □실수 □모름

밑줄 친 부분 중, 어법상 틀린 것은?

Of something certain about the following century in ① <u>which</u> the world will be entangled, networked ② <u>arises</u> our plight. Because national borders will be able to block the flow of information and innovation, the most convenient societies ③ <u>that</u> thrive will become those ④ <u>who</u> are complex with openness and with the free flow of services, goods and ideas.

009
난이도 상 ✓Self check □완벽 □실수 □모름

다음 중 어법상 적절한 것은?

① We will support the decision whatever you make.

② A free gift can be given to whoever answers to it.

③ The first toys reached Alaska from where they were lost.

④ He devised a ‘technology shelf’ on which was placed possible technical solutions.

010
난이도 상 ✓Self check □완벽 □실수 □모름

다음 중 어법상 가장 적절한 것은?

① I’m supposed to introduce that I did then to you and your sister.

② The injured gorilla captured by the hunter who I guess it seems to die.

③ Here are some inmates in the jail, many of which are not aware of their mistakes.

④ There are residents in New York’s sprawling China Town, most of whom never learn English.

CHAPTER

07 접속사

필수 기출 분석

분석 1 ▸ 2021. 국가직 9급

우리말을 영어로 가장 잘 옮긴 것을 고르시오

① 당신이 부자일지라도 당신은 진실한 친구들을 살 수는 없다.
➡ Rich as if you may be, you can't buy sincere friends.

② 그것은 너무나 아름다운 유성 폭풍이어서 우리는 밤새 그것을 보았다.
➡ It was such a beautiful meteor storm that we watched it all night.

③ 학위가 없는 것이 그녀의 성공을 방해했다.
➡ Her lack of a degree kept her advancing.

④ 그는 사형이 폐지되어야 하는지 아닌지에 대한 에세이를 써야 한다.
➡ He has to write an essay on if or not the death penalty should be abolished.

해설 ② 'such＋a＋형용사＋명사＋that S＋V ~' 구문을 묻고 있다. 따라서 such a beautiful meteor storm that we watched ~의 사용은 어법상 적절하고 또한 storm을 대신하는 대명사 it의 사용과 시제 일치(과거시제) 모두 어법상 옳다.

① 말장난(단어 장난: as if vs. as) 문제이다. 우리말의 양보의 의미를 지닌 접속사 '~ 일지라도'는 as를 사용해야 하므로 적절한 영작이 될 수 없다. 참고로 as가 양보절을 이끌 때에는 형용사 보어를 as 앞에 위치시켜야 한다. 따라서 적절한 영작이 되려면 Rich as if you may be를 Rich as you may be로 고쳐 써야 한다.

③ 말장난(긍정 / 부정 장난: keep A ~ ing vs. keep A from ~ ing) 문제이다. keep A ~ ing는 'A가 계속해서 ~ 하다(긍정)'이므로 적절한 영작이 될 수 없다. 적절한 영작이 되려면 ~ ing앞에 from이 필요하다. 따라서 keep her advancing을 keep her from advancing으로 고쳐 써야 한다.

④ '~ 인지 아닌지'의 의미를 지닌 명사절을 이끄는 접속사 if는 전치사의 목적어 역할을 하는 명사절을 유도할 수 없고 주어 자리에도 위치시킬 수 없다. 이때에는 접속사 if 대신 whether를 사용해야 한다. 또한 if는 바로 뒤에 or not과 함께 사용할 수 없다. 따라서 이 문장이 적절한 영작이 되려면 if를 whether로 고쳐 써야 한다.

어휘 sincere 진실한 / meteor 유성 / degree ① 온도 ② 정도 ③ 학위 / death penality 사형(제도) / abolish 폐지하다, 없애다

정답 ②

분석 2 ▸ 2018. 서울시 7급

빈칸에 들어갈 단어로 가장 옳은 것은?

The term 'subject' refers to something quite different from the more familiar term 'individual'. The latter term dates from the Renaissance and presupposes that man is a free, intellectual agent and _______ thinking processes are not coerced by historical or cultural circumstances.

① that　　② what
③ which　　④ whose

해설 ① and를 기준으로 병렬구조를 묻고 있다. and 앞에 presuppose의 목적어 역할을 하는 that절과 병렬을 이루어야 하므로 and 다음에도 that절이 필요하다.

해석 '국민'이라는 용어는 좀 더 익숙한 용어인 '개인'과는 아주 다른 무언가를 가리킨다. 후자의 용어는 르네상스 시대에서 시작되었고, 사람은 자유롭고 지적인 행위자이며, 생각을 처리하는 과정이 역사적 또는 문화적 상황에 강제되지 않는다는 것을 전제로 한다.

어휘 refer to ① ~을 가리키다 ② ~을 언급하다 / familiar 친숙한 / term ① 용어 ② 기간 ③ 학기 / subject 국민 / latter 후자의 / date from ~에서 시작되다 / presuppose 전제하다 / intellectual 지적인 / agent ① 대리인 ② 행위자 / coerce 강제하다 / circumstance 상황

정답 ①

실전문제

001 난이도 Self check □완벽 □실수 □모름

다음 밑줄 친 부분 중 어법상 적절하지 않은 것은?

The concern we ① have always had is ② that if Asian countries ③ don't recover, this will spread to other countries ④ and that is a minor problem for our country will become a severe problem.

002 난이도 Self check □완벽 □실수 □모름

밑줄 친 부분 중, 어법상 틀린 것은?

① Despite one of the variety of things that come to mind when we hear the word 'ballet' ② is a graceful ballerina sliding across the stage, the ballet is not just dancing. It may be hard to realize ③ that behind the seemingly effortless movement ④ are long periods of practice.

003 난이도 Self check □완벽 □실수 □모름

우리말을 영어로 옮긴 것 중 가장 적절한 것은?

① 당신의 마음속에 무엇을 품고 있는 지는 곧 드러날 것이다.
➡ What do you have in your mind is revealed soon.

② 그들은 스스로에게 어떤 종류의 물건들을 선택해야만 할지 묻는다.
➡ They ask themselves which kinds of items should they choose.

③ 증거를 찾던 그 형사는 그녀가 누구를 다치게 한지 몰랐다.
➡ The detective who found the evidence didn't know who she hurt.

④ 비록 그들이 범죄현장을 지속적으로 관찰했지만 그들은 정말로 어디에 그것이 있는지는 몰랐다.
➡ Even if they constantly monitored the crime site, they really didn't know where is it.

004 난이도 Self check □완벽 □실수 □모름

다음 중 어법상 적절하지 않은 것은?

① Strong though he is, he cannot lift this rock.
② No matter how candid she is, I cannot trust in her.
③ He is unable to know how she often goes swimming.
④ Imperative as sugar is, we don't always fall back on it.

005 난이도 Self check □완벽 □실수 □모름

다음 밑줄 친 부분 중 어법상 옳지 않은 것은?

Water particles carried to a greater and ① longer height ② frozen into ice particles and are swept upward or ③ refrozen in repeated and ④ continuous condition until they are heavy enough to fall as hail.

006 난이도 Self check □완벽 □실수 □모름

밑줄 친 부분 중 어법상 적절하지 않은 것은?

Some of the early personal accounts of anthropologists in the field ① make fieldwork ② sound exciting, adventuresome, certainly exotic, sometimes ③ easily. Malinowski, the classic anthropological fieldworker, describes the early stages of fieldwork as 'a strange, sometimes ④ unpleasant, sometimes intensely interesting adventure which soon adopts quite a natural course.'

□□□
007 난이도 중 ✓Self check □완벽 □실수 □모름

다음 중 어법상 가장 적절한 것은?

① Monkeys usually employ their feet to eat and climbing.
② Material possessions were seen as tangible evidence not only people's work but of their abilities.
③ I prefer my usual routine and am not inclined to try new things.
④ This book will be rewritten so as to update the theory on which they were based and provided better practical advice.

□□□
008 난이도 상 ✓Self check □완벽 □실수 □모름

다음 우리말을 영어로 옮긴 것 중 가장 적절한 것은?

① 그는 해변에서 느긋하고 편안한 휴가를 즐기고 있다.
➡ He is enjoying the leave leisurely and comfortably at the beach.
② 판매와 이윤 둘 다 모두 가까운 미래에 증가할 것으로 기대되지 않는다.
➡ Neither the sales nor the profit are expected to increase in the near future.
③ 나무와 숲이 주는 따뜻함과 아름다움이 없는 삶을 떠올리기란 어려울 것이라고 나는 생각했다.
➡ I thought it would be difficult to imagine life without the warm and beauty of trees and forests.
④ 하루에 적어도 두 번 이를 닦고 매일 치실질을 하면 플라그가 쌓이는 것을 최소화시켜 줄 것이다.
➡ By brushing at least twice a day and flossing daily, you will help minimize the plaque buildup.

□□□
009 난이도 상 ✓Self check □완벽 □실수 □모름

다음 중 어법상 적절한 것은?

① The elite campus based programs which he will be taking it next semester are scheduled to be extremely difficult.
② That happens in a particular period does not have any significant effects on the long term investors in the stock market.
③ The newly built conference room, though equipped with more advanced facilities, accommodates fewer people than the old one.
④ With such a diverse variety of economical appliances to choose, it's important to decide what it is best.

□□□
010 난이도 상 ✓Self check □완벽 □실수 □모름

우리말을 영어로 옮긴 것 중 가장 적절한 것은?

① 그 철학가는 지적이지도 창의적이지도 않고 제멋대로이다.
➡ The philosopher is neither creative nor moral and arbitrary.
② 그 일은 능력 있고, 그 일을 수행할 수 있는 의지를 가진 사람들에게 주어진다.
➡ The task is given to those who are able and have the will to carry it out.
③ 사람들은 건강을 잃고 나서야 비로소 그 건강의 가치를 깨닫는다.
➡ Not until do people lose health they realize the value of it.
④ 그녀는 회의의 취소 여부를 갑자기 알게 되었다.
➡ She was informed all of a sudden if the conference had been called off.

CHAPTER 08

조동사 · 가정법

필수 기출 분석

분석 1

▸ 2020. 국가직 9급

우리말을 영어로 가장 잘 옮긴 것은?

① 몇 가지 문제가 새로운 회원들 때문에 생겼다.

➡ Several problems have raised due to the new members.

② 그 위원회는 그 건물의 건설을 중단하라고 명했다.

➡ The committee commanded that construction of the building cease.

③ 그들은 한 시간에 40마일이 넘는 바람과 싸워야 했다.

➡ They had to fight against winds that will blow over 40 miles an hour.

④ 거의 모든 식물의 씨앗은 혹독한 날씨에도 살아남는다.

➡ The seeds of most plants are survived by harsh weather.

해설 ② 주요명제동사(command) 다음 that절에는 (should)+동사원형이 있어야 하므로 동사원형 cease의 사용은 어법상 적절하다. 또한 cease는 자동사/타동사 둘 다 사용 가능하고 본문에서는 자동사로 사용되었기 때문에 능동의 형태(cease) 역시 어법상 옳다.

① 말장난 문제이다. '어떤 일이 일어나다, 생기다' 의 뜻을 나타내는 영어표현은 raise가 아니라 arise여야 하므로 raised는 arisen로 고쳐 써야 한다. 참고로 이 문제는 have raised가 능동의 형태이고 뒤에 목적어가 없으므로 어법상 적절하지 않다고 판단해도 무방하다.

③ 주절의 시제가 과거인데 관계대명사 that절의 시제가 미래이므로 어법상 시제가 맞지 않다. 따라서 미래시제 will blow는 문맥상 과거시제 blew로 고쳐 써야 한다.

④ 주어와 동사의 수 일치는 어법상 옳지만 survive는 자동사이므로 수동의 형태를 취할 수 없다. 따라서 are survived는 survive로 고쳐 써야 한다. 또한 이 문제는 말장난 문제이다. 우리말의 '거의' 는 most가 아니라 almost여야 하므로 주어진 우리말을 영어로 사용하기 위해서는 most를 almost all로 고쳐 써야 한다.

어휘 arise 일어나다, 생기다 / due to ~ 때문에 / committee 위원회 / command 명령하다 / construction 건설 / cease 중단하다, 중단되다 / harsh 거친, 혹독한

정답 ②

분석 2

▸ 2018. 지방직 9급

어법상 옳은 것은?

① Please contact to me at the email address I gave you last week.
② Were it not for water, all living creatures on earth would be extinct.
③ The laptop allows people who is away from their offices to continue to work.
④ The more they attempted to explain their mistakes, the worst their story sounded.

해설 ② 'If it were not for ~' 구문에서 if를 지우고 주어동사가 도치된 구조로 가정법 과거시제 패턴을 묻고 있다. if절에 과거동사 were와 주절의 시제 would+동사원형 모두 어법상 적절하다.
① contact는 타동사이므로 바로 뒤에 목적어가 와야 한다. 따라서 전치사 to를 없애야 한다.
③ 관계대명사 who 다음 동사는 선행사 people(복수명사)과 수 일치를 시켜야 하므로 is를 복수동사 are로 고쳐 써야 한다.
④ 'The+비교급 ~, the+비교급 …' 구문을 묻고 있다. 따라서 the worst는 the worse로 고쳐 써야 한다.

해석 ① 제가 지난주에 드린 이메일 주소로 연락 부탁드립니다.
② 물이 없다면 지구상의 모든 살아있는 생물들은 멸종할 텐데.
③ 노트북 컴퓨터는 사무실로부터 멀리 있는 사람들이 계속해서 일을 할 수 있도록 해준다.
④ 그들이 자신들의 실수에 대해서 설명하려고 애쓰면 애쓸수록 그들의 이야기는 더 안 좋게 들렸다.

어휘 were it not for ~이 없다면(=without) / extinct 멸종한 / laptop 노트북 컴퓨터 / attempt 시도하다

정답 ②

실전문제

001 난이도 (하) ✓Self check □완벽 □실수 □모름

다음 빈칸에 들어갈 말로 가장 적절하지 않은 것은?

If the economy continues to deteriorate further, we ______________ laying off employees.

① have no choice but begin
② cannot but begin
③ cannot help but begin
④ cannot help beginning

002 난이도 (중) ✓Self check □완벽 □실수 □모름

다음 밑줄 친 부분 중, 어법상 가장 적절한 것은?

The general demanded every soldier ① <u>stick</u> their neck out and rigidly proclaimed that he would ② <u>not rather</u> ③ <u>to surrender</u> to the foe than ④ <u>to give</u> his right up.

003 난이도 (중) ✓Self check □완벽 □실수 □모름

밑줄 친 부분 중 어법상 적절하지 않은 것은?

Should everyone want to clone a cow or other animal, how ① <u>will</u> our life change? For example, if a farmer ② <u>had</u> a cow that produced high quality meat or milk, he would make a lot of money, especially, ③ <u>were</u> many copies of this cow made by the farmer. But what ④ <u>will</u> the world be like if we produced another Michael Jordan, Elvis Presley, Albert Einstein, or Mother Teresa?

004 난이도 (상) ✓Self check □완벽 □실수 □모름

우리말을 영어로 가장 잘 옮긴 것은?

① 그에게 말하느니 차라리 돌담에 대고 말하는게 더 낫겠다.
→ You may as well speak to a stone wall as to talk to him.

② 나는 그녀가 군중들에게 밟히지 않도록 그녀의 팔을 잡아주었다.
→ I gripped her arms lest she was not trampled by the throng.

③ 피터는 충분히 잠을 잤기 때문에 피곤하지 않았음에 틀림없다.
→ Peter cannot have been exhausted because he slept enough.

④ 선생님이 질문을 하셨지만 그는 감히 그 질문에 대답할 수 없었다.
→ My teacher asked him a question, but he dared not answer to it.

005 난이도 (상) ✓Self check □완벽 □실수 □모름

다음 우리말을 영어로 옮긴 것 중 적절하지 않은 것은?

① 우리는 그 어린 아이를 너무 많이 칭찬할 수는 없다.
→ We cannot compliment the young child too much.

② 그는 그 사실을 미리 알고 있었음에 틀림없다.
→ He must have known the truth in advance.

③ 술이 취했다면 운전을 하지 말았어야 했다.
→ You ought not to have driven if you're drunk.

④ 그가 자신의 행동에 책임지는 것은 바람직했다.
→ It was desirable that he be responsible for his behavior.

□□□
006 난이도 중 ✓Self check □완벽 □실수 □모름

밑줄 친 부분 중 어법상 적절한 것은?

I would be happy now ① <u>had</u> I stopped watching TV. The basketball game I watched was tedious, dull, dry and ② <u>bored</u>. It ③ <u>would be</u> over thirty minutes ago if one of the members ④ <u>were</u> not falling and breaking his arm. But, it didn't happen.

□□□
007 난이도 중 ✓Self check □완벽 □실수 □모름

다음 밑줄 친 부분 중 어법상 적절하지 않은 것은?

It was reasonable to doubt whether Machiavelli ① <u>would have written</u> his great books ② <u>had he been</u> allowed ③ <u>to continue</u> in the diplomatic service and ④ <u>he had gone</u> on interesting missions.

□□□
008 난이도 중 ✓Self check □완벽 □실수 □모름

어법상 옳은 것은?

① She might be affluent when she was young.
② It is of no importance that he look down her.
③ Were it not for his help yesterday, I'd have gotten in trouble.
④ Had you listened to me, you would not have been in jeopardy now.

□□□
009 난이도 상 ✓Self check □완벽 □실수 □모름

다음 중 어법상 가장 적절한 것은?

① You wouldn't get paid for time off unless you had a doctor's note.
② A true friend would act differently but he did not help me in need.
③ If he had not died in the war, he would have still been here.
④ I wish I purchased the equipment from your local supplier then.

□□□
010 난이도 상 ✓Self check □완벽 □실수 □모름

다음 중 어법상 가장 적절한 것은?

① He travels around the world as he were a millionaire.
② Tim ought to have had the razor used before he bought it.
③ Had it not been for the signal, the new policy would have implemented.
④ Many people would rather go to the store to buy a water as change a water filter.

CHAPTER 09

명사 · 관사 · 대명사

필수 기출 분석

분석 1 ▸ 2021. 국가직 9급

우리말을 영어로 가장 잘 옮긴 것을 고르시오.

① 나는 너의 답장을 가능한 한 빨리 받기를 고대한다.

➡ I look forward to receive your reply as soon as possible.

② 그는 내가 일을 열심히 했기 때문에 월급을 올려 주겠다고 말했다.

➡ He said he would rise my salary because I worked hard.

③ 그의 스마트 도시 계획은 고려할 만했다.

➡ His plan for the smart city was worth considered.

④ Cindy는 피아노 치는 것을 매우 좋아했고 그녀의 아들도 그랬다.

➡ Cindy loved playing the piano, and so did her son.

해설 ④ so+V+S(도치구문)을 묻고 있다. 앞에 긍정문이 있으므로 so의 사용은 어법상 적절하고 일반동사 love를 대신하는 대동사 did의 사용과 시제일치(과거시제) 모두 어법상 옳다. 또한 악기명 앞에 정관사 the의 사용 역시 어법상 적절하다.

① 'look forward to -ing' 구문을 묻고 있다. 따라서 receive는 receiving으로 고쳐 써야 한다.

② 말장난(단어장난: rise vs. raise) 문제이다. 우리말의 '~ 을 올리다'의 영어표현은 raise를 사용해야 하므로 rise는 raise로 고쳐 써야 한다. 물론, rise는 자동사이므로 뒤에 목적어(my salary)를 취할 수 없다.

③ 'be worth -ing' 구문을 묻고 있다. 따라서 considered는 considering로 고쳐 써야 한다. 참고로 'be worth -ing' 구문에서 -ing는 형태는 능동이지만 수동의 의미(이런 경우를 중간태 라고 한다)를 지닐 수 있어 considering을 being considered로 고쳐 쓰지 않아도 된다.

어휘 look forward -ing ~ 하기를 학수고대하다 / reply 응답(하다) / salary 봉급, 급여

정답 ④

분석 2

▸ 2015. 서울시 9급

다음 밑줄 친 부분 중 어법상 옳지 않은 것은?

The cartoon character SpongeBob SquarePants is ① in a hot water from a study ② suggesting that watching just nine minutes ③ of that program can cause short-term attention and learning problems ④ in 4-year-olds.

해설 ① 불가산명사 water는 관사 a(n)를 앞에 사용할 수 없다.
② 본동사 is가 있고 that절을 의미상의 목적어로 취하고 a study를 후치수식하는 현재분사 suggesting은 적절하다.
③ 지시대명사 that은 program과 수가 일치하며 적절하다.
④ 4-year-olds는 4살짜리 아이들이라는 명사로 쓰여 적절하다.

해석 만화 주인공 'SpongeBob SquarePants'는 지금 곤경에 처해 있는데, 한 연구에 따르면 이 프로그램[만화]을 단지 9분만 시청해도 4살짜리 아이들에게 단기 집중력과 학습장애를 야기할 수 있다고 밝혔기 때문이다.

어휘 cartoon 만화 / character 등장인물, 주인공 / in hot water 곤경에 처한

정답 ①

김세현 영어

실전문제

001 난이도 중 Self check □완벽 □실수 □모름

다음 밑줄 친 부분 중, 어법상 적절하지 않은 것은?

Along the famous street which has been through a lot of ① twists and turns ② run some of the nicest ③ team ④ that is competing in a marathon.

002 난이도 중 Self check □완벽 □실수 □모름

다음 밑줄 친 부분 중 어법상 적절하지 않은 것은?

New researchers began the enormous task of making sense of much euthanasia ① information. Since then the number of solo ② patients ③ soared. The Netherlands now ④ becomes the only country in the world to allow the mercy killing of patients.

003 난이도 중 Self check □완벽 □실수 □모름

다음 밑줄 친 부분 중 어법상 적절하지 않은 것은?

As decision making reached higher levels, half ① the harvests of the world ② were bought and sold in political and financial ③ deals which ignored the fact that food was grown to eat ④ it.

004 난이도 중 Self check □완벽 □실수 □모름

다음 중 어법상 적절하지 않은 것은?

① The sun is much larger than the moon.
② She informed me of the news by the e-mail.
③ He seized me by the sleeves all of a sudden.
④ She plays the piano and he plays go game.

005 난이도 중 Self check □완벽 □실수 □모름

다음 밑줄 친 부분 중 어법상 적절하지 않은 것은?

My family living in the big city ① employ many kinds of vehicles. According to a traffic expert, a variety of public transportation users in a large city would ask ② themselves what kinds of conveyance they had to choose. Nevertheless, not until ③ he can be sick of using a bus ④ have all transferred to other means of transport, particularly a car.

□□□
006 난이도 상 ✓Self check □완벽 □실수 □모름

다음 우리말을 영어로 옮긴 것 중 가장 적절한 것은?

① 당뇨병은 고혈압과 같은 많은 다른 질병들을 초래한다.
➡ Diabetes brings about many other diseases such as high blood pressure.

② 능숙한 직원들이 그 공장을 위한 많은 유용한 장비들을 포장하고 있다.
➡ Versed personnel is packing lots of useful equipments for the factory.

③ 테이블, 의자, 침대 그리고 붙박이장과 같은 많은 가구들이 있다.
➡ There are many furnitures such as tables, chairs, beds and closets.

④ 수상스키, 스쿠버 다이빙 그리고 스노클링과 같은 레저들은 많은 옹호자들에게 인기가 있다.
➡ Leisures like water skiing, scuba diving or snorkeling are popular with many advocates.

□□□
007 난이도 중 ✓Self check □완벽 □실수 □모름

다음 글의 밑줄 친 부분 중, 어법상 가장 적절하지 않은 것은?

Recognizing specific sport-related strengths ① is a powerful means for athletes to develop their confidence. ② This strategy increases confidence by requiring athletes to focus on their strengths and taking their mind off their weaknesses. ③ They are not uncommon for athletes to have difficulty ④ identifying their strengths.

□□□
008 난이도 중 ✓Self check □완벽 □실수 □모름

다음 중 어법상 가장 적절한 것은?

① There stood lots of combat aircraft in the air force airport.

② The police only exist for making sure that people obey to the law.

③ When walking along the street, I ran into a friend who was resembling my brother.

④ The committee that have to make political decisions all has unique and peculiar characters.

□□□
009 난이도 상 ✓Self check □완벽 □실수 □모름

다음 중 어법상 적절한 것은?

① It was so lovely day that we spent the whole day on the beach.

② However, the both debaters have shared many similar interests.

③ My father led too busy a life that he did not have much time for retrospect.

④ From gadgets and toys to regular household goods, China has quite a good reputation.

□□□
010 난이도 상 ✓Self check □완벽 □실수 □모름

다음 우리말을 영어로 옮긴 것 중 가장 적절한 것은?

① 손과 이 둘 다 경기에 출전하지 않았다.
➡ Son and Yi were not both in the match.

② 직원들 각자가 그 힘든 일을 하고 있다.
➡ Each of the employees is doing the hard task.

③ 우리는 페인트가 더 필요하지만 남은 게 하나도 없다.
➡ We need more paint, but there isn't some left.

④ 모든 흥미로운 발견들이 분명하게 적용되고 있는 것은 아니다.
➡ Not all interested discoveries have an obvious application.

CHAPTER 10

형용사 vs. 부사

필수 기출 분석

분석 1

▸ 2018. 서울시 9급

밑줄 친 부분 중 어법상 가장 옳지 않은 것은?

His survival ① over the years since independence in 1961 does not alter the fact that the discussion of real policy choices in a public manner has hardly ② never occurred. In fact, there have always been ③ a number of important policy issues ④ which Nyerere has had to argue through the NEC.

해설 ② never는 부정부사와 함께 사용할 수 없기(부정부사 중복 금지) 때문에 문맥상 never를 없애야 한다.
① 시간 앞에 '~동안에'라는 의미를 갖는 전치사 over의 사용은 어법상 적절하다.
③ A number of 다음 복수명사 issues가 있고 동사가 복수동사 have(유도부사 there가 문두에 위치해서 주어, 동사가 도치된 구문)이므로 a number of의 사용은 어법상 적절하다.
④ 앞에 사물명사 issues가 있고 which 다음 문장구조가 불완전(argue의 목적어가 없다)하므로 관계대명사 which의 사용은 어법상 적절하다.

해석 1961년 독립 이후 수년 동안 그의 생존이 실제 정책 선택에 대한 논의가 공개적으로 거의 일어나지 않았다는 사실을 바꾸지는 않는다. 사실상, Nyerere가 NEC를 통해 논의해야만 했던 많은 중요한 정책 문제들은 항상 있어 왔다.

어휘 survivial 생존 / alter 바꾸다, 변경하다 / policy 정책 / in a public manner 공개적으로 / occur 일어나다, 발생하다 / through ~을 통해서

정답 ②

분석 2 ▸ 2017. 지방직 9급

다음 우리말을 영어로 잘못 옮긴 것을 고르시오.

① 그를 당황하게 한 것은 그녀의 거절이 아니라 그녀의 무례함이었다.
⇨ It was not her refusal but her rudeness that perplexed him.

② 부모는 아이들 앞에서 그들의 말과 행동에 대해 아무리 신중해도 지나치지 않다.
⇨ Parents cannot be too careful about their words and actions before their children.

③ 환자들과 부상자들을 돌보기 위해 더 많은 의사가 필요했다.
⇨ More doctors were required to tend sick and wounded.

④ 설상가상으로, 또 다른 태풍이 곧 올 것이라는 보도가 있다.
⇨ To make matters worse, there is a report that another typhoon will arrive soon.

해설 ③ '정관사 the+형용사 　 복수명사(주로 사람들)' 구문을 묻고 있다. 따라서 형용사 sick and wounded 앞에 정관사 the가 있어야 적절한 영작이 된다.
① 'It is ~ that 강조' 구문과 'not A(명사) but B(명사)' 구문을 동시에 묻고 있다. 또한 타동사 perplex 다음 목적어 him의 사용 역시 어법상 적절하다.
② 조동사 'cannot ~ too' 구문(아무리 ~해도 지나치지 않다)을 묻고 있다. 따라서 적절한 영작이다.
④ 설상가상(to make matters worse)으로 쓰임과 there가 문두에 위치하므로 주어 동사의 도치나 수 일치 모두 어법상 적절하다. 또한 동격의 접속사 that 역시 어법상 옳다.

어휘 rudeness 무례함 / perplex 당황하게 하다 / wounded 부상당한 / typhoon 태풍

정답 ③

실전문제

001 난이도 (중)

✓Self check □완벽 □실수 □모름

다음 문장 중 밑줄 친 부분이 어색한 것은?

The Vietnamese Communist regime, ① long weakened by regionalism and corruption, can ② barely control the relentless destruction of the country's forests, which are home to some of ③ the most spectacular wild species in Asia, including the Java rhinoceros, dagger-horned goats, as well as ④ new discovered animals previously unknown to Western science.

002 난이도 (중)

✓Self check □완벽 □실수 □모름

밑줄 친 부분 중, 어법상 적절하지 않은 것은?

Most of the idle rich ① suffers from non-speakable boredom as the price of their freedom from ② hard work. At times ③ they might find relief by surfing ④ surprising information in the Internet.

003 난이도 (상)

✓Self check □완벽 □실수 □모름

다음 우리말을 영어로 옮긴 것 중 가장 적절한 것은?

① 어제 내린 눈이 들판에 수북이 쌓여 있었다.
➡ The snow that fell yesterday was lying thick on the field.

② 지난 2년 동안 원유가가 빠른 급락세를 보이고 있다.
➡ The price of crude oil has plunged swift for the last 2 years.

③ 소파에 누워서 야구 경기를 보는 것이 그의 삶에서 정말 신나는 일이다.
➡ To watch a baseball game lying on the couch is real exciting in his life.

④ 나는 그 당시에 취했던 그의 행동이 적절했다고 여기지는 않는다.
➡ I don't consider his behavior which was done at that time appropriately.

004 난이도 (중)

✓Self check □완벽 □실수 □모름

다음 중 어법상 적절하지 않은 것은?

① When is it convenient for you to meet me?

② It was cruel of his father to have exerted all his authority.

③ It was imperative that every window was closed.

④ It is no longer desirable for adults to live with their parents.

005 난이도 (중)

✓Self check □완벽 □실수 □모름

다음 우리말을 영어로 옮긴 것 중 가장 적절한 것은?

① 비록 그녀가 솔직하다고 하더라도 나는 그녀를 신뢰할 수 없다.
➡ No matter how candidly she is, I cannot trust her.

② 그 힘든 임무가 마침내 완전하게 그리고 기민하게 끝났다.
➡ The demanding task was finally complete and nimbly done.

③ 숲이 주는 풍요로움과 아름다움 없는 삶을 나는 상상하기 어렵다.
➡ I would be difficult to imagine life without the richness and beauty of forests.

④ 하루에 적어도 두 번 이를 닦고 이틀에 한 번 치실질을 하면 플라그가 쌓이는 것을 최소화시켜 줄 것이다.
➡ By brushing at least twice a day and flossing every other day, you will help minimize the plaque buildup.

□□□
006 난이도 중 ✓Self check □완벽 □실수 □모름

다음 우리말을 영어로 옮긴 것 중 가장 적절한 것은?

① 우리는 그 골칫거리를 해결할 충분히 능력 있는 대표자가 필요하다.
→ We need the delegate enough competent to work out the plight.

② 이 기계는 4인치 두께이지만 휴대하기는 불가능하다.
→ This machine is four thick inches but it is impossible to carry it away.

③ 경찰은 갑작스러운 폭동을 진압하기 위해 모든 가능한 수단을 강구하려고 애쓰고 있다.
→ The police strive to devise every means possible in order to put down a sudden riot.

④ 내가 외출하기 보다는 집에 머무르는 것을 늘 선호했던 것은 아니다.
→ I used not necessary to prefer staying home to going out.

□□□
007 난이도 상 ✓Self check □완벽 □실수 □모름

다음 밑줄 친 부분 중 어법상 적절하지 않은 것은?

> ① <u>Unable</u> to do anything while the systems which needed expediting at the laboratory ② <u>were</u> out of order, I had ③ <u>leisurely</u> realized it was natural that every electricity be off. But, I also could not help insisting that laboratory ④ <u>turn</u> on the light all day long.

□□□
008 난이도 상 ✓Self check □완벽 □실수 □모름

다음 중 어법상 옳은 것은?

① Mr. Diamond considered it well to say nothing about the incident.

② Steven tends to view the wise, originally men, as participants of the world.

③ Foreigners say that they are really hard for themselves to speak Korean fluently.

④ Brightly colored ducks, frogs, and turtles were made adrift in the middle of the Pacific Ocean.

□□□
009 난이도 상 ✓Self check □완벽 □실수 □모름

밑줄 친 부분 중 어법상 적절하지 않은 것은?

> As the saying goes, you are what you eat. The ① <u>foods</u> you eat ② <u>obviously</u> affect your body's performance. They may also influence how ③ <u>effective</u> your brain handles tasks. If your brain copes with them well, you think more clearly, and you become more ④ <u>stable</u>.

□□□
010 난이도 상 ✓Self check □완벽 □실수 □모름

다음 문장이 어법상 적절한 것은?

① The man who looks like a fool is as a hard worker as has ever been employed.

② This may be such beneficially phenomena that the Korean economy will get better soon.

③ These portraits which always inspire me present various competing structures in the fierce world.

④ This word does not mean a command but rather a unilateral word that refers to the specific situation.

CHAPTER 11

비교 구문

필수 기출 분석

분석 1 ▸ 2022. 국가직 9급

우리말을 영어로 잘못 옮긴 것을 고르시오.

① 우리가 영어를 단시간에 배우는 것은 결코 쉬운 일이 아니다.
➡ It is by no means easy for us to learn English in a short time.

② 우리 인생에서 시간보다 더 소중한 것은 없다.
➡ Nothing is more precious as time in our life.

③ 아이들은 길을 건널 때 아무리 조심해도 지나치지 않다.
➡ Children cannot be too careful when crossing the street.

④ 그녀는 남들이 말하는 것을 쉽게 믿는다.
➡ She easily believes what others say.

해설 ② 비교구문에서 우등/열등비교와 동등비교는 함께 사용할 수 없으므로 more를 as(so)로 고쳐 쓰든지 아니면 as를 than으로 고쳐 써야 한다.
① never를 의미하는 by no means의 사용과 'it is 형용사 for A to부정사' 구문의 사용 모두 어법상 옳다.
③ 조동사의 관용적 용법인 'cannot ~ too(아무리 ~해도 지나치지 않다)'의 사용과 접속사 when 다음 주어 + be동사가 생략된 구조(주절의 주어와 when절의 주어가 같다) 역시 어법상 적절하다.
④ believe의 목적어 역할을 하는 관계사(what 다음 불완전한 문장이 이어진다)절의 사용은 어법상 옳다.

어휘 by no means 결코 ~ 않는 / precious 소중한

정답 ②

분석 2

▸ 2018. 국가직 9급

우리말을 영어로 잘못 옮긴 것은?

① 그 연사는 자기 생각을 청중에게 전달하는 데 능숙하지 않았다.
➡ The speaker was not good at getting his ideas across to the audience.

② 서울의 교통 체증은 세계 어느 도시보다 심각하다.
➡ The traffic jams in Seoul are more serious than those in any other city in the world.

③ 네가 말하고 있는 사람과 시선을 마주치는 것은 서양 국가에서 중요하다.
➡ Making eye contact with the person you are speaking to is important in western countries.

④ 그는 사람들이 생각했던 만큼 인색하지 않았다는 것이 드러났다.
➡ It turns out that he was not so stingier as he was thought to be.

해설 ④ 'as[so]+원급+as' 동등비교 구문을 묻고 있다. 따라서 비교급 stingier를 stingy로 고쳐 써야 한다.
① be good at+명사/ⓥ-ing 구문과 구동사 get across의 사용을 묻고 있다. 어법상 적절하다.
② 비교대상의 명사는 반복해서 사용하지 않으므로 traffic jams를 대신하는 those의 사용은 어법상 적절하고 또한 '비교급+than any other+단수명사' 역시 어법상 옳다.
③ 동명사 주어 making(단수 취급)의 동사 is는 어법상 적절하고 person 다음 목적격 관계대명사 who(m)이 생략된 구조 역시 어법상 옳고 또한 speak는 1형식 동사이므로 전치사 to의 사용 역시 어법상 적절하다.

어휘 get across 전달되다, 이해되다 / be good at ~ ~에 능숙하다 / traffic jam 교통체증 / turn out 밝혀지다, 판명되다 / stingy 인색한

정답 ④

실전문제

□□□
001 난이도 (하) ✓Self check □완벽 □실수 □모름

다음 밑줄 친 부분 중 어법상 적절하지 않은 것은?

Nothing is so ① precious as health. Unfortunately, there is nothing you can do to stop yourself falling ill. But if you try to lead ② far healthier life, you will probably be able to get better ③ even more quickly. We can all escape doing things that damages the body, such as smoking cigarettes or drinking too much alcohol which must be ④ much harmful to your health.

□□□
002 난이도 (하) ✓Self check □완벽 □실수 □모름

밑줄 친 부분 중 어법상 적절하지 않은 것은?

Any managers of a group that wants to achieve ① as meaningful levels of acceptance and commitment to a planned change than they expected ② are able to present the rationale for the contemplated change as ③ clearly as possible and provide not so much opportunities for discussion ④ as consequences for those who will be affected by the change.

□□□
003 난이도 (중) ✓Self check □완벽 □실수 □모름

밑줄 친 부분 중 어법상 옳지 않은 것은?

As artists, ① what drives us is the desire to make our lives run more ② smoothly, with less ③ angsts, fewer ④ voids and a minimum of bother.

□□□
004 난이도 (상) ✓Self check □완벽 □실수 □모름

다음 중 어법상 적절한 것은?

① The harder you study, the more you will have knowledge.

② The more a man becomes affluent, the prouder he will grow.

③ The more coercively they seem, the less selfless the students are.

④ The healthier is your body, the less likely you are to run into disease.

□□□
005 난이도 (상) ✓Self check □완벽 □실수 □모름

다음 중 어법상 적절한 것은?

① Her weight is said to have been twice as heavier as his.

② The stronger one uses the violence overtly, the weak one does covertly.

③ Such a soft fabric as silk is equated with luxury although considered tearable.

④ Americans also tend to imagine that their futures will be brighter than that of their peers.

006 난이도 상 ✓Self check □완벽 □실수 □모름

다음 중 어법상 틀린 것은?

① People who don't get sleep enough to rest grow sick more often than people who do.

② Jane working in the sales department seems to work much harder than ever.

③ A few animals have been so mercilessly exploited for their fur as beaver.

④ Tests proved their produce was more superior to the vegetables available at the market.

007 난이도 중 ✓Self check □완벽 □실수 □모름

다음 우리말을 영어로 옮긴 것 중 가장 적절한 것은?

① 마리아는 그 보다는 당신들을 더 좋아한다.
➡ Maria likes you guys more than he.

② 그 회사는 기껏해야 5명의 근로자만 있다.
➡ The company has five employees at best.

③ 당신의 생각이 그의 생각과는 아주 다르다.
➡ Your thought is very different from his thought.

④ 그는 1년 전보다 농구를 더 잘한다.
➡ He plays basketball better than he does a year ago.

008 난이도 중 ✓Self check □완벽 □실수 □모름

다음 중 어법상 적절하지 않은 것은?

① Fraser got higher than he did a month ago.

② The number of male students greatly outnumbers that of female students.

③ Frankly speaking, mother's symptom of depression is a lot more serious than father's.

④ To operate a patient is as difficult as to diagnose a variety of diseases.

009 난이도 상 ✓Self check □완벽 □실수 □모름

다음 중 어법상 가장 적절한 것은?

① This statue you have is as much cumbersome as that I have.

② Few living things are linked together as intimately than bees and flowers.

③ It turned out that my professor was not so more friendly as he was thought to be.

④ The newly built conference room, though equipped with more advanced facilities, accommodates fewer people than the old one.

010 난이도 중 ✓Self check □완벽 □실수 □모름

다음 중 영어를 우리말로 옮긴 것으로 가장 적절한 것은?

① 당신이 원하는 만큼 먹을 수 있는 다양한 음식이 있다.
➡ There is a great deal of food that you have as more as you want.

② 지난 회의 때보다 이번 회의에 사람들이 더 적었다.
➡ There were few people at this meeting than at the last one.

③ 계획을 덜 세우면 세울수록 더 많은 즐거움을 갖게 될 것이다.
➡ The less schemes you make, the more amusement you have.

④ 나는 영화 보러 가는 것보다 집에 있는 게 더 좋다.
➡ I prefer to stay home rather than go to a movie.

CHAPTER 12

어법 종합문제

필수 기출 분석

분석 1

▸ 2021. 국가직 9급

밑줄 친 부분 중 어법상 옳지 않은 것은?

Urban agriculture (UA) has long been dismissed as a fringe activity that has no place in cities; however, its potential is beginning to ① be realized. In fact, UA is about food self-reliance: it involves ② creating work and is a reaction to food insecurity, particularly for the poor. Contrary to ③ which many believe, UA is found in every city, where it is sometimes hidden, sometimes obvious. If one looks carefully, few spaces in a major city are unused. Valuable vacant land rarely sits idle and is often taken over—either formally, or informally—and made ④ productive.

해설 ③ which 다음 문장구조는 불완전하지만(believe 뒤에 목적어가 없다) which 앞에 선행사가 없으므로 관계대명사 which는 what으로 고쳐 써야 한다.

① be realized 뒤에 목적어가 없으므로 수동의 형태는 어법상 적절하다.

② 자릿값에 의해 준동사 자리이고 involve는 동명사를 목적어로 취하는 동사이므로 creating의 사용은 어법상 옳다.

④ 접속사 and를 기준으로 taken과 made가 병렬을 이루고 있고 make는 5형식 동사이므로 목적격 보어 자리에 형용사가 위치해야 한다. 따라서 is made 다음에도 형용사가 필요하므로 productive의 사용은 어법상 적절하다.

해석 도시농업(UA)은 오랫동안 도시와 어울리지 않는 주변 활동으로 무시되어왔지만 그것의 잠재력을 깨닫기 시작하고 있다. 사실, UA는 식량의 자급자족에 관한 것인데, 그것은 일자리를 만들어내는 것을 포함하며, 특히 가난한 사람들을 위한 식량 불안정에 대한 반응이다. 많은 사람들이 믿는 것과는 반대로, UA는 모든 도시에서 발견되는데, 그곳에서 때로는 눈에 띄지 않고 때로는 분명하다. 만약 우리가 주의 깊게 살펴보면, 대도시에는 사용되지 않는 공간은 거의 없다. 가치 있는 빈 땅은 거의 방치되지 않으며 종종 공식적으로나 비공식적으로 양도되어 생산적이기도 하다.

어휘 urban 도시의 / dismiss ① 해고하다 ② 무시하다 / fringe ① (실을 꼬아 장식으로 만든) 술 ② 주변부, 변두리 ③ 비주류 / potential ① 잠재력 ② 잠재적인 / self-reliance 자기의존, 자급자족 / involve 포함하다 / insecurity 불안정 / contrary to ~ 와는 반대로 / obvious 분명한 / vacant 텅 빈 / rarely 거의 ~ 않는 / idle ① 게으른, 나태한 ② 방치된, 놀고 있는 / take over 인수하다, 양도하다 / formally 공식적으로↔informally 비공식적으로 / productive 생산적인

정답 ③

분석 2

▸ 2021. 지방직 9급

어법상 옳은 것은?

① My sweet-natured daughter suddenly became unpredictably.

② She attempted a new method, and needless to say had different results.

③ Upon arrived, he took full advantage of the new environment.

④ He felt enough comfortable to tell me about something he wanted to do.

해설 ② 부정사의 관용적 용법인 needless to say(말할 필요도 없이)의 사용과 접속사 and를 기준으로 동사 attempted와 had가 병렬을 이루는 구조 모두 어법상 적절하다. 참고로 needless to say는 부사구로서 뒤에 있는 동사 had를 수식하고 있다.

① 2형식 동사 become 뒤에는 형용사 보어가 필요하므로 부사 unpredictably는 형용사 unpredictable로 고쳐 써야 한다.

③ upon은 전치사이므로 뒤에 명사나 전치사가 위치해야 한다. 따라서 동사 arrived는 문맥상 arriving으로 고쳐 써야 한다.

④ enough가 형용사를 수식할 때에는 반드시 후치수식해야 하므로 enough comfortable는 comfortable enough로 고쳐 써야 한다.

해석 ① 나의 착한 딸이 갑자기 예측 불가능해졌다.

② 그녀는 새로운 방법을 시도했고 말할 필요도 없이 다른 결과물을 얻었다.

③ 그는 도착하자마자 새로운 환경을 충분히 활용했다.

④ 그는 자신이 하고 싶은 것에 대해 내게 말할 만큼 충분히 편안해 졌다.

어휘 sweet-natured 착한, 다정한 / unpredictably 예측 불가능하게 / attempt 시도하다 / needless to say 말할 필요도 없이 / upon(on) -ing ~ 하자마자 / take advantage of ~ ~을 이용(활용)하다 / comfortable 편안한

정답 ②

실전문제

001

난이도 ⑧ ✓Self check □완벽 □실수 □모름

다음 밑줄 친 부분 중 어법상 옳지 않은 것은?

Speculations about the meaning and purpose of prehistoric art ① hinge heavily on analogies drawn with modern-day hunter-gatherer societies. Even if Mithen ② highly emphasizes in *The Prehistory of the Modern Mind*, Such primitive societies tend to view man and beast, animal and plant, ③ organically and unorganically spheres, as participants in ④ integrated, animated totality.

002

난이도 ⑧ ✓Self check □완벽 □실수 □모름

밑줄 친 부분 중 어법상 적절하지 않은 것은?

The new ① peoples who ② joined last month ③ are receiving invaluable ④ advices from the political leader of the group.

003

난이도 ⑧ ✓Self check □완벽 □실수 □모름

다음 중 어법상 적절하지 않은 것은?

① Had I stayed, I would have been destroyed my library for fear of police.

② Someone I knew was arrested as a communist for carrying with him *The Red and the Black*.

③ I left my books behind when I set off for Europe in 1969, some time before the military dictatorship.

④ I was 21 years old and wanted to see the world I had read about, *the London of Dickens, the Paris of Marcel Ayme*.

004

난이도 ⑧ ✓Self check □완벽 □실수 □모름

다음 우리말을 영어로 옮긴 것 중 가장 잘 옮긴 것은?

① 이런 식으로만 그들의 행동을 설명하기는 불가능하다.
➡ Only in this way is it impossible to account for their deeds.

② 하루 종일 일하는 지친 운전자들은 대체로 반응이 느리다.
➡ Tiring drivers who works all day long have slow reactions.

③ 많은 공학도들이 모든 최신의 발전에 뒤떨어지지 않기 위해서 열심히 공부했다.
➡ A number of engineers studied hard lest they kept abreast of all the latest developments.

④ 최초의 애완동물 숍은 Cambridge가 아니라 Oxford에서 Java라는 이름을 가진 어떤 사람이 1990년에 세웠다.
➡ The first pet-shop opened not in Cambridge but in Oxford where a man naming Java set it up in 1990.

005

난이도 ⑧ ✓Self check □완벽 □실수 □모름

다음 글의 밑줄 친 부분 중, 어법상 틀린 것은?

Jogging is a popular sports. Since the 1960s, millions of Americans ① are taking it up. ② I was informed that the fact was true. So I started jogging because of my weight problem. It ③ helps relieve stress. Jogging doesn't take much equipment. All I need to do ④ is keep clothing and good running shoes.

□□□
006 난이도 ✓Self check □완벽 □실수 □모름

다음 중 어법상 가장 적절한 것은?

① Chimpanzees, primate relatives with what we share nearly 98% of our DNA, also rob beehives.

② She runs on average 15 miles a day, irrespective of the circumstances and the weather.

③ Many a person convinces that this strong desire has been part of primate nature for countless millennia.

④ The painting portrayed a human figure in a tree, enveloping in a cloud of insects which must have been harmful.

□□□
007 난이도 ✓Self check □완벽 □실수 □모름

다음 밑줄 친 부분 중 어법상 옳지 않은 것은?

A gymnastic professor examined that starting a fitness routine would involve anything from taking a long walk after dinner ① to joining a full service health club. Her research could be relied ② upon many participants who are interested in their health. According to her research, recently people hoping ③ to get into shape have been turning programs ④ developed by the US Armed Forces, these programs promise to give "recruits" good solid work outs.

□□□
008 난이도 ✓Self check □완벽 □실수 □모름

다음 중 어법상 적절하지 않은 것은?

① The plan will be revoked automatically unless it posts on the bulletin board.

② A valid ID card is asked to use the athletic equipment during summer vacation.

③ Campus shuttle buses run every two hours and make all of the regular stops.

④ Only after they know how to use them will children tell objects from substances.

□□□
009 난이도 ✓Self check □완벽 □실수 □모름

다음 밑줄 친 부분 중, 어법상 어색한 것은?

Blindness is one of the most difficult of human handicaps because our eyes are so important to our learning. ① One thing making education possibly and life more pleasant for the blind is the development of a system by which they are able to learn to read. ② Since the blind cannot use their eyes, ③ they are taught to use the sense of touch in their fingers. Reading raised printed matter of the common type is very, very difficult. The special system now ④ used was invented by Charles, and perfected by Louis Braille.

□□□
010 난이도 ✓Self check □완벽 □실수 □모름

다음 우리말을 영어로 옮긴 것 중 적절하지 않은 것은?

① 비록 그 악명 높은 사람들이 부유하다 하더라도 그들이 항상 행복한 것은 아니다.
➡ However affluent the notorious are, they are not always happy.

② 그들이 무엇을 원하든지 이 지역에 들어오는 사람은 인질로 잡힐 위험이 있다.
➡ Everybody who goes into this region, whatever they want, are at risk of being taken hostage.

③ 그는 칸막이벽으로 되어 있는 곳 너머로 조심스럽게 이동했다.
➡ He moved carefully over what remained of partition walls.

④ 당신이 어떤 건강강좌를 선택하더라도 당신의 몸을 만들 수 있도록 도와 줄 훈련강사가 그곳에 있다.
➡ Whatever fitness classes you opt for, trained instructors are there to help build you.

011 난이도 (중)

✓Self check □완벽 □실수 □모름

다음 밑줄 친 부분 중 어법상 적절하지 않은 것은?

Rescuer Anton Phillips said: "This was ① rather an unusual call, and the owner did a great job in keeping her pet as ② calm as possible before I got there. But for the owner's patience and ability, this ③ could result in ④ a far worse scenario for Max."

012 난이도 (상)

✓Self check □완벽 □실수 □모름

다음 빈칸에 들어갈 내용으로 가장 적절한 것은?

_______________, seemingly irrational tendencies can lead even the brightest minds to make costly mistakes.

① Keeping uninvastigating
② Keeping uninvastigated
③ Kept uninvastigated
④ Kept uninvastigating

013 난이도 (중)

✓Self check □완벽 □실수 □모름

다음 밑줄 친 부분 중, 어법상 어색한 것은?

① Containing a number of complicated ② terms, the instruction which is relative to computer technology ③ was very ④ confused.

014 난이도 (상)

✓Self check □완벽 □실수 □모름

다음 중 우리말을 영어로 적절하게 옮긴 것은?

① 긴장감은 신체적 접촉과 그것이 아픔을 느끼게 하는 것인지에 대한 두려움 때문에 나오는 것이다.
➡ The tension is due to physical contact and the fear of if it will hurt.

② 그 당시에 내가 생각했던 그는 정말 멋지고 훌륭했다.
➡ The man whom I thought in those days was really smart and nice.

③ 교수님께서 문제 해결의 접근이 흥미로운 해결책을 우리에게 주었다.
➡ The professor gave us the solution in which the approach is interested.

④ 나는 가죽으로 만들어진 구두의 끈을 가지고 있다.
➡ I have the shoes whose the shoelaces are made of leather.

015 난이도 (상)

✓Self check □완벽 □실수 □모름

다음 우리말을 영어로 옮긴 것 중 가장 적절한 것은?

① 영국은 한때 다른 어떤 나라보다도 더 많은 도자기를 생산했다.
➡ England once produced more chinas than any other countries.

② 내가 잠이 들자마자 나의 아들은 텔레비전을 크게 틀었다.
➡ No sooner had I fallen asleep than my son had turned the television up too loud.

③ 그는 우리에게 평일 저녁에 텔레비전을 보지 말라고 요청했다.
➡ He requested that we not watch television on week night.

④ 내가 어렸을 때, 나의 독서를 지도해 줄 만한 훌륭한 감각을 갖춘 스승이 있었더라면 좋았을 텐데.
➡ I wished that I had a teacher of good sense to direct my reading when I was young.

□□□
016 난이도 중 ✓Self check □완벽 □실수 □모름

다음 밑줄 친 부분 중 어법상 옳은 것을 고르시오.

Depression is a ① psychological disorder characterizing by negative mood such as feelings of sadness and despair, low self-esteem, pessimism, lack of initiative, and slowed thought processes. Around 5 percent of the population will experience a major depression sometime ② while their lives. Many more suffer from brief, relatively mild bouts with the blues. Women are more likely ③ than men to suffer from depression. Many factors including social context and genetic inheritance ④ may affect on the onset and duration of a depressive episode. Social psychologists, however, have paid particular attention to the effects of cognitive factors on depression.

□□□
017 난이도 상 ✓Self check □완벽 □실수 □모름

다음 우리말을 영어로 옮긴 것 중 가장 적절한 것을 고르시오.

① 지구의 대기는 태양열의 약 50퍼센트를 차단하면서, 우주로 다시 반사시킨다.
➡ The atmosphere of the earth cuts off about fifty percent of the Sun's heat, bouncing them back into space.

② 수은과 알코올은 그 부피가 기온에 따라 균일하게 증가하기 때문에 온도계에 널리 사용된다.
➡ Mercury and alcohol are widely used in thermometers because their volume increases uniformly with temperature.

③ 그 정당의 대변인은, 대통령이 그 스캔들에 연루되어 있음을 부인했다.
➡ The spokesman for the party denied that the president was involving in the scandal.

④ 오페레타는 음악적 연극이라는 대중적인 형태로 19세기에 처음 출현했다.
➡ The operetta first has emerged as a popular form of musical theater in the 19th century.

□□□
018 난이도 중 ✓Self check □완벽 □실수 □모름

다음 중 어법상 옳지 않은 것을 고르시오.

① You cannot escape speaking to someone when you go to a party.

② Most of the books one thinks we use belong to the school.

③ I prefer my usual routine and am not inclined to try new things.

④ In spite of the violence which it is capable, lightning moves lightly.

□□□
019 난이도 상 ✓Self check □완벽 □실수 □모름

다음 중 어법상 적절한 것은?

① It was they who had left before we arrived.

② My brother has a German dictionary and thus you can use one.

③ Most of the devices here in this factory isn't ready for prime time.

④ Irony which many societies do not welcome the birth of girls exists.

□□□
020 난이도 중 ✓Self check □완벽 □실수 □모름

다음 우리말을 영어로 옮긴 것으로 가장 적절한 것은?

① 누군가가 그녀를 속이는 것은 정말 쉬웠다.
➡ It was really easy that she was deceived.

② 그가 이 문제를 푸는 것은 거의 불가능하다.
➡ He is almost difficult to solve this problem.

③ 이 책은 그가 이해하기에 몹시 힘들다.
➡ The book is highly tough for him to understand.

④ 선거에서 우리가 공명정대하게 행동할 필요가 있다.
➡ It was imperative that we played cricket in the election.

박문각
공무원

합격! 예상문제

김세현 영어

단원별 실전 400제

독해

CHAPTER 01

주제 · 제목 · 요지

출제 유형 분석

출제 · 유형

1. 다음 글의 주제는?
2. 다음 글의 제목은?
3. 다음 글의 요지는?

풀이 · 해법

1. 선택지[보기]부터 먼저 읽는다.
2. 올바른 독해법에 맞추어 글을 읽고 정답을 유도한다.
3. 너무 광범위하지 않은 또는 너무 세부적이지 않은 정답을 유도한다.
   (not too general or not too specific)
4. 정답을 선택할 때 선택지의 재진술에 유의한다.

Special Point

올바른 독해법

1. 독해는 해석을 잘하는 것이 아니라 이해하는 것이다.
2. 핵심 내용에 집중하기 ➡ 중요치 않거나 모르면 Skip하기 ➡ Skip하되 읽은 내용 연결시키기
3. 영어의 본질을 이해한다. (동일어 반복 회피 / 다의어 구조)

예제 다음 글의 주제로 가장 적절한 것을 고르시오.

The population growth of Mexico City is issuing pretty quickly. In 1970, the city had about 9 million people. Now it has over 17 million. All these people are causing problems for the city. There are not enough jobs. Also, there is not enough housing. Large families have to live together in small homes. Many homes do not have water. They also do not have bathrooms or electricity. The Mexican government is worried about all these problems. It is working hard to make life better in the city.

① problems in Mexico
② developments in Mexico
③ plights in Mexico City
④ large families in Mexico City

해설 주어진 지문은 멕시코시티의 인구 증가로 인한 문제점을 설명하는 글이므로 ③이 정답이 된다. 참고로 멕시코 전체의 문제가 아니라 멕시코시티만의 문제를 말하고 있으므로 ①은 정답이 될 수 없다.

해석 멕시코시티의 인구 성장은 매우 빠르게 진행되고 있다. 1970년에 도시에는 약 900만 명의 사람들이 있었다. 지금은 1,700만 명이 넘는다. 이 모든 사람들이 그 도시의 문제들을 야기시킨다. 일자리가 충분하지 않다. 또한 집도 충분하지 않다. 대가족이 작은 집에서 함께 살아야 한다. 많은 집에 물이 나오지 않는다. 그들은 또한 욕실이나 전기도 없다. 멕시코 정부는 이런 모든 문제들에 대해 걱정이 된다. 정부는 도시에서의 삶을 더 낫게 만들기 위해 열심히 일하고 있다.

어휘 population 인구 / issue ① 발표하다 ② 쟁점 ③ 문제 ④ (잡지의) 호 / cause 야기시키다 / electricity 전기 / plight 어려움, 골칫거리

정답 ③

실전문제

001 난이도 ⓢ ✓Self check □완벽 □실수 □모름

다음 글의 제목으로 가장 적절한 것은?

Most people get trapped in their optimistic biases, so they tend to listen to positive feedback and ignore negative feedback. Although this may help them come across as confident to others, in any area of competence (e.g., education, business, sports or performing arts) achievement is 10% performance and 90% preparation. Thus, the more aware you are of your weaknesses, the better prepared you will be. Low self-confidence may turn you into a pessimist, but when pessimism teams up with ambition it often produces outstanding performance. To be the very best at anything, you will need to be your harshest critic, and that is almost impossible when your starting point is high self-confidence. Exceptional achievers always experience low levels of confidence and self-confidence, but they train hard and practice continually until they reach an acceptable level of competence.

① Negative Comments Are Harmful
② The Risk of Ambition Without Effort
③ The Less Confident Are More Successful
④ High Self-Confidence Leads to Better Achievement

002 난이도 ⓢ ✓Self check □완벽 □실수 □모름

다음 글의 요지로 가장 적절한 것은?

Many women have prolonged difficulties achieving good sleep. As mothers, students, caretakers, and professionals, many of us lead hectic lives, filled with both obvious and subtle stressors that are on our minds as we attempt to settle into sleep. The sheer numbers of over-the-counter or prescribed sleep aids give you an idea of how widespread insomnia is today. But the problem with these sleep aids is that even though they induce drowsiness, they do not provide real sleep — deep, lasting, and refreshing. And some of these agents, if taken over the course of months, may lead to dependency or stop working altogether. Don't be surprised if your physician is not inclined to prescribe them.

① Women living in busy lives suffer from an overdose of sleeping pills.
② There are many different kinds of pills for insomnia, but their safety isn't guaranteed.
③ Many women suffer from insomnia, but they need prescription to purchase sleep aids that help alleviate their symptom.
④ Many women suffer from sleeplessness, but doctors will never prescribe sleep aids for them.

□□□

003 난이도 ⑧

✓Self check □완벽 □실수 □모름

다음 글의 제목으로 가장 적절한 것은?

The green revolution was a mixed blessing. Over time farmers came to rely heavily on broadly adapted, bumper crops to the exclusion of breeds adapted to local conditions. Monocropping vast fields with the genetically even seeds helps boost yield and meet immediate hunger needs. Yet high yield varieties are also genetically weaker grains that require expensive chemical fertilizers and toxic pesticides. The same holds true for high-yield livestock breeds, which often require expensive feed and medicinal care to survive in foreign climates. The drive to increase production is pushing out local varieties, diluting livestock's genetic diversity in the process. As a result, the world's food supply has become largely dependent on a shrinking list of breeds designed for maximum yield. In short, in our focus on widening the amount of food we produce today, we have accidentally put ourselves at risk for food dearth in the future.

① Pros and Cons of Using Chemical Fertilizers
② Is Genetic Diversity a Blessing in Disguise?
③ Who Will Conquer Famine, Farmers or Scientists?
④ Farming Uniform Breeds: A Double edged Sword

□□□

004 난이도 ⑧

✓Self check □완벽 □실수 □모름

다음 글의 제목으로 가장 적절한 것은?

The customer who went into a retail or small store owned by an independent businessman was sure to get personal attention: his individual purchase was important to the owner of the store; he was received like somebody who mattered, his wishes were studied; the very act of buying gave him a feeling of importance and dignity. How different is the relationship of a customer to a department store. He is impressed by the vastness of the building, the number of employees, the profusion of commodities displayed; all this makes him feel small and unimportant by comparison. As an individual he is of no importance to the department store. There is nobody who is glad about his coming, nobody who is particularly concerned about his wishes. The act of buying has become similar to going to the post office and buying stamps.

① A Change in the Status of the Customers
② Historical Background of Department Store
③ Importance and Dignity of Customers in Our Era
④ Understanding Department Store and Its Customers

005 난이도 중 ✓Self check □완벽 □실수 □모름

다음 글의 제목으로 가장 적절한 것은?

A few years ago we purchased a brand-new camper van. Not long after we bought our camper, a friend of ours asked if her family could borrow it for house guests. We were not too interested in loaning out our spotless camper, so we declined. This happened in the fall, and we stored the camper in our backyard all that winter. In the spring my husband and I were setting it up to prepare for a trip to visit some relatives. Imagine our surprise to find that we had left cookie boxes in the camper over the winter! We'd moved and had a baby that previous summer and fall, and cleaning out the camper had been overlooked. That in itself wouldn't have been so bad had it not been for the mice. Mice were attracted by the food and they shredded all the curtains, screens, and cushions. Had we let the friend borrow the camper, she would have discovered the boxes before the mice did.

① It Pays Off to Share
② Sharing: Pros and Cons?
③ Shared Loss Leads to Friendship
④ Misfortune Turned into a Blessing

006 난이도 중 ✓Self check □완벽 □실수 □모름

다음 글의 요지로 가장 적절한 것은?

Zero percent interest for the next six months, or even a year, on all balance transfers. No annual fees. Reward points for everyday purchases. Choose airline tickets, hotel stays, car rentals, a variety of great brand-name products or just get cash back. What red-blooded American credit-card holder could resist such a deal? Well, if you're smart, maybe you. Tantalizing offers like these from your credit-card issuers are increasingly filled with traps that can pile on unexpected fees or trigger punitive interest, as high as 35%. These details are spelled out in the fine print of promotions and cardholder agreements. But, says Curtis Arnold of CardRatings.com, "You have to be incredibly sedulous to avoid the pitfall."

① Lower rates and other deals sound great, until you find out what you're really paying.
② Credit-card companies do not always behave badly towards their customers.
③ Credit-card companies will be fined unless they provide the details of cardholder agreements
④ Reward points or low punitive interests are being added to the existing benefits.

007 난이도 중

Self check □ 완벽 □ 실수 □ 모름

다음 글의 주제로 가장 적절한 것은?

Scientists use paradigms rather than believing them. The use of a paradigm in research typically addresses related problems by employing shared concepts, symbolic expressions, experimental and mathematical tools and procedures, and even some of the same theoretical statements. Scientists need only understand how to use these various elements in ways that others would accept. These elements of shared practice thus need not presuppose any comparable unity in scientists' beliefs about what they are doing when they use them. Indeed, one role of a paradigm is to enable scientists to work successfully without having to provide a detailed account of what they are doing or what they believe about it. Thomas Kuhn noted that scientists "can agree in their identification of a paradigm without agreeing on, or even attempting to produce, a full interpretation or rationalization of it. Lack of a standard interpretation or of an agreed reduction to rules will not prevent a paradigm from guiding research."

① difficulty in drawing novel theories from existing paradigms
② key factors that promote the rise of innovative paradigms
③ roles of a paradigm in grouping like-minded researchers
④ functional aspects of a paradigm in scientific research

008 난이도 중

Self check □ 완벽 □ 실수 □ 모름

다음 글의 주제로 가장 적절한 것은?

The precision of the lines on the map, the consistency with which symbols are used, the grid and/or projection system, the apparent certainty with which place names are written and placed, and the legend and scale information all give the map an aura of scientific accuracy and objectivity. Although subjective interpretation goes into the construction of these cartographic elements, the finished map appears to express an authoritative truth about the world, separate from any interests and influences. The very trust that this apparent objectivity inspires is what makes maps such powerful carriers of ideology. However unnoticeably, maps do indeed reflect the world views of either their makers or, more probably, the supporters of their makers, in addition to the political and social conditions under which they were made. Some of the simple ideological messages that maps can convey include: This land is and has long been ours; here is the center of the universe; if we do not claim this land, the enemies you most fear will.

① political and social conflicts caused by maps
② ideologies lying beneath the objectivity of maps
③ the conditions essential to making a map accurate
④ subjectivity defining the creativity of map-making

009 난이도 상 Self check □완벽 □실수 □모름

다음 글의 주제로 가장 적절한 것은?

After a problem which needs to be solved has been recognized, the step of defining and representing the problem may proceed with analogical thinking. To form an appropriate representation, a problem solver must often try out different perspectives on solving a problem before finding one that gives insight to a solution path. One way in which a variety of representations can be found is through analogical thinking. When a similar problem can be identified, then the solution of the present problem is partly a matter of mapping one element onto another. For example, mapping involves comparing the problem for similarity in structure and identifying their parallel elements. The solution of one problem then can guide the process of solving a novel one through this analogical mapping process.

① problems of too much analytical thinking
② importance of having various perspectives
③ procedure of problem-solving through analogy
④ problem-solving ability through analogical thinking

010 난이도 중 Self check □완벽 □실수 □모름

다음 글의 제목으로 가장 적절한 것은?

We have a strange belief in the power of systems related with traffic. If a visitor from a planet without cars were to visit Earth, he might be truly puzzled by the strange daubs of paint on the street. Do you remember the children's game Red Light, Green Light? The person acting as the stoplight would stand with his back to the other players and announce, "Green light." The players would move forward. Then he would say, "Red light" and spin around. If you didn't stop before he saw you, you were "out." What makes the game work is that children do not always stop in time. Nor do adults in real life, which is even more complicated, because we have things like yellow lights — do I stop or do I go? A line on the street may also keep cities from getting sued, but it does nothing to prevent a driver from misbehaving, perhaps even killing someone.

① Traffic Lights: Not always Necessary
② Traffic Systems Are Little Effective
③ Supplementing Traffic Lights for Traffic Systems
④ Securing Financial Resources for Efficient Traffic Lights

□□□
011 난이도 상 ✓Self check □완벽 □실수 □모름

다음 글의 주제로 가장 적절한 것은?

In monkey colonies, where rigid dominance hierarchies exist, beneficial innovations do not spread quickly through the group unless they are taught first to a superior animal. When a lower animal is taught the new concept first, the rest of the colony remains mostly oblivious to its value. One study on the introduction of new food tastes to Japanese monkeys provides a nice illustration. In one troop, a taste for caramels was developed by introducing this new food into the diet of young minors, low on the status ladder. The taste for caramels inched slowly up the ranks : A year and a half later, only 51 percent of the colony had acquired it, and still none of the leaders. Contrast this with what happened in a second troop where wheat was introduced first to the leader : Wheat eating — to this point unknown to these monkeys — spread through the whole colony within four hours.

① peer pressure in monkey colonies
② how monkeys get beneficial innovations
③ unnecessary dominance hierarchies in monkey colony
④ monkeys' deference to authority in adapting themselves to new things

□□□
012 난이도 중 ✓Self check □완벽 □실수 □모름

다음 글의 요지로 가장 적절한 것은?

If someone is homeless and without warm clothing for the winter ahead, donating your old winter clothes and food to the shelter the following spring is not very helpful. When we are angry, we have to express it appropriately and at the proper moment. If not, the words that would have led to an improvement may make the situation worse. And the same thing said at the wrong time can be a disaster, while said at the right time, enlightening. So be aware of the time and your emotional state before speaking. Also, while you are deciding on the right moment, be patient and aware of what others need. Sometimes the right moment for you may not be right for the person you want to communicate with.

① Time heals all wounds.
② Time will show who is right.
③ There is a time for everything.
④ Time and tide waits for no man.

013 난이도 상 Self check □완벽 □실수 □모름

다음 글의 제목으로 가장 적절한 것은?

One theory to explain the sudden extinction of all dinosaurs points to drug overdoses as the cause. Angiosperms, a certain class of plants, first appeared at the time that dinosaurs became extinct. These plants produce an amino-acid-based alkaloid which is among psychoactive organic compounds. Most herbivorous mammals avoid these potentially lethal poisons because they taste bitter. Moreover, mammals have livers that help detoxify such drugs. However, dinosaurs could neither taste the bitterness nor detoxify the substance once they ate it. This theory receives its strongest support from the fact that it helps explain why so many dinosaur fossils are found in unusual positions and contorted positions.

① Why Did Mammals Become Extinct
② Watch What Dinosaurs Ate Carefully
③ Extinction of Dinosaurs : An Eternal Riddle
④ Poisons Can Sometimes Be a Good Remedy

014 난이도 중 Self check □완벽 □실수 □모름

다음 주어진 글의 주제로 가장 적절한 것을 고르시오.

A team of researchers has found that immunizing patients with bee venom instead of with the bee's crushed bodies can better prevent serious and sometimes fatal sting reactions in the more than one million Americans who are hypersensitive to bee stings. The crushed-body treatment has been standard for fifty years, but a report released recently said that it was ineffective. The serum made from the crushed bodies of bees produced more adverse reactions than the injections of the venom did. The research compared results of the crushed-body treatment with results of immunotherapy that used insect venom and also with results of a placebo. After six to ten weeks of immunization, allergic reactions to stings occurred in seven of twelve patients treated with the placebo, seven of twelve treated with crushed-body extract, and one of eighteen treated with the venom.

① A new treatment for people allergic to bee stings
② A more effective method of preventing bee stings
③ The use of placebos in treating hypersensitive patients
④ Bee venom causing fatal reactions in hypersensitive patients

□□□
015 난이도 중 ✓Self check □완벽 □실수 □모름

다음 글의 주제로 가장 적절한 것은?

Most conducive to the calm and peaceful atmosphere that the two-year-old child needs but cannot produce for himself/herself is the presence of comforting music, in almost any form. Mother's chanting can help. Chanting a request, such as "Time to come to breakfast." may be more effective than simply saying the request. Records, especially nursery rhymes, are just the thing for those periods at the end of the morning or afternoon when children are often easily irritated. Some children, especially boys, like to have their own music players and may play these for very long periods of time.

① the leisurely effect of music on two-year-olds
② the baneful influence of music on two-year-olds
③ the plights of musical therapy for two-year-olds
④ the most popular nursery rhymes for two-year-olds

□□□
016 난이도 상 ✓Self check □완벽 □실수 □모름

다음 글의 제목으로 가장 적절한 것은?

One thing Westerners notice with some puzzlement when visiting African universities is that even in oppressive heat the African staff members are dressed to perfection — the men, for example, wear three-piece suits, gold watches, and shined shoes. In contrast, Western men look sweaty and hairy in their wrinkled shirts and shorts, leisurely walking in sandals. This difference is not to be explained simply; the Africans are not "bragging" their status, as it might seem to a Westerner for whom stylish outfit indicates the desire to impress, and casual clothes demonstrate a care for comfort or an admirable disdain to outward indicators of wealth or rank. Rather, the Africans are exemplifying a belief that goes back to village society: Care in grooming and dress manifests a politeness and sincerity that are considered to be rudimentary human virtues. We see this sophisticated manners in our town African-American churchgoers.

① Social Position Means Nothing to Africans
② Manners Matter More Than How You're Dressed
③ Dress Code: A Badge of Identity in African Societies
④ African's Stylishness: Not for Showing But for Courtesy

CHAPTER 02

Pattern and Signal

출제 유형 분석

1 나열(Listing)의 전개 방식

▶ 나열의 Signal Words

many 많은	several 몇몇의	various 다양한	a few 몇몇의
some 몇몇의	even 심지어	first(of all) 첫 번째(무엇보다도, 우선)	
second 두 번째	third 세 번째	one 하나	also 또한
another 또 다른	for example(instance) 예를 들어서		finally 마지막으로(= lastly)

moreover 더욱이, 게다가(= in addition, additionally, besides, further(more), what's more)

예문 나열의 Signal 찾기

Diamonds are very expensive for several reasons. First, they are difficult to find. They are only found in a few places in the world. Second, they are useful. People use diamonds to cut other stones. Third, diamonds do not change. They stay the same for millions of years. And finally, they are very beautiful. So, many people want to buy them for beauty.

해설 이 글은 다이아몬드가 비싼 이유를 네 가지 근거로 설명하고 있다.

해석 다이아몬드는 여러 가지 이유로 매우 비싸다. 첫째, 그것들은 찾기가 어렵다. 그것들은 전 세계에서 오직 몇몇 장소에서만 발견된다. 둘째, 다이아몬드는 유용하다. 사람들은 다이아몬드를 사용해서 다른 돌을 자른다. 셋째, 다이아몬드는 변하지 않는다. 그것들은 수백만 년 동안 똑같은 상태를 유지한다. 그리고 마지막으로, 그것들은 매우 아름답다. 그래서 많은 사람들은 아름다움 때문에 다이아몬드를 사고 싶어 한다.

어휘 several 다양한, 여러 가지의 / useful 유용한, 쓸모 있는

예문 나열의 Signal 찾기

We know about many different kinds of pollution. One kind is air pollution. This usually is a problem for cities. Water pollution is another problem. It is found in rivers, lakes, and oceans. Also, pollution of the earth is sometimes a problem near farms. Finally, there is noise pollution, especially in crowded cities and near airports.

해설 이 글은 오염의 네 가지 종류를 설명하고 있다.

해석 우리는 다양한 종류의 오염에 대해 알고 있다. 한 종류는 공기 오염이다. 이것은 대개 도시에 관한 문제이다. 수질 오염은 또 다른 문제이다. 이 문제는 강이나, 호수, 바다에서 발견된다. 또한 토양 오염은 가끔 농장 주변에서의 문제이다. 마지막으로 소음 공해가 있다. 특히 북적대는 도시들과 공항들 주위에 존재한다.

어휘 pollution 오염, 공해 / earth ① 지구 ② 땅, 대지 / crowded 북적거리는, 붐비는

>> 나열의 전개 방식을 알고 있으면 주제문을 쉽게 찾을 수 있다.

2 시간 순서(Time order)의 전개 방식

▶ 시간 순서의 Signal Words

first 첫 번째	first of all 무엇보다도, 우선	to begin with 우선, 먼저
the first step 첫 번째 단계	second 두 번째	next 그 다음에는
then 그러고 나서	later 그 후에	after(that) 그런 다음에
finally 마지막으로	lastly 마지막으로	the last step 마지막 단계
chronological order(연대순) : in 2014 … two years later … in 2018		

예문 시간 순서 Signal 찾기

Agriculture developed in the Middle East and Egypt at least 10,000 years ago. Farming communities soon became the basis for society in China, India, Europe, then spread throughout the world. Agricultural reorganization along more scientific and productive lines took place in Europe in the 18th century with improved crop rotation and the agricultural revolution. Mechanization made considerable progress in the USA and Europe during the 19th century. In the 1960s there was development of high yielding species, especially in the green revolution of the Third World.

해설 이 글은 농업의 역사에 관한 글이다.

해석 농업은 중동과 이집트에서 최소 10,000년 전에 발달했다. 농경 사회는 곧 중국, 인도, 유럽의 사회 기반이 되었으며 전 세계로 퍼져 나갔다. 더 많은 과학적이고 생산적인 라인과 함께 농업의 재편성은 18세기 유럽에서 일어났으며, 향상된 윤작법과 농업 혁명을 낳았다. 기계화는 19세기 동안 상당한 발전을 미국과 유럽에 가져왔다. 1960년대에 특히 제3세계의 녹색 혁명에서 생산성 높은 종의 개발이 있었다.

어휘 agriculture 농업 / community 공동체, 사회 / basis 기반, 기초 / spread 퍼지다, 퍼트리다 / throughout 도처에 / reorganization 재편성, 개편 / productive 생산적인 / take place 발생하다, 일어나다 / crop rotation 윤작법 / mechanization 기계화 / considerable 상당한, 꽤 많은 / progress 발전, 진보 / yield ① 생산하다 ② 양보하다 ③ 굴복하다

예문 시간 순서 Signal 찾기

A trip to another country requires an amount of planning. First, you must decide where you would like to go. Next, you need to look at maps and books about those places. When you have decided where to go, you should find out how to get there. An agent can tell you about ways to travel and the cost. Then, you should find out what kind of documents you will need to enter the country. In the meantime, you might want to learn a few important words and phrases. Finally, you should make a packing list to make sure you bring everything necessary for a pleasant trip.

해설 이 글은 해외여행의 과정 · 절차를 설명하는 글이다.

해석 다른 나라로 여행하는 데는 많은 계획이 필요하다. 첫째, 당신은 어디를 가고 싶은지를 결정해야 한다. 그 다음에, 당신은 그 장소들에 관한 지도와 서적들을 봐야 할 필요가 있다. 어디로 갈지 정했다면 당신은 그곳에 갈 방법을 찾아야 한다. 여행사 직원은 당신에게 여행 방법과 비용을 알려 줄 수 있다. 그러고 나서, 당신은 그 나라에 입국하는 데 필요한 서류가 어떤 종류인지 알아봐야 한다. 그러는 동안, 당신은 아마 몇 가지 중요한 단어와 어구를 배우기를 원할지도 모른다. 마지막으로 당신은 즐거운 여행에 필요한 모든 것을 가져가는지를 확인할 수 있는 짐 꾸리기 목록을 만들어야 한다.

어휘 require 요구하다, 필요로 하다 / an amount of 상당한, 많은 / agent 여행사 직원, 대리인 / document 서류 / in the meantime 그동안, 그 사이에 / phrase 어구 / packing 짐 꾸리기 / list 목록 / pleasant 즐거운, 유쾌한

>> 시간 순서의 전개 방식은 역사성이나 과정 · 절차를 설명한다.

3 비교(Comparison) / 반대 · 대조(Contrast)의 전개 방식

▶ 비교(Comparison)의 Signal Words

(a)like ~처럼[같은]	both 둘 다	same 같은
similar 비슷한	similarly 마찬가지로(= likewise)	

예문 비교의 Signal 찾기

Lemons and limes are similar kinds of fruit. Both are grown in warm places. Both have hard skins and soft insides. People do not usually eat whole lemons and limes. That is because both of these fruits have a very sour taste. The two are often used in desserts and main dishes. People make juice from lemons and also from limes. Finally, both fruits have a lot of vitamin C in them.

해설 이 글은 레몬과 라임의 유사점을 설명하는 글이다.

해석 레몬과 라임은 비슷한 종류의 과일이다. 둘 다 따뜻한 기후에서 자란다. 둘 다 단단한 껍질과 부드러운 과육을 가지고 있다. 사람들은 보통 레몬과 라임을 통째로 먹지 않는다. 그 이유는 이 두 과일 모두 매우 신맛이 나기 때문이다. 이 둘은 종종 디저트나 주요리에 사용된다. 사람들은 레몬 또는 라임을 가지고 주스를 만든다. 마지막으로, 두 과일 모두 많은 양의 비타민 C가 들어 있다.

어휘 sour 신맛이 나는 / dessert 후식, 디저트 *desert 사막 / dish ① 접시 ② 요리

▶ 반대 · 대조(Contrast)의 Signal Words

but 그러나	(and) yet 그렇지만
however 그러나(= though, still)	then 그러나
in contrast 대조적으로	conversely 반대로, 거꾸로(= on the contrary)
unlike ~와 달리	different(from) 다른
more(less) than 비교급	while 반면에(= whereas, on the other hand)
nevertheless 그럼에도 불구하고(= nonetheless, even so)	

예문 **반대 · 대조의 Signal 찾기**

Lemons and limes are both citrus fruits, but they are quite different. First of all, the color is different. Lemons are yellow. Limes are green. The taste is different, too. Also, lemons are grown all over the world, but limes are grown in only a few places. This is because lemons are an old kind of fruit, but limes are new. They are really a special kind of lemon. Scientists made them from lemons only about 50 years ago.

해설 이 글은 레몬과 라임의 차이점을 설명하는 글이다.

해석 레몬과 라임은 둘 다 감귤류의 과일이지만 그것들은 매우 다르다. 무엇보다, 우선 색깔이 다르다. 레몬은 노란색이고 라임은 녹색이다. 맛 또한 다르다. 또한, 레몬은 전 세계에서 재배되지만, 라임은 몇몇 장소에서만 재배된다. 이것은 레몬은 오래된 종류의 과일이지만 라임은 새로운 과일이기 때문이다. 그것(라임)들은 정말 특별한 종류이다. 과학자들이 레몬에서 라임을 만들어 낸 것은 고작 50년 전이다.

어휘 citrus 감귤류 / grow ① 성장하다, 자라다 ② ~이다, 되다, ~지다 ③ 재배하다, 기르다 / sour (맛이) 신

4 공간 순서(Spatial Order)의 전개 방식

(1) 나열의 공간 개념

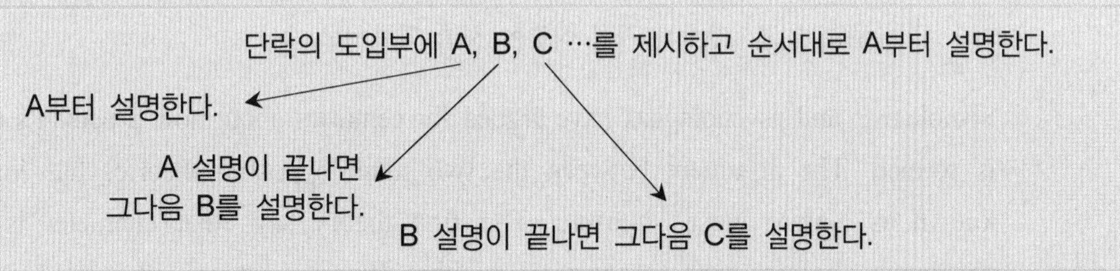

참고 단락의 도입부에 A, B, C …를 제시하지 않고(생략하고) 바로 A부터 설명하는 전개 방식도 가능하다.

>> 나열의 공간 개념은 빈칸 완성이나 일관성(글의 순서/삽입)에서 적용할 수 있다.

예제 **다음 글을 읽고, 빈칸에 가장 적절한 것을 고르시오.**

According to psychologists, your physical appearance makes up 55% of a first impression. The physical appearance includes facial expressions, eye contact, and general appearance. The way you sound makes up 35% of the first impression. This includes how fast or slowly, loudly or softly you speak, and your tone of voice. The actual words you use count for only 10%. Therefore, it is safe to conclude that people form their first impressions based mostly on how you look, then on how you speak, and least of all on ________________.

① who you are
② where you speak
③ what you say
④ the way you sound

해설 첫인상을 결정짓는 데에는 외모가 55%를 차지하고, 그다음 말하는 방식이 35%를, 그리고 실질적인 말이 10%를 차지한다고 했다. 결론을 이끄는 부분에서 순서대로 외모와 말하는 방식을 언급했으므로 빈칸에는 실질적인 말에 대한 내용이 나와야 한다. 따라서 정답은 ③ '무엇을 말하는가'가 된다.

해석 심리학자들에 따르면, 당신의 외모는 첫인상의 55%를 차지한다. 외모는 얼굴 표정, 눈 맞춤 그리고 일반적인 모습을 포함한다. 당신의 말하는 방식이 첫인상의 35%를 차지한다. 여기에는 당신이 얼마나 빠르게 아니면 느리게, 얼마나 크게 아니면 부드럽게 말하는가와 당신 목소리의 말투[어조]도 포함된다. 실제 당신이 사용하는 말은 고작 10% 정도 차지한다. 그러므로 사람들이 자신의 첫인상을 형성하는 데 대부분 어떻게 보이나, 그다음 어떻게 말하는가 그리고 가장 적게 무엇을 말하는가를 기반으로 한다고 결론지어도 무방하다.

어휘 psychologist 심리학자 / physical appearance 외모, 용모, 모습 / make up 차지하다 / impression 인상 / facial 얼굴의, 표정의 / tone 어조, 말투 / count for 중요하다, 가치가 있다 / conclude 결론을 내리다

정답 ③

⑵ 반대 · 대조의 공간의 개념

A ≠ B(반대 · 대조 개념)
순서대로 A부터 설명하고, A 설명이 끝나고, 그다음
반대 · 대조의 Signal이 나온 다음, B를 설명한다.

참고 단락의 도입부에 A, B를 제시하지 않고(생략하고) 바로 A부터 설명하는 전개 방식도 가능하다. 또한 A에서 B로 넘어가는 과정에서 문맥의 흐름이 명확할 때에는 반대 · 대조의 연결어가 생략되는 경우도 있다.

>> 반대 · 대조의 공간 개념은 빈칸 완성이나 일관성에서 적용할 수 있다.

예제 다음 글을 읽고, 빈칸에 가장 적절한 것을 고르시오.

Sociologists and psychologists have argued for centuries about how a person's character is formed. The argument between the two main opposing theories has long been known as Nature versus Nurture. The first theory says that character is formed genetically before birth. According to this theory, nature – through genetics – determines what a person will be like. The other theory says, on the contrary, that a person's character is formed after birth. According to this theory, the most important factors are ______________________.

① natural and environmental
② hereditary and natural
③ cultural and environmental
④ genetical and cultural

해설 이 글은 인간의 본성을 두 가지 다른 개념(Nature와 Nurture)으로 설명하고 있다. 빈칸 앞에는 Nature(태어나기 전에 유전적으로 결정됨)에 대한 설명이 나오는데, on the contrary가 있으므로 빈칸에는 Nurture에 대한 설명이 있어야 한다. 따라서 정답은 ③이 된다.

해석 사회학자들과 심리학자들은 수 세기 동안 어떻게 인간의 성격이 형성되는가에 대해 논쟁해 왔다. 이 둘 사이의 주된 상반된 이론의 논쟁은 천성(타고난 것) 대 양육(후천적인 것)으로 오랜 기간 알려져 왔다. 첫 번째 이론은 성격이 유전적으로 출생 이전에 형성되었다고 말한다. 이 이론에 따르면 유전학 관점에서 천성이 한 사람이 어떤지를 결정한다는 것이다. 나머지 다른 이론에 따르면, 이와 반대로 한 개인의 성격은 출생 이후에 형성된다고 말한다. 이 이론에 따르면 대부분의 중요한 요소는 문화적이고 환경적이라는 것이다.

어휘 sociologist 사회학자 / argue 주장하다, 논쟁하다 / character 성격 / argument 논쟁, 주장 / opposing 상반된, 서로 다른 / theory 이론 / nature 천성, 본성 / nurture 양육(하다) / genetically 유전적으로 *genetics 유전학 / determine 결정하다 / on the contrary 이와 반대로 / factor 요소 / hereditary 유전적인, 세습되는

정답 ③

5 원인(cause) · 결과(effect)의 전개 방식

▶ 인과 관계의 Signal Words

as ~ 때문에(= since, because) as a result 그 결과로서
thus 그래서, 그러므로[= therefore, hence, and(so)]
give rise to 야기시키다(= cause, lead to, result in, bring about)
due to ~ 때문에(= owing to = on account of = because of)
the cause(reason) of ~의 원인(이유) the result(effect, consequence) of ~의 결과
this is why 이것이 ~한 이유다 this is because 이것이 ~ 때문이다

예문 인과 관계의 Signal 찾기

There are many different causes for car accidents in the United States. Sometimes accidents are caused by bad weather. Ice or snow can make roads dangerous. Accidents also can result from problems with the car. A small problem like a flat tire can be serious. Bad roads are another cause of accidents. Some accidents happen because the driver falls asleep. Finally, some accidents are caused by drinking too much alcohol. In fact, this is one of the most important causes of accidents.

해설 이 글은 자동차 사고의 원인을 다섯 가지로 설명하는 글이다.

해석 미국 내 자동차 사고에는 다양한 원인들이 있다. 때로는 악천후가 원인이 되기도 한다. 빙판이나 눈은 길을 위험하게 한다. 사고는 또한 자동차의 차체 문제가 원인이 될 수도 있다. 펑크 난 타이어와 같은 작은 문제가 심각하게 될 수도 있다. 좋지 않은 길들도 또 다른 사고의 원인이다. 때때로 운전자가 졸아서 사고가 발생하기도 한다. 마지막으로 몇몇 사고들은 술을 너무 많이 마셔서 일어나기도 한다. 사실 이것이 사고의 가장 주요한 원인 중 하나이다.

어휘 cause 원인, 유발하다 / result from ~로부터 기인하다, 원인이 되다 / flat ① 평평한 ② 펑크 난 *flat tire 펑크 난 타이어

예문 인과 관계의 Signal 찾기

If you are too fat, you may soon have serious problems with your health. A group of doctors wrote a report about some of the effects of too much fat. One important effect is stress on the heart. If you are fat, your heart has to work harder. This may lead to a heart attack or to other heart problems. Extra fat can also change the amount of sugar in your blood. This can cause serious diseases, such as diabetes. High blood pressure is another possible result of being fat. Even cancer can sometimes be a result. More studies are needed about all these problems, but one thing is clear: Extra fat may make your life shorter.

해설 이 글은 비만으로 인한 네 가지 결과를 설명하는 글이다.

해석 당신이 너무 뚱뚱하다면 당신은 건강상 심각한 문제가 생길 수 있다. 한 그룹의 의사들이 너무 살찐 것의 몇 가지 영향에 대해 보고서를 썼다. 한 가지 중요한 영향은 심장에 무리를 준다는 것이다. 만약 당신이 뚱뚱하다면, 당신의 심장은 더 세게 뛰어야 한다. 이것이 아마도 심장 마비를 초래하거나 다른 심장 문제를 야기할지도 모른다. 과다한 지방은 또한 혈액 내 당분의 양을 변화시킬 수도 있다. 이것은 당뇨와 같은 심각한 질병들을 야기할 수도 있다. 고혈압은 비만의 또 다른 있을 수도 있는 결과이다. 심지어 암도 가끔씩 유발될 수 있다. 이런 모든 문제들에 대해서 더 많은 연구가 필요하지만, 한 가지 확실한 것은 과다한 지방은 당신의 생명을 단축시킬지도 모른다는 것이다.

어휘 effect 영향, 결과, 효과 / lead to ~을 초래하다, 유발하다 / extra ① 여분의 ② 추가되는 ③ 과다한 / diabetes 당뇨(병) / high blood pressure 고혈압

실전문제

001 난이도 Self check □완벽 □실수 □모름

다음 글의 제목으로 가장 적절한 것을 고르시오.

It is important to use water carefully. Here are some ways you can use less water. First, be sure to turn off faucets tightly. They should not drip in the bathroom or kitchen sink. Second, do not keep the water running for a long time. Turn it off while you are doing something else. For example, it should be off while you are shaving or brushing your teeth. It should be off while you are washing the dishes. Finally, in the summer you should water your garden in the evening. That way you will not lose a lot of water. During the day the sun dries up the earth too quickly.

① Importance in Using Water Carefully
② Effective Ways in Using Water to Wash
③ What to Do in the Garden
④ How to Save Water

002 난이도 Self check □완벽 □실수 □모름

다음 글의 흐름으로 보아 주어진 문장이 들어가기에 가장 적절한 곳은?

The sizes and shapes of coins are different in several countries, and the size and color of paper money also vary.

When we think of money, we usually think of coins or bills. (①) In the modern world, almost every country uses coins and paper money to exchange for other objects of value. (②) In India, for instance, some coins have square sides. (③) In Japan, coins have holes in the center. (④) In the United States, all paper money is the same size and the same color; only the printing on the bills is different.

003 난이도 Self check □완벽 □실수 □모름

다음 주어진 글 다음에 이어질 글의 순서로 가장 적절한 것은?

Ralph was asked to work on the citizens' general dissatisfaction with the effectiveness of city government. After spending some time with people in the city, he found one of the problems was the performance of the city planning department.

(A) Another one said, "The most important thing is that we've learned how to coordinate." Ralph saw that the immediate, short-term payoff for the planning department was to become more responsive to the community and its growth.

(B) Ralph determined that the citizens' complaints were justified, so he trained the city planners in setting objectives, selecting alternatives, data analysis, and coordination. At the end of the training, one of them said, "We'll use this in the future. I'm not going to be drawing boxes any more."

(C) Citizens complained that many planners were experts at 'drawing pictures', that is, physical planning and design, but did nothing to coordinate what they were doing.

① (A) − (C) − (B)　② (B) − (A) − (C)
③ (B) − (C) − (A)　④ (C) − (B) − (A)

004 난이도 하 ✓Self check □완벽 □실수 □모름

주어진 글 다음에 이어질 글의 순서로 가장 적절한 것은?

One day when Brahms taught and traveled as a pianist, he served as a teacher and conductor.

(A) During the last 30 years of his life, Brahams spent more and more time composing.
(B) In 1863, in the end, he settled there as a conductor.
(C) Brahams was composing large numbers of works by 1862, when he visited Vienna.

① (A) − (C) − (B) ② (B) − (A) − (C)
③ (B) − (C) − (A) ④ (C) − (B) − (A)

005 난이도 중 ✓Self check □완벽 □실수 □모름

다음 글의 제목으로 가장 적절한 것을 고르시오.

The people of ancient Egypt were polytheistic. The Persian invasion of Egypt in 539 B.C. doesn't seem to have made any difference to Egyptian religion. The Egyptian just kept right on worshipping their own gods. When the Romans conquered Egypt in 30 B.C., again the Egyptians kept on worshipping their own gods while at the same time continuing to worship the Greek gods, and adding on some Roman gods as well. But little by little some Egyptians began to convert to Christianity, and by the time of the Great Persecution in 303 A.D., there were many Christians in Egypt. After the Roman Emperors became Christian and the persecution ended, most of the people of Egypt were converted to Christianity.

① The Various Kinds of Egyptian Gods
② The Cultural Tradition of Ancient Egypt
③ The Historical Change of Egyptian Religion
④ The Conversion from Muslim to Christianity

006 난이도 중 ✓Self check □완벽 □실수 □모름

다음 글의 제목으로 가장 적절한 것을 고르시오.

Powerful computers capable of translating documents from one language into another have recently been developed. To interpret a document from English into Japanese, the computer first analyzes an English sentence, determining its grammatical structure and identifying the subject, verb, objects, and modifiers. Next, the words are shifted by an English-Japanese dictionary. After that, another part of the computer program analyzes the awkward jumble of words and meanings and produces an intelligible sentence based on the rules of Japanese syntax and the machines understanding of what the original English sentence meant. Finally, the computer-produced translation is polished by a human bilingual editor.

① Development of New Software
② Software for Language Translation
③ Procedure of Machine Translation
④ Assembling Sentences by Computer

007 난이도 하 ✓Self check □완벽 □실수 □모름

다음 글을 읽고, 빈칸에 가장 적절한 것을 고르시오.

Children will often express themselves openly. "Look at my painting! Isn't it pretty?" But adults are generally ________________ about their need for support. A grown-up who tried his or her best at something isn't likely to ask, "Didn't I do a good job?" But the adult needs to hear it all the same. In other words, children and adults alike want to hear positive remarks. Therefore, don't forget to praise others when they need support.

① more honest ② less revealed
③ less hidden ④ less hesitant

008

난이도 중 ✓Self check □완벽 □실수 □모름

다음 글의 주제로 가장 적절한 것을 고르시오.

Advertising informs consumers about new products available on the market. It gives us more important information about everything from shampoo, to toothpaste, to computers and cars etc. But there is one serious problem with this. The information is actually very often mis-information. It tells us the products' benefits but hides their disadvantages. Advertising not just leads us to buy things that we don't need and can't afford, but it confuses our sense of reality. "Zuk-yum Toothpaste prevents cavities and gives you white teeth!" The advertisement tells us. But it doesn't tell us the complete truth – a healthy diet and a good toothbrush will have the same effect.

① 광고의 양면성
② 광고의 문제점
③ 광고의 특수성
④ 광고의 절대성

009

난이도 상 ✓Self check □완벽 □실수 □모름

다음 글의 제목으로 가장 적절한 것을 고르시오.

Fertilizing is generally not recommended for plants heading into the winter, because it causes new growth that can be damaged by cold. But lawns are an exception and should be fertilized in the fall. If you live in a mild climate and your grass has just endured a long and hot summer, for example, fertilize it in mid-fall. In cool regions, fertilize in late summer or early fall with a lawn fertilizer especially made for fall fertilizing. The bagged lawn food intended for fall use stimulates root growth, better enabling grass to withstand winter. It also lets the grass store food that will get it off to a good start the following year.

① Fertilizing Techniques
② Side Effects of Fertilizing
③ Various Kinds of Fertilizer
④ Fertilizing Lawns in Fall

010

난이도 상 ✓Self check □완벽 □실수 □모름

다음 글을 읽고, 빈칸에 가장 적절한 것을 고르시오.

Different groups develop ideas in different ways. In successful groups, individuals are encouraged to produce imaginative and original ideas and share them with others. In unsuccessful groups, individual members are not encouraged to do so. Instead, they are always asked to do group-think. In the beginning, there are no differences in the abilities and qualities among the members of these two kinds of groups. However, in the end, the groups which encourage individual members to __________ will prosper, whereas those which do not will fail. Therefore, group leaders must learn this lesson and put it into practice in order to achieve productive and positive results.

① learn quickly
② understand others
③ respond properly
④ think creatively

011

난이도 상 ✓Self check □완벽 □실수 □모름

다음 글의 빈칸에 들어갈 말로 가장 적절한 것을 고르시오.

The primary aims of government should be three: security, justice, and conservation. These are things of the utmost importance to human happiness, and they are things that only government can bring about. At the same time, no one of them is absolute; each may, in some circumstances, have to be sacrificed in some degree for the sake of a greater degree of some other good. I shall say something about each in turn. Most of all the administration is especially in charge of ____________________.

① protection of life and property
② preservation of cultural remains
③ stage prior to economic development
④ society existing justice and common sense

□□□
012 난이도 중

✓Self check □완벽 □실수 □모름

다음 글의 흐름으로 보아 주어진 문장이 들어가기에 가장 적절한 곳은?

However, now that the economy is characterized more by the exchange of information than by hard goods, geographical centrality has been replaced by attempts to create a sense of cultural centrality.

Now, as always, cities are desperate to create the impression that they lie at the center of something or other. This idea of centrality may be locational, namely that a city lies at the geographical center of England, Europe, and so on. (①) This draws on a well-established notion that geographical centrality makes a place more accessible, easing communication and communication costs. (②) Cultural centrality usually demonstrates itself as a cry that a city is at the center of the action. (③) This means that the city has an abundance of cultural activities, such as restaurants, theater, ballet, music, sport, and scenery. (④) The suggestion is that people will want for nothing in this city.

□□□
013 난이도 상

✓Self check □완벽 □실수 □모름

다음 글의 요지로 가장 적절한 것을 고르시오.

Soil management is the application of specific techniques to increase soil productivity in order to preserve soil resources. The most common practices are fertilization, irrigation, and drainage. Fertilizers are utilized in poor soils in which continuous crops have depleted the nutrients in the soil or in which plant nutrients are present in very small quantities due to natural processes. Irrigation has allowed the production of two or more harvests from any piece of land by applying through different methods the amount of water necessary for a crop in dry periods. Drainage is used in places where excessive water makes growing crops very difficult; adequate drainage enhances the amount of land available for agriculture. If well applied, these practices will tend to increase productivity without deterioration of soil resources.

① 농토의 배수 처리가 가장 중요하다.
② 토양 관리가 잘 돼야 생산성이 증대된다.
③ 토양의 생산성 증대가 농업 정책의 핵심이다.
④ 토양 자원의 보존을 위해 비료, 관개, 배수 처리가 이용된다.

Special : Pattern and Signal 기출분석

001 난이도 Self check □완벽 □실수 □모름

다음 글의 흐름상 가장 어색한 문장은? 2022. 국가직 9급

Beliefs about maintaining ties with those who have died vary from culture to culture. For example, maintaining ties with the deceased is accepted and sustained in the religious rituals of Japan. Yet among the Hopi Indians of Arizona, the deceased are forgotten as quickly as possible and life goes on as usual. ___(A)___, the Hopi funeral ritual concludes with a break-off between mortals and spirits. The diversity of grieving is nowhere clearer than in two Muslim societies—one in Egypt, the other in Bali. Among Muslims in Egypt, the bereaved are encouraged to dwell at length on their grief, surrounded by others who relate to similarly tragic accounts and express their sorrow. ___(B)___, in Bali, bereaved Muslims are encouraged to laugh and be joyful rather than be sad.

	(A)	(B)
①	However	Similarly
②	In fact	By contrast
③	Therefore	For example
④	Likewise	Consequently

002 난이도 Self check □완벽 □실수 □모름

다음 글의 제목으로 가장 적절한 것은? 2022. 국가직

Do people from different cultures view the world differently? A psychologist presented realistic animated scenes of fish and other underwater objects to Japanese and American students and asked them to report what they had seen. Americans and Japanese made about an equal number of references to the focal fish, but the Japanese made more than 60 percent more references to background elements, including the water, rocks, bubbles, and inert plants and animals. In addition, whereas Japanese and American participants made about equal numbers of references to movement involving active animals, the Japanese participants made almost twice as many references to relationships involving inert, background objects. Perhaps most tellingly, the very first sentence from the Japanese participants was likely to be one referring to the environment, whereas the first sentence from Americans was three times as likely to be one referring to the focal fish.

① Language Barrier Between Japanese and Americans
② Associations of Objects and Backgrounds in the Brain
③ Cultural Differences in Perception
④ Superiority of Detail-oriented People

003 난이도 (중) ✓Self check □완벽 □실수 □모름

다음 글의 흐름상 가장 어색한 문장은?

The term burnout refers to a "wearing out" from the pressures of work. Burnout is a chronic condition that results as daily work stressors take their toll on employees. ① The most widely adopted conceptualization of burnout has been developed by Maslach and her colleagues in their studies of human service workers. Maslach sees burnout as consisting of three interrelated dimensions. The first dimension — emotional exhaustion — is really the core of the burnout phenomenon. ② Workers suffer from emotional exhaustion when they feel fatigued, frustrated, used up, or unable to face another day on the job. The second dimension of burnout is a lack of personal accomplishment. ③ This aspect of the burnout phenomenon refers to workers who see themselves as failures, incapable of effectively accomplishing job requirements. ④ Emotional labor workers enter their occupation highly motivated although they are physically exhausted. The third dimension of burnout is depersonalization. This dimension is relevant only to workers who must communicate interpersonally with others (e.g. clients, patients, students) as part of the job.

004 난이도 (중) ✓Self check □완벽 □실수 □모름

주어진 문장이 들어갈 위치로 가장 적절한 것은?

And working offers more than financial security.

Why do workaholics enjoy their jobs so much? Mostly because working offers some important advantages. (①) It provides people with paychecks — a way to earn a living. (②) It provides people with self-confidence; they have a feeling of satisfaction when they've produced a challenging piece of work and are able to say, "I made that". (③) Psychologists claim that work also gives people an identity; they work so that they can get a sense of self and individualism. (④) In addition, most jobs provide people with a socially acceptable way to meet others. It could be said that working is a positive addiction; maybe workaholics are compulsive about their work, but their addiction seems to be a safe — even an advantageous — one.

005 난이도 상 ✓Self check □완벽 □실수 □모름

주어진 문장이 들어갈 위치로 가장 적절한 것은?

But there is also clear evidence that millennials, born between 1981 and 1996, are saving more aggressively for retirement than Generation X did at the same ages, 22～37.

Millennials are often labeled the poorest, most financially burdened generation in modern times. Many of them graduated from college into one of the worst labor markets the United States has ever seen, with a staggering load of student debt to boot. (①) Not surprisingly, millennials have accumulated less wealth than Generation X did at a similar stage in life, primarily because fewer of them own homes. (②) But newly available data providing the most detailed picture to date about what Americans of different generations save complicates that assessment. (③) Yes, Gen Xers, those born between 1965 and 1980, have a higher net worth. (④) And that might put them in better financial shape than many assume.

006 난이도 중 ✓Self check □완벽 □실수 □모름

주어진 문장이 들어갈 위치로 가장 적절한 것은?

It was then he remembered his experience with the glass flask, and just as quickly, he imagined that a special coating might be applied to a glass windshield to keep it from shattering.

In 1903 the French chemist, Edouard Benedictus, dropped a glass flask one day on a hard floor and broke it. (①) However, to the astonishment of the chemist, the flask did not shatter, but still retained most of its original shape. (②) When he examined the flask he found that it contained a film coating inside, a residue remaining from a solution of collodion that the flask had contained. (③) He made a note of this unusual phenomenon, but thought no more of it until several weeks later when he read stories in the newspapers about people in automobile accidents who were badly hurt by flying windshield glass. (④) Not long thereafter, he succeeded in producing the world's first sheet of safety glass.

□□□
007 난이도

✓Self check □완벽 □실수 □모름

밑줄 친 (A), (B)에 들어갈 말로 가장 적절한 것은?

Advocates of homeschooling believe that children learn better when they are in a secure, loving environment. Many psychologists see the home as the most natural learning environment, and originally the home was the classroom, long before schools were established. Parents who homeschool argue that they can monitor their children's education and give them the attention that is lacking in a traditional school setting. Students can also pick and choose what to study and when to study, thus enabling them to learn at their own pace. ____(A)____, critics of homeschooling say that children who are not in the classroom miss out on learning important social skills because they have little interaction with their peers. Several studies, though, have shown that the home-educated children appear to do just as well in terms of social and emotional development as other students, having spent more time in the comfort and security of their home, with guidance from parents who care about their welfare. ____(B)____, many critics of homeschooling have raised concerns about the ability of parents to teach their kids effectively.

	(A)	(B)
①	Therefore	Nevertheless
②	In contrast	In spite of this
③	Therefore	Contrary to that
④	In contrast	Furthermore

□□□
008 난이도

✓Self check □완벽 □실수 □모름

밑줄 친 (A), (B)에 들어갈 말로 가장 적절한 것은?

Assertive behavior involves standing up for your rights and expressing your thoughts and feelings in a direct, appropriate way that does not violate the rights of others. It is a matter of getting the other person to understand your view point. People who exhibit assertive behavior skills are able to handle conflict situations with ease and assurance while maintaining good interpersonal relations. ____(A)____, aggressive behavior involves expressing your thoughts and feelings and defending your rights in a way that openly violates the rights of others. Those exhibiting aggressive behavior seem to believe that the rights of others must be subservient to theirs. ____(B)____, they have a difficult time maintaining good interpersonal relations. They are likely to interrupt, talk fast, ignore others, and use sarcasm or other forms of verbal abuse to maintain control.

	(A)	(B)
①	In contrast	Thus
②	Similarly	Moreover
③	However	On one hand
④	Accordingly	On the other hand

□□□
009 난이도 상
✓Self check □완벽 □실수 □모름

다음 빈칸 (A), (B)에 들어갈 말로 가장 적절한 것은?

Visionaries are the first people in their industry segment to see the potential of new technologies. Fundamentally, they see themselves as smarter than their opposite numbers in competitive companies — and, quite often, they are. Indeed, it is their ability to see things first that they want to leverage into a competitive advantage. That advantage can only come about if no one else has discovered it. They do not expect, ______(A)______, to be buying a well-tested product with an extensive list of industry references. Indeed, if such a reference base exists, it may actually turn them off, indicating that for this technology, at any rate, they are already too late. Pragmatists, ______(B)______, deeply value the experience of their colleagues in other companies. When they buy, they expect extensive references, and they want a good number to come from companies in their own industry segment.

	(A)	(B)
①	therefore	on the other hand
②	however	in addition
③	nonetheless	at the same time
④	furthermore	in conclusion

□□□
010 난이도 상
✓Self check □완벽 □실수 □모름

주어진 문장이 들어갈 위치로 가장 적절한 것은?

The same thinking can be applied to any number of goals, like improving performance at work.

The happy brain tends to focus on the short term. (①) That being the case, it's a good idea to consider what short-term goals we can accomplish that will eventually lead to accomplishing long-term goals. (②) For instance, if you want to lose thirty pounds in six months, what short-term goals can you associate with losing the smaller increments of weight that will get you there? (③) Maybe it's something as simple as rewarding yourself each week that you lose two pounds. (④) By breaking the overall goal into smaller, shorter-term parts, we can focus on incremental accomplishments instead of being overwhelmed by the enormity of the goal in our profession.

□□□
011 난이도 (중) ✓Self check □완벽 □실수 □모름

밑줄 친 부분에 들어갈 말로 가장 적절한 것은?

In a famous essay on Tolstoy, the liberal philosopher Sir Isaiah Berlin distinguished between two kinds of thinkers by harking back to an ancient saying attributed to the Greek lyric poet Archilochus (seventh century BC) : "The fox knows many things, but the hedgehog knows one big thing." Hedgehogs have one central idea and see the world exclusively through the prism of that idea. They overlook complications and exceptions, or mold them to fit into their world view. There is one true answer that fits at all times and all circumstances. Foxes, for whom Berlin had greater sympathy, have a variegated take on the world, which prevents them from ______________________. They are skeptical of grand theories as they feel the world's complexity prevents generalizations. Berlin thought Dante was a hedgehog while Shakespeare was a fox.

① grasping the complications of the world
② articulating one big slogan
③ finding multiple solutions
④ behaving rationally

□□□
012 난이도 (중) ✓Self check □완벽 □실수 □모름

다음 글의 제목으로 가장 적절한 것을 고르시오. 2016. 지방직 9급

Few words are tainted by so much subtle nonsense and confusion as *profit*. To my liberal friends the word connotes the proceeds of fundamentally unrespectable and unworthy behaviors : minimally, greed and selfishness; maximally, the royal screwing of millions of helpless victims. *Profit* is the incentive for the most unworthy performance. To my conservative friends, it is a term of highest endearment, connoting efficiency and good sense. To them, *profit* is the ultimate incentive for worthy performance. Both connotations have some small merit, of course, because profit may result from both greedy, selfish activities and from sensible, efficient ones. But overgeneralizations from either bias do not help us in the least in understanding the relationship between profit and human competence.

① Relationship Between Profit and Political Parties
② Who Benefits from Profit
③ Why Making Profit Is Undesirable
④ Polarized Perceptions of Profit

CHAPTER 03

통일성

출제 유형 분석

출제 · 유형

다음 글에서 본문 전체의 흐름과 관계가 없는 문장은?

풀이 · 해법

1. 단락의 도입부에서 무엇에 관한 글인지 살펴본다.

정답을 구하려 하지 말고 처음 3~4줄 정도 읽어 가면서 주어진 글이 무엇을 말하려고 하는가(중심 소재 + 작가의 견해)에 초점을 맞춘다.

2. 무엇에 관한 글인지가 대충 파악이 됐으면 이제 정답을 찾으러 간다.

정답은 글의 흐름을 방해하는(논리의 비약) 부분이다. 글의 흐름이 자연스러운지에 초점을 맞춘다.

3. 언어는 느낌이요, 감각이다.

이러한 과정을 따르다 보면 분명히 '어, 이건 아닌 것 같은데?' 하고 고개가 갸웃거려지는 부분이 있을 것이다. 그 부분이 정답이 된다. 물론, 고개가 두 번 또는 세 번 갸웃거려질 수도 있다. 워낙 통일성 부분은 난해하기 때문에 얼마든지 그럴 수 있다. 이런 경우에는 다시 처음부터 내용을 빠르게 확인하면서 글의 흐름을 방해하는 부분을 찾는다.

4. 다음은 기본이다.

(1) 단락의 전개 방식에 따라 글이 짜임새 있게 전개되는지 살펴본다.
(2) 전체적인 글의 흐름이 긍정적(+)인지 또는 부정적(−)인지 살펴본다.
(3) 연결사나 지시어의 쓰임은 적절한지 살펴본다.

예제 다음 글에서 전체의 흐름과 관계 없는 문장은?

If you lead a busy life and are short of time, you may find that you are eating a full meal only about once a day. From the standpoint of health this is a bad practice. ① You would be treating your body with more consideration if you had several small meals instead of a single big one. ② A given amount of food is used more efficiently by the body if it is spaced throughout the day rather than eaten at one sitting. ③ Such symptoms are likely to occur in people who drink more than five cups of strong black coffee in a single day. ④ People who have large, infrequent meals tend to gain more weight and to have a higher level of fat in the blood than do those who eat smaller quantities (but the same total) at regular intervals.

해설 한 번에 많은 양을 먹는 식사보다는 규칙적인 간격으로 적게 여러 번 먹는 것이 좋다는 내용의 글이므로, 블랙커피를 마시는 사람들의 증상을 언급하고 있는 ③은 관계가 없는 문장이다.

해석 만약 당신이 바쁜 삶을 살고(lead) 시간이 부족하다면 당신은 하루에 겨우 한 번 정도 정식 식사를 하게 될지도 모른다. 건강의 견지에서 보면 이것은 좋지 않은 습관(practice)이다. 만약 당신이 한 번의 대량식사를 하는 대신 여러 번 나누어 식사를 했다면 당신은 당신의 신체를 더 배려하며 다뤘다는 것이 된다. 주어진 양의(정해진 양의) 음식은 만약 한 번에 먹을 때보다 하루 종일 나누어 섭취할 때(spaced－휴식/간격을 가질 때) 몸에게 더 유용하게 사용된다. (그러한 현상은 하루에 다섯 잔 이상의 강렬한 블랙커피를 마시는 사람들에게 일어나기도 한다.) 보통의 기간 동안에 많은 양 혹은 불규칙한 식사를 하는 사람들은 작은 양을(같은 시간 동안 나누어) 규칙적으로 먹는 사람들보다 더 살이 찌는 경향이 있고 높은 수준의 지방을 포함하고 있다.

어휘 meal 식사, 끼니 / standpoint 견지, 입장 / practice ① 연습 ② 관행, 습관 / treat ~ with consideration ~을 정중히 대우하다 / efficiently 능률적으로 / space 공간; (일정한) 간격을 두다 / throughout (전역에) 걸쳐서 / symptom 증상 infrequent 드문, 빈번하지 않은 / regular 규칙적인 / interval 간격

정답 ③

실전문제

□□□

001

난이도 상 ✓Self check □완벽 □실수 □모름

다음 글의 흐름상 가장 어색한 문장은?

In a highly commercialized setting such as the United States, it is not surprising that many landscapes are seen as commodities. ① In other words, they are valued because of their market potential. Residents develop an identity in part based on how the landscape can generate income for the community. ② This process involves more than the conversion of the natural elements into commodities. The landscape itself, including the people and their sense of self, takes on the form of a commodity. ③ Landscape protection in the US traditionally focuses on protecting areas of wilderness, typically in mountainous regions. Over time, the landscape identity can evolve into a sort of "logo" that can be used to sell the stories of the landscape. ④ Thus, California's "Wine Country," Florida's "Sun Coast," or South Dakota's "Badlands" shape how both outsiders and residents perceive a place, and these labels build a set of expectations associated with the culture of those who live there.

□□□

002

난이도 중 ✓Self check □완벽 □실수 □모름

다음 전체 흐름과 관계 없는 문장은?

We spend literally hours in each other's company, stroking, touching, talking, murmuring, being attentive to every detail of who is doing what with whom. ① You might think that this marks us out as a cut above the rest of life, but you would be wrong. ② If we have learned anything from the last thirty years of intensive research on monkeys and apes, it is that we humans are anything but unique. ③ Even though they are well known for their intelligence and sociability, they still do not compete with humans on the verbal scale. ④ Monkeys and apes are just as social as we are, just as intensely interested in scores of social activities around them.

003 난이도 중 ✓Self check □완벽 □실수 □모름

다음 글에서 전체 흐름과 관계없는 문장은?

One of the little understood paradoxes in communication is that the more difficult the word, the more terse the explanation. ① The more meaning you can pack into a single word, the fewer words are needed to get the idea across. Complex words are resented by persons who don't understand them and, of course, very often they are used to confuse rather than clarify. ② But this is not the fault of language; it is the arrogance of the individual who misuses the tools of communication. ③ The best reason for acquiring a large vocabulary is that it keeps you from being laconic. A genuinely educated person can express himself briefly. ④ For example, if you don't know, or use, the word 'imbricate,' you have to say to someone, 'having the edges overlapping in a regular arrangement like tiles on a roof, scales on a fish, or sepals on a plant.' More than 20 words to say what can be said in one.

004 난이도 상 ✓Self check □완벽 □실수 □모름

다음 내용의 흐름상 적절하지 못한 문장은?

We can see the occasional clash between compassion and morality in the lab. ① Experiments by the psychologist C. Daniel Batson and his colleagues find that being asked to adopt someone else's perspective makes participants more likely to favor that person over others. ② For example, they are more prone to move a suffering girl ahead of everyone else on a waiting list for a lifesaving procedure. ③ This is compassionate, but it's not moral, since this sort of moral decision should be based on objective and fair procedures, not on who causes the most intense emotional reaction. ④ Morality is an end in itself, and without compassion, there would be no morality. Part of being a moral person, then, involves overriding one's compassion, not cultivating it.

□□□
005 난이도 (중)

✓Self check □완벽 □실수 □모름

다음 글의 흐름상 가장 어색한 문장은?

With the spread of Islam in the seventh century, the Byzantine empire entered a time of instability. Islamic forces seized many territories from Byzantium, permanently transforming the eastern Mediterranean, North Africa, and Spain. ① In 726, a violent dispute erupted in Byzantium over the legitimacy of creating or owning images of saintly or divine figures. ② During the ensuing period of iconoclasm, which lasted until 843, images were officially banned in the empire and early depictions of Jesus, his mother, Mary, and the saints were destroyed. ③ Elsewhere in the Byzantine empire, different regional image styles coexisted, some more abstract than others but each reflecting the varied conditions of its area. ④ Thus, from an artistic point of view, the eighth and ninth centuries represent a period of hard times for Byzantine religious art.

* iconoclasm 성상 파괴(주의)

□□□
006 난이도 (중)

✓Self check □완벽 □실수 □모름

다음 글의 흐름상 가장 어색한 문장은?

Economic distance relates to the time and cost involved in moving from the origin to the destination area and back. ① The higher the economic distance, the higher the resistance for that destination and, consequently, the lower the demand. It follows, conversely, that between any origin and destination point, if the moving time or cost can be reduced, demand will increase. ② Many excellent examples of this are available, such as the introduction of the jet plane in 1959 and the introduction of the wide-bodied jets in the late 1960s. Jet planes first cut moving time between California and Hawaii, for example, from twelve hours to five hours, and demand grew dramatically. ③ A similar surge in demand was experienced with the introduction of the wide-bodied planes for transatlantic flights. ④ The produces picked up from Hawaiian farms in the morning were on dinner tables in Californian homes by evening. The introduction of these planes cut the travel cost by almost 50 percent between the United States and most countries on the European continent.

007 난이도 상

✓Self check □완벽 □실수 □모름

다음 글에서 전체 흐름과 관계없는 문장은?

The massive tombs and ceremonial structures built from huge stones in the Neolithic period are known as megalithic architecture, the descriptive term derived from the Greek words for "large" (*megas*) and "stone" (*lithos*). Archaeologists disagree about the nature of the societies that created them. ① Some believe megalithic monuments reflect complex, stratified societies in which powerful religious or political leaders dictated their design and commanded the large workforce necessary to accomplish these ambitious engineering projects. ② Those massive tombs had two essential architectural components that reflected their religious function — a burial chamber and a nearby chapel. ③ Other interpreters argue that these massive undertakings are clear evidence for cooperative collaboration within and among social groups, coalescing around a common project that fueled social cohesion without the controlling power of a ruling elite. ④ Many megalithic structures are associated with death, and recent interpretations stress the fundamental role of death and burial as public theatrical performances in which individual and group identity, cohesion, and disputes were played out.

* coalesce : 하나가 되다

008 난이도 상

✓Self check □완벽 □실수 □모름

다음 글의 흐름상 가장 어색한 문장은?

Some researchers investigated the effects of different media on children's ability to produce imaginative responses. ① In one study, children in grades one through four were separated randomly into two groups and presented with the same fictional story. One group listened to the story via radio, while the other group watched the story on a television. ② Afterward, all of the children were asked what they thought would happen next in the story. The researchers rated children's imaginativeness by recording the novel elements (such as characters, setting, dialogue, and feelings) they used in their responses. ③ The researchers also assumed some novelists prefer to include as many imaginations as possible in their stories. The children who listened to the radio produced more imaginative responses, whereas the children who watched the television produced more words that repeated the original story. ④ Media scholars have used this study to illustrate the "visualization hypothesis," which states that children's exposure to ready-made visual images restricts their ability to generate new images of their own.

CHAPTER 04

연결사

필수 기출 분석

출제 · 유형

빈칸에 들어갈 말로 가장 적절한[자연스러운] 것을 고르시오.

풀이 · 해법

올바른 독해법+단락의 진개 방식

1. 단락의 도입부에서 나열의 Signal이 있는지 확인한다.
2. 단락의 도입부에서 Two 개념이 있는지 확인한다. (반대 · 대조의 공간 개념)
3. 결론을 이끄는 연결사를 떠올린다.
4. 문장과 문장 간의 전후 관계 논리[작은 흐름]를 살펴본다.
   반대 · 대조 ➡ 예시 ➡ 유사 ➡ 대진술 ➡ 인과 관계

1 단락의 도입부에서 나열의 Signal이 있는지 확인한다.

many several various a few some for example[instance]

예제 다음 글에서 빈칸에 들어갈 가장 적절한 말은?

City dwellers prefer urban life because it makes many aspects of the good life readily available. First of all, more diverse educational institutions are at hand − colleges, technical schools, trade schools, music schools, and art schools. The city also offers more conveniences and more services − medical centers, libraries, and financial institutions. The greater concentration of population also provides more career opportunities in business and industry. _______________, access to work and leisure activities in the city is made possible by efficient internal transportation systems, too.

① In addition ② However
③ For instance ④ On the contrary

해석 도시 거주민들이 도심 생활을 선호하는 이유는 도심 생활이 풍족한 삶의 측면들을 손쉽게 구할 수 있게 해 주기 때문이다. 무엇보다도, 대학, 공업 학교, 기술 학교, 음악 학교, 미술 학교와 같은 더욱 다양한 교육 기관들이 가까이 있다. 도시는 또한 의료 시설, 도서관 그리고 금융 기관과 같은 더 많은 편의 시설과 서비스를 제공한다. 더 높은 인구 밀도 또한 기업과 산업에서 더 많은 직업 기회를 제공한다. 게다가, 도시에서는 효율적인 내부 교통망에 의해 직장이나 여가 활동으로의 접근이 가능하게 되었다.

어휘 dweller 거주자 / urban 도시의, 도심의 / readily 손쉽게 / available 이용 가능한, 구할 수 있는 / diverse 다양한 / institution 기관 / convenience 편의(시설) / financial 금융의, 재정의 / concentration 집중, 밀도 / access 접근 / leisure activity 여가 활동 / efficient 효율적인 / internal 내부의, 안쪽의

정답 ①

2 단락의 도입부에서 Two 개념이 있는지 확인한다. (반대 · 대조의 공간 개념)

예 제 다음 글에서 빈칸에 들어갈 가장 적절한 말은?

Two Colombian rhythms which are very different have a foreign origin. The "cumbia" was created by African slaves who were brought to the hot regions of the country to work in the gold mines. It was a sad song of these people who missed their families. ________________, the "bambuco" has a white, Spanish origin. It was created in colder zones and used when the Spanish wanted to express love to their girlfriends.

① Moreover ② As a result ③ In short ④ In contrast

해석 매우 다른 두 가지 콜럼비아 리듬이 외국에서 유래되었다. "cumbia"를 만든 아프리카 노예들은 그 나라의 뜨거운 지역으로 끌려와 금광에서 일했다. 그것은 자신의 가족을 그리워하는 이런 사람들의 슬픈 노래였다. 반면에, "bambuco"는 백인계 스페인인을 기원으로 한다. 그것은 추운 지역에서 만들어졌고 스페인 사람들이 그들의 여자친구에게 사랑을 표현하길 원할 때 사용되었다.

어휘 foreign 외래의, 외국의 / origin 기원, 유래 / slave 노예 / region 지역, 지방 / mine 광산 / zone 지역 / express 표현하다

정답 ④

3 결론을 이끄는 연결사를 떠올린다.

참고 단락의 마지막 문장에 빈칸이 위치한다.

Thus	Therefore	Hence	For these reasons	
In conclusion	In short	In summary	In brief	Briefly

예 제 다음 글에서 빈칸에 들어갈 가장 적절한 말은?

Some experts say that by concentrating our thoughts on certain colors, we can cause energy to go to the parts of the body that need treatment. ____(A)____, white is said to be cleansing, and it can balance the body's entire system. And yellow also stimulates the mind and creates a positive attitude, so it can help against depression. Green, which has a calming and restful effect, is supposed to improve heart condition. ____(B)____, it is believed that colors can be used to heal.

	(A)	(B)
①	For instance	In short
②	In brief	In short
③	For instance	However
④	In brief	However

해석 몇몇 전문가들은 특정 색에 우리의 생각을 집중함으로써 우리는 치료가 필요한 우리 신체의 부분으로 에너지가 흘러가도록 만들 수 있다고 말한다. 예를 들어, 흰색은 정화한다고 전해지고 이것이 신체의 전체 시스템에 균형을 맞출 수 있다. 그리고 노란색은 또한 마음을 자극시켜 긍정적인 태도를 만들어 내고 그래서 우울증을 이겨 내는 데 도움을 줄 수 있다. 녹색은 진정과 편안함을 주는 효과가 있는데 심장 질환을 개선한다고 추정된다. 요약하면, 색들이 치료에 이용될 수 있다고 생각된다.

어휘 expert 전문가 / concentrate 집중하다 / treatment 치료 / cleansing 정화 / entire 전체적인 / stimulate 자극하다 / attitude 태도, 자세 / depression 우울증 / calming 진정 / restful 평온한, 편안한 / heart condition 심장 질환 / heal 치료하다

정답 ①

4 문장과 문장 간의 전후 관계 논리(작은 흐름)를 살펴본다.

(1) 나열이나 Two 개념이 아니라고 판단이 되면 빈칸을 기준으로 앞뒤 문장에서 반대 · 대조의 내용이 있는지 확인한다.

예제 빈칸 (A)와 (B)에 들어가기에 가장 적절한 말은?

War seems to be part of the history of humanity. Countries, regions, and even villages were economically independent of one another in the past. Under those circumstances, the war might have been necessary for us. ______(A)______, today we are so interdependent that the concept of war has become outdated. When we face problems or disagreements today, we have to arrive at solutions through dialog. We must work to resolve conflicts in a spirit of reconciliation and always keep in mind the interests of others. We cannot destroy our neighbors! We cannot ignore their interests! Doing so would ultimately cause us to suffer. ______(B)______, the concept of violence is now unsuitable, and nonviolence is the appropriate method.

	(A)	(B)
①	However	Otherwise
②	However	Therefore
③	Similarly	Therefore
④	Similarly	In contrast

해석 전쟁은 인류 역사의 일부인 듯하다. 과거에는 국가, 지역, 그리고 심지어 마을도 경제적으로 서로 독립된 상태였다. 그러한 상황에서는 전쟁이 우리에게 필수적이었던 것일 수도 있다. 하지만, 오늘날 우리들은 서로 많은 것에 의존하고 있기에 전쟁의 개념은 시대에 뒤떨어진 것이 되었다. 오늘날 여러 문제나 의견 불일치에 직면할 때 우리는 대화를 통해 해결점에 도달해야 한다. 우리는 화해의 정신으로 분쟁을 해결하기 위해 일해야 하고 항상 상대방의 이익을 염두에 두고 있어야 한다. 우리는 이웃을 파괴할 수는 없다! 우리는 그들의 이익을 무시할 수 없다! 그렇게 하는 것은 결국 우리를 고통스럽게 하는 것이 될 것이다. 따라서, 폭력의 개념은 이제 부적절하며 비폭력이 적절한 방법이다.

어휘 humanity 인류 / region 지역 / independent 독립한 / circumstances 상황 / concept 개념 / interdependent 상호 의존적인 / outdated 시대에 뒤떨어진 / resolve ① 해결하다 ② 결의하다, 결심하다 / conflict 갈등 / reconciliation 화해 / ultimately 결국, 궁극적으로 / unsuitable 부적절한 / appropriate 적절한

정답 ②

⑵ 반대 · 대조의 내용이 없을 때에는 예시의 연결사를 떠올린다.

A > B
예시 └ 고유명사가 나올 수 있다. / 'a+명사'나 'some'이 나올 수 있다.

예제 다음 글에서 빈칸에 들어갈 가장 적절한 말은?

New crop rotation methods evolved in both the Low Countries and England in the early 18th century. Many of these were adopted over the next century or so throughout Europe. ____________________, the Norfolk four-field system, developed in England, proved quite successful. It involved the yearly rotation of several crops, including wheat, turnips, barley, clover, and ryegrass. This added nutrients to the soil, enabling farmers to grow enough to sell some of their harvest without having to leave any land unplanted.

① Besides ② Nevertheless
③ For example ④ In other words

해석 새로운 윤작법이 18세기 초반에 저지대(벨기에, 네덜란드, 룩셈부르크)와 영국 두 곳 모두에서 발달했다. 그 다음 세기에 걸쳐 이들(윤작법) 중 많은 수가 유럽 전역에서 채택되었다. 예를 들어, Norfolk 지방의 4모작 체계는 영국에서 개발되어 꽤 성공적임을 증명했다. 이 방법은 밀, 순무, 보리, 토끼풀 그리고 독보리를 포함시켜 여러 작물을 해마다 순환시키는 것을 의미한다. 이 방법이 양분을 토양에 더해 줬고 어떤 토지도 재배하지 않는 상태로 남겨 둘 필요 없이 농부들이 그들의 수확의 일부를 팔 수 있을 정도로 재배가 가능하게 했다.

어휘 crop rotation 윤작 *crop 작물 / evolve 발달하다, 진화하다 / adopt 채택하다 / prove 증명하다 / yearly 해마다의, 1년에 한 번씩 있는 / ryegrass 독보리(사료용으로 재배하는 풀) / nutrient 양분 / enable 가능하게 하다 / harvest 수확(물) / unplanted 재배되지 않는, (식물을) 심지 않은

정답 ③

5 반대 · 대조나 예시가 적용되지 않을 때에는 다음의 기타 연결사를 떠올린다.

▶ 전후 관계의 논리를 이용해야 하는 기타 연결사

종류	의미	연결사	특징
유사	마찬가지로	likewise, similarly, in the same way	두 개의 서로 다른 소재에 대한 공통점(같은 점)을 설명할 때 사용된다.
재진술	즉, 다시말해서	that is (to say), in other words, namely (that)	똑같은 내용이 반복될 때 사용되고 주로, 내용은 같은데 단어만 바꾼다.
원인과 결과	왜냐하면, ~ 때문에, 그래서, 그러므로, 결과적으로	as, since, because, thereby, thus, therefore, consequently, as a result, owing to, on account of, due to, because of,	인과 관계(원인과 결과)를 설명할 때 사용된다.
의미의 연결어	~에 관계없이, ~을 제외하고, 만약 그렇지 않으면, 사실은, 기껏해야, 고작, 마침내, 결국	regardless of, except(for), otherwise, unless, in fact, in effect, at best, at most, at last, in the end	빈칸을 기준으로 전후 관계의 논리를 살펴본다.

예제 다음 글에서 빈칸에 들어갈 가장 적절한 말은?

Social scientists have attempted to determine exactly what causes business cycles. Some economists feel that the causes are psychological. ____________, they begin in men's minds. If enough people are optimistic, the economy expands and grows — an upswing in the cycle. However, if too many people are pessimistic, the economy contracts and a downswing begins.

① Moreover ② As a result
③ In other words ④ For example

해석 사회 과학자들은 정확히 무엇이 경기 순환을 야기하는지를 밝혀내려 시도해 왔다. 어떤 경제학자들은 그 원인들이 심리적이라 생각했다. 다시 말해서, 그것들은(그 원인들은) 인간의 마음에서 시작한다. 만약 충분히 많은 사람들이 낙관적이라면, 경제는 팽창하고 성장한다. 즉 (경기) 순환에서 회복기이다. 하지만, 너무 많은 사람들이 비관적인 경우에는 경제가 위축되고 하강기가 시작된다.

어휘 attempt 시도하다 / determine ① 알아내다, 밝혀내다 ② 결정하다 / business cycle 경기 순환 / psychological 심리적인 / optimistic 낙관적인 / expand 팽창하다, 확장하다 / upswing 상승(기) / pessimistic 비관적인 / downswing 하강(기)

정답 ③

예제 빈칸 (A)와 (B)에 들어가기에 가장 적절한 말은?

The work week in America is generally 40 hours: eight hours a day, five days a week. Some companies have experimented with a new schedule: ten hours a day, four days a week. One effect of the four-day week may be happier workers. With a three-day weekend, workers have an extra day for leisure or for shopping. ____(A)____, the other effect of the new schedule may be ineffective at work. It is difficult to work ten hours a day, by the end of the day, workers may be tired. ____(B)____, they will not work as well and be less productive.

	(A)	(B)
①	Thus	For example
②	However	As a result
③	In addition	Therefore
④	On the other hand	However

해석 미국에서 주당 근로 시간은 보편적으로 40시간이다. 즉 하루 8시간, 주 5일을 말한다. 어떤 회사들은 하루에 10시간, 주 4일을 일하는 새로운 스케줄을 가지고 실험을 해 보았다. 주 4일 근무의 효과 중 하나는 직원이 더 행복할 수 있다. 3일간의 주말이 생겼기에, 노동자들은 여가나 쇼핑에 하루가 늘어난다. 그러나, 이 새로운 스케줄의 다른 영향은 직장에서 비효율적일 수도 있다. 하루에 10시간 근무하는 것은 어렵다. 일과가 마칠 때쯤 노동자들은 지칠지도 모른다. 그 결과, 그들은 일을 잘하지 못할 뿐만 아니라 덜 생산적일 것이다.

어휘 work week 주당 근로 시간 / experiment 실험(하다) / extra 추가의, 여분의 / leisure 여가 / ineffective 비효율적인, 효과가 없는 / as well 뿐만 아니라 / productive 생산적인

정답 ②

예제 다음 글에서 빈칸에 들어갈 가장 적절한 말은?

Extra studying helps students at all levels of ability. One study reveals that when low-performing students do just one to three hours of homework a week, their grades are usually as high as those of average-performing students who do no homework. ______________, when average-performing students do three to five hours of homework a week, their grades usually equal those of high-performing students who do no homework. This suggests that homework improves achievement because the total time spent studying influences how much is learned. Time is not the only factor in learning, but without it little can be achieved.

① Similarly ② Therefore
③ Unfortunately ④ Nevertheless

해석 추가 학습은 모든 능력에 대해 학생들에게 도움이 된다. 한 연구에 따르면, 성적이 낮은 학생이 일주일에 1~3시간 정도 가정 학습을 할 때, 가정 학습을 하지 않는 평균 성적의 학생들의 성적만큼 올라간다. 이와 마찬가지로, 평균 성적의 학생이 일주일에 3~5시간 정도 가정 학습을 할 때, 가정 학습을 하지 않는 높은 성적의 학생들의 성적만큼 올라간다. 이것은 공부에 투자하는 전체 시간이 얼마나 많이 배웠는지에 영향을 미치기에 가정 학습은 학업 성적을 높인다는 것을 알려 준다. 시간은 배움에 있어 단 하나의 원인은 아니지만, 시간 없이는 아주 미미한 성취만이 있을 뿐이다.

어휘 reveal 드러내다, 밝히다 / low-performing 성적이 낮은 / homework 가정 학습, 숙제 / achievement 학업 성적, 성취 / factor 요소

정답 ①

실전문제

001 난이도 중 Self check □완벽 □실수 □모름

다음 글의 빈칸 (A), (B)에 들어갈 말로 가장 적절한 것은?

The subjective assessments of physical quantities such as distance, size, depth, or height are all based on data of limited validity. ______(A)______, the apparent distance of an object is determined in part by its clarity. The more sharply the object is seen, the closer it appears to be. This rule has some validity, because in any given scene the more distant objects are seen less sharply than nearer objects. However, the reliance on this rule leads to systematic errors in the estimation of distance. Specifically, distances are often overestimated when visibility is not rich because the contours of objects are blurred. Rather, distances are often underestimated when visibility is good because the objects are seen sharply. ______(B)______, the reliance on clarity as an indication of distance leads to common biases.

	(A)	(B)
①	For instance	Thus
②	For instance	However
③	As a result	Thus
④	As a result	However

002 난이도 상 Self check □완벽 □실수 □모름

다음 빈칸 (A), (B) 에 들어갈 말로 가장 적절한 것은?

Synonyms, words that have the same basic meaning, do not always have the same emotional meaning. For example, the word stingy and frugal both mean "careful with money." However, to call a person stingy is a snub ______(A)______ the latter has a much more positive connotation. ______(B)______ a person wants to be slender but not skinny, and aggressive but not pushy. Therefore, you should be careful in choosing words because many so-called synonyms are not really synonymous at all.

	(A)	(B)
①	while	Similarly
②	while	In contrast
③	unless	However
④	unless	By the same token

003

난이도 (중) ✓Self check □완벽 □실수 □모름

다음 빈칸에 들어갈 말로 가장 적절한 것은?

Reasonable problems are of the kind that can be solved in a step-by-step manner. A crossword puzzle is of this nature. Given a sufficient vocabulary, the empty spaces can be filled in one by one. Unreasonable problems, ___(A)___, cannot be treated this way because the task contains some 'trick' or 'catch' that must be understood before someone can arrive at a solution. This feature frustrates any step-by-step process that proceeds without the realization that "things aren't what they seem." ___(B)___, successful problem solving in these cases requires that the person acquire an insight into the nature of the trick. Riddles provide commonplace instances of such insight problems, such as the classic riddle that the Sphinx posed to Oedipus.

	(A)	(B)
①	in contrast	Hence
②	in contrast	Nevertheless
③	for example	Hence
④	in addition	Nevertheless

004

난이도 (중) ✓Self check □완벽 □실수 □모름

다음 빈칸에 들어갈 말로 가장 적절한 것은?

Americans have ambivalent feelings about neighbors. This ambivalence reflects the tension we feel over our loyalties to group and to self and which of the two takes precedence. In other cultures, the group clearly takes precedence. ___(A)___, in the United States, we draw boundaries around individuals and circumscribe their "space". We conceptualize this space as privacy which protects the individual from the outside and from others. It is a concept that many foreigners find odd, even offensive. ___(B)___, it is the individual that is valued over the group, whether that group is a family, corporation, or community.

	(A)	(B)
①	For example	On the other hand
②	For example	In other words
③	However	On the other hand
④	However	In other words

005 난이도 (중) ✓Self check □완벽 □실수 □모름

다음 글의 (A), (B)에 들어갈 가장 적절한 것은?

It would be hard to find anything more controversial than the subject of cloning. People find it either totally fascinating or wholly menacing. Cloning holds the promise of cures for what are now incurable diseases, sight for the blind, hearing for the deaf, new organs to replace old worn-out ones. ______(A)______, it could be conducive in increasing the world's food supply by the cloning of animals. Bigger and healthier animals could be produced. For most people, ______(B)______, the cloning of humans is poles apart. The idea of duplicating human beings the same way we make copies of book pages on a copy machine is appalling.

	(A)	(B)
①	Further	however
②	Similarly	likewise
③	However	as a result
④	That is	on the other hand

006 난이도 (상) ✓Self check □완벽 □실수 □모름

다음 빈칸에 들어갈 말로 가장 적절한 것은?

No matter how good your product is, remember that perfection of an existing product is not necessarily the best investment one can make. ______(A)______, the Erie Canal, which took four years to build, was regarded as the height of efficiency in its day. What its builders had not considered was that the advent of the railroad would assure the canal's instant downfall. By the time the canal was finished, the railroad had been established as the fittest technology for transportation. ______(B)______, when the fuel cell becomes the automotive engine of choice, the car companies focusing on increasing the efficiency of the internal combustion engine may find themselves left behind.

	(A)	(B)
①	For example	Likewise
②	For example	For instance
③	That is	Likewise
④	That is	For instance

□□□
007 난이도 (중)
✓Self check □완벽 □실수 □모름

다음 글의 빈칸 (A), (B)에 들어갈 말로 가장 적절한 것은?

When there is a discrepancy between the verbal message and the nonverbal message, the latter typically weighs more in forming a judgment. ____(A)____, a friend might react to a plan for dinner with a comment like "that's good," but with little vocal enthusiasm and a muted facial expression. In spite of the verbal comment, the lack of expressive enthusiasm suggests that the plan isn't viewed very positively. In such a case, the purpose of the positive comment might be to avoid a disagreement and support the friend, but the lack of a positive expression unintentionally leaks a more candid, negative reaction to the plan. Of course, the muted expressive display might also be strategic and intentional. ____(B)____, the nonverbal message is deliberate, but designed to let the partner know one's candid reaction indirectly. It is then the partner's responsibility to interpret the nonverbal message and make some adjustment in the plan.

	(A)	(B)
①	In contrast	However
②	In contrast	That is
③	For example	However
④	For example	That is

□□□
008 난이도 (중)
✓Self check □완벽 □실수 □모름

다음 빈칸 (A), (B)에 들어갈 말로 가장 적절한 것은?

Fingerprint analysis is a fundamentally subjective process; when identifying distorted prints, examiners must choose which features to highlight, and even highly trained experts can be swayed by outside information. ____(A)____, the subjective nature of this process is rarely highlighted during court cases and is badly understood by most jurors. Christophe Champod, a professor at the University of Lausanne in Switzerland, thinks the language of certainty that examiners are forced to use hides the element of subjective judgment from the court. He proposes that fingerprint evidence be presented in probabilistic terms and that examiners should be free to talk about probable or possible matches. In a criminal case, ____(B)____, an examiner could testify that there was a 95 percent chance of a match if the defender left the mark but a one-in-a-billion chance of a match if someone else left it. "Once certainty is quantified," says Champod, "it becomes clear."

	(A)	(B)
①	And yet	for example
②	Thus	moreover
③	Similarly	moreover
④	Similarly	for example

CHAPTER 05

일관성

필수 기출 분석

출제 · 유형

1. 글의 흐름으로 보아 주어진 문장이 들어가기에 가장 적절한 곳은? (문장 끼워 넣기)
2. 다음 문장에 이어질 글의 순서로 가장 적절한 것은? (문장 배열)

풀이 · 해법

올바른 독해법+단락의 전개 방식
(문장 끼워 넣기 문제는 논리의 공백에 유의한다.)

1. 단락의 전개 방식을 이용한다.
① 나열(Listing)의 Signal 이용
② 시간 순서(Time Order)의 Signal 이용
③ 반대 · 대조(Contrast)의 Signal 이용
④ 결론(conclusion)을 유도하는 Signal 이용
⑤ 인과 관계(Cause and effect)의 Signal 이용
⑥ 예시(for example, for instance)의 Signal 이용

2. 지시어를 이용한다.
① 지시형용사 이용
② 지시대명사 이용
③ 정관사 이용

3. 공간적 순서(Spatial Order)를 이용한다.
① 나열의 Signal을 이용한 공간 개념
② 반대 · 대조의 공간 개념
③ 유사의 공간 개념

실전문제

□□□
001 난이도 ⑧

✓ Self check □ 완벽 □ 실수 □ 모름

주어진 글 다음에 이어질 글의 순서로 가장 적절한 것은?

If you walk into a store looking for a new computer and the first salesperson you meet immediately points to a group of computers and says, "Any of those are good," and then walks away, there is a good chance you will walk away, too, and with good reason.

(A) That is, the reader is the writer's "customer" and one whose business or approval is one we need to seek. The more you know about your reader, the greater the chances you will meet his or her needs and expectations.

(B) Why? You were never asked what you were seeking, how much you could spend, or if the computer would be used for business or pleasure or your child's homework assignments.

(C) In brief, the salesperson never considered or asked about your needs and preferences. Just as it would come as no surprise to learn the salesperson who was indifferent to a potential customer's needs was soon out of a job, the same holds true for writers who ignore their readers.

① (A) − (C) − (B)　② (B) − (A) − (C)
③ (B) − (C) − (A)　④ (C) − (A) − (B)

□□□
002 난이도 ⑧

✓ Self check □ 완벽 □ 실수 □ 모름

다음 글의 흐름으로 보아, 주어진 문장이 들어가기에 가장 적절한 곳은?

Instead, it is more likely that elites acquired power from their roles as overseers of the distribution of communal stores, especially of food.

Containerizing food was important because it helped to create privileged classes and eventually to undermine the communal nature of food gathering and preserving. As Rousseau in the eighteenth century well understood, the ability to preserve a surplus led to private property and to privileges for those controlling the most productive land and largest surplus. (①) This power did not always come from conquest or theft, despite claims of anarchists such as Pierre-Joseph Proudhon. (②) Hunters of fish, reindeer, grass seeds, and much else worked more efficiently when organized into groups to dry and preserve these goods. (③) Aggrandizers must have competed for control over this surplus and the collectivities that made it possible. (④) Power and prestige could be consolidated by controlling food stores used to fuel public festivals or emergencies.

003 난이도 상

Self check □완벽 □실수 □모름

주어진 글 다음에 이어질 글의 순서로 가장 적절한 것은?

Researchers in psychology follow the scientific method to perform studies that help explain and may predict human behavior. This is a much more challenging task than studying snails or sound waves.

(A) But for all of these difficulties for psychology, the payoff of the scientific method is that the findings are replicable; that is, if you run the same study again following the same procedures, you will be very likely to get the same results.

(B) It often requires compromises, such as testing behavior within laboratories rather than natural settings, and asking those readily available (such as introduction to psychology students) to participate rather than collecting data from a true cross-section of the population. It often requires great cleverness to conceive of measures that tap into what people are thinking without altering their thinking, called reactivity.

(C) Simply knowing they are being observed may cause people to behave differently (such as more politely!). People may give answers that they feel are more socially desirable than their true feelings.

① (B) − (A) − (C)　② (B) − (C) − (A)
③ (C) − (A) − (B)　④ (C) − (B) − (A)

004 난이도 상

Self check □완벽 □실수 □모름

다음 글의 흐름으로 보아, 주어진 문장이 들어가기에 가장 적절한 곳을 고르시오.

Still, many believe we will eventually reach a point at which conflict with the finite nature of resources is inevitable.

Can we sustain our standard of living in the same ecological space while consuming the resources of that space? This question is particularly relevant since we are living in an era of skyrocketing fuel costs and humans' ever-growing carbon footprints. (①) Some argue that we are already at a breaking point because we have nearly exhausted the Earth's finite carrying capacity. (②) However, it's possible that innovations and cultural changes can expand Earth's capacity. (③) We are already seeing this as the world economies are increasingly looking at "green," renewable industries like solar and hydrogen energy. (④) That means survival could ultimately depend on getting the human population below its carrying capacity. Otherwise, without population control, the demand for resources will eventually exceed an ecosystem's ability to provide it.

005 난이도 ● Self check □완벽 □실수 □모름

다음 주어진 글 다음에 이어질 글의 순서로 가장 적절한 것은?

Garbage is the only human concept that does not exist in nature. In nature the output, or waste, of one organism is the useful input for other organisms.

(A) Of course, there are ways to better control ourselves with the harmony of nature. Buying products differently — buying consciously, buying durable, buying used, or simply not buying at all — is a straightforward way that individual consumption can have a smaller impact on nature.

(B) Feces from a fox can become food for a berry bush, whose fruit can later become the food for a bird that may end up as supper for the fox whose droppings started it all. This process is rooted in the principle that the outputs of organisms tend to bring significant benefits to other organisms.

(C) With the creation of synthetic materials, humans have broken this harmony. While plastics and other man-made materials have allowed us to innovate and create products cheaply, when they hit the end of their useful life, they become obsolete outputs that nature doesn't know what to do with.

① (A) – (C) – (B)　② (B) – (C) – (A)
③ (C) – (A) – (B)　④ (C) – (B) – (A)

006 난이도 ● Self check □완벽 □실수 □모름

주어진 문장이 들어가기에 가장 적절한 곳은?

There is a considerable difference as to whether people watch a film about the Himalayas on television and become excited by the 'untouched nature' of the majestic mountain peaks, or whether they get up and go on a trek to Nepal.

Tourism takes place simultaneously in the realm of the imagination and that of the physical world. In contrast to literature or film, it leads to 'real', tangible worlds, while nevertheless remaining tied to the sphere of fantasies, dreams, wishes – and myth. It thereby allows the ritual enactment of mythological ideas. (①) Even in the latter case, they remain, at least partly, in an imaginary world. (②) They experience moments that they have already seen at home in books, brochures and films. (③) Their notions of untouched nature and friendly, innocent indigenous people will probably be confirmed. (④) But now this confirmation is anchored in a physical experience. The myth is thus transmitted in a much more powerful way than by television, movies or books.

007 난이도 (하) ✓Self check □완벽 □실수 □모름

다음 주어진 문장에 이어질 글의 순서로 가장 적절한 것은?

Because humans are now the most abundant mammal on the planet, it is somewhat hard to imagine us ever going extinct.

(A) Many branches broke off from each other and developed branches of their own, instead. There were at least three or four different species of hominids living simultaneously through most of the past five million years. Of all these branches, only one survived until today: ours.

(B) However, that is exactly what almost happened many times, in fact. From the fossil record and from DNA analysis, we can know that our ancestors nearly went extinct, and their population shrunk to very small numbers countless times.

(C) In addition, there are many lineages of hominids that did go extinct. Since the split between our ancestors and those of the chimps, our lineage has not been a single line of gradual change. Evolution never works that way.

* hominid : 진화 인류의 모체가 된 사람이나 동물

① (B) − (A) − (C)
② (B) − (C) − (A)
③ (C) − (A) − (B)
④ (C) − (B) − (A)

008 난이도 (상) ✓Self check □완벽 □실수 □모름

다음 글의 흐름으로 보아, 주어진 문장이 들어가기에 가장 적절한 곳을 고르시오.

They quickly pick out a whole series of items of the same type, making a handful of, say, small screws.

People make extensive use of searching images. One unexpected context is sorting. Suppose you have a bag of small hardware — screws, nails, and so on — and you decide to organize them into little jars. You dump the stuff out on a table and begin separating the items into coherent groups. (①) It is possible to do this by randomly picking up individual objects, one by one, identifying each one, and then moving it to the appropriate jar. (②) But what most people do is very different. (③) They put them in the jar and then go back and do the same for a different kind of item. (④) So the sorting sequence is nonrandom, producing runs of items of a single type. It is a faster, more efficient technique, and much of the increased efficiency is due to the use of searching images.

009 난이도 중

✓Self check □완벽 □실수 □모름

다음 주어진 글 다음에 이어질 글의 순서로 가장 적절한 것은?

Other people are by far the most interesting things in the world of the baby. Research show that infants are captivated by faces from birth.

(A) Newborn infants prefer to look at faces with eyes gazing directly at them. They dislike looking at faces with eyes that are averted. Babies also react negatively to a 'still face' — and experimental situation in which the mother deliberately suspends interaction with the baby and just looks blank.

(B) Presented with a 'still face,' babies become fussy and upset and look away. The 'still face' — maternal unresponsiveness — also causes elevated levels of the stress hormone cortisol in some babies.

(C) Indeed, there is a specialized brain system for face processing, which seems to function in the same way in infants and adults. Experiments with neonates and young infants show that faces are always preferred over other stimuli, particularly live, mobile faces. The eyes are especially interesting.

① (A) − (C) − (B)　② (B) − (C) − (A)
③ (C) − (A) − (B)　④ (C) − (B) − (A)

010 난이도 상

✓Self check □완벽 □실수 □모름

다음 주어진 문장이 들어가기에 가장 적절한 곳은?

The bacterium will swim in the straight line as long as the chemicals it senses seem better now than those it sensed a moment ago.

A bacterium is so small that its sensors alone can give it no indication of the direction that a good or bad chemical is coming from. To overcome this problem, the bacterium uses time to help it deal with space. (①) The bacterium is not interested in how much of a chemical is present at any given moment, but rather in whether the concentration is increasing or decreasing. (②) After all, if the bacterium swam in a straight line simply because the concentration of a desirable chemical was high, it might travel away from chemical nirvana, not toward it, depending on the direction it's pointing. (③) The bacterium solves this problem in an ingenious manner: as it senses its world, one mechanism registers what conditions are like right now, and another records how things were a few moments ago. (④) If not, it's preferable to change course.

* nirvana : 열반, 극락

011 난이도 중 Self check □완벽 □실수 □모름

주어진 글 다음에 이어질 글의 순서로 가장 적절한 것은?

Numerous factors influence the process of retrieving the memory of an event or suspect's characteristics. For example, the manner in which eyewitnesses are requested to provide a description of suspects influences their ability to subsequently identify them.

(A) These inaccurate guesses interfere with their later ability to recognize the person's face in a lineup, producing a higher level of misidentifications than for those who were not urged to give a "complete" description. At the time of retrieval, factors surrounding identification of the suspect from a lineup are critically important.

(B) It is often assumed that asking witnesses an open question about the suspect or event increases accuracy. ("Tell me what you saw.") Yet, the opposite may be true. For example, when people are strongly urged to provide a "complete" description of the suspect, they tend to guess (often inaccurately) about uncertain features.

(C) Among them, the unconscious transference phenomenon where different memory images may become confused with one another plays an important role. In identification processes, for example, this phenomenon occurs when a witness misidentifies an individual from a photo lineup as the actual suspect when, in reality, the witness previously saw the individual either as a bystander at the event or in a completely different context.

* transference 전이, 이동

① (B) − (A) − (C)　　② (B) − (C) − (A)
③ (C) − (A) − (B)　　④ (C) − (B) − (A)

012 난이도 상 Self check □완벽 □실수 □모름

주어진 문장이 들어갈 위치로 가장 적절한 것은?

Note that copyright covers the expression of an idea and not the idea itself.

Designers draw on their experience of design when approaching a new project. This includes the use of previous designs that they know work — both designs that they have created themselves and those that others have created. Others' creations often spark inspiration that also leads to new ideas and innovation. (①) This is well known and understood. (②) However, the expression of an idea is protected by copyright, and people who infringe on that copyright can be taken to court and prosecuted. (③) This means, for example, that while there are numerous smartphones all with similar functionality, this does not represent an infringement of copyright as the idea has been expressed in different ways and it is the expression that has been copyrighted. (④) Copyright is free and is automatically invested in the author, for instance, the writer of a book or a programmer who develops a program, unless they sign the copyright over to someone else.

013 난이도 상

Self check □완벽 □실수 □모름

주어진 글 다음에 이어질 글의 순서로 가장 적절한 것은?

The objective of battle, to "throw" the enemy and to make him defenseless, may temporarily blind commanders and even strategists to the larger purpose of war. War is never an isolated act, nor is it ever only one decision.

(A) To be political, a political entity or a representative of a political entity, whatever its constitutional form, has to have an intention, a will. That intention has to be clearly expressed.

(B) In the real world, war's larger purpose is always a political purpose. It transcends the use of force. This insight was famously captured by Clausewitz's most famous phrase, "War is a mere continuation of politics by other means."

(C) And one side's will has to be transmitted to the enemy at some point during the confrontation (it does not have to be publicly communicated). A violent act and its larger political intention must also be attributed to one side at some point during the confrontation. History does not know of acts of war without eventual attribution.

① (B) – (A) – (C)　　② (B) – (C) – (A)

③ (C) – (A) – (B)　　④ (C) – (B) – (A)

014 난이도 상

Self check □완벽 □실수 □모름

글의 흐름으로 보아 주어진 문장이 들어가기에 가장 적절한 곳은?

Rather, happiness is often found in the moments we are most vulnerable, alone or in pain.

We seek out feel-good experiences, always on the lookout for the next holiday, purchase or culinary experience. This approach to happiness is relatively recent; it depends on our capacity both to pad our lives with material pleasures and to feel that we can control our suffering. Painkillers, as we know them today, are a relatively recent invention and access to material comfort is now within reach of a much larger proportion of the world's population. (①) These technological and economic advances have had significant cultural implications, leading us to see our negative experiences as a problem and maximizing our positive experiences as the answer. (②) Yet, through this we have forgotten that being happy in life is not just about pleasure. (③) Comfort, contentment and satisfaction have never been the elixir of happiness. (④) Happiness is there, on the edges of these experiences, and when we get a glimpse of that kind of happiness it is powerful, transcendent and captivating.

*elixir 특효약

015 난이도 (중)

✓Self check □완벽 □실수 □모름

주어진 글 다음에 이어질 글의 순서로 가장 적절한 것은?

One reason why the definitions of words have changed over time is simply because of their misuse. There are a growing number of examples where the incorrect meaning of relatively commonplace language has become more widespread than the original intention or definition.

(A) Now, imagine that an angry customer sent you a letter about the service he received in one of your stores. If your reply is that you 'perused his letter,' he is likely to get even more angry than he was before.

(B) A word 'peruse' is one of them. Most people think that to 'peruse' something means to 'scan or skim it quickly, without paying much attention.' In fact, this is the exact opposite of what 'peruse' really means: 'to study or read something carefully, in detail.'

(C) But the word has been misused so often by so many people that this second sense of it — the exact opposite of what it actually means — has finally been accepted as a secondary definition and as far as most people know, it is the only definition.

① (A) – (C) – (B)
② (B) – (A) – (C)
③ (B) – (C) – (A)
④ (C) – (A) – (B)

016 난이도 (중)

✓Self check □완벽 □실수 □모름

다음 주어진 문장이 들어가기에 가장 적절한 곳은?

In particular, they define a group as two or more people who interact with, and exert mutual influences on, each other.

In everyday life, we tend to see any collection of people as a group. However, social psychologists use this term more precisely. (①) It is this sense of mutual interaction or inter-dependence for a common purpose which distinguishes the members of a group from a mere aggregation of individuals. (②) For example, as Kenneth Hodge observed, a collection of people who happen to go for a swim after work on the same day each week does not, strictly speaking, constitute a group because these swimmers do not interact with each other in a structured manner. (③) By contrast, a squad of young competitive swimmers who train every morning before going to school is a group because they not only share a common objective (training for competition) but also interact with each other in formal ways (e.g., by warming up together beforehand). (④) It is this sense of people coming together to achieve a common objective that defines a "team".

* aggregation : 집합

06 빈칸 완성

출제 유형 분석

풀이 · 해법

1. Clues that Signal Main Idea
빈칸 완성 문제 풀이의 시작은 '이 글이 무엇에 관한 글인가(중심 소재+작가의 견해)?'를 떠올리는 것이다. 빈칸에는 주로 중심 소재에 대한 작가의 견해가 정답이 된다.

2. Clues that Signal Patterns
단락의 도입부에 Two 개념(반대 · 대조의 공간 개념)이 있는지 살펴본다.

3. Clues that Signal Likeness
빈칸의 전후 관계 논리를 살핀다. (빈칸을 기준으로 서로 비슷한 내용이 이어지는지 확인해 본다.)

4. Clues that Signal Differences
빈칸의 전후 관계 논리를 살핀다. (빈칸을 기준으로 반대 · 대조의 내용이 이어지는지 확인해 본다.)

5. Clues that Signal Cause and Effect
빈칸의 전후 관계 논리를 살핀다. (빈칸을 기준으로 인과 관계의 내용이 이어지는지 확인해 본다.)

6. Clues that Signal Inference[Most Likely Answer]
오답을 지울 수 있어야 한다.

실전문제

001 난이도 (중) Self check □완벽 □실수 □모름

다음 빈칸에 들어갈 말로 가장 적절한 것은?

Naturally, people eat many different kinds of meals and choose them with the intention of transmitting the right message to the proper audience. One would not reheat half-eaten leftovers when trying to impress a potential lover, just as one would not spend a fortune on extravagant ingredients for a hurried everyday meal eaten in solitude. Every meal has, in a sense, its own coded message. This is not to say, however, that it is always readily perceived or interpreted correctly by others. What may be intended as cozy informality to someone preparing a meal might be interpreted as laziness by an invited guest. Likewise, a meal of roast beef offered to a vegetarian might be construed as a calculated insult. As with all language, there can be a(n) ____________. Despite this, an outsider observing or talking on an eating event can usually decode the intended message without too much difficulty.

① coded message ② decoding
③ miscommunication ④ intention

002 난이도 (중) Self check □완벽 □실수 □모름

다음 빈칸에 들어갈 말로 가장 적절한 것은?

People regularly do a kind of backwards thinking, and really believe it. One of the most famous examples in psychological research is cognitive dissonance. This is the idea that people don't like to hold two inconsistent ideas to be true at the same time. Studies conducted more than half a century ago find that when people are induced into behavior that is inconsistent with their beliefs, they simply ______________________. It's like when someone ends up spending too much on a new car. Instead of feeling bad about the clash between their original plan and what they've actually done, they prefer to convince themselves that the car is worth the extra money. This is a result of our natural desire to maintain consistency between our thoughts and actions. We all want to be right, and one thing we should all be able to be right about is ourselves. Backwards thinking allows us to do just that.

① stick to their previous plans
② change their beliefs to match
③ give up justifying their behavior
④ restore the situation to its original state

□□□
003 난이도 상 ✓Self check □완벽 □실수 □모름

다음 빈칸에 들어갈 말로 가장 적절한 것은?

When there are multiple witnesses to an event, they are not allowed to discuss it before giving their testimony. This rule is part of a good police investigation. The goal is not only to prevent collusion by hostile witnesses, it is also to prevent unbiased witnesses from influencing each other. Witnesses who exchange their experiences will tend to make similar errors in their testimony, reducing the total value of the information they provide. The principle of independent judgements has immediate applications for the conduct of meetings, an activity in which executives in organizations spend a great deal of their working days. A simple rule can help: before an issue is discussed, all members of the committee should be asked to write a very brief summary of their position. This procedure makes good use of the value of the diversity of knowledge and opinion in the group. Otherwise, the standard practice of open discussion gives too much weight to the opinion of those who speak early and assertively, ________________________________.

① causing others to line up behind them
② bringing multiple perspectives to share in
③ allowing each to stick to his own position
④ placing less importance on a unified action

□□□
004 난이도 중 ✓Self check □완벽 □실수 □모름

다음 빈칸에 들어갈 말로 가장 적절한 것은?

Have you ever considered the possibility that depression serves an important psychological function? Indeed, it has been argued that from an evolutionary perspective, depression can be understood as ________________________________. Depression reduces our interest in trivial matters, which explains one of its key characteristics: the inability to deprive pleasure from typically fun and pleasurable activities. Humans, then, evolved the capacity to depressed in order to be better equipped to face difficult challenges, especially those requiring high levels of intellectual focus and concentration. Just like fever is our body's attempt to coordinate a response to an infection, depression is the brain's attempt to deal with taxing events: the loss of someone we love, the end of a great holiday, or coming to terms with failure or disappointing news. Thus the role of depression is to help us process negative events and ensure that we avoid further blows, by minimizing the probability that we repeat the experiences that triggered pain.

① a powerful activator of positive moods
② an adaptive reaction to real-life problems
③ a passive protection from actual difficulties
④ a faithful reminder of insignificant matters

□□□
005 난이도 상

✓Self check □완벽 □실수 □모름

다음 빈칸에 들어갈 말로 가장 적절한 것은?

The essence of science is to uncover patterns and regularities in nature by finding algorithmic compressions of observations. But the raw data of observation rarely exhibit explicit regularities. Instead we find that nature's order is hidden from us, it is written in code. To make progress in science we need to crack the cosmic code, to dig beneath the raw data and uncover the hidden order. I often liken fundamental science to doing a crossword puzzle. Experiment and observation provide us with clues, but the clues are cryptic, and require some considerable ingenuity to solve. With each new solution, ______________________. As with a crossword, so with the physical universe, we find that the solutions to independent clues link together in a consistent and supportive way to form a coherent unity, so that the more clues we solve, the easier we find it to fill in the missing features.

① the depth of scientific experiments keeps us in awe
② we glimpse a bit more of the overall pattern of nature
③ the regularity of nature is revealed in its entirety to the observer
④ we crack the cosmic codes one by one, replacing an old solution with the new one

□□□
006 난이도 

✓Self check □완벽 □실수 □모름

다음 빈칸에 들어갈 말로 가장 적절한 것은?

Very innovative companies, such as Twitter, know how important connecting and combining ideas is to creativity in their business, and they make an effort to hire people with unusual skills, knowing that diversity of thinking will certainly influence the development of their products. According to Elizabeth Weil, the head of organizational culture at Twitter, a random sampling of people at the company would reveal former rock stars, a world-class cyclist, and a professional juggler. She said that the hiring practices at Twitter guarantee that all employees are bright and skilled at their jobs, but are also interested in other unrelated pursuits. Knowing this results in unintentional conversations between employees in the elevator, at lunch, and in the hallways. Shared interests surface through arbitrary dialogues and the web of people becomes even more intertwined. These ______________ often lead to fascinating new ideas.

① moral disparities
② critical thinking skills
③ unplanned conversations
④ professional verbal techniques

007

난이도 상 ✓Self check □완벽 □실수 □모름

다음 빈칸에 들어갈 말로 가장 적절한 것을 고르시오.

Until the 1960s, the standard sociological approach to explaining the ebb and flow of fashion trends was functionalist. In the functionalist view, fashion trends worked like this: every season, exclusive fashion houses in Paris, Milan, New York, and London would show new styles. Some of the new styles would catch on among the exclusive clientele of big-name designers. The main appeal of wearing expensive, new fashions was that wealthy clients could distinguish themselves from people who were less well off. Thus, fashion helped to preserve the ordered layering of society into classes. However, by the twentieth century, thanks to technological advances in clothes manufacturing, it didn't take long for inexpensive knockoffs to reach the market and trickle down to lower classes. New styles then had to be introduced frequently so that fashion could continue to perform its function of ______________. Hence there is the ebb and flow of fashion.

① retaining people's relative rank
② generating democratic way of life
③ widening the scope of property rights
④ bridging the gap between social classes

008

난이도 상 ✓Self check □완벽 □실수 □모름

다음 빈칸에 들어갈 말로 가장 적절한 것은?

Many disciplines are better learned by entering into the doing than by mere abstract study. This is often the case with the most abstract as well as the seemingly more practical disciplines. For example, within the philosophical disciplines, logic must be learned through the use of examples and actual problem solving. Only after some time and struggle does the student begin to develop the insights and intuitions that enable him to see the centrality and relevance of this mode of thinking. This learning by doing is essential in many of the sciences. For instance, only after a good deal of observation do the sparks in the bubble chamber ______________ as the specific movements of identifiable particles.

① become recognizable
② be clearly observed
③ spend time and struggle
④ deny abstract disciplines

009 난이도 중 ✓Self check □완벽 □실수 □모름

다음 빈칸에 들어갈 단어로 적절한 것은?

Contrary to what we usually believe, the best moments in our lives are not the passive, receptive, relaxing times — although such experiences can also be enjoyable, if we have worked hard to attain them. The best moments usually occur when a person's body or mind is stretched to its limits in a voluntary effort to accomplish something difficult and worthwhile. Optimal experience is thus something that we make happen. For a child, it could be placing with trembling fingers the last block on a tower she has built, higher than any she has built so far; for a sprinter, it could be trying to beat his own record; for a violinist, mastering a(n) ________________ musical passage. For each person there are thousands of opportunities, challenges to expand ourselves.

① intricate ② uncomplicated
③ receptive ④ straightforward

010 난이도 상 ✓Self check □완벽 □실수 □모름

다음 빈칸에 들어갈 말로 가장 적절한 것은?

I think of the twentieth century as the Age of Introspection, when you looked inside and thought about your own actions or inner thoughts. It was the era in which the self-help industry and therapy culture promoted the idea that the best way to understand who you are and how to live was to look inside yourself and focus on your own feelings, experiences and desires. This individualistic philosophy, which has come to dominate Western culture, has failed to deliver the good life to most people. So the twenty-first century needs to be different. Instead of introspection, we should create a new Age of Outrospection, where we find a better balance between looking inwards and looking outwards. Outrospection means the idea of discovering who you are and how to live by stepping outside yourself and exploring the lives and perspectives of other people. And the essential art form for the Age of Outrospection is _________.

① baffled ② empathy
③ craving ④ selfish

□□□
011 난이도 상

✓Self check □완벽 □실수 □모름

다음 빈칸에 들어갈 단어로 가장 적절한 것을 고르시오.

Although intimately related, sensation and perception play two complementary but different roles in how we interpret our world. Sensation refers to the process of sensing our environment through touch, taste, sight, sound, and smell. This information is sent to our brains in raw form where perception comes into play. Perception is the way we interpret these sensations and therefore make sense of everything around us. To illustrate the difference between sensation and perception, take the example of a young baby. Its eyes take the same data as those of an adult. But its perception is entirely different because it has no idea of what it is looking at. With experience, perception enables us to assume that ______________________, even when we can only see part of it, creating useful information of the surroundings.

① the whole of an object is present
② objects are impossible to identify
③ optical illusion is caused by our brain
④ our perception gives us inadequate information

□□□
012 난이도 상

✓Self check □완벽 □실수 □모름

다음 빈칸에 들어갈 말로 가장 적절한 것은?

The identical claim, expressed in two social contexts, may have different qualifiers. When talking among friends, you might say, "Lucé is the world's finest restaurant." When speaking to a group of French chefs, you might find yourself saying, "Lucé is an excellent restaurant, comparable to some of the best in France." Why did you say it differently? Perhaps because you expected a different critical scrutiny in the two groups. Maybe because your ______________________ was strong enough for friends but not as strong among the most knowledgeable. In each instance, you communicated the extent to which you wanted to qualify your claim, to guard yourself by restricting the extent to which you are willing to be held accountable for the claim.

① confidence in the claim
② appetite for French cuisine
③ support for others' opinions
④ suspicion of different claim

013 난이도 상

✓Self check □완벽 □실수 □모름

다음 빈칸에 들어갈 말로 가장 적절한 것을 고르시오.

Modern psychological theory states that the process of understanding is a matter of construction, not reproduction, which means that the process of understanding takes the form of the interpretation of data coming from the outside and generated by our mind. For example, the perception of a moving object as a car is based on an interpretation of incoming data within the framework of our knowledge of the world. While the interpretation of simple objects is usually an uncontrolled process, the interpretation of more complex phenomena, such as interpersonal situations, usually requires active attention and thought. Psychological studies indicate that it is knowledge possessed by the individual that determines which stimuli become the focus of that individual's attention, what significance he or she assigns to these stimuli, and how they are combined into a larger whole. This subjective world, interpreted in a particular way, is for us the "objective" world; we cannot know any world other than ______________________.

① the one we know as a result of our own interpretations
② the world of images no filtered by our perceptual frame
③ the external world independent of our own interpretations
④ the physical universe our own interpretations fail to explain

014 난이도 상

✓Self check □완벽 □실수 □모름

다음 빈칸에 들어갈 말로 가장 적절한 것은?

As consultants, my colleagues and I have invested considerable effort in advising business and government leaders on how to create more competitive economies. We have tried to do so in a manner that is respectful of local heritages and institutions. At the same time, we have made strong arguments for the need to change specific policies, strategies, actions or modes of communication. For the most part, the leaders with whom we have had the privilege of working have acknowledged the validity of our perspective. We have learned, however, that good answers to the pressing questions of economic development are not sufficient in engendering the change needed to reverse the tides of poorly performing economies. Individuals will often accept intellectual arguments, understand their need to change, and express commitment to changing, but then resort to what is familiar. This tendency to ______________________ is not a cultural trait, but it is indicative of some of the deeper challenges faced by those who wish to promote a different, more prosperous vision of the future.

① be used to changing
② revert to the intimacy
③ resort to what is different
④ try to hold off the familiarity

□□□
015 난이도 상

✓Self check □완벽 □실수 □모름

다음 글의 빈칸 (A), (B)에 들어갈 말로 가장 적절한 것은?

Most important among behavioral differences between bees and wasps is that bees are pollen eaters. Wasps, in contrast, are meat eaters. While both visit flowers for nectar (the "energy drink" of the insect world), bees also visit flowers in order to collect pollen for their young. On the contrary, wasps pursue other insects and drag them back to the nest for their offspring to devour. This one ___(A)___ difference has resulted in very different bearings. To aid in the gathering of pollen, bees are usually hairy (pollen sticks to hair), and many species look like cotton candy with wings. Searching around in flowers is messy business, and a few minutes rummaging among floral parts leaves a bee coated in hundreds of tiny grains of pollen. Using her many legs, the bee grooms herself, wiping all the pollen to the back of her body, where she stuffs it into the spaces between special stiff hairs on the legs or belly. Quite the opposite of the ___(B)___ bee, wasps look like Olympic swimmers, with no hair, skinny-waisted, and with long thin legs.

	(A)	(B)
①	sensory	fatty
②	sensory	sticky
③	dietary	furry
④	dietary	sticky

□□□
016 난이도 상

✓Self check □완벽 □실수 □모름

다음 글의 빈칸에 들어갈 말로 가장 적절한 것은?

While there is no denying that exceptional players like Emmitt Smith can put points on the board and enhance team success, new research suggests there is a limit to the benefit top talents bring to a team. Researchers compared the amount of individual gift on teams with the teams' success, and they found striking examples of ______________________. The researchers looked at three sports: basketball, soccer, and baseball. In each sport, they calculated both the percentage of extraordinary players on each team and the teams' success over several years. For both basketball and soccer, they found that top talent did in fact predict team success, but only up to a point. Furthermore, there was not simply a point of diminishing returns with respect to top talent; there was in fact a cost. Basketball and soccer teams with the greatest proportion of outstanding players performed worse than those with mediocre proportions of top level athletes.

① more talent worsening the team
② top players being more invaluable
③ elite athletes contributing to teams' victory
④ top players interfering in the flow of the game

CHAPTER 07

내용 일치

출제 유형 분석

출제 · 유형

다음 글의 내용과 일치하는[일치하지 않는] 것은?

풀이 · 해법

1. 선택지[보기]를 먼저 읽는다.

2. 선택지에서 고유명사 / 숫자[횟수/시간] 개념 / 부정어 / 증 · 감 표현 / 비교 · 최상 표현 / 장소 개념 / Key-word에 주목한다.
   (1) 숫자[횟수/시간] 개념
      ① 분수 표현
         • 1/3 ➡ one [a] third
         • 1/2 ➡ one [a] second [half]
         • 3/4 ➡ three [fourths] quarters
         • one out of [every] then ➡ 10 중에 하나 [10% ➡ 1/10]
      ② 횟수 표현
         • every other day [week/month/year] ➡ 이틀[2주/2달/2년]에 한 번
         • every 2 [3/4] years ➡ 2 [3/4]년에 한 번
         • once [twice/3 times …] a month ➡ 한 달에 한 번[두 번/세 번 …]
   (2) 부정어
      never, little, few, rarely, barely, seldom, hardly, neither, not ~ either, nor
   (3) 증 · 감 표현
      ① 증가 : increase, multiply, extend, expand, enlarge, grow, raise, rise, swell, mount, boost, widen, strengthen, escalate, accelerate, up
      ② 감소 : decrease, diminish, reduce, lessen, contract, decline, shrink, drop, dwindle, subside, weaken, fall, cut, down
   (4) 비교 · 최상 표현
      • 비교 대상 찾기
      • second tallest 두 번째로 키 큰 / fourth highest 네 번째로 높은
      • 5 more cars 다섯 대 이상의 자동차 / 10 more students 10명 이상의 학생들
      • surpass (~보다) 능가하다 / outnumber (~보다 수적으로) 우세하다
      • outweigh (~보다) 중요하다, 비중이 크다, 능가하다

3. 선택지의 재진술(restatement)에 주의한다.

실전문제

□□□
001 난이도 ③ ✓Self check □완벽 □실수 □모름

다음 글의 내용과 일치하지 않는 것을 고르시오.

The newest approach to automobile repair is the clinic, a place where car doctors go over an automobile in an attempt to detect defects. Since the clinic does no repairs, its employees do not neglect the truth. So many automobile owners feel that mechanics deceive them that the clinics, even though they undoubtedly charge high fees, are quite popular. The experts do a thorough job for each client. They explore every part of the engine, body, and brakes; they do all kinds of tests with expensive machines. Best of all, the comprehensive examination takes only about half an hour. With the clinic's report in your hand no mechanics will be able to defraud you by telling you that you need major repairs when only a small repair is necessary.

① The clinic discovers the problems of the car.
② The clinic requests repairs to the clients without telling the truth.
③ In spite of the high fees, the clinics are popular among automobile owners.
④ The clinic's report prevents you from being cheated by mechanics.

□□□
002 난이도 ③ ✓Self check □완벽 □실수 □모름

다음 brown recluse spider에 관한 글의 내용과 일치하지 않는 것은?

Part of the danger of the brown recluse spider is its check patterned brown body, which makes it look so harmless and which is not able to tell itself from a wood pile. Some people call it a violin spider, because the marking on its back looks like a tiny violin. Recluse is the word used to describe a person who chooses to live alone, away from other people. This six-eyed spider weaves its sticky web as a recluse, but those places are under furniture, behind pictures, or in empty boots. The bite of a brown recluse doesn't usually kill, but it does a lot of damage. The bite itself may not be sore. People say they never even saw the spider, and didn't realize they'd been bitten until much later, when the wound turned black.

① 홀로 거미집을 만든다.
② 무는 순간 큰 고통을 유발한다.
③ 격자무늬 모양의 갈색 몸체이다.
④ 나뭇더미에 있으면 식별하기가 어렵다.

003 난이도 중 ✓Self check □완벽 □실수 □모름

다음 글의 내용과 일치하는 것은?

Researchers at the Eastern Michigan University believe that socializing can be an effective tool for exercising the mind. They interviewed 3,617 people between the ages of 24 and 65, and asked them how often they talked on the telephone with their friends and relatives, or got together with them. Researchers also gave the people a series of mental tests to check their brain power and memory. They found that, regardless of age, those who were more socially engaged did better. They say, "Most advice for preserving and enhancing mental function emphasizes intellectual activities. But our research suggests that just getting together and making a small talk with our friends and family are also effective."

① The only way to preserve good memory is doing intellectual activities as many as possible.
② Chatting with acquaintances and hanging out with them can help your mental function properly.
③ With aging, keeping social relation no longer is conducive to enhance mental function.
④ Interviewers asked juveniles as well as toddlers how often they talked on the phone with their friends.

004 난이도 상 ✓Self check □완벽 □실수 □모름

다음 글의 내용과 일치하는 것은?

The new study, being published Monday in *The American Journal of Obstetrics and Gynecology*, finds that pregnant women who consume 200 milligrams or more of caffeine a day — the amount in 10 ounces of coffee or 25 ounces of tea — may double their risk of miscarriage. However, Dr. Carolyn Westhoff, a professor of obstetrics and gynecology, and epidemiology, at Columbia University Medical Center, had reservations about the study, noting that miscarriage is difficult to study or explain. Dr. Westhoff said most miscarriages resulted from chromosomal abnormalities, and there was no evidence that caffeine could cause those problems. "I think we tend to go overboard on saying expose your body to zero anything when pregnant. The human race wouldn't have succeeded if the early pregnancy was so vulnerable to a little bit of anything. We're more robust than that."

① Caffeine could cause chromosomal abnormalities, which eventually result in miscarriages.
② The early pregnancy is very vulnerable to even a little caffeine.
③ You should expose your body to zero caffeine when pregnant.
④ Most miscarriages are caused by chromosomal abnormalities.

005 난이도 ⓢ

✓Self check □완벽 □실수 □모름

다음 글의 내용과 일치하지 않는 것을 고르시오.

With very rare exceptions, American elementary and secondary school students have no contact with a foreign language until at least high school. Even at that level, according to recent information, no more than 20% of the students have as much as a superficial exposure to foreign languages. The high schools which do teach languages other than English usually offer Spanish, French, Latin, or German to their students, in that order of frequency, depending upon the section of the country and the wealth of the individual school system.

① Foreign languages are not typically taught to American students.
② Majority of American high school students do not receive intensive foreign language education.
③ American high schools teach German more than French.
④ Foreign language education in American high schools may vary from place to place.

006 난이도 ⓢ

✓Self check □완벽 □실수 □모름

다음 글의 내용과 일치하는 것은?

Charles Darwin was as keen an observer of nature as ever walked the earth, but even he missed the pink iguana of the Galapagos. The rare land iguanas were first seen, in fact, only in 1986, when one was spotted by park rangers on Volcan Wolf on the island of Isabela. Since then, they have been found only on that Volcan Wolf, which would explain why Darwin slipped them, since he didn't explore it. An analysis by the researchers shows that there is significant genetic isolation between the pink iguana and a yellow iguana that also lives on Volcan Wolf. And besides the obvious difference in color, they have no analogy in morphology between the two reptiles, the researchers say. Their genetic analysis suggests that the pink iguana diverged from the other land iguana lineages about 5.7 million years ago. Since Volcan Wolf formed much more recently, the current distribution of the pink iguanas only on that volcano represents something of a riddle, the researchers report.

① Charles Darwin first found the pink iguana of the Galapagos.
② The pink iguana is similar form to yellow iguanas.
③ The pink iguana originates in Volcan Wolf.
④ Even Charles Darwin who was enthusiastic had not been to Volcan Wolf.

007 난이도 (중)

Self check □완벽 □실수 □모름

위 글의 내용과 일치하지 않는 것은?

Many Englishmen were eager to make their glass business in the New World. They moved to New Jersey where commodities were abundant. In particular, South Jersey had silica or fine white sand that was needed for making glass. In addition, there was an ample supply of limestone, which was added to process the glass. However, initially the glass industry in the U.S. did not develop due to a lack of technology and poor economic conditions. Although several glasshouses were operated in the colonies, a German-born manufacturer named Caspar Wistar, in Salem County, New Jersey in 1739, set up the first successful glasshouse. Production began with distinctive table and glassware. By 1760, the company, known as Wistar Glass Works, was producing flasks, glass bottle, and spice jars. Wistar's company was important as the cradle of the American glass known today as South Jersey type. That glass is the work of individual glassblowers using refined glass to make objects of their own design. Wistar was also successful with applied glass and pattern molding.

① American glass known as South Jersey type derived from Wistar's company.
② The reason glass workers moved to the New Jersey was for getting raw materials.
③ A German-born producer founded the first successful glasshouse in the U.S.
④ South Jersey was always scant of the supply of limestone which was able to improve the glass.

008 난이도 (중)

Self check □완벽 □실수 □모름

gerenuk에 관한 다음 글의 내용과 일치하는 것은?

Also called the giraffe-gazelle, the gerenuk has a very long, feeble neck and similar legs. It can curve its spine into an S shape, balancing its weight over its rear legs, in order to stand vertically for long periods. This allows it to browse more aloft than similar-sized omnivores in open woodland and scattered bush. The gerenuk uses its long, pointed tongue, mobile lips, and sharp-edged incisors to pluck and nip the smallest leaves. Only the males have horns, which are 14 inches (35cm) long, relatively thick and curved. Social units are male-female pairs, or small groups of one male and 2-4 females, with offspring. Only territory-holding males breed, from about 3 years old.

① 체중을 두툼한 뒷다리에 두어 균형을 유지한다.
② 비슷한 크기의 잡식 동물보다 더 높이 둘러볼 수 있다.
③ 영역소유와 상관없이 수컷은 대략 3살 때부터 번식을 한다.
④ 뾰족한 혀를 가지고 있고 배를 S자 모양으로 구부릴 수 있다.

□□□
009 난이도 ⑧

✓Self check □완벽 □실수 □모름

다음 글의 내용과 일치하는 것은?

Electric cars were always environmentally friendly, quiet, clean but definitely not sexy. The Sesta Speedking has changed all that. A battery-powered sports car that sells for $ 120,000 and has a top speed of 125 m.p.h. (200 km/h), the Speedking has excited the clean-tech crowd since it was first announced. Some Hollywood celebrities also joined a long waiting list for the Speedking; magazines like Wired drooled over it. After years of setbacks and shake-ups, the first Sesta Speedkings were delivered to customers this year. Reviews have been ecstatic, but Sesta Motors has been hit severely by the financial crisis. Plans to develop an affordable electric sedan have been put on hold, and Sesta is laying off employees. But even if the Speedking turns out to be a one-hit wonder, it's been an exciting electric ride.

① Speedking is a new electric sedan.
② Speedking has received negative feedback.
③ Sesta is hiring more employees.
④ Sesta has suspended a new car project.

□□□
010 난이도 ⑧

✓Self check □완벽 □실수 □모름

다음 글의 내용과 일치하는 것을 고르시오.

The Berlin Games are best remembered for Adolf Hitler's failed attempt to use them to prove his theories of Aryan racial superiority. However, as it turned out, the most popular hero of the Games was the African-American sprinter and long jumper Jesse Owens, who won four gold medals in the 100m, 200m, 4×100m relay and long jump. The 1936 Games were the first to be broadcast on television. Twenty-five television viewing rooms were set up in the Greater Berlin area, allowing the locals to follow the Games free of charge. Thirteen-year-old Marjorie Gestring of the US won the gold medal in springboard diving. She remains the youngest female gold medallist in the history of the Summer Olympic Games. Twelve-year-old Inge Sorensen of Denmark earned a bronze medal in the 200m breaststroke, making her the youngest medallist ever in an individual event. Basketball, canoeing and field handball all made their first appearances. The Berlin Games also became the first to introduce the torch relay, in which a lighted torch is carried from Olympia in Greece to the site of the current Games.

① The Berlin Games were the first to be broadcast on television, and television viewing rooms were built in the Greater Berlin region.
② Marjorie Gestring, a Canadian athelete, was the youngest female gold medallist in the history of the Olympic Games.
③ Inge Sorensen of Denmark earned a bronze medal in the 200m breaststroke, which made her the youngest medallist in the history of the Olympic Games.
④ Jesse Owens was a proof that Hitler's use of the 1936 Games to prove his theories of Aryan racial superiority was attempted.

011 난이도 ✓Self check □완벽 □실수 □모름

다음 글의 내용과 일치하지 않는 것을 고르시오.

Most writers lead double lives. They earn good money at legitimate professions, and carve out time for their writing as best they can : early in the morning, late at night, weekends, vacations. William Carlos Williams and Louis-Ferdinand Céline were doctors. Wallace Stevens worked for an insurance company. T. S. Elliot was a banker, then a publisher. Don DeLilo, Peter Carey, Salman Rushdie, and Elmore Leonard all worked for long stretches in advertising. Other writers teach. That is probably the most common solution today, and with every major university and college offering so-called creative writing courses, novelists and poets are continually scratching and scrambling to land themselves a spot. Who can blame them? The salaries might not be big, but the work is steady and the hours are good.

① Some writers struggle for teaching positions to teach creative writing courses.
② As a doctor, William Carlos Williams tried to find the time to write.
③ Teaching is a common way for writers to make a living today.
④ Salman Rushdie worked briefly in advertising with great triumph.

012 난이도 ✓Self check □완벽 □실수 □모름

위 글의 내용과 일치하지 않는 것은?

Mark Ishaya was a toddler in Baghdad when his father died and his mother abandoned the family. He was a child laborer in a Lebanese oil filter factory when Palestine Liberation Organization guerrillas commit genocide coworkers as he hid in a cabinet. Zdenka Bulic was 21 when she emigrated from Bosnia nine years ago, frustrated at the career roadblocks she faced as a Croat. David Nunez left his home in Mexico at the age of 16 in search of higher wages. All three have ended up in management jobs at the McDonald's restaurant on Peterson Avenue on Chicago's north side, overseeing the 50 other immigrants on a staff of 55. Their achievement testifies to the energy and talent of immigrants who use 'burger flipping' jobs that most Americans deride as dead ends to lift themselves to modest prosperity. Their success also reflects the effectiveness of systems that McDonald's Corp. and other fast food chains have been forced to develop to integrate vast numbers of low-skilled workers into their work forces. Hourly pay for McDonald's crew members is typically only a bit higher than the $5.25 minimum wage, and fringe benefits are meager. As a result, employees leave so frequently that this year McDonald's and its franchises, which employ more than 500,000 workers in the United States and Canada, will have to hire well over that number of new employees to stay fully staffed.

① McDonald's has trouble keeping employees although the hourly pay is good enough.
② Most Americans do not look upon part time 'burger flipping' positions as satisfying jobs.
③ Native born Americans rarely make up more than a handful of the employees at the Peterson Avenue McDonald's.
④ The success of Mark Ishaya, Zdenka Bulic, and David Nunez is due both to their abilities and to well developed systems of employee training.

□□□

013

난이도 상 ✓Self check □완벽 □실수 □모름

다음 글의 내용과 일치하는 것은?

JP-Ware, an American software corporation, has recently agreed to settle its legal battle from the U.S. government. The General Services Administration (GSA), which is a federal agency, alleged that employees of the tech company provided its representatives with elevated pricing information. As a result, Morace received none of the discounts other businesses habitually receive and paid significantly more than was necessary for JP-Ware's products. While JP-Ware denies that any deception occurred in its dealings with the Federal agency, the fact that it is willing to pay $76 million in fines suggests otherwise.

① Discounts were offered to Morace besides other companys.
② JP-Ware may have attempted to defraud the Federal agency.
③ JP-Ware sued the U.S. government for legal conflict.
④ The GSA urged employees of the tech company to supply pricing information.

□□□

014

난이도 중 ✓Self check □완벽 □실수 □모름

다음 글의 내용과 일치하지 않는 것은?

In America when a man fails to maintain his lawn according to the community standards, his yard is presumed to be "a menace to public health." In a suburb of Buffalo, New Yok, there lived a man who spent the last several years letting grass grow the way nature intended. He argued that he had a right to grow a wildflower meadow in his front yard. Some neighbors offered to lend him a lawn mower. But others took it upon themselves to mow down the offending meadow. They regarded the man's yard as an archetype of laziness. When he charged his neighbors of damaging his garden, a local judge ordered the man to cut his lawn regularly or face a fine of $50 a day. He ignored the court order and his disobedience cost him more than $25,000 in fines.

① 법원에서는 그에게 벌금형을 부과했다.
② 미국에서는 잔디를 정기적으로 관리해야 한다.
③ 그의 이웃은 잔디를 가꾸지 않은 그를 고발했다.
④ 뉴욕의 어떤 사람은 자연 상태로 잔디를 관리했다.

015 난이도 (중)

✓Self check □완벽 □실수 □모름

다음 글의 내용과 일치하는 것은?

The first grain elevator was built by Joseph Dart in 1842. Before that, grain was loaded and unloaded by hand, a back breaking job that took several days. The elevator consisted of a large wooden structure that served as a storage bin for the grain. The elevator allowed ships to be unloaded at a rate of over 35,000 liters per hour, leading to ships docking, unloading, and departing all within the same day. The elevator was an ideal store for grain as it was cool, dry, and free of pests that could endanger the crop. The only risk was from fire in the wooden elevator since grain dust is highly flammable. Despite being the first person to actually build one, Joseph Dart claimed not to be the inventor of the elevator, saying instead that he had based his designs entirely on those of Oliver Evans.

① Joseph Dart designed the first grain elevator from scratch.
② The first grain elevator was cool, dry, and prone to fire.
③ Joseph Dart made the first grain elevator in the nineteenth century.
④ The first grain elevator had a large storage bin for grain.

016 난이도 (중)

✓Self check □완벽 □실수 □모름

다음 글의 내용과 일치하는 것은?

Another important tool and marketing trend is the introduction of interactive home TV shopping. This is already a $2 billion-plus industry reaching over 60 million consumers and growing at about 20% per year. Although home TV shopping has been around for nearly two decades, it is only recent that it has been successfully used by big-name stores such as Macy's and even luxury merchants such as Saks Fifth Avenue to market a wide range of products appealing to the upscale urban and suburban consumers. Home shoppers are now younger, better educated, more affluent, and more style conscious than in the past, and a growing list of retailers are giving serious thought to the idea of producing "informercials," launching shopping channels, or investing in interactive shopping ventures. This does not mean, however, that store shopping will disappear.

① The home shopping industry started almost 30 years ago.
② The consumers who use home shopping are now trendier than in the past.
③ Home TV shopping has grown into nearly a $2 billion business.
④ Saks Fifth Avenue was the first to start the home shopping industry.

MEMO

박문각
공무원

합격! 예상문제

김세현 영어

단원별 실전 400제

PART 03

어휘

CHAPTER ✳

01 유의어(밑줄 어휘)

필수 기출 분석

분석 1

▸ 2022. 국가직 9급

밑줄 친 부분의 의미와 가장 가까운 것을 고르시오.

For years, detectives have been trying to <u>unravel</u> the mystery of the sudden disappearance of the twin brothers.

① solve ② create
③ imitate ④ publicize

해설 unravel은 '풀다, 해결하다'의 뜻으로 이와 가장 가까운 유의어는 ① solve이다.

해석 여러 해 동안 형사들은 갑작스러운 쌍둥이 형제들의 실종에 대한 수수께끼를 <u>해결하고자</u> 노력해왔다.

어휘 detective 형사 / imitate 모방하다 / publicize 알리다, 공표하다

정답 ①

분석 2

▸ 2022. 국가직 9급

밑줄 친 부분의 의미와 가장 가까운 것을 고르시오.

Before the couple experienced parenthood, their four-bedroom house seemed unnecessarily <u>opulent</u>.

① hidden ② luxurious
③ empty ④ solid

해설 opulent는 '호화로운, 사치스러운'의 뜻으로 이와 가장 가까운 유의어는 ② luxurious이다.

해석 그 부부가 부모가 되기 전 4개의 방이 있는 집은 불필요한 <u>호사</u>인 것 같다.

어휘 parenthood 부모가 됨, 부모임 / unnecessarily 불필요하게 / empty 텅 빈 / solid ① 견고한, 단단한 ② 고체의

정답 ②

김세현 영어

실전문제

001 난이도 (중)

Self check □완벽 □실수 □모름

다음 밑줄 친 부분과 의미가 가장 가까운 것은?

Taxpayers may <u>waive</u> scheduled audits in case of certain unforeseen circumstances.

① relinquish ② meander
③ submit ④ supersede

002 난이도 (중)

Self check □완벽 □실수 □모름

다음 밑줄 친 부분과 의미가 가장 가까운 것은?

Pride goes before destruction, and an <u>insolent</u> spirit before a fall.

① impertinent ② humble
③ precarious ④ copious

003 난이도 (중)

Self check □완벽 □실수 □모름

다음 밑줄 친 부분과 의미가 가장 가까운 것은?

Most insurance agents won't even talk to you because you are under 20. Suppose you eventually find an agent who will get you insurance. Not only does it cost $1,800 per year, you also have to pay the premium <u>affluent</u> to activate the insurance.

① off balance ② well off
③ at a premium ④ up front

004 난이도 (중)

Self check □완벽 □실수 □모름

다음 밑줄 친 부분과 의미가 가장 가까운 것을 고르시오.

Bill Gates, the well-known CEO of Microsoft, once advised young people wanting to <u>emulate</u> his success to first of all find work they love.

① adhere ② mimic
③ intrigue ④ surpass

005 난이도 (중)

Self check □완벽 □실수 □모름

다음 밑줄 친 부분과 괄호 안에 주어진 의미가 서로 다른 것은?

① Many families struggle to <u>make ends meet</u>. (be from hand to mouth)
② The police <u>left no stone unturned</u> to solve the crime. (left as it is)
③ Please stop <u>putting your nose into</u> this matter. (butting in)
④ He has his career path clearly <u>mapped out</u>. (arranged)

006 난이도 (상)

Self check □완벽 □실수 □모름

다음 밑줄 친 부분과 의미가 가장 가까운 것은?

We have arranged for card holders like you to receive one thousand dollars of <u>complimentary</u> life insurance.

① absolute ② extravagant
③ gratuitous ④ supreme

007 난이도 (중)

Self check □완벽 □실수 □모름

다음 밑줄 친 부분과 의미가 가장 가까운 것을 고르시오.

We will strengthen cooperation from a <u>comprehensive</u> standpoint to construct future-oriented relations based on trust.

① adjustable ② broad
③ precise ④ understandable

008 난이도 (중)

Self check □완벽 □실수 □모름

다음 밑줄 친 부분과 의미가 가장 가까운 것은?

The first condition that a student can be successful in this apathetic world is that he ought to be <u>sedulous</u>.

① assiduous ② callous
③ deciduous ④ specious

009 난이도 ✓Self check □완벽 □실수 □모름

다음 밑줄 친 부분과 의미가 가장 가까운 것을 고르시오.

Their <u>ostensible</u> goal was to root out government corruption, but their real aim was to unseat the government.

① bogus ② provident
③ seeming ④ mundane

010 난이도 ✓Self check □완벽 □실수 □모름

다음 밑줄 친 부분과 의미가 가장 가까운 것을 고르시오.

The main reason the show was able to captivate such a multi-generational audience is its ability to <u>harness</u> the essence of human angst, with plot twists complicated enough to hold the attention, and humor and romance light-hearted enough to allure people of all ages.

① exploit ② bolster
③ procrastinate ④ resolve

011 난이도 ✓Self check □완벽 □실수 □모름

다음 밑줄 친 부분과 의미가 가장 가까운 것을 고르시오.

Doubts were cast on the <u>authenticity</u> of her alibi after three people claimed to have seen her at the scene of the robbery.

① assertion ② hypothesis
③ forgery ④ veracity

012 난이도 ✓Self check □완벽 □실수 □모름

다음 밑줄 친 부분과 의미가 가장 가까운 것을 고르시오.

Each year we <u>solicit</u> donations of goods or services from local merchants and businesses, and then we auction them on the radio.

① acquire ② enquire
③ inquire ④ require

013 난이도 ✓Self check □완벽 □실수 □모름

다음 밑줄 친 부분과 의미가 가장 가까운 것을 고르시오.

Starting in January, employees will be <u>reimbursed</u> for continuing education courses that they successfully complete.

① refunded ② exempted
③ selected ④ qualified

014 난이도 ✓Self check □완벽 □실수 □모름

다음 밑줄 친 부분과 의미가 가장 가까운 것을 고르시오.

The reality is that terrorism is <u>pervasive</u>; the terrorists continue to use intimidation against jurors to prevent justice from being applied. Therefore, it is necessary that justice continue to be applied to the activities of terrorist organizations.

① radial ② rampant
③ rebellious ④ relevant

015 난이도 ✓Self check □완벽 □실수 □모름

다음 밑줄 친 부분과 의미가 가장 가까운 것을 고르시오.

In fact, the city government did not <u>earmark</u> a budget for free meals for elementary schoolchildren; a stance that civic groups and opposition parties strongly opposed.

① contribute ② accumulate
③ compensate ④ allocate

016 난이도 ✓Self check □완벽 □실수 □모름

다음 밑줄 친 부분과 의미가 가장 가까운 것을 고르시오.

Similar to home training, there should always be someone for children to <u>fall back on</u> in a proper school education.

① resort to ② hit on
③ lay upon ④ stumble upon

□□□
017
난이도 ✓Self check □완벽 □실수 □모름

다음 밑줄 친 부분과 의미가 가장 가까운 것을 고르시오.

You must stop ignoring Thomas because of what he said, and have it out with him once and for all.

① work out
② have to do with
③ have nothing to do with
④ get in touch with

□□□
018
난이도  
✓Self check □완벽 □실수 □모름

다음 밑줄 친 부분과 의미가 가장 가까운 것을 고르시오.

Andrew's life in the absence of his family, as it were, a succession of adversity. It was like living in a desert island where no one is around.

① so to speak ② needlessly to say
③ to his dismay ④ with his luck

□□□
019
난이도  
✓Self check □완벽 □실수 □모름

다음 밑줄 친 부분과 의미가 가장 가까운 것은?

For your convenience, Kansas City Tribune offers an automatic payment service which will allow your payment to be automatically deducted from your checking account on the last day of each month.

① recited ② estimated
③ prosaic ④ withdrawn

□□□
020
난이도 
✓Self check □완벽 □실수 □모름

다음 밑줄 친 부분과 의미가 가장 가까운 것을 고르시오.

Trying to use a public loo in the mountain was out of the question. We had to play it by ear.

① sing for air ② follow advice
③ improvise ④ listen carefully

□□□
021
난이도 ✓Self check □완벽 □실수 □모름

다음 밑줄 친 부분과 의미가 가장 가까운 것을 고르시오.

Scores of government critics were accused of breaking the law while peacefully expressing their views or attending rallies.

① Calculating ② Increasing
③ Numerous ④ High-end

□□□
022
난이도 ✓Self check □완벽 □실수 □모름

다음 밑줄 친 부분과 의미가 가장 가까운 것을 고르시오.

Those who have died in the struggle for free media do not die to no end.

① endlessly ② in vain
③ to the purpose ④ on purpose

□□□
023
난이도 ✓Self check □완벽 □실수 □모름

다음 밑줄 친 부분과 의미가 가장 가까운 것을 고르시오.

White House Press Secretary Tony Snow said the United States will not set about bilateral negotiations with North Korea and stands by its insistence that North Korea rejoin the multi-lateral talks.

① set in ② settle in
③ set upon ④ settle up

□□□
024
난이도 ✓Self check □완벽 □실수 □모름

다음 밑줄 친 부분과 의미가 가장 가까운 것을 고르시오.

The death penalty is a very controversial topic all over the world, for people's lives are at stake.

① on the line ② on the blink
③ on the spot ④ on the table

PART 03

025 난이도 하 Self check □ 완벽 □ 실수 □ 모름

다음 빈칸에 가장 적절한 것은?

Quick-tempered people find it hard to control their anger, that more often than not, they hit the ceiling and even become physically violent.

① lose their heart ② have a level head
③ throw a fit ④ hang loose

026 난이도 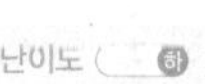 Self check □ 완벽 □ 실수 □ 모름

다음 밑줄 친 부분과 의미가 가장 가까운 것을 고르시오.

Witnesses said that the life vests were not handed out minutes before the ship overturned.

① submitted ② capsized
③ subsidized ④ captivated

027 난이도 중 Self check □ 완벽 □ 실수 □ 모름

다음 밑줄 친 부분과 의미가 가장 가까운 것은?

Adept at leading a team or working as part of a team, I am also an ardent self-starter able to work from home.

① sporadic ② vehement
③ versed ④ immediate

028 난이도 중 Self check □ 완벽 □ 실수 □ 모름

다음 밑줄 친 부분과 의미가 가장 가까운 것을 고르시오.

In fact, despite the relatively meager population of Spartans, the community had a strong military presence, and extraordinary power.

① retarded ② inundant
③ suitable ④ sparse

029 난이도 중 Self check □ 완벽 □ 실수 □ 모름

다음 밑줄 친 부분과 의미가 가장 가까운 것을 고르시오.

This plant was built around 60 years ago. Although the firm that sold off this manufacturing complex had spent some money renovating it, the structure itself is too worn out to be improved much.

① signed out ② signed over
③ took out ④ took over

030 난이도  Self check □ 완벽 □ 실수 □ 모름

다음 밑줄 친 부분과 의미가 가장 가까운 것은?

Opened 10 years ago, cafe Bauhaus was the forerunner of the "dog cafe", where dogs were free to wander around.

① investor ② successor
③ precursor ④ predecessor

031 난이도 상 Self check □ 완벽 □ 실수 □ 모름

다음 밑줄 친 부분과 의미가 가장 가까운 것을 고르시오.

The Indiana Department of Administration (IDOA) announced plans for the onset of construction for the Bicentennial Plaza to begin as soon as state house approval is given. The $2 million project will embark in no time, which will comprise infrastructure replacement, beautification, and safety improvements. For more information on the Bicentennial Plaza project, visit http://www.indiana2016.org.

① commence ② deviate
③ fluctuate ④ procrastinate

032 난이도 (중) ✓Self check □완벽 □실수 □모름

다음 밑줄 친 부분과 의미가 가장 가까운 것은?

Infosys rightly sees itself as more agile than IBM.

① wary ② prodigal
③ zealous ④ nimble

033 난이도 (중) ✓Self check □완벽 □실수 □모름

다음 밑줄 친 부분과 의미가 가장 가까운 것을 고르시오.

He talked in detail about those efforts to try to get a perfect American accent, including all the slang.

① bluntly ② at length
③ with concision ④ wordily

034 난이도 (중) ✓Self check □완벽 □실수 □모름

다음 중 밑줄 친 부분과 의미가 가장 가까운 것은?

On account of New Zealand's remote location, there was no higher animal life in the country when the Maori arrived. There were two species of lizard. There were also a few primitive species of frog and two species of bats.

① secluded ② inhabitable
③ obsolete ④ barren

035 난이도 (상) ✓Self check □완벽 □실수 □모름

다음 중 밑줄 친 부분과 의미가 가장 가까운 것은?

A new born chick uses its egg tooth to break the shell of its egg and escape from it at hatching. This toothlike structure is a dead loss after its only use is to help the bird break the eggshell. Egg teeth of the chick are consequently shed.

① exploited ② degraded
③ deployed ④ reincarnated

036 난이도 (중) ✓Self check □완벽 □실수 □모름

다음 중 밑줄 친 부분과 의미가 가장 가까운 것은?

Instead of continually obsessing over something that is not worth your time, try as hard as you can to do something that will keep you busy and away from apprehension.

① seizure ② concern
③ boredom ④ comprehension

037 난이도 (중) ✓Self check □완벽 □실수 □모름

다음 중 밑줄 친 부분과 의미가 가장 가까운 것은?

Office equipment takes up three percent of the nation's total demand for electricity.

① accounts for ② is occupied with
③ confines to ④ is liable for

038 난이도 (상) ✓Self check □완벽 □실수 □모름

다음 중 밑줄 친 부분과 의미가 가장 가까운 것은?

With the rapid spread of industry and the ensuing transformation of the urban landscape, city dwellers have found themselves living in increasingly bleak surroundings.

① prompt ② subsequent
③ brisk ④ appalling

CHAPTER 02

빈칸 어휘

필수 기출 분석

분석 1

▸ 2022. 국가직 9급

밑줄 친 부분에 들어갈 말로 가장 적절한 것을 고르시오.

A mouse potato is the computer __________ of television's couch potato : someone who tends to spend a great deal of leisure time in front of the computer in much the same way the couch potato does in front of the television.

① technician
② equivalent
③ network
④ simulation

해설 빈칸 다음 유사의 Signal(서로 다른 소재에 대한 유사점) the same way를 이용해서 빈칸을 추론할 수 있어야 한다. 문맥상 빈칸에 들어가기에 가장 적절한 것은 ② equivalent이다.

해석 마우스 포테이토(컴퓨터 앞에서 시간을 많이 보내는 사람) 는 텔레비전의 카우치 포테이토(소파에 앉아 텔레비전을 보면서 시간을 보내는 사람)와 동등한 컴퓨터 용어이다. 즉, 텔레비전 앞에서 카우치 포테이토가 시간을 보내는 것과 똑같은 방식으로 컴퓨터 앞에서 많은 여가시간을 보내는 경향이 있는 사람을 칭한다.

어휘 tend to ⓥ ⓥ 하는 경향이 있다 / a great deal of 많은 / couch 소파 / equivalent ① 동등한, 맞먹는 ② 상응하는 것, 같은 것 / simulation 모방, 흉내

정답 ②

분석 2

▸ 2022. 국가직 9급

밑줄 친 부분에 들어갈 말로 가장 적절한 것을 고르시오.

Mary decided to __________ her Spanish before going to South America.

① brush up on
② hear out
③ stick up for
④ lay off

해설 빈칸 다음 '남미에 가기 전에' 라는 표현이 있으므로 빈칸에는 스페인어를 공부한다는 내용이 들어가야 한다. 따라서 빈칸에 들어가기에 가장 적절한 것은 ① brush up on이다.

해석 Mary는 남미에 가기 전에 스페인어를 복습하기로 결심했다.

어휘 decide 결심하다, 결정하다 / brush up on 복습하다, 다시 공부하다 / hear out ~을 끝까지 듣다 / stick up for ~을 방어하다, 옹호하다 / lay off 해고하다

정답 ①

실전문제

PART 03

001 난이도 상 ✓Self check □완벽 □실수 □모름

다음 빈칸에 들어갈 말로 가장 적절한 것은?

My coffee was too strong, so I __________ it with more water.

① condensed ② afflicted
③ evacuated ④ adulterated

002 난이도 중 ✓Self check □완벽 □실수 □모름

다음 빈칸에 들어갈 말로 가장 적절한 것은?

My wife drives me crazy when she's got a problem or is talking about what she intends to do that day. She talks out loud about all her options. It's so __________ that I can't concentrate on anything.

① perilous ② exuberant
③ distracting ④ haute

003 난이도 중 ✓Self check □완벽 □실수 □모름

다음 빈칸에 들어갈 표현으로 가장 적절한 것은?

Doctors are being __________ in prescribing these drugs for people who are more severely mentally ill.

① causal ② circumspect
③ communal ④ corporative

004 난이도 중 ✓Self check □완벽 □실수 □모름

다음 빈칸에 가장 알맞은 것은?

Wood is material that is generally acknowledged to be environmental friendly. However, where wood is harvested, then transported halfway across the globe, the associated energy cost are high, causing negative impact on the environment. What is more, where wood is treated with chemicals to improve fire-resistance and pest-resistance, its healthful properties are ________.

① compromised ② compatible
③ consistent ④ contented

005 난이도 상 ✓Self check □완벽 □실수 □모름

다음 빈칸에 가장 알맞은 것은?

Diseases may require a minimum __________ of population size or density to support ongoing transmission of the disease. Therefore, a rise in human population size or density can expose the population to a disease that previously could not be sustained in the population.

① endeavor ② lifespan
③ panacea ④ threshold

006 난이도 중 ✓Self check □완벽 □실수 □모름

다음 빈칸에 들어갈 말로 가장 적절한 것은?

Under the current policy, high school students who miss more than eight days of class automatically ________. Thus parents must report every absence and call the office if the student is going to be late.

① forge ② dodge
③ suspend ④ flunk

007 난이도 중 ✓Self check □완벽 □실수 □모름

다음 빈칸에 가장 적절한 것은?

The two universities have a ________ arrangement whereby undergraduate students from one college can attend classes at the other.

① belligerent ② exclusive
③ isolated ④ reciprocal

008 난이도 상 ✓Self check □완벽 □실수 □모름

다음 빈칸에 가장 적절한 것은?

Previously, not only still lifes and portraits, but also landscapes, had been painted indoors, but the Impressionists found that they could capture the momentary and ________ effects of sunlight by painting in the open air. The artists tried to capture this ever-changing moment on the objects they were painting.

① transient ② perpetual
③ stable ④ contemporary

009 난이도 상 ✓Self check □완벽 □실수 □모름

다음 빈칸에 가장 알맞은 것은?

China is offering Taiwan a series of trade ________ in an effort to boost public sentiment on the island in favor of reunification with the mainland.

① balances ② concessions
③ embargoes ④ plights

010 난이도 중 ✓Self check □완벽 □실수 □모름

다음 빈칸에 가장 알맞은 것은?

I am sure you know that our history is filled with uneducated or poorly educated millionaires, who didn't let this supposed ________ hold them back.

① affluence ② foothold
③ shortcoming ④ windfall

011 난이도 상 ✓Self check □완벽 □실수 □모름

다음 빈칸에 가장 적절한 것은?

Parkinson's syndrome is described as an ________ malady that gradually threatens one's quality of life as it progresses.

① acute ② insidious
③ nonchalant ④ rapid

012 난이도 중 ✓Self check □완벽 □실수 □모름

다음 빈칸에 들어갈 말로 가장 적절한 것은?

The hare regained consciousness during an experimental surgery owing to the inadequate amount of ________ being administered.

① euthanasia ② anesthetic
③ euphoria ④ sincerity

013 난이도 중 ✓Self check □완벽 □실수 □모름

다음 빈칸에 들어갈 말로 가장 적절한 것은?

Most nations agreed with the proposal to cut down on pollution. However, some participants wondered about the ________ of such a proposal.

① conjecture ② curtailment
③ viability ④ interference

014 난이도 상 ✓Self check □완벽 □실수 □모름

다음 빈칸에 가장 알맞은 것은?

If you have a talent, use it in every which way possible. Don't __________ it like a miser. Spend it like a millionaire intent on going broke.

① extort ② lavish
③ hoard ④ squander

015 난이도 상 ✓Self check □완벽 □실수 □모름

다음 빈칸에 가장 적절한 것은?

For all a great number of firms ______________ in the past recession, some of them gained their feet again.

① came down to earth ② went to the wall
③ put on airs ④ sit on the fence

016 난이도 중 ✓Self check □완벽 □실수 □모름

다음 빈칸에 가장 적절한 것은?

The budding writer appeared awkward and ______________ with the sustained applause from audience that greeted him.

① calling off ② got even with
③ ill at ease ④ hitting the ceiling

017 난이도 중 ✓Self check □완벽 □실수 □모름

다음 빈칸에 가장 알맞은 것은?

Jerry was indifferent to his dog and the TV set, deeply ______________ the new book-of-the-month that had come in the mail.

① lost to ② engrossed in
③ sensible of ④ apprehensive of

018 난이도 하 ✓Self check □완벽 □실수 □모름

다음 빈칸에 가장 알맞은 것은?

Microsoft in U.S had filed a suit against Samsung Electronics in New York last year after trying unsuccessfully to resolve its disagreement with Samsung on a 2011 royalty agreement. It had claimed that Samsung Electronics unilaterally decided not to ______________ the contract.

① abide by ② ascribe to
③ plead with ④ let out

019 난이도 중 ✓Self check □완벽 □실수 □모름

다음 빈칸에 가장 적절한 것은?

It is imperative that the contract for nuclear generating capacity take into strict account the anticipated costs including reprocessing and decommissioning of plant, ___________ the disposal of waste.

① nothing but ② more or less
③ anything but ④ let alone

020 난이도 중 ✓Self check □완벽 □실수 □모름

다음 빈칸에 가장 적절한 것은?

The new prime minster announced in his inauguration that corruption is like a cancer that creates distrust of the government. He will adopt a zero tolerance policy and ___________ corruption from officialdom. The Prime Minister's Office will take a leading role in the anti-corruption campaign.

① keep abreast of ② root out
③ lay aside ④ leave out

021 난이도 중 ✓Self check □완벽 □실수 □모름

다음 빈칸에 가장 적절한 것은?

While denouncing the nuclear test in North Korea, liberal groups demanded the government __________ North Korea and the United States to open a dialogue.

① pass for
② run over
③ prevail on
④ do away with

022 난이도 상 ✓Self check □완벽 □실수 □모름

다음 빈칸에 가장 적절한 것은?

The truth commission and the special prosecutor should ______________ in their probe into the ferry Sewol tragedy. Only when we know all the truth of what happened and who are held accountable, can we make progress as a nation and prevent such accidents from happening again.

① make head or tail
② loose their temper
③ leave no stone unturned
④ read between the lines

023 난이도 상 ✓Self check □완벽 □실수 □모름

다음 빈칸에 가장 적절한 것은?

Small scale businessmen in particular are already groaning under the burden __________ introduced by the Government.

① red tape
② blue pages
③ red cap
④ blue streak

024 난이도 중 ✓Self check □완벽 □실수 □모름

다음 밑줄 친 부분에 들어갈 가장 적절한 것을 고르시오.

More people in Korea are reporting child abuse and more reported cases are being brought to justice. According to the welfare ministry nearly 18-thousand cases of child abuse were registered last year, of which roughly 98-hundred cases were confirmed and flagged for monitoring. That's about a 44 percent increase from the number in 2013. Experts __________ the increase to a special law that went into effect that strengthens punishments for child abuse.

① attribute
② affiliate
③ renounce
④ rebuke

025 난이도 상 ✓Self check □완벽 □실수 □모름

다음 빈칸에 가장 적절한 것은?

In America, the president is usually the __________ leader of the ruling party. The practical authority is exercised by the members of the political party.

① anonymous
② notorious
③ authentic
④ nominal

026 난이도 상 ✓Self check □완벽 □실수 □모름

다음 빈칸에 가장 적절한 것은?

Business is all about relationships. You may have to dig deep into your network or even forge new connections, but the effort will be worth it. An employer knowing that someone they trust is willing to __________ you can help you get an interview or even a job.

① pick on
② inquire of
③ vouch for
④ stand up to

027
난이도 Self check □완벽 □실수 □모름

다음 빈칸에 가장 적절한 것은?

Because the body of the snake is well ______ between dead leaves, the frog or lizard becomes easy prey when mistaking the tail for something to eat.

① transparent ② camouflaged
③ temperamental ④ conspicious

028
난이도 Self check □완벽 □실수 □모름

다음 빈칸에 가장 적절한 것은?

She had a physical therapy session yesterday morning in order to ______ the stiffness of her neck which resulted from constant computer tasks.

① alleviate ② aggravate
③ elaborate ④ eloquate

029
난이도 Self check □완벽 □실수 □모름

다음 빈칸에 들어갈 말로 적절하지 않은 하나는?

That the company can do so with such ______ is counterevidence of how dysfunctional the patent system in the United States has become.

① exemption ② exoneration
③ impunity ④ equanimity

030
난이도 Self check □완벽 □실수 □모름

다음 빈칸에 가장 적절한 것은?

There's good chance that a couple living together will never ______. Estimates from experts are that 50 to 60 percent of cohabitants is unlikely to marry each other.

① burn their bridges ② get worked up
③ tie the knot ④ save their faces

031
난이도 Self check □완벽 □실수 □모름

다음 빈칸에 가장 적절한 것은?

Most pet owners assume that their small creatures are incapable of springing at a child. This is an absolute nonsense. The most docile canines have been known to ______ a child, unprovoked.

① hustle up ② embark on
③ turn on ④ shudder at

032
난이도 Self check □완벽 □실수 □모름

다음 빈칸에 들어갈 말로 가장 적절한 것은?

I wish Paul and Ted would forget about their old quarrel. It's time they ______ and became friends again.

① knew their onions ② buried the hatchet
③ turned up trumps ④ called the shots

033 난이도 (하)

✓Self check □완벽 □실수 □모름

다음 빈칸에 들어갈 표현으로 가장 적절한 것은?

Naturally formed caves evolve mainly as a result of the solvent action of water and chemical compounds it contains. Known as solution caves, they are most common in regions that have __________ water.

① ample ② fermented
③ contaminated ④ purified

034 난이도 (중)

✓Self check □완벽 □실수 □모름

다음 빈칸에 들어갈 말로 가장 적절한 것은?

The delicate look and feel of silk are deceptive. It is a strong, rough natural fiber. To the naked eye, it appears to be sleek, but under the microscope, cultivated silk fiber looks __________. It is the coolest of hot-weather fabrics, it can absorb up to 30 percent of its weight in moisture without feeling wet.

① water-proof ② damp
③ fancy ④ coarse

035 난이도 (상)

✓Self check □완벽 □실수 □모름

다음 빈칸에 들어갈 말로 가장 적절한 것은?

Kuwait is __________ with enormous reserves of oil and capital, boasting an excellent port on Persian Gulf.

① acquainted ② toppled
③ bulging ④ dispensing

036 난이도 (하)

✓Self check □완벽 □실수 □모름

다음 빈칸에 들어갈 말로 가장 적절한 것은?

It's best not to ask people how their marriage life is going if they are __________ about discussing their personal lives.

① touchy ② pathetic
③ extroverted ④ zealous

037 난이도 (중)

✓Self check □완벽 □실수 □모름

다음 빈칸에 들어갈 표현으로 가장 적절한 것은?

Statistics indicate that children who have innate nearsightedness are increasingly outnumbered by those who have a(n) __________ form of the ailment.

① congenital ② epidemic
③ chronic ④ acquired

038 난이도 (중)

✓Self check □완벽 □실수 □모름

다음 빈칸에 들어갈 표현으로 가장 적절한 것은?

Neuroscientists have long known that each hemisphere of the human brain specializes in certain activities. The left brain is better at language and analytical skills and the right brain is more __________ at spatial relation and figure pattern recognition.

① adept ② adhesive
③ inert ④ inept

MEMO

박문각
공무원

합격! 예상문제

김세현 영어
단원별 실전 400제

생활영어

CHAPTER ✳ 01

대화 완성

필수 기출 분석

분석 1 ▸ 2022. 국가직 9급

밑줄 친 부분에 들어갈 말로 가장 적절한 것을 고르시오.

A : I heard that the university cafeteria changed their menu.
B : Yeah, I just checked it out.
A : And they got a new caterer.
B : Yes. Sam's Catering.
A : ____________________?
B : There are more dessert choices. Also, some sandwich choices were removed.

① What is your favorite dessert
② Do you know where their office is
③ Do you need my help with the menu
④ What's the difference from the last menu

해설 빈칸 다음 디저트 선택이 더 많아졌고 몇몇 샌드위치 선택이 없어졌다는 대답이 있으므로 빈칸에 들어갈 내용으로 가장 적절한 것은 ④이다.

해석 A : 대학 구내식당 메뉴가 바뀌었다고 들었어.
B : 맞아, 나도 방금 확인했어.
A : 그리고 새로운 음식 공급업체가 들어왔대.
B : 그래, Sam's Catering이야.
A : 옛날 메뉴와 다른 점이 뭐야?
B : 디저트 선택이 더 많아졌고 또, 몇 개의 샌드위치 종류가 없어졌어.
① 네가 가장 좋아하는 디저트는 뭐야
② 그들의 사무실이 어디 있는지 알아
③ 메뉴에 대한 내 도움이 필요해
④ 옛날 메뉴와 다른 점이 뭐야

어휘 cafeteria 구내식당 / check out 확인하다 / cater 음식을 공급하다 *caterer 음식 공급업체(자) / remove 없애다, 제거하다

정답 ④

분석 2

2022. 국가직 9급

밑줄 친 부분에 들어갈 말로 가장 적절한 것을 고르시오.

A : Hi there. May I help you?
B : Yes, I'm looking for a sweater.
A : Well, this one is the latest style from the fall collection. What do you think?
B : It's gorgeous. How much is it?
A : Let me check the price for you. It's $120.
B : ____________________
A : Then how about this sweater? It's from the last season, but it's on sale for $50.
B : Perfect! Let me try it on.

① I also need a pair of pants to go with it.
② That jacket is the perfect gift for me.
③ It's a little out of my price range.
④ We are open until 7 p.m. on Saturdays.

해설 스웨터 가격이 120달러라고 했고 빈칸 다음 A가 값싼 다른 스웨터를 권하고 있으므로 빈칸에 들어갈 내용으로 가장 적절한 것은 ③이다.

해석 A: 안녕하세요. 무엇을 도와드릴까요?
B: 네, 스웨터를 찾고 있어요.
A: 음, 이것은 이번 가을 시즌으로 나온 가장 최신 스타일인데 어떠세요?
B: 아주 좋은데요. 얼마입니까?
A: 가격을 좀 볼게요. 120달러네요.
B: 제 가격대를 조금 벗어났어요.
A: 그럼 이 스웨터는 어떠세요? 지난 시즌에 나온 건데, 50달러로 할인 중입니다.
B: 완벽합니다! 한번 입어볼게요.
① 그것에 어울리는 바지도 또한 필요해요
② 그 재킷은 저를 위한 완벽한 선물이에요
③ 제 가격대를 조금 벗어났어요
④ 토요일엔 오후 7시까지 영업합니다

어휘 look for 찾다, 구하다 / latest 가장 최근의 / gorgeous 아주 멋진, 좋은 / on sale 할인중인 / try on 시험 삼아 입어보다 / go with ~와 어울리다 / range 범위, 영역

정답 ③

김세현 영어

실전문제

□□□
001 난이도 (하) ✓Self check □완벽 □실수 □모름

다음 대화 중 빈칸에 가장 알맞은 것을 고르시오.

A : Can I cash my traveler's check?
B : Yes, of course. ____________________
A : Three twenties and five tens, please.

① How do you want this?
② What do you want this for?
③ Would you give me changes?
④ Can I have a look at it.

□□□
002 난이도 (중) ✓Self check □완벽 □실수 □모름

다음 빈칸에 가장 적절한 것을 고르시오.

Father : Why so blue, Rachel?
Rachel : My golf score is on the skids.
Father : ____________________, Rachel. There are millions people who can't afford to play golf in this country.

① That's my favorite color
② Count your blessings
③ That does it
④ I play truant

□□□
003 난이도 (중) ✓Self check □완벽 □실수 □모름

다음 밑줄 친 부분에 가장 적절한 것은?

A : Mr. and Mrs. Edwards have such wonderful children!
B : Sure, they do.
A : Their children are very well mannered!
B : That's true.
A : And they are so friendly to everybody in the neighborhood.
B : ____________________

① I couldn't agree with you more.
② The ball's in your court.
③ I can't afford it.
④ It's beyond my comprehension.

□□□
004 난이도 (중) ✓Self check □완벽 □실수 □모름

다음 밑줄 친 부분에 가장 적절한 것은?

A : Can you use chopsticks, Mr. White?
B : Oh, yes. I can even pick up these peanuts with them. Watch me do it there!
A : Well-done, you're real expert with chopsticks now. ____________________

① I wish I could use chopsticks well.
② I couldn't do better myself.
③ You spill the peanuts all of a sudden.
④ You can say that again.

□□□
005 난이도 (하) ✓Self check □완벽 □실수 □모름

다음 밑줄 친 부분에 들어갈 표현으로 가장 적절한 것을 고르시오.

A : The long and tiring commute is getting to me.
B : How long does it take you?
A : It's a two-hour drive one way. I'm considering joining a car pool.
B : ____________________

① We need to pool our natural resources.
② Yeah, that'll also help the traffic congestion.
③ Compact cars have good gas mileage.
④ I agree with you, but I think it's too expensive.

□□□
006 난이도 (상) ✓Self check □완벽 □실수 □모름

다음 빈칸에 들어갈 가장 알맞은 것을 고르시오.

A : Why didn't you attend a party?
B : My dad imposed a curfew from 9 p.m. I'm sorry. I didn't stick to my promise
A : Oh, that's all right. I think ____________________

① how your father is generous.
② you have as generous dad.
③ your dad is too a strict.
④ you have so strict a father.

007 난이도 (상) ✓Self check □완벽 □실수 □모름

다음 대화의 흐름으로 보아 빈칸에 가장 적절한 것은?

A : Shall we order? What would you like to have?
B : I'd like to have anything but seafood. I have allergies.
A : Don't worry, I'll make sure of it.
B : Thanks, the last thing I want is to ___________

① make ends meet. ② get a shot.
③ put on my tab. ④ eat a dessert.

008 난이도 (중) ✓Self check □완벽 □실수 □모름

다음 대화의 흐름으로 보아 빈칸에 가장 적절한 것은?

A : Doctor, I've had nausea and vomiting and also a fever.
B : When did the symptoms occur?
A : I've had them since last night. I feel terrible.
B : Well, that could be caused by many things. After running a few tests I will ______________

① sterilize my gloves.
② clean the wound thoroughly.
③ revise the prescription.
④ get to the bottom of it.

009 난이도 (상) ✓Self check □완벽 □실수 □모름

다음 대화의 흐름으로 보아 빈칸에 가장 적절한 것은?

A : Where is Alice? Is she absent from work?
B : I've got a call from her husband. She is in labor.
A : Really? Is this time her second?
B : Yes, you're right. ____________________

① She shouldn't leave the office any more.
② She will be fired soon.
③ She will be on maternity leave for a while.
④ She must pay the price for the absence.

010 난이도 (상) ✓Self check □완벽 □실수 □모름

다음 대화의 흐름으로 보아 빈칸에 가장 적절한 것은?

A : We've spent 15 minutes circling already.
B : What should we do? We'll be late for the luncheon.
A : There's no choice but to keep cruising around.
B : __________________ in this area.

① I've never seen a park
② Parking is at a premium
③ I want to get a parking ticket
④ Lucky! The sign says "Fine for Parking"

011 난이도 (중) ✓Self check □완벽 □실수 □모름

다음 대화에서 빈칸에 가장 잘 어울리는 속담은?

A : The President has announced his new housing project today.
B : I'm afraid the project is doomed to failure.
A : Why? The President has named three top administrators to head the project.
B : That's precisely it. You know the old saying, "____________________"

① Every cloud has a silver lining.
② Beauty is in the eyes of the beholder.
③ Too many cooks spoil the broth.
④ A little knowledge is a dangerous thing.

012 난이도 (중) ✓Self check □완벽 □실수 □모름

다음 대화의 흐름으로 보아 빈칸에 가장 적절한 것은?

A : Where on earth were you? I was looking all over for you.
B : I was getting my hamburger. I can get you one though.
A : _________ The game is starting any time soon.
B : Then, you can have a bite.

① I'm worn out. ② I'm stuffed.
③ Don't bother. ④ Don't be the demand.

013 난이도 상

✓Self check □완벽 □실수 □모름

다음 대화의 흐름으로 보아 빈칸에 가장 적절한 것은?

A : Excuse me, can I change to a seat with more legroom?
B : All I have are a window and a middle seat.
A : How about something in an exit row?
B : ____________________ Coaches are nearly full.
A : I'll even pay to upgrade to first class if permitted.
B : I'm afraid that's not allowed during the flight.

① Call a spade a spade.
② You have a fat chance.
③ It's time to shake a leg.
④ It's a real pushover.

014 난이도 상

✓Self check □완벽 □실수 □모름

다음 대화의 흐름으로 보아 빈칸에 가장 적절한 것은?

A : I hope I didn't make too much blunders in my recital.
B : No, you did not. You performed with verve and polish.
A : But surely, others were equally as proficient.
B : ____________________

① I've seen better days.
② I'll cross my fingers for you.
③ You were cut above the rest.
④ That's a relief to hear.

015 난이도 상

✓Self check □완벽 □실수 □모름

다음 대화의 흐름으로 보아 빈칸에 가장 적절한 것은?

A : I've just discovered that my credit card company has been charging me an annual fee of $65 for the past two years.
B : You haven't noticed that on your statement before now?
A : No. I usually just pay my bills without checking over every little item.
B : ____________________

① I'm so credulous.
② It's a matter of circumspection.
③ You're all discretion.
④ I believe you are very credible.

016 난이도 상

✓Self check □완벽 □실수 □모름

다음 대화의 흐름으로 보아 빈칸에 가장 적절한 것은?

A : Did you hear the news? There was a head-on collision between two trains yesterday.
B : Oh my god! There must be countless people injured.
A : There are over 200 casualties. It isn't clear exactly what lead to the catastrophe yet.
B : ____________________

① More than 200 death means the worst train disaster ever.
② We cannot help but wait for the further investigation.
③ It was clear in the morning when the accident happened.
④ I guess some people had a crush on each other on the train.

017 난이도 (중) ✓Self check □완벽 □실수 □모름

다음 대화의 흐름으로 보아 빈칸에 가장 적절한 것은?

A : How do you get such good grades? You make it look so easy.
B : I have to study hard like everyone else.
A : I do too. I even sit up last night. But I worked in vain.
B : ______________ is not the same as consistent studying.
A : So you study every night, even weekend?
B : Of course! Twenty-four seven.

① Crackdown
② Cramming
③ Self-examination
④ A night watcher

018 난이도 (중) ✓Self check □완벽 □실수 □모름

다음 밑줄 친 부분에 가장 적절한 것은?

A : Did you lend money to Richard?
B : Yes, he seemed to have a sincere need.
A : You know he never pays back. What were you thinking?
B : ____________________

① It's better late than never.
② I was taken in by his smooth talking.
③ I wasn't thinking of getting him back.
④ He knew you would have done same.

019 난이도 (중) ✓Self check □완벽 □실수 □모름

다음 밑줄 친 부분에 가장 적절한 것은?

A : Good morning, Dr. Kim's clinic.
B : Hello? Say that again?
A : Hi, what can I do for you, sir?
B : ____________________
A : That's strange. I can hear you fine.

① You keep breaking up.
② I've barely heard from you.
③ I guess the line is very busy.
④ Check this listening problem.

020 난이도 (중) ✓Self check □완벽 □실수 □모름

다음 밑줄 친 부분에 가장 적절한 것은?

A : I've been trying to lose weight, but it's so hard.
B : You are exercising, aren't you?
A : Of course. I even changed my diet.
B : Then, I think you should do fine.
A : But, it's been a month and I still see no difference.
B : ____________________

① Strike while the iron is hot.
② A sound mind in a sound body.
③ The darkest hour is always before the dawn.
④ Don't cry before you're hurt.

PART 04

CHAPTER 02

짧은 대화

필수 기출 분석

분석 1 ▸ 2022. 지방직 9급

두 사람의 대화 중 가장 어색한 것은?

① A : I like this newspaper because it's not opinionated.
   B : That's why it has the largest circulation.

② A : Do you have a good reason for being all dressed up?
   B : Yeah, I have an important job interview today.

③ A : I can hit the ball straight during the practice but not during the game.
   B : That happens to me all the time, too.

④ A : Is there any particular subject you want to paint on canvas?
   B : I didn't do good in history when I was in high school.

해설 ④ 캔버스에 무엇을 그리고 싶냐는 A의 질문에 고등학교 때 역사를 잘하지 못했다는 B의 대답은 대화의 흐름상 어색하다.

해석 ① A : 나는 이 신문이 독선적이지 않아서 좋아.
B : 그게 그 신문의 판매 부수가 가장 많은 이유야.
② A : 정장을 입은 이유가 있어?
B : 응, 오늘 중요한 면접이 있어.
③ A : 나는 연습 중에는 공을 똑바로 칠 수 있지만 경기 중에는 칠 수 없어.
B : 나도 늘 그래.
④ A : 캔버스에 그리고 싶은 특별한 주제가 있어?
B : 나는 고등학교 때 역사를 잘하지 못했어.

어휘 opinionated 독선적인 / dress up 정장을 입다 / particular 특별한 / do good in ~을 잘하다

정답 ④

분석 2

2021. 지방직 9급

두 사람의 대화 중 가장 어색한 것은?

① A : I'm so nervous about this speech that I must give today.
B : The most important thing is to stay cool.

② A : You know what? Minsu and Yujin are tying the knot!
B : Good for them! When are they getting married?

③ A : A two-month vacation just passed like one week. A new semester is around the corner.
B : That's the word. Vacation has dragged on for weeks.

④ A : How do you say 'water' in French?
B : It is right on the tip of my tongue, but I can't remember it.

해설 방학이 너무 빨리 지나가 버렸다는 A의 말에 그 말이 옳다고 동의하면서 방학을 몇 주간 질질 끌고 있다는 B의 대답은 대화의 흐름상 어색하다. 따라서 정답은 ③이다.

해석 ① A: 오늘 내가 해야 하는 이 연설 때문에 너무 긴장돼.
B: 가장 중요한 건 침착하는 거야.
② A: 그거 알아? 민수랑 유진이 결혼한대!
B: 잘됐네! 그들은 언제 결혼한대?
③ A: 두 달간의 방학이 그냥 일주일처럼 지나가 버렸어. 새 학기는 곧 다가올 거고.
B: 내 말이. 방학이 몇 주째 계속되고 있어.
④ A: '물'을 프랑스어로 어떻게 말하지?
B: 기억이 날 듯 말 듯한데, 기억이 안 나.

어휘 It couldn't be better 더 좋을 수 없다[매우 좋다] / That depends 확실히 알 수 없다[사정에 따라 다르다]

정답 ③

실전문제

001 난이도 중 ✓Self check □완벽 □실수 □모름

다음 대화 중 어색한 것을 고르시오.

① A: Kyle, I saw that woman put a scarf in her pocket. What should I do?
B: Don't say anything. Call undercover security over here to watch her.

② A: How long do I have to rest? I was hoping you could give me something to ease the pain so that I could get back to work this afternoon.
B: Well, I'm afraid that any kind of exertion is out of the question just now.

③ A: You can have 1:00 p.m or 6:30 p.m. Which is better for you?
B: I have had trouble breathing 6:30 p.m.

④ A: Where can I find slumberous pill?
B: Those are only available with a prescription. Do you have one?

002 난이도 중 ✓Self check □완벽 □실수 □모름

다음의 대화들 중 가장 자연스럽지 않은 것을 고르시오.

① A: I bet he will get the best records at the final exam.
B: If it happens, I will eat my hat.

② A: I lost a huge amount of money at the deal.
B: You got what you bargained for.

③ A: I spent a wonderful holiday on the beach. Moreover, I ran into an old friend whom I hadn't seen in years.
B: It is an icing on the cake.

④ A: He does not want to join our fund raising for a charity.
B: Spare the rod, spoil the child.

003 난이도 중 ✓Self check □완벽 □실수 □모름

다음 대화 내용 중 어색한 것은?

① A: Come again? What did you just said?
B: Sorry! I'll eat my word.

② A: Did you watch the game last night?
B: Let's call it even.

③ A: Look at this shirt! Only 2 bucks.
B: No way! It's a steal.

④ A: Do I have to dress up?
B: Come as you are.

004 난이도 상 ✓Self check □완벽 □실수 □모름

다음 대화 내용 중 어색한 것은?

① A: Is this seat taken?
B: No, help yourself.

② A: I'd like to have you over this Friday.
B: Thanks, I'll bring my bottles.

③ A: I have butterflies in my stomach. I'll forget my lines!
B: Don't worry. Break a leg.

④ A: How come you were here last night.
B: I took a cab.

005 난이도 하 ✓Self check □완벽 □실수 □모름

다음 대화 내용 중 어색한 것은?

① A: You catch on really fast.
B: Thanks for the compliment.

② A: Tom is just cut out for a teacher.
B: Right! He'd better find another job.

③ A: Are you pulling my leg?
B: Nope! I'm telling you the truth.

④ A: I'm so fed up with your lame excuses.
B: Believe it or not, I'm not making them up.

□□□
006 난이도 ✓Self check □완벽 □실수 □모름

다음 대화 내용 중 어색한 것은?

① A: You're so full of yourself.
B: Look who's talking.
② A: You can do better. Try it again!
B: I'm really all thumbs.
③ A: Have you tried Italian cuisine here?
B: It's all Greek to me.
④ A: What made you such a penny pincher.
B: I have no choice. I'm flat broke.

□□□
007 난이도 ✓Self check □완벽 □실수 □모름

다음 대화 내용 중 어색한 것은?

① A: I'm afraid my article didn't meet your expectations.
B: Yes, it leaves a lot to be desired.
② A: I had good time with you at ski resort.
B: Let it slide one more time.
③ A: You still owe me last two months' rent.
B: I couldn't help it. I'm low on dough.
④ A: You know Jake? He donated all his savings to charity.
B: No way! Please, fill me in.

□□□
008 난이도 ✓Self check □완벽 □실수 □모름

다음 대화 내용이 적절한 것은?

① A: Do you take plastic?
B: Sorry, we only have paper bags.
② A: Gosh! I'm dying for coffee.
B: Yeah, you may have a heart problem.
③ A: Jake never answer the phone.
B: I'll ring it up for you.
④ A: It's on sale! Let's buy it!
B: Well, I'd like to sleep on it.

□□□
009 난이도 ✓Self check □완벽 □실수 □모름

다음 대화 내용 중 어색한 것은?

① A: What have you been up to?
B: Same o' same o'.
② A: Do you have anything to declare?
B: No, I didn't do any shopping.
③ A: It's so hot. How would you like a glass of iced coffee?
B: Ah, that's just what the doctor ordered.
④ A: You've got a lot of nerve to say that.
B: I could have done it without your support.

□□□
010 난이도 ✓Self check □완벽 □실수 □모름

다음 대화의 내용이 적절하지 않은 것은?

① A: Everything I do seems to fail.
B: Every cloud has a silver lining.
② A: We seem to see eye to eye on this matter.
B: I'm relieved that we come to agreement.
③ A: Could we have a doggie bag.
B: Sure, I'll have it packed up for you.
④ A: Honey, you neglected to pay utilities.
B: Yeah, I was neglected.

□□□
011 난이도 ✓Self check □완벽 □실수 □모름

다음 대화 내용 중 어색한 것은?

① A: Can you describe the pain?
B: It's like heavy weight pressing on my abdomen.
② A: How long will this package take to arrive in Korea?
B: Approximately five days via air.
③ A: Would you mind if I ask when you're going to retire?
B: Yes, I've been thinking about my retirement in 2 years.
④ A: What time is Tom's school bus supposed to arrive?
B: It is high time that the bus were here.

012 난이도 중 ✓Self check □완벽 □실수 □모름

다음 대화의 내용이 적절하지 않은 것은?

① A : I'm sorry for not getting back to you sooner.
B : You should have come back earlier.

② A : It's time to head back to the office.
B : I'll catch you later.

③ A : Could you squeeze me in tomorrow afternoon.
B : Sorry, It's all booked.

④ A : How did you make so much profit in stocks?
B : I've got my sources.

013 난이도 중 ✓Self check □완벽 □실수 □모름

다음 대화 내용 중 어색한 것은?

① A : Here is your order.
B : Good! I'm starved to death.

② A : I'd like to book a flight to New York.
B : All the available flights have a stopover in Seattle.

③ A : How do you like your steak?
B : I'd like to have one in the rear, please.

④ A : It seems to have a lump here.
B : Let's run some test to see if benign or not.

014 난이도 중 ✓Self check □완벽 □실수 □모름

다음 대화 내용 중 어색한 것은?

① A : Does this check include gratuity?
B : Yes, a 15% tip has already been added.

② A : Aren't the midterm all over?
B : No, I've got to take a make-up.

③ A : How long were you grounded?
B : I spent 2 hours playing baseball.

④ A : Please put Mr. Park through.
B : I'm afraid he's on another line.

015 난이도 하 ✓Self check □완벽 □실수 □모름

다음 대화 내용 중 어색한 것은?

① A : How is the fit?
B : It pinches under the arms.

② A : Can you have the alterations done by Tuesday?
B : I'm afraid we are backed up with orders.

③ A : So are you keeping up with your classes?
B : We have a lot of catching up to do.

④ A : Where do you plan to stay for the summer?
B : I'll hire a little cabin in the mountain.

MEMO

박문각
공무원

합격! 예상문제

김세현 영어
단원별 실전 400제

주요 생활영어 표현 정리

부록 주요 생활영어 표현 정리

안부 인사를 할 때		
A	• How are you (doing)? • How are you getting along? • How are you getting on? • How is it going? • How goes it (with you)? • How fares it with you? • How have you been?	잘 지내세요? 안녕하세요?
B	• Not bad. • It couldn't be better. • It couldn't be worse. • So so.	좋아. 잘 지내. 최고야. 더할 나위 없이 좋아. 최악이야. 그저 그래.
걱정	• What's wrong with you? • What's the problem with you? • What's the matter with you? • What's on your mind? • What's eating you? • What's tormenting you? • What's bothering you? • Why do you have the long face? • What's getting on your nerves? • What's weighting on your mind?	무슨 걱정 있어?
| 주의 | What does it matter? 그게 뭐가 중요해?, 그게 무슨 상관이야?		

새로운 일에 대해서 물어볼 때		
A	• What's new? • What's up? • What's cooking?	뭐 새로운 일 없어?
B	• Not much. / Nothing much. • Nothing special.	별로 특별한 일 없어.

오랜만에 만났을 때		
A	• How have you been? • What have you been up to?	그동안 어떻게 지냈어? 그동안 무엇을 하며 지냈어?
B	• Long time no see. • It's been a while. • It's been ages. • I haven't seen you for ages. • I haven't seen you for a long time. • It's been ages since I last saw you. • It's a long time since I saw you last. • It's been a long time.	오래간만이다.

<table>
<tr><th colspan="3">초면인지를 확인할 때</th></tr>
<tr><td>A</td><td>• Do I know you?</td><td>저 모르세요? 저 아세요?</td></tr>
<tr><td>B</td><td>• I don't think we've met.</td><td>우리 서로 초면이죠.</td></tr>
</table>

<table>
<tr><th colspan="3">헤어질 때</th></tr>
<tr><td>A</td><td>• I'm afraid that I have to be leaving now.
• I think I should be going.
• I should be going now.
• I'd better say goodbye.
• I must be on my way now.</td><td>이제 가 봐야 될 것 같아.</td></tr>
<tr><td>B</td><td>• I really enjoyed your company.</td><td>함께 해서 정말 즐거웠어.</td></tr>
</table>

<table>
<tr><th colspan="3">안부 전달을 부탁할 때</th></tr>
<tr><td>A</td><td>• Please give my best regards[respects, wishes, love] to your mother.
• Please remember me to your mother.
• Please say hello to your mother (for me).</td><td>어머니께 안부 좀 전해드려라.</td></tr>
<tr><td>B</td><td>• Yes, I will told her you say hello my mother.</td><td>그래, 내가 우리 어머니께 안부를 전해 줄게.</td></tr>
</table>

<table>
<tr><th colspan="3">시간을 물어볼 때</th></tr>
<tr><td>A</td><td>• What time is it (now)?
• What's the time?
• What time do you have?
• May I ask you the time please?
• Could you tell me what time it is now?
• Do you have the time?</td><td>지금 몇 시죠?</td></tr>
<tr><td>B</td><td>• It's midnight.</td><td>지금 자정이야.</td></tr>
</table>

<table>
<tr><th colspan="3">시간 있는지 여부를 물어볼 때</th></tr>
<tr><td>A</td><td>• Do you have time[a minute, a second]?
• May I have a moment of your time?
• Can I borrow some of your time?
• Can you spare me a moment?
• You got a minute?
• I'd like to have a word with you.
• I'd like to see you if you have time right now.
• I'd like to see you if you aren't too busy now.</td><td>시간 좀 있나요?
잠시 시간 좀 내 주시겠어요?</td></tr>
<tr><td>B</td><td>• No, I am busy now.
• Yes, of course.</td><td>아니요. 지금 바빠요.
예, 물론이지요.</td></tr>
</table>

전화상으로 누군가를 찾을 때		
A	• May I talk to Tom? • Can I speak to Tom?	Tom 좀 바꿔주시겠습니까?
B	• This is he[she] speaking. • It's me. • Speaking.	전데요.

전화상으로 상대방의 신분을 물어볼 때		
A	• May I ask who's calling, Please? • Who is calling[speaking], Please? • Who's this, please? • Who is this speaking[calling]?	실례지만 누구시죠?
B	• Beckham speaking. • This is Beckham.	Beckham입니다.

전화상으로 전화의 목적을 물어볼 때		
A	• What is your call regarding?	무슨 일로 전화하셨죠?
B	• I'm returning Beckham's call.	Beckham이 전화했다고 해서 전화하는 건데요.

전화상으로 전화를 다른 사람에게 바꿔줄 때 I		
A	• Who do you want to speak to? • Who are you calling?	누구를 바꿔 드릴까요?
B	• There is no one here by that name. • I guess you have the wrong number. • You have the wrong number. • You got the wrong number.	그런 사람 여기 없는데요. 전화를 잘못 거셨는데요.

전화상으로 전화를 다른 사람에게 바꿔줄 때 II		
A	• Please, transfer this call to the office. • Connect me with the office. • Put him through.	사무실로 돌려주세요. 그 사람 연결해 주세요. 그 사람 좀 대주세요.
B	• Hold[Hang] on, please. • Hold the line[wire], please. • Stay on the line, please. • I'll put you through. • I'll transfer your call.	끊지 말고 기다리세요. 연결해 드리겠습니다.

전화상으로 전화를 다른 사람에게 바꿔줄 때 III		
A	• Can you put me through to Beckham?	Beckham 좀 바꿔 주시겠어요?
B	• There is a call for you. • You have a call. • It's for you. • You are wanted on the phone[line]. • He's on the phone. • Beckham is on another line.	전화왔다. 그는 지금 통화 중이다. Beckham은 다른 전화를 받고 있습니다.

전화상으로 전화를 다른 사람에게 바꿔줄 때 IV		
A	• Can you put me through to Beckham?	Beckham 좀 바꿔 주시겠어요?
B	• He's out. • He's stepped out. • He's gone for the day. • He's on vacation[leave]. • The line is busy. / The line is engaged. • The lines are crossed.	그는 외출했습니다. 나갔는데요. / 자리에 없는데요. 그는 퇴근했습니다. 그는 휴가 중입니다. 통화 중입니다. 혼선되었어요.

음식점에서 주문할 때		
A	• Have you been waited on? • I'm not being helped here.	주문하셨나요? (담당 웨이터가 주문을 받았나요?) 아무도 주문을 안 받네요.
B	• Here or[for] to go? • Same here. / The same for me. / Make it two, Please. • Could you put this in a doggy bag? • Can you give me a doggy bag?	여기서 드시나요, 아니면 포장이신가요? 저도 같은 걸로 주세요. 남은 음식 좀 싸주실 수 있나요?

음식점에서 계산할 때		
A	• Can I have the check[bill, tab], please? • Would you make that separate checks?	계산서 갖다 주시겠어요? 각자 지불할 수 있는 계산서로 주세요.
B	• This is on me. • I'll treat this time. • It's my treat. • I'll get this. • Let me take care of the bill. • I'll pick up the tab[bill, check]. • I'll foot the bill. • I'll pay the bill. • It's on me. • I'll treat you. • My treat. • Let me cover it. • I'll cover this. • Let's go Dutch. • Let's split the bill. • Let's go fifty-fifty. • Dutch treat. • Keep the change.	내가 낼게. 비용을 각자 부담하자. / 자기가 먹은 건 자기가 내기로 하자. 잔돈은 됐습니다.

돈의 단위를 바꿀 때		
A	• How do you want the money? • How do you want this?	돈은 어떻게 드릴까요?
B	• Can you break[change] this bill, please? • Can I have change for this bill?	이것을 잔돈으로 바꿔 주시겠어요?

쇼핑할 때		
A	• May[Can] I try this on?	이거 입어 봐도 돼요?
B	• We are out of them.	그건 품절입니다.

구매한 물건에 대해 물어볼 때		
A	• How did you buy it?	그거 어떻게 샀니?
B	• I got ripped off. / That was a rip-off. • You've been ripped off. • It was a bargain[a steal]. • What a steal! • It's a bargain. • It's dirt cheap. • It's a good deal. • It's a good buy. • These shoes cost me a fortune. • These shoes cost me an arm and a leg.	바가지 썼다. 굉장히 싸게 샀어요. 이 신발은 엄청 비쌌다.

택시 탔을 때		
A	• Are we there yet?	아직 멀었어요?
B	• We are almost there[close]. • We'll be there in no time.	거의 다 왔습니다.

교통체증에 대해서 이야기 할 때		
A	• Why are you so late? • What took you so long? • What kept[took, held] you so long?	왜 이리 늦었어요? 왜 그렇게 오래 걸렸어?
B	• The streets are jammed with cars. • The traffic is bumper to bumper. • The traffic is very heavy. • The traffic is congested.	교통이 매우 혼잡하다.

이야기를 시작할 때		
A	• What are you up to now? • What are you getting at?	너 지금 무슨 말을 하려는 거야?
B	• I have something to say about Beckham.	나는 Beckham에 대해서 무언가 할 이야기가 있어요.

요청할 때		
A	• Will you do me a favor? • Will you do a favor for me? • May I ask a favor of you? • May I ask you a favor? • I have a favor to ask of you.	부탁 하나 해도 될까요?
B	• Sure, what can I help you?	물론이지요, 무엇을 도와 드릴까요?

도움을 거절할 때		
A	• Can I help you?	도와 드릴까요?
B	• Not at all. • Go ahead. • Certainly not. • Of course not. • Never mind. • No, I don't[wouldn't]. • No problem.	괜찮습니다.

이해 여부를 물을 때 I		
A	• Do I make myself clear? • Are you with me? • Do you follow me? • Are you following me?	내가 하는 말 이해 가?
B	• I get the picture. / (I) Got it. / Got you. • I don't follow you. • I don't understand. • I don't get it. • I've lost you. • You've lost me. • It's all Greek to me. • It's over my head. • It's beyond me.	이해가 된다. 무슨 말인지 알겠어. 무슨 말인지 못 알아듣겠습니다.

이해 여부를 물을 때 II		
A	• We are getting nowhere this way.	이런 식으로는 아무 결론이 안 난다.
B	• It's on the tip of my tongue. • It eludes me. • That's news to me. • That's Greek to me.	그런 생각 날 듯 말 듯하다. 금시초문인데. 그건 전혀 모르겠는데.

의도를 물을 때		
A	• What's your point? • What are you up to? • What are you getting at? • What are you trying to say? • What do you mean by that? • What's the bottom line?	무슨 말을 하려는 거야? 무슨 의도야? 무슨 뜻으로 그런 말을 하는 거지?
B	• It is none of your business. • Mind your own business. • It is no business of yours. • Keep your nose out of this. • Please get off my back. • Please leave me alone.	남의 일에 신경 끄고 네 일에나 신경 써라. 참견하지 마라. 제발 나 좀 귀찮게 하지 마라. 나 좀 내버려 둬라.

다시 한 번 물을 때		
A	• I beg your pardon? / Pardon (me)? / Excuse me? • Come again? = Would you come again?	뭐라 말씀하셨죠?
B	• I said I would quit this job.	나는 그 일을 그만둔다고 말했습니다.

지루함 여부를 물어볼 때		
A	• Are you bored?	당신은 지루해요?
B	• I've had it (enough). / I've had enough. • I'm sick of it. / I'm tired of it. • I'm sick and tired of it.	(그건 이제) 지긋지긋하다, 진절머리가 난다.

부록

선호를 물어볼 때		
A	• Which do you like better?	어떤 것을 더 선호하니?
B	• It doesn't make any difference to me. • It doesn't make any difference (to someone). • I have no preference. • It's all the same with me. • It makes no difference to me. • It doesn't matter to me. • That is not important. • It's six of one and half a dozen of the other.	아무거나 상관없다. 그건 나한테 중요하지 않다. 서로 대동소이하다, 피장파장이다.

상대방을 저지할 때 I		
A	• Don't go!	가지 마!
B	• Don't get in my[the] way. • Don't disturb me. • You get[stay] out of my way.	날 방해하지 마.

상대방을 저지할 때 II		
A	• Don't say anything!	아무 말도 하지 마!
B	• Let me finish. • Please hear me out! • Don't interrupt me.	내 말 좀 끝까지 들어봐.

어려움을 물어볼 때		
A	• Is it difficult?	그거 어렵니?
B	• It's just nothing. • Nothing is easier. • It's piece of cake. • That's as easy as pie. • It's a cinch.	그것은 누워서 떡 먹기야.

의견에 동의할 때		
A	• I think he is insane.	내 생각에 그는 미친 것 같아.
B	• I totally agree with you. • (You) said it. • You are right (on that point). • You can say that again. • You've got[made]a point there. • I couldn't agree with you more. • You are telling me. • You don't say • You took words from my mouth. • You're quite right. • I quite agree with you. • I agree with you completely. • I see eye to eye with you. • I feel the same way. • I'm all for it. • I'm with you. • Same here.	네 말이 맞다.

시간의 촉박함을 나타낼 때		
A	• What time do we have?	우리 시간이 얼마나 있지?
B	• What are you waiting for? • We have no time to lose. • Hurry up. • Make haste. • Make your time. • Get a move on. • We haven't got all day. • Make it snappy. • Shake a leg. • Step on it.	서둘러, 빨리 해.

감사를 표현할 때		
A	• Thanks a lot. • Thanks a million. • Many thanks to you. • I'm much obliged to you. • I'm very grateful to you. • I don't know how to thank you (enough). • I can't thank you enough. • How can I ever thank you? • I really appreciate it. • I rally grateful to you. • You were very helpful.	감사합니다.
B	• You're welcome. / Sure. • No sweat. / No problem. • My pleasure. • The pleasure is mine. • Don't mention it. • Not at all. • You bet. • Forget it. • Think nothing of it. • The pleasure's all mine. • It's nothing. • Not big deal. • Any time.	천만에요.

상황의 성격에 대해서 물어볼 때		
A	• What's up with you?	무슨 일 있어?
B	• Something's come up. • It's not a big deal. / It's no big deal. • What's the big deal! / It's nothing serious.	급한 일이 좀 생겼어. 전혀 중요한 일이 아니다.

일을 마무리할 때		
A	• Let's call it a day[night]. • So much for today. • Let's call it quits.	오늘 일은 여기까지 하자.
B	• Yes, Sir.	예, 선생님.

상대방에게 권유를 할 때		
A	• Do you want join me?	나랑 같이 할래?
B	• Count me in. • Count me out.	나도 껴 줘. 난 빼 줘.

운동 경기 점수를 물어볼 때		
A	• How's the score?	점수 어떠니?
B	• The game was a draw. • The game ended in a draw. • The game ended in a tie. • The game was tied.	경기는 무승부였어요.

상영 정보를 물어볼 때		
A	• What's in the theater? / What's playing[running]? • What's on TV tonight?	그 극장에선 뭐가 상영 중이죠? 오늘 밤에 TV에서 뭐 하지?
B	• I am not sure. Let me find out.	잘 모르겠어. 찾아 봐야겠어.

화장실을 갈 때		
A	• Nature calls me!	화장실 가야 해요!
B	• Ok, you hurry up.	그래, 서둘러라.

빈자리 여부를 물을 때		
A	• Is this seat taken[occupied]?	여기 자리 있습니까?
B	• Yes, my friend is sitting here. • I'm saving it for my friend. • No, have a seat. • Nobody has taken it.	예, 제 친구 자리인데요. 제 친구 자리 맡아 놓은 건데요. 아뇨, 앉으세요. 아뇨, 빈자리입니다.

배고픔을 이야기할 때		
A	• You don't look good. What's up?	안 좋아 보인다. 무슨 일이니?
B	• I'm starved[starving]. • I'm starved to death. • My stomach is growling. • I'm famished.	배고파 죽겠다.

직업을 물어볼 때		
A	• What line of work[business] are you in? • What business are you in? • What do you do for a living? • What do you do? • What are you? • What is your job? • What is your occupation? • What is your line? • What kind of job do you have? • What are you up to?	직업이 무엇입니까?
B	• I have a part-time job.	나는 시간제 일을 하고 있어요.

증상을 물어볼 때		
A	• What's symptom?	증상은 무엇입니까?
B	• I have a soar throat. • I have a runny nose. • I have a stuffy nose. • I'm running a temperature[fever]. • I feel dizzy. • I'm aching all over. • I have a hangover.	목이 아파요. 콧물이 납니다. 코가 막혔어요. 열이 나요. 현기증이 납니다. 몸살이 났어요. 숙취가 있어요.

사과할 때		
A	• I am so sorry. • That's my fault. • It's (all) my fault. • I take full responsibility. • I take the blame. • It was very careless of me.	너무 죄송합니다.
B	• That's (all right) ok. • It's nothing at all. • It doesn't matter. • Never mind! • Don't worry. • Don't worry about it. • Forget (about) it. • It's all right. • That's quite all right.	괜찮습니다. (사과에 대한 대답)
| 주의 | You are right. 네가 맞다. / That's right. 그것이 맞다.		

기억 여부를 확인할 때		
A	• Do you remember that? • Does it ring a bell? • Does it remind you?	그거 기억나니?
B	• It slipped in my mind • My mind is a blank. • It's on the tip of my tongue. • That rings a bell. • That reminds me. • It will come to me.	완전히 잊어버렸어. 생각이 날 듯 말 듯하다. 이제야 생각난다. 곧 생각이 날 거야.

어떤 일로 왔나요?		
A	• What brought you here? • Why did you come here?	어떤 일로 왔나요?

승낙		
A	• Do you mind ~? • Can[May] I ~?	~해도 될까요?
B	• Not at all. • Never mind. / No, I don't / No problem. • Certainly not. / Of course not. • Go ahead. • Be my guest. / Help yourself. / Suit yourself. • By all means. / Why not?	그렇게 하세요.

~은 어떻게 해 드릴까요?		
A	• How would you like your steak? • How would you like your egg? • How would you like your coffee? • How would you like your bills?	스테이크는 어떻게 해 드릴까요? 계란은 어떻게 해 드릴까요? 커피는 어떻게 해 드릴까요? 지폐는 어떻게 드릴까요?
B	• Well done. • Medium. • Rare. • Sunny side up. • Scrambled. • I'd like it strong. • Two sugar and two cream. • In fifties please.	잘 익혀 주세요. 중간 정도 익혀 주세요. 조금만 익혀 주세요. 한 쪽 면만 익혀 주세요. 스크램블로 주세요. 진하게 해 주세요. 설탕, 크림 두 스푼씩 넣어 주세요. 50달러짜리로 바꿔 주세요.

상관하지 마 / 네 알 바 아니다.

- It's none of your business.
- That's no business of yours.
- Mind your own business.
- Go about your business.
- You have nothing to do with this.
- This is none of your concerns.
- None of your funeral.
- Stay out of this.
- Keep your nose out of this.
- Keep your nose nice and clean.

뭐든 괜찮아. / 네가 결정해.

- I don't mind.
- It's all the same to me.
- Whatever!
- Anything is OK.
- Whatever you say.
- Either is OK.
- Either will do.
- It's up to you.
- It depends on you.
- Suit yourself.
- Have it your way.

천천히 해.

- Take your time.

말 돌리지 마.

- Don't talk around.
- Don't beat around the bush.
- Give it to me straight.
- Get to the point.

편하게 생각해. / 진정해.

- Take it easy.
- Relax.
- Feel at ease.
- Make yourself at home.

건배!

- Mud in your eye!
- bottoms up!
- Let's toast!

성적 · 시험에 관련된 표현

- I've got all As. 몽땅 A 맞았어.
- I aced the test. 시험 잘 봤어.
- I blew the test. 시험 망쳤어.
- I bombed the test. 시험 못 봤어.
- I flunked the test. 낙제 받았어.
- I crammed all night. 밤새 벼락치기 했어.

전화 통화 표현 I (~를 바꿔 드릴게요.)

- I'll get ~ for you.
- I'll put you through to ~.
- I'll connect you to ~.
- I'll put ~ on the line.

전화 통화 표현 II

- Hold on. 잠깐 기다리세요.
- I'll call you later. 나중에 다시 걸겠습니다.
- Could you take a message?
  메모 남겨 주시겠습니까?
- I'm sorry I have the wrong number.
  미안합니다만, 잘못 걸었네요.
- I'll call you back in five minutes.
  제가 5분 뒤에 다시 걸겠습니다.
- Don't hang up. 전화 끊지 마세요.
- Wait a moment, please. 잠시만 기다려 주세요.

길 안내 관련 표현

- Could you show[tell] me the way to ~?
  ~로 가는 길을 알려 주시겠어요?
- I'm a stranger myself. 저도 초행길입니다.
- I'm new here myself. 저도 초행길입니다.
- You can't miss it. 찾기 쉬울 거예요.

음식 관련 표현

- Help yourself. 마음껏 드세요.
- Can I have seconds? 더 먹어도 될까요?
- I'm stuffed. 배가 불러요.
- I'm full. 배가 불러요.
- I'm being waited on. 이미 주문을 받아 갔어요.
- I'm being served. 이미 주문을 받아 갔어요.
- I'm being helped. 이미 주문을 받아 갔어요.

후회의 감정을 나타내는 표현

- I should have been more careful.
  내가 좀 더 신중했어야 했는데.
- I should have done as you said.
  내가 당신이 말한 것처럼 했어야 했는데.

감정(기분)에 관한 표현

- You look upset[down].
  당신은 언짢아[안 좋아] 보입니다.
- Something seems to be bothering you.
  무엇인가 당신을 성가시게 하는 것 같습니다.
- I'm not in a good mood in blue, in a bad humor.
  기분이 우울합니다.
- I'm a bit under the weather. 나는 기분이 우울해요.
- Keep your spirits up. 기운 내세요.
- Could be better. 그냥 그래요.
- Barely making it. 그냥 그래요.
- I really hit the ceiling. 화가 머리 끝까지 난다.
- She seems pretty uptight.
  그녀는 근심이 있는 것 같아.
- You look nervous/depressed. 근심 있어 보여.
- Don't be short like that.
  그렇게 퉁명스럽게 굴지 마.

참아라!

- Hang in there!
- Stick to it!

소용없어, 허사야.

- It's no use (crying over the split milk).
- It's down the drain.
- It's not worth the candle.
- It's in vain.

다음에 해도 될까?

- I'll take a rain check.
- Can I have a rain check?

절대 안 돼.

- Over my dead body.
- No way.

기타 표현 I

- I'll opt out. 나는 빠질게.
- I'll squeeze you in. 너를 위한 짬을 내 볼게.
- I'm not myself today.
  오늘 제정신이 아니에요. / 상태가 안 좋아요.
- Keep up the good work. 계속 수고해.
- We go way back. 우린 알고 지낸 지 오래되었어.
- I screwed/goofed/messed up. 내가 다 망쳤어.
- You got it. 맞았어.
- You have gone too far. 너무했어. / 지나쳤어.
- Don't bother. 염려하지 마세요.
- It couldn't be better. 최고야.
- I couldn't help it. 어쩔 수 없었어.
- I've been there myself. 나도 그런 적이 있어.
- Keep your shirt on. 진정해. / 화내지 마.
- Don't jump the gun! 성급하게 굴지 마!
- I got the green light. 나 허락받았어.
- Just bring yourself. 그냥 몸만 오면 돼요.
- Face the music. 현실을 인정해. / 잘못을 인정해.
- Serve you right! 쌤통이다! / 꼴좋다!
- You deserve it.
  너는 그럴 자격이 있어. / 너는 그래도 싸다.

기타 표현 II

- That's a deal. 좋아. / 알았어.
- Beats me. 전혀 모르겠어.
- You got a deal. 그걸로 됐어. / 거래가 성립된 거야.
- What's the big deal? 그게 뭐든 대수야?
- Big deal. 대단하군(빈정거림).
- I did legwork. 발품 팔았어.
- I put down on legwork. 발품을 줄였어.
- Would you care for some coffee?
  커피 좀 더 드시겠어요?
- You bet your boots/sweet life.
  네가 절대로 옳아. / 확실해.
- It's a little bland. 맛이 조금 싱겁네요.
- You can count on me. 믿으셔도 됩니다.
- Give it a shot[try]. 한 번 해 봐.
- I'll give it a shot[try]. 한 번 해 볼게.
- He's not pulling his weight.
  그는 자신의 역할을 다하지 않고 있어요.
- Don't pull her chain. 그녀를 괴롭히지 마라.
- Don't pull his leg. 그를 놀리지 마라.
- He is a man of his word. 그는 믿을 만한 사람이야.
- He always keeps his word. 그는 약속을 잘 지킨다.
- Give me your word. 약속해 주세요.
- I'm (dead) broke. 나 땡전 한 푼 없어.
- I don't have any single penny in my pocket.
  나 땡전 한 푼 없어.
- It's the thought that counts. 생각만으로도 고마워요.

기타 표현 III

- That's a wild dream. 그건 개꿈이야.
- My ears are burning.
  누가 내 얘기를 하고 있나 봐(귀가 간질간질해).
- She has money to burn. 그녀는 정말 부자야.
- I pocketed my pride. 자존심 같은 건 버렸어.
- It's a now-or-never chance. 지금이 절호의 찬스야.
- I've got dibs on that. 내가 찜해 둔 거야.
- He is on the roll. 그는 잘나가.
- Don't hold your breath. 기대하지 마.
- He is the fifth wheel. 그는 쓸모없는 사람이야.
- He is good for nothing. 그는 백수야.
- He is wishy-washy. 그는 우유부단해.
- I sold it by the skin of my teeth.
  남는 거(이익) 없이 팔았어.
- Spare me the details. 변명은 듣고 싶지 않아.
- That's all that matters. 바로 그 점이 중요해.
- I'm tone-deaf. 나 음치예요.
- I can't carry a tune. 나 음치예요.
- If you talk the talk, you have to walk the walk.
  말을 했으면 행동으로 옮겨야지.
- How big is your party? 일행이 몇 명입니까?
- We got company.
  우리는 일행이 있습니다. / 누군가 쫓아오고 있다.
- She has a screw loose. 그녀는 얼빠져 있어.
- That's biting the hand that feeds you.
  은혜를 원수로 갚는 거지.
- He is a wet blanket. 그는 흥을 깨는 사람이야.
- You rained on the parade.
  당신이 망쳤어. / 다 된 일에 재를 뿌렸어.
- I am going to hold off for a second.
  조금 있다 (주문)할게요.
- It is to spit toward heaven. 그건 하늘에다 침 뱉기야.
  / 나중에 그 행동에 대해 벌받게 될 거야.
- Here we go again. 또 시작이네.
- You did it to yourself. 네가 자초한 거야.
- I'll be there. 지금 갈게.
- Just have it your way. 네 맘대로 해.
- Spill it. 그냥 말해.
- I don't but it. 난 안 믿어.
- We are almost there. 거의 다 왔어.
- I'm on the wagon. 나 금주 중이야.
- Have a heart. 좀 봐 주세요.
- Speak of the devil. 호랑이도 제 말하면 온다더니.
- It just came out of nowhere. 갑자기 나타났어.
- What are friends for? 친구 좋다는 게 뭐야?
- What are neighbors for? 이웃 좋다는 게 뭡니까?
- I'll eat my hat. 내 손에 장을 지지겠다.
- Once in a blue moon.
  가뭄에 콩 나듯이. / 아주 드물게.
- I can't tell you offhand.
  지금 바로 말하기는 곤란합니다.
- You're on. (제안이나 내기를 받아들일 때) 좋았어.
- What a small world! 세상 참 좁다!
- I'm at the end of my rope.
  저는 어쩔 수 없는 상황이에요.
- You're flattered. 과찬이십니다.
- Here you are. (상대방에게 주면서) 여기 있습니다.
- Here it is (they are). 여기 있습니다.
- Here we are. 다 왔어요.

박문각
공무원

합격! 예상문제

김세현 영어
단원별 실전 400제

정답 및 해설

Chapter 01 동사의 본질

001

» 정답 ③

다음 밑줄 친 부분 중 어법상 적절하지 않은 것은?

The case of theft ① arose at the sweet shop in the last night. Police officers ② reached with speed the shop. The owner immediately informed them that 200 dollars from the cash register ③ had been missed. However, some people claimed the distrust of the case was lying ④ thick.

해설 ③ 알린 것(informed)보다 없어진 것(had been missed)이 먼저 일어난 일이므로 과거완료 시제의 사용은 어법상 적절하지만 문맥상 본문에서 miss는 1형식 동사(사라지다, 실종되다)로 사용되었으므로 수동의 형태는 어법상 적절하지 않다.
① arise는 1형식 자동사이므로 능동의 형태는 어법상 옳다.
② reach는 3형식 동사이므로 바로 뒤에 목적어(the shop)가 위치하는 것은 어법상 적절하다. 참고로 3형식 동사 reach와 목적어 the shop 사이에 전치사구 with speed가 삽입되었다.
④ 2형식 동사 lie 다음 형용사 보어 thick의 사용은 옳다.

해석 절도사건이 어제 밤 사탕가게에서 발생했다. 경찰들이 신속하게 도착했고 가게 주인은 즉시 그들에게 현금 등록기에서 200달러가 사라졌다고 알렸다. 하지만 몇몇 사람들은 그 사건의 불신이 쌓이고 있다고 주장했다.

어휘 **theft** 절도 / **sweet shop** (주로 사탕이나 초콜릿을 파는) 사탕가게 / **arise–arose–arisen** 일어나다, 발생하다 / **reach** ~에 이르다, 다다르다, 도착하다 / **immediately** 즉시 / **distrust** 불신 / **lie thick** 두텁게 쌓이다, 두터워지다

002

» 정답 ①

다음 밑줄 친 부분 중 어법상 적절하지 않은 것은?

Swimming ① convinces that it is considered a popular sports. Since the early 20th century, millions of Americans have taken it up. I ② was informed that the fact was true. So I also proposed ③ to all of my acquaintances swimming. It helps in many respects relieve us ④ of stress or plights.

해설 ① convince는 4형식 동사로 직접목적어 자리에 that절을 취할 수 있고 3형식 구조로는 사용할 수 없으므로 convince는 is convinced로 고쳐 써야 한다.
② inform은 4형식 구조로 목적어 다음 that절을 사용할 수 있고 따라서 inform의 수동태 was informed 다음 that절의 사용은 어법상 적절하다.
③ propose는 4형식 동사로 착각하기 쉬운 3형식 동사이므로 all 앞에 전치사 to가 필요하다. 따라서 to의 사용은 어법상 옳다.
④ relieve A of B 구문을 묻고 있다. 따라서 전치사 of의 사용은 어법상 적절하다.

해석 사람들은 수영이 인기 있는 운동이라고 확신한다. 20세기 초부터 수백만의 미국인들이 수영을 시작하였다. 나는 이러한 사실이 진실이란 걸 알게 되었다. 그래서 나는 또한 내 모든 지인들에게 수영을 제안했다. 그것은 여러 면에서 스트레스나 골칫거리들을 감소시키는 데도 도움이 된다.

어휘 **convince** 확신시키다 / **take up** ~을 시작하다 / **acquaintance** 지인 / **relieve** 경감시키다, 완화시키다 / **respect** ① 존경 ② 측면 / **plight** 골칫거리, 문제점

003

» 정답 ③

다음 중 어법상 틀린 것은?

① He observed the thief unlock the door.
② He was made to join the army last month.
③ Never let the chance gone if you wish to do something.
④ This machine will help the sick in the hospital recover soon.

해설 ③ 사역동사 let은 목적격 보어로 원형부정사 또는 과거분사(p.p.)가 필요하다. 따라서 gone는 원형부정사 go로 고쳐 써야 한다.
① 지각동사 observe는 목적격 보어로 원형부정사나 현재분사(능동) 또는 과거분사(수동)가 필요하다. 목적어 the door가 있으므로 능동의 형태인 원형부정사 unlock은 문법적으로 옳다.
② 사역동사 make는 목적격 보어로 원형부정사 또는 과거분사가 필요하다. 하지만 수동태로 전환되면 원형부정사는 to ⓥ로 바꿔야만 한다. 따라서 이 문장에서 to join은 문법적으로 옳다.
④ help는 목적격 보어로 원형부정사 또는 to ⓥ를 필요로 한다. 따라서 원형부정사 recover는 문법적으로 옳다.

해석 ① 그는 그 도둑이 그 문[잠긴 문]을 여는 것을 목격했다.
② 그는 지난 달 (강제로) 육군에 입대하게 됐다.
③ 당신이 뭔가 하기를 바란다면 절대로 기회를 놓치지 마라.
④ 이 장치는 병원의 환자들이 빨리 회복하는 데 도움을 줄 것이다.

어휘 **thief** 도둑 / **unlock** (자물쇠를) 열다, 풀다 / **join** 가입하다 / **army** 육군 ***navy** 해군 ***air force** 공군 ***marine** 해병 / **chance** 기회 / **the sick** 환자들 / **recover** 회복하다

004

» 정답 ②

우리말을 영어로 가장 잘 옮긴 것은?

① 경찰 특공대가 그 건물에 다가가기 시작했다.
→ The police squad began to approach to the building.
② 그의 부모는 서로서로 멀어졌고 관계도 느슨해졌다.
→ His parents grow distant and their relationship comes loose.
③ 반도체 가격이 요즘 급감하고 있다.
→ The semiconductor price has been plummeted nowadays.
④ 그 장군은 언제 전쟁이 발발하게 될지 정확하게 예언했다.
→ The general exactly predicted when the war would be broken out.

해설 ② grow distant의 사용과 come loose 모두 어법상 적절하다.
① approach는 자동사로 착각하기 쉬운 3형식 동사이므로 전치사 to를 없애야 한다.
③ plummet은 1형식 자동사이므로 수동의 형태는 취할 수 없다. 따라서 been을 없애야 한다.
④ break out은 1형식 자동사이므로 수동의 형태는 취할 수 없다. 따라서 would be broken out을 would break out으로 고쳐 써야 한다.

어휘 **police squad** 경찰 특공대 / **relative** 친척 / **loose** 느슨한 / **semiconductor** 반도체 / **plummet** 급감하다 / **general** 장군 / **exactly** 정확하게 / **predict** 예언(예상)하다 / **break out** 일어나다, 발생하다

005

》 정답 ①

다음 중 어법상 틀린 것은?

① She will make someone taken care of it.
② People residing in the rain forests have hunted wild animals.
③ The skilled surgeon is operating on a patient who has pancreatic cancer.
④ I informed her that the conference had been put off.

해설 ① 사역동사 make 다음 목적격 보어 자리에 과거분사의 사용은 가능하지만 뒤에 목적어 it이 있으므로 taken은 take로 고쳐 써야 한다.
② 주어(People)와 동사(have)의 수 일치도 적절하고 1형식 동사 reside 다음 전치사 in의 사용 역시 어법상 옳다.
③ 구동사 operate on과 관계대명사 who의 사용 그리고 who 다음 동사 수 일치 모두 어법상 적절하다.
④ 'inform A that S+V' 구조는 어법상 옳고 put off 뒤에 목적어가 없으므로 수동태 역시 어법상 적절하다.

해석 ① 그녀는 누군가를 시켜 그 일을 처리할 것이다.
② 열대우림에 사는 사람들은 야생동물들을 사냥해왔다.
③ 그 숙련된 의사가 췌장암 환자를 수술하고 있다.
④ 나는 그녀에게 그 회의가 취소됐다는 것을 알려 주었다.

어휘 **take care of** ① 돌보다 ② 처리하다 / **reside in** ~에 거주하다 / **surgeon** 외과의사 / **operate on** 수술하다 / **pancreatic cancer** 췌장암 / **inform** 알리다 / **conference** 회의 / **put off** 연기하다, 미루다

006

》 정답 ③

다음 우리말을 영어로 옮긴 것이 적절한 것은?

① 그 학생들은 모두 설문지를 작성해 달라는 부탁을 받았다.
⇒ All the students were asked completing a questionnaire.
② 이 약이 감기 증상을 완화시키는 데 도움이 될 것이다.
⇒ This medicine will help relieving the symptoms on a cold.
③ 불가피한 사정으로 나는 그 일을 시작할 수밖에 없었다.
⇒ Unavoidable circumstances led me to enter into the work.
④ 나는 형이 그녀에게 2000불을 빌리도록 설득했다.
⇒ I induced my brother to borrow her two thousand dollars.

해설 ③ enter into는 구동사로서 '시작하다'의 뜻이고 'lead+목적어+to ⓥ' 구문 또한 어법상 적절하다.
① 'ask+목적어+to ⓥ' 구문의 수동 형태를 묻고 있다. be asked 다음 to ⓥ가 필요하므로 completing을 to complete로 바꿔야 한다.
② 'help+(목적어)+동사원형(원형부정사) 또는 to ⓥ' 구문을 묻고 있다. 따라서 relieving은 (to) relieve로 고쳐 써야 한다.
④ borrow는 3형식 동사로 4형식 구조를 취할 수 없다. 따라서 적절하지 않다. her 앞에 전치사 from이 필요하다.

어휘 **complete** 완성하다 / **questionnaire** 설문지 / **bring A under control** A를 통제하다 / **unavoidable** 불가피한 / **circumstance** 상황 / **enter into** 시작하다 / **induce** 설득하다 / **borrow** 빌리다

007

》 정답 ③

밑줄 친 부분 중 어법상 적절하지 않은 것은?

> Because of the test accident last Thursday, teachers decided to prohibit students ① <u>from cheating</u> so, students ② <u>walked</u> out of classroom and had their bags ③ <u>rummage</u> for smart phones and crib sheets and a number of police officers were arranged outside an exam room to keep someone ④ <u>from moving</u> to help students inside.

해설 ③ 사역동사 have 다음 원형부정사 rummage는 문법적으로 적절하지만 rummage 다음 목적어가 없으므로 rummage는 과거분사 rummaged로 고쳐 써야 한다.
① 'prohibit A from -ing 또는 명사' 구문을 묻고 있다. 따라서 from cheating은 어법상 적절하다.
② walk는 자동사이므로 능동의 형태는 어법상 옳다.
④ 'keep A from -ing' 구문을 묻고 있다. 따라서 from moving은 어법상 적절하고 또한 move는 자동사이므로 능동(moving)의 형태 역시 어법상 옳다.

해석 지난 목요일 시험 사고 때문에 선생님들은 학생들이 부정행위를 하는 것을 막으려고 결심했다. 그래서 학생들은 교실 밖으로 걸어 나갔고 스마트폰이나 커닝 페이퍼가 있는지 그들의 가방을 샅샅이 뒤지도록 했고 다수의 경찰들은 누군가가 학생들을 도우려고 안으로 이동하는 것을 막기 위해 시험 장소 밖에 배치되었다.

어휘 **decide to** ⓥ ⓥ하기로 결심하다 / **prohibit(keep) A from ~ing** A가 ~하는 것을 막다(못하게 하다) / **cheating** 부정행위 / **rummage** 조사하다, 샅샅이 뒤지다 / **crib sheet** 커닝 페이퍼 / **arrange** 정리[정돈]하다; 배열하다

008

》 정답 ②

다음 우리말을 영어로 적절하게 옮긴 것은?

① 그의 글은 수백만 명의 삶에 영향을 주었다.
⇒ His writings have influenced to the lives of millions.
② 그는 자신의 돈을 당신이 쓰는 걸 원하지 않는다.
⇒ He doesn't want to long for you to spend his money.
③ 그 교수는 학생들에게 첫 번째 강의의 주요 과정을 소개했다.
⇒ The professor introduced students the main course of the first lecture.
④ 나는 3년 전에 그들이 서로 결혼했다는 것을 알게 되었다.
⇒ I was notified that they had married with each other three years ago.

해설 ② 소망동사 long for 다음 목적격 보어 자리에 to부정사의 사용은 어법상 적절하다.
① influence는 자동사로 착각하기 쉬운 타동사이므로 바로 뒤에 목적어가 와야 한다. 따라서 전치사 to를 없애야 한다.
③ introduce는 4형식 동사로 착각하기 쉬운 3형식 동사이므로 4형식 구조를 취할 수 없다. 따라서 students 앞에 전치사 to가 필요하다.
④ 'notify A that S+V~'의 수동구조(was notified that ~)는 어법상 적절하지만 marry는 3형식 동사이므로 전치사 with를 없애야 한다. 또한 과거 표시 부사구 three years ago가 있으므로 과거완료시제(had married)는 어법상 적절하지 않다. 따라서 과거완료시제 had married도 과거시제 married로 고쳐 써야 한다.

어휘 **influence** ~에 영향을 주다 / **long for** 갈망하다 / **lecture** 강의 / **notify** 알리다

009

》 정답 ③

다음 중 어법상 적절하지 않은 것은?

① The politician was often called a real liar.
② This medicine will help ease the symptoms on a cold.
③ The renowned scientist lay his experimental rat on the table.
④ The evolutionary processes of the universe remain mysterious to astronomers.

해설 ③ lie(lie-lay-lain)는 자동사로서 뒤에 목적어(rat)을 사용할 수 없다. 따라서 lie는 타동사 lay(lay-laid-laid)로 바꿔야 한다. 현재시제로 lay를 사용하려면 주어가 3인칭 단수이므로 lay에 s를 붙여야 한다.
① call은 5형식 동사로 목적격 보어 자리에 명사를 사용할 수 있다. 따라서 어법상 적절하다.

② help는 목적어나 목적격 보어 자리에 동사원형이나 to부정사를 사용할 수 있으므로 help ease는 어법상 옳다.
④ 주어가 processes(복수)이므로 동사 remain은 적절하고 remain은 2형식 동사이므로 뒤에 형용사 mysterious 또한 적절하다.

해석 ① 사람들은 종종 그 정치가를 진짜 거짓말쟁이라고 불렀다.
② 이 약이 감기 증상을 완화시키는 데 도움이 될 것이다.
③ 그 유명한 과학자가 책상 위에 실험용 쥐를 놓았다.
④ 우주의 진화 과정은 천문학자들에게 신비롭다.

어휘 **politician** 정치가 / **symptom** 증상 / **ease** 완화시키다, 덜어주다 / **cold** 감기 / **renowned** 유명한 / **experimental** 실험의, 실험용의 / **evolutionary** 진화의 / **process** 과정, 절차 / **astronomer** 천문학자

010

» 정답 ③

다음 중 어법상 적절하지 않은 것은?
① Some of the commercially produced venison resembles beef in flavor.
② The Government has introduced to the public a number of money-saving policies.
③ The employee found it difficult to convince that his suggestions are reasonable.
④ Professor Griffiths explained to his students how the drug comes to work.

해설 ③ convince가 뒤에 that절을 목적어로 사용하려면 반드시 4형식 구조여야 하므로 that 앞에 간접목적어 his boss를 사용하든지 아니면 convince를 수동의 형태 to be convinced로 사용해야 한다. 따라서 어법상 적절하지 않다.
① 부분주어 some of 다음 단수명사 venison이 있으므로 단수동사 resembles는 어법상 적절하고, 또한 resemble은 타동사로서 바로 뒤에 목적어가 와야 하므로 어법상 역시 적절하다.
② introduce는 3형식 동사로 목적어가 a number ~ policies 하나만 존재하므로 어법상 옳다.
④ explain은 3형식 동사로 목적어가 how ~ to work 하나만 존재하므로 어법상 옳다.

해석 ① 상업적으로 만들어진 사슴고기의 일부는 맛에 있어서 소고기와 비슷하다.
② 정부는 대중들에게 많은 돈을 절약하는 정책들을 소개해 왔다.
③ 그 직원은 그의 제안이 합리적이라고 설득하는 것이 어렵다는 것을 알았다.
④ Griffiths 교수는 학생들에게 그 약이 어떻게 작용하게끔 되는지를 설명했다.

어휘 **commercially** 상업적으로 / **venison** 사슴고기 / **flavor** 맛 / **policy** 정책 / **employee** 피고용인, 직원 / **convince** 확신시키다, 설득하다 / **reasonable** 합리적인, 이성적인 / **come to** ⓥ ⓥ하게끔 되다

Chapter 02 동사의 수 일치

001

» 정답 ④

다음 중 어법상 올바른 것은?
① Against the brick walls are many a student leaning.
② The average life of a street tree surrounded by concrete and asphalt are seven to fifteen years.
③ Someone who reads only newspapers and books by contemporary authors look to me like a near-sighted person.
④ Whether I should enroll in business school or find a job is not easy to decide.

해설 ④ 주어가 명사절 whether절이므로 단수동사 is는 적절하다.
① '전치사+동사+주어' 도치 구문으로서, 주어 many a student는 단수이므로 복수동사 are가 아닌 단수동사 is로 고쳐 써야 한다.
② 주어가 단수명사 average life이므로 are를 is로 고쳐 써야 한다.
③ 주어가 단수명사 someone이므로 동사 look을 looks로 고쳐 써야 한다.

해석 ① 많은 학생들이 벽돌담에 기대 있다.
② 콘크리트와 아스팔트에 둘러싸인 가로수의 평균 수명은 7년에서 15년 사이 정도이다.
③ 신문이나 동시대 작가의 책만 읽는 사람은 나에게는 근시안적인 사람처럼 보인다.
④ 내가 비즈니스 스쿨에 등록을 해야 할지 아니면 직업을 구해야 할지는 결정하기가 쉽지 않다.

어휘 **lean against** ~에 기대다 / **average life** 평균 수명 / **surround** 둘러싸다, 에워싸다 / **contemporary** ① 동시대의 ② 현대적인 / **author** 작가 / **near-sighted** 근시안적인 / **whether A or B** A든지 B든지(간에) / **enroll** 등록하다 / **decide** 결정하다

002

» 정답 ④

다음 밑줄 친 부분 중 어법상 적절하지 않은 것은?

Guidelines for the safe disposal of industrial waste ① <u>are</u> being compelled to do something more carefully. And a drop in demand for factory goods ② <u>is</u> seen as a sign of trouble in the manufacturing. But there ③ <u>are</u> lot of representatives at the nice restaurant. And all that ④ <u>lies</u> there seem not to care.

해설 ④ 주어 All이 고급 식당에 있는 사람들을 지칭하는 복수이므로 단수동사 lies는 복수동사 lie로 고쳐 써야 한다.
① 주어가 guidelines(복수)이므로 복수동사 are는 어법상 적절하다.
② 주어가 a drop(단수)이므로 단수동사 is는 어법상 적절하다.
③ 주어가 many a person(단수)이므로 단수동사 is는 어법상 적절하다.

해석 산업폐기물의 안전한 처리에 대한 지침들이 더욱더 세심하게 무언가를 할 것을 강요하고 있다. 그리고 공산품 수요의 감소는 제조업이 어려움을 겪게 될 징조를 보인다. 하지만 많은 사람들이 고급 식당에 있다. 그리고 그곳에 있는 모든 이들은 신경 쓰지 않는 것 같다.

어휘 **guideline** 지침 / **safe** 안전한; 금고 / **disposal** 처리, 처분 / **industrial waste** 산업폐기물 / **compel** 강요하다 / **demand** 수요 / **goods** 상품 / **factory goods** 공산품 / **manufacturing** 제조업 / **lie** ① 있다, 존재하다 ② 눕다 ③ 거짓말하다

003

» 정답 ③

다음 밑줄 친 부분 중, 어법상 적절하지 않은 것은?

Interestingly enough, a lot of the technological advances in bread making ① <u>have</u> sparked a reaction among bakers and consumers alike. They are looking to reclaim some of the flavors of old-fashioned breads that ② <u>were</u> lost as baking ③ <u>were</u> more industrialized and baked goods became more refined, standardized, and — all that ④ <u>are</u> interested in baking breads say — flavorless.

해설 ③ 주어가 baking(단수명사)이므로 복수동사 were는 단수동사 was로 고쳐 써야 한다.
① 부분주어 a lot of 다음 명사가 복수명사이므로 복수동사가 필요하다. 따라서 have의 사용은 어법상 적절하다.
② 관계대명사 that 앞에 선행사가 flavors(복수명사)이므로 복수동사 were는 어법상 적절하다.
④ 관계대명사 that 앞에 선행사 all이 사람을 가리키므로 복수동사 are는 어법상 적절하다.

해석 아주 흥미롭게도 제빵에서의 많은 기술적 발전들은 제빵사와 소비자들 사이에 똑같이 하나의 반응을 촉발했다. 제빵이 더 산업화되고, 제빵 제품이 더 세련되고, 표준화되고, 빵을 만드는 데 관심이 있는 모든 사람이 말하는 것처럼 맛이 없어지면서 사라진 옛날 빵들의 몇 가지 맛을 되찾기를 기대하고 있다.

어휘 **spark** ① 촉발[유발]하다 ② 불꽃(을 튀기다) / **reclaim** 되찾다 / **flavor** 맛 ***flavorless** 맛없는 / **look to** ⓥ ⓥ하기를 기대하다 / **old-fashioned** 구식의, 오래된 / **industrialized** 산업화된 / **refined** 세련된, 정제된 / **standardized** 표준화된

004

» 정답 ①

다음 우리말을 영어로 옮긴 것 중 적절하지 않은 것은?

① 단지 내가 어렸을 때 나는 그 사실을 알고 있었다.
➡ Only when I was young I knew the fact.
② 많은 특징이 이 유인원들과 다른 것들을 구별해준다.
➡ A number of characters tell these apes from others.
③ 내가 그 소식을 들었을 때 나는 좀처럼 당황하지 않았었다.
➡ Rarely did the fact embarrass me when I heard of the news.
④ 기상 상태가 너무 위험해서 모든 공항들은 운항을 중지했다.
➡ So perilous were the weather conditions that all service shut down operations.

해설 ① only 다음 시간 부사절이 있으므로 뒤에 이어지는 주어와 동사는 도치되어야 하므로 I knew는 did I know로 고쳐 써야 한다.
② a number of 다음 복수명사의 사용과 복수동사 tell의 사용 모두 어법상 적절하다.
③ 부정어 rarely가 문두에 있으므로 뒤에 주어 동사의 도치는 어법상 적절하고 또한 embarrass가 3형식 일반 동사이므로 도치 조동사 do의 사용 역시 어법상 옳다.
④ so+형용사가 문두에 있으므로 뒤에 주어 동사의 도치는 어법상 적절하고, 폐쇄된 시점이 과거이므로 과거동사 shut 역시 어법상 옳다.

어휘 **character** 특징, 특색 / **tell A from B** A와 B를 구별하다 / **ape** 유인원 / **embarrass** 당황하게 하다 / **perilous** 위험한

005

» 정답 ④

어법상 옳지 않은 것은?

① Most of the dollars previously spent on newspaper advertising have absolutely migrated.
② The number of crew continues to rise and so do a number of travelers.
③ Uncommon is psychological research of women who become mothers later than usual.
④ A fourth of people staying there uses 10 times more electricity than a local resident.

해설 ④ 부분주어(a fourth : 1/4)+of 다음 명사는 people(복수)이므로 동사는 복수동사가 필요하다. 따라서 uses를 use로 고쳐 써야 한다.
① 부분주어 Most of 다음 복수명사 dollars가 있으므로 복수동사 have의 사용은 어법상 적절하고 migrate는 1형식 자동사이므로 능동의 형태 역시 어법상 옳다.
② 'So+V+S' 구조에서 a number of가 주어 자리에 있으므로 복수동사 do는 적절하지만 The number of가 주어 자리에 위치하면 동사는 단수동사로 받아야 하므로 단수동사 continues의 사용은 어법상 적절하다.
③ 형용사 보어 uncommon을 강조하기 위해 문두로 도치시킨 구조이다. 주어가 psychological research(단수)이므로 단수동사 is의 사용은 어법상 옳다.

해석 ① 이전에 신문 광고에 쓰였던 대부분의 돈이 인터넷으로 전적으로 이동하고 있다.
② 승무원의 숫자가 계속해서 증가하고 여행객 숫자 또한 마찬가지이다.
③ 보통보다 더 늦게 엄마가 된 여성들에 대한 연구는 드물다.
④ 거기에 머무는 사람들의 1/4은 지역 주민보다 10배 더 많이 전기를 사용한다.

어휘 **previously** 이전에 / **absolutely** 전적으로, 분명히 / **migrate** 이주하다, 이동하다 / **crew** 승무원 / **psychological** 심리학의, 심리적인 / **electricity** 전기 / **local** 지역의 / **resident** 거주자

006

» 정답 ③

밑줄 친 부분 중 어법상 적절하지 않은 것은?

A series that fairness in distributing access to an institution ① <u>has</u> nothing to do with the virtue that associations appropriately ② <u>pursue</u> ③ <u>explain</u> why tracing the values ④ <u>is</u> negligible.

해설 ③ 주어가 A series(단수명사)이므로 복수동사 explain은 단수동사 explains로 고쳐 써야 한다.
① 주어가 fairness(단수명사)이므로 단수동사 has는 어법상 적절하다.
② 주어가 associations(복수명사)이므로 복수동사 pursue는 어법상 옳다.
④ 주어가 tracing(동명사 주어)이므로 단수동사 is는 어법상 적절하다.

해석 어떤 기관의 접근을 할당하는 데 있어서의 공정함은 그 기관들이 적절하게 추구하는 가치와는 아무 관계가 없다는 그 연재물이 왜 그 가치를 따르는 것이 하찮은 것인지를 설명해준다.

어휘 **fairness** 공정함 / **distribute** 분배[할당]하다 / **access** 접근 / **institution** 기관 / **have nothing to do with** ~와 관계가 없다 / **virtue** 덕목, 선행 / **association** 단체, 연합체 / **appropriately** 적절하게, 적당히 / **pursue** ① 추구하다 ② 추적하다(= **trace**) / **negligible** 사소한, 하찮은, 얼마 안 되는

007

» 정답 ③

어법상 옳지 않은 것은?

① All of them in the institution are studying philosophy.
② In history, one of the longest wars was the Hundred Year's War.
③ Included in the latest DVDs are an epilogue of the movie.
④ Neither of them wants to live the rest of their lives abroad.

해설 ③ 분사 보어가 문두에 위치해서 주어 동사가 도치된 구문으로 주어가 an epilogue(단수)이므로 복수동사 are는 단수동사 is로 고쳐 써야 한다.
① 주어 All이 사람을 지칭하므로 복수동사 are은 적절하다.
② 주어가 one(단수명사)이므로 단수동사 was의 사용은 어법상 옳다.
④ neither가 주어로 사용될 때에는 단수동사로 받아야 하므로 wants의 사용은 어법상 적절하다.

해석 ① 그 기관에 있는 그들 모두는 철학을 공부하고 있다.
② 역사상 가장 긴 전쟁 중에 하나는 <백년 전쟁> 이었다.
③ 최근의 DVD에는 에필로그(후기)가 포함되어 있다.
④ 그들 중 어느 누구도 외국에서 그들 삶의 나머지를 살고 싶어 하지 않는다.

어휘 **institution** 기관, 단체 / **philosophy** 철학 / **epilogue** 에필로그, 후기 / **rest** ① 휴식(하다) ② 나머지 / **abroad** 해외에(서)

정답과 해설

008

» 정답 ②

다음 우리말을 영어로 옮긴 것 중 적절한 것은?

① 이 사무실 컴퓨터의 대다수가 어제 밤에 도난당했다.
→ The majority of the computers in this office was stolen last night.
② 단점뿐만 아니라 장점들 역시 그의 평가에 영향을 준다.
→ The advantages as well as the drawback affect his evaluation.
③ 그때 이래로 혼자 밥을 먹는 사람들의 숫자는 점차로 증가하고 있다.
→ Since then, the number of solo eaters have gradually increased.
④ 그 통계는 인구 1000명당 사망자 수를 보여준다.
→ The statistics shows death toll per 1000 of the population.

해설 ② B(The advantages) as well as A(the drawback)는 B에 동사 수 일치를 시켜야 하므로 복수동사 affect는 어법상 적절하다.
① 주어가 부분주어이고 of 다음 명사가 복수(computers)이므로 동사도 복수동사가 되어야 한다. 따라서 was를 were로 고쳐 써야 한다.
③ the number of는 단수주어이므로 동사도 단수로 받아야 한다. 따라서 have를 has로 고쳐 써야 한다.
④ statistics는 통계학의 의미일 때에는 단수 취급을 하지만, 통계 수치를 나타낼 때에는 복수 취급을 해야 한다. 여기에서는 통계 수치로 쓰였으므로 shows는 show로 고쳐 써야 한다.

어휘 **steal(−stole−stolen)** 훔치다 / **drawback** 단점, 결점 / **evaluation** 평가 / **gradually** 점차로, 점진적으로 / **statistics** 통계(수치); 통계학 / **death poll** 사망자 수

009

» 정답 ④

밑줄 친 부분 중 어법상 적절하지 않은 것은?

Last night ① happened a strong hurricane. After a storm ② comes a calm and there ③ are people who fall sick now. Into the US embassy ④ have many people taken refuge.

해설 ④ Into the US embassy(장소의 전치사구)가 문두에 있지만 take는 3형식 동사이기 때문에 주어 동사를 도치시킬 수 없다. 이 문장은 have many people taken을 many people have taken으로 고쳐 써야 한다.
① Last night(시간의 부사구)이 문두에 있으므로 1형식 동사 happen은 주어 동사를 도치시켜야 한다. 따라서 어법상 적절하다.
② After a storm(시간의 전치사구)이 문두에 있으므로 1형식 동사 comes는 주어 동사를 도치시켜야 한다. 따라서 어법상 옳다.
③ 장소 부사 there가 문두에 있으므로 1형식 동사 are은 주어 동사를 도치시켜야 한다. 따라서 어법상 적절하다.

해석 어젯밤에 강한 허리케인이 발생했다. 폭풍 후에 고요해졌고, 지금 병든(아픈) 환자들이 있다. 미 대사관으로 많은 사람들이 피신하고 있다.

어휘 **fall sick** 병들다, 아프다 / **embassy** 대사관 / **refuge** 피난(처), 피신(처) *take refuge 피신하다, 피난가다

010

» 정답 ③

다음 밑줄 친 부분 중, 어법상 적절하지 않은 것은?

① More helpful to the calm and peaceful atmosphere that the four-year-old children need but ② are not able to produce for himself ③ are being of comforting music than any other type of music. Thus, almost three-quarters of parents ④ use music for toddlers.

해설 ③ 형용사 보어를 강조를 목적으로 문두에 위치시켜 주어 동사가 도치된 구문이다. 주어가 being(존재)이므로 단수동사가 필요하다. 따라서 are를 is로 고쳐 써야 한다.
① 형용사 보어를 강조하고자 문두에 위치시켰으므로 be동사의 보어 역할을 하는 형용사의 사용은 어법상 적절하고 또한 뒤에 than이 있으므로 more의 사용 역시 어법상 옳다.
② but을 기준으로 병렬구조를 묻고 있다. 주어가 four-year-old children(복수)이므로 need와 병렬을 이루는 are는 어법상 적절하다.
④ 주어가 부분주어이고 of 다음 명사가 복수(parents)이므로 복수동사 use는 어법상 적절하다.

해석 편안한 음악의 존재는 네 살 배기 아이에게 필요하지만 스스로 만들어 낼 수는 없는 고요하고 평화로운 분위기에는 다른 어떤 종류의 음악보다 도움이 된다. 그래서 거의 부모들의 3/4이 유아들을 위해 음악을 사용한다.

어휘 **atmosphere** ① 대기 ② 분위기 / **comforting** 편안한 / **toddler** 유아

Chapter 03 동사의 시제

001

» 정답 ③

다음 우리말을 영어로 가장 잘 옮긴 것은?

① 이상하게도 그녀의 아들은 나를 많이 닮았다.
→ Strangely, her son is resembling me very much.
② 그들은 두 개의 칼과 세 자루의 권총을 소유 중이다.
→ They are possessing two knives and three guns.
③ 나는 그 수프가 짜지 않은지 확인하려고 맛보고 있다.
→ I'm tasting the soup to make sure it's not salty.
④ 그녀는 그 소식을 들었을 때 불행해 보였다.
→ She was looking unhappy when she heard the news.

해설 ③ taste가 '맛보다'의 의미로 사용될 때에는 진행시제가 가능하다. 따라서 어법상 적절하다.
① resemble은 진행형 불가동사이므로 어법상 적절하지 않다.
② possess는 진행형 불가동사이므로 어법상 적절하지 않다.
④ look은 진행형 불가동사이므로 어법상 적절하지 않다.

어휘 **resemble** 닮다 / **absolutely** 절대적으로 / **taste** 맛보다 / **salty** (맛이) 짠

002

» 정답 ③

다음 밑줄 친 부분 중 어법상 옳지 않은 것은?

What I ① wanted to explain to you guys ② was related with a computer, then. In fact, interest in automatic data processing ③ grew across the board rapidly since the part of large calculators ④ were first introduced about thirty years ago.

해설 ③ since 다음 과거시제(were)가 사용되었으므로 주절의 시제는 현재완료가 필요하다. 따라서 grew는 has grown으로 고쳐 써야 한다.
① 과거표시부사 then이 있으므로 과거시제 wanted의 사용은 어법상 옳다.
② 주어가 what절이므로 단수동사 was의 사용은 어법상 적절하고 과거표시부사 then이 있으므로 과거시제의 사용 역시 어법상 옳다.
④ 부분주어 part of 다음 명사가 복수명사(calculators)이므로 복수동사 were의 사용은 어법상 옳고 since절의 과거시제 사용 역시 어법상 적절하다.

해석 내가 오늘 여러분들에게 설명하고 싶은 것은 컴퓨터와 관련이 있다. 30년 전 처음 대용량 계산기의 일부가 도입된 이래로 자동 데이터 처리 과정에 대한 관심이 급증해왔다.

어휘 **be related with ~**와 관련이 있다 / **interest** 관심, 흥미 / **processing** 처리 과정 / **across the board** 전반적으로 / **rapid** 빠른, 신속한 / **calculator** 계산기 / **introduce** 도입하다 / **about** 대략, 약

003

» 정답 ②

다음 밑줄 친 부분 중 어법상 가장 적절한 것은?

I am about to ① contact to the prospective manager who ② will make the final hiring decision. Once I ③ reach the work, I'll be able to do my best. However, I wonder ④ if I'll be employed or not.

해설 ② be about to 다음 동사원형의 사용은 어법상 적절하고 be about to ⓥ는 미래대용표현이기 때문에 미래시제 will make의 사용은 어법상 옳다.
① contact는 타동사여서 바로 뒤에 목적어가 위치해야 하므로 전치사 to를 없애야 한다.
③ reach는 타동사이므로 바로 뒤의 목적어 the work의 사용은 어법상 적절하지만 '시조부는 현미(시간이나 조건의 부사절에서는 현재시제가 미래시제를 대신한다)'이므로 reach는 will reach로 고쳐 써야 한다.
④ 접속사 if는 or not과 함께 사용될 수 없으므로 if는 whether로 고쳐 써야 한다.

해석 나는 최종 고용 결정을 할 장차 나의 매니저가 될 사람과 곧 만날 것이다. 일단 내가 그 직장에 가면 나는 최선을 다 할 것이다. 하지만 나는 내가 고용될지 안 될지 궁금하다.

어휘 **be about to ⓥ** 막 ⓥ하려하다 / **prospective** 장차 ~가 될, 장래의 / **hire** 고용하다 ***hiring** 고용 / **decision** 결정 / **once S+V~** ① 일단 ~하면 ② 한때 ~이었지만

004

» 정답 ①

어법상 옳은 것은?

① Please tell me when your dad will come back home?
② If I have some free time tomorrow, I go there for a change.
③ The minute you will see the picture, you'll be reminded of your hometown.
④ The scheme is planning to be revoked automatically unless it'll be posted on the bulletin board.

해설 ① tell의 목적어가 when절이므로 여기에서 when절은 명사절이 된다. 따라서 부사절이 아니기 때문에 미래시제가 가능하므로 will come은 어법상 적절하다.
② 미래표시부사 tomorrow가 있으므로 go는 will go로 고쳐 써야 한다.
③ '시조부는 현미(시간이나 조건의 부사절에서는 현재시제가 미래시제를 대신한다)'를 묻고 있다. 조건 부사절이므로 will see는 see로 고쳐 써야 한다.
④ '시조부는 현미(시간이나 조건의 부사절에서는 현재시제가 미래시제를 대신한다)'이므로 unless 다음 미래조동사 will을 없애야 한다.

해석 ① 아빠가 언제 오실지 말해 줄 수 있니?
② 만약 내일 여유시간이 생기면 나는 기분전환을 위해 거기에 갈 것이다.
③ 당신은 그 사진을 보자마자 당신의 고향이 생각이 날 것이다.
④ 만약 그것이 게시판에 게시되지 않으면 그 계획은 자동적으로 폐지될 것이다.

어휘 **for a change** 기분전환으로 / **remind** 생각나게 하다, 회상하다 / **scheme** 계획 / **revoke** 폐지하다 / **bulletin board** 게시판

005

» 정답 ③

다음 중 어법상 적절한 것은?

① His failing health forbade him staying in his position then.
② Professor Kate listened to the students speak him last night.
③ My colleague and companion is coming to see us tomorrow.
④ The student never played the video game over the past 2 weeks.

해설 ③ 주어가 동일인이므로 단수동사 is는 어법상 적절하고 '왕래발착시종' 동사가 미래표시부사구와 결합하면 현재진행시제가 미래의 의미를 지니므로 이 역시 어법상 옳다.
① 과거표시부사 then이 있으므로 과거동사 forbade의 사용은 어법상 적절하지만 forbid는 목적어 다음 to ⓥ 나 from ⓥ-ing를 사용해야 하므로 staying은 from staying으로 고쳐 써야 한다.
② listen to는 지각동사로서 목적격 보어 자리에 원형부정사 speak는 어법상 적절하지만 speak는 1형식 동사이므로 바로 뒤에 목적어를 취할 수 없다. 따라서 speak 다음 전치사 of가 필요하다.
④ '현재완료시제 + over the past 시간' 구문을 묻고 있다. 따라서 never played는 has never played로 고쳐 써야 한다.

해석 ① 그의 나빠진 건강이 그로 하여금 그 직위에 머무는 것을 금했다.
② 어제 밤에 Kate 교수는 학생들이 자신에 대해 이야기하는 것을 들었다.
③ 내 동료이자 친구가 내일 우리를 보기위해 올 것이다.
④ 그 학생은 지난 2주 동안 한 번도 비디오 게임을 하지 않았다.

어휘 **forbid** 금하다 / **position** 위치; 지위, 직위 / **colleague** 동료, 친구 / **companion** 친구, 동료

006

» 정답 ①

다음 우리말을 영어로 옮긴 것 중 가장 적절한 것은?

① 그 트럭이 내 차를 들이받고 나서야 나는 모든 것이 끝났다라고 생각했다.
⇒ Not until that truck plowed into my car did I think it was over.
② 대부분의 사람들이 나에게 애완 햄스터를 원하는지 물어보았다.
⇒ Most of the people asked me that I wanted to have a pet hamster.
③ 아내가 잠들자마자 그녀의 남편이 집에 왔다.
⇒ Scarcely did his wife fall asleep before her husband came home.
④ 이 지역에서만 아이들의 1/10이 작년에 실종됐다.
⇒ A tenth of the children in this district alone were missed last year.

해설 ① Not until이 문두에 위치하므로 주절의 주어 동사 도치는 어법상 적절하다.
② ask는 직접목적어 자리에 that을 사용할 수 없기 때문에 that은 if나 whether로 고쳐 써야 한다.
③ Scarcely 다음 동사의 시제는 과거완료여야 하므로 did his wife fall은 had his wife fallen으로 고쳐 써야 한다.
④ 과거표시부사구 last year가 있으므로 과거시제는 어법상 적절하지만 '실종되다'의 의미를 지닌 miss는 자동사이므로 수동의 형태를 취할 수 없다. 따라서 were missed는 missed로 고쳐 써야 한다.

어휘 **plow into** ① 쟁기질하다 ② ~와 부딪치다, ~을 들이받다 / **scarcely … when ~** …하자마자 ~했다 / **district** 지역, 영역

007

» 정답 ④

다음 중 어법상 가장 적절한 것은?

① They didn't believe his story, and neither do I.
② It was surprising that he didn't have any evidence, was it?
③ Many soldiers had been killed at the battleship in open waters in 1998.
④ It has been 10 years since we engaged in the research of dialectology.

해설 ④ 'have+p.p. ~ since+S+과거동사' 구문을 묻고 있다. 따라서 has been과 engaged의 사용은 어법상 적절하다.
① 부정문 다음 and neither(= nor)와 뒤에 이어지는 도치구문은 어법상 적절하지만 believe의 대동사 역할을 하는 do는 문맥상 과거시제가 필요하므로 do는 did로 고쳐 써야 한다.
② 주절의 시제와 부가의문문의 시제는 같아야 하므로 was의 사용은 어법상 적절하지만 앞에 긍정문이 있으므로 부가의문문의 was는 wasn't로 고쳐 써야 한다.
③ 과거표시부사구(in 1988)가 있으므로 과거시제를 사용해야 한다. 따라서 had been은 were로 고쳐 써야 한다.

해석 ① 그들이 그 사실을 믿지 않았듯이 나도 마찬가지였다.
② 그가 어떤 증거도 갖고 있지 않았다는 것이 놀랍지 않니?
③ 많은 군인들이 그 당시에 공해상의 군함에서 전사했다.
④ 우리가 방언학 연구에 참여한 지 10년이 되었다.

어휘 evidence 증거 / battleship 군함, 전함 / in open waters 공해상에서 / engage in ~에 참여[종사]하다 / dialectology 방언학

008

» 정답 ③

다음 중 어법상 가장 적절한 것은?

① Hardly did I sat down on the bench when I found that it had just been painted.
② He will have been an attorney by the time you will get back to Seoul.
③ I got food poisoning yesterday because of food that I had eaten.
④ When has Mr. Cameron first started to work for the company?

해설 ③ 과거표시부사 yesterday가 있으므로 과거시제 got은 어법상 옳고 식중독에 걸린 것보다 음식을 먹은 것이 먼저이므로 과거완료시제인 had eaten 역시 어법상 적절하다.
① 'Hardly(Scarcely)+had+S+p.p. ~ when(before) S+과거시제' 구문을 묻고 있다. 따라서 did는 had로 고쳐 써야 한다.
② 시조부는 현미이므로 by the time 다음 미래시제 will get은 현재시제 get으로 고쳐 써야 한다.
④ 의문사 when은 현재완료시제와 함께 사용할 수 없으므로 when has Mr. Cameron started는 When did Mr. Cameron start로 고쳐 써야 한다.

해석 ① 내가 벤치에 앉자마자 나는 그것이 방금 페인트칠해졌다는 것을 알았다.
② 내가 서울에 도착할 때쯤 그는 변호사가 되어있을 것이다.
③ 내가 먹었던 음식 때문에 나는 어제 식중독에 걸렸다.
④ Cameron씨가 회사에서 일하기 시작한 것은 언제입니까?

어휘 attorney 변호사 / food poisoning 식중독

009

» 정답 ③

우리말을 영어로 가장 잘 옮긴 것은?

① 10년 전 고향을 떠날 때, 그는 다시는 고향을 못 볼 거라고 꿈에도 생각지 않았다.
→ When he left his hometown 10 years ago, little does he dream that he could never see it again.
② 소년이 잠들자마자 그의 아버지가 집에 왔다.
→ No sooner had the boy fallen asleep than his father had come home.
③ 북한의 중국 석유 수입은 2014년에 40%쯤 치솟았다.
→ North Korea's imports of China oil soared by 40percent or so in 2014.
④ 다수의 전문가들은 예방 접종의 이점이 몇 가지 위험을 훨씬 더 능가할 수 있다고 믿는다.
→ The majority of healthcare professionals believes the benefits of immunization far outnumber their few risks.

해설 ③ 과거표시부사구(in 2014)가 있으므로 과거시제 soared의 사용은 어법상 적절하다. 또한 soar는 1형식 자동사이므로 능동의 형태 역시 어법상 옳다.
① When절의 동사가 과거(left)이므로 주절의 동사시제도 과거가 필요한데 현재시제 does가 있으므로 적절한 영작이 될 수 없다. 따라서 does를 did로 고쳐 써야 한다.
② 'No sooner ~ than …' 구문으로 No sooner에는 과거완료시제, than 다음에는 과거시제가 와야 하며 의미는 '~하자마자 …했다'이다. 따라서 than절의 과거완료시제 had come은 came으로 고쳐 써야 한다.
④ 부분주어 majority of 다음 복수명사(professionals)가 있으므로 복수동사로 수 일치시켜야 한다. 따라서 단수동사 believes를 복수동사 believe로 고쳐 써야 한다.

어휘 fall asleep 잠들다 / import 수입 / soar 치솟다, 급증하다 / 숫자+or so 숫자쯤 / majority 다수 / immunization ① 면역 ② 예방접종, 예방주사 / outnumber ① ~보다 수가 더 많다 ② 능가하다, 우세하다

010

» 정답 ①

다음 밑줄 친 부분 중 어법상 적절하지 않은 것은?

There is an old joke told by a comedian, who ① <u>referred</u> his accommodations from last night by saying, "What a hotel! The towels were so big and fluffy ② <u>hardly could</u> I close my suitcase." Over the past few years, the moral dilemma faced hotel guests ③ <u>has changed</u>. Since those days, the question of whether to remove the towels from their room ④ <u>has been replaced</u> by the question of whether to re-use the towels during the course of their stay.

해설 ① 과거표시부사구 last night가 있으므로 과거시제 referred의 사용은 어법상 옳지만 refer가 목적어를 취할 때는 전치사 to가 필요한 구동사이므로 referred다음 전치사 to가 있어야 한다.
② 주절의 동사가 과거(were)이므로 종속절의 과거시제 could의 사용은 어법상 적절하고 부정어 hardly가 문두에 위치하므로 주어와 동사가 도치된 것도 옳다.
③ over the last few years가 있으므로 현재완료시제 has changed의 사용은 어법상 적절하다.
④ since 다음 과거표시부사구 those days가 있으므로 주절의 현재완료시제(has been replaced)의 사용은 어법상 적절하다.

해석 한 코미디언에 의해 전해진 오래된 농담이 있다. 그는 "참 대단한 호텔이군! 수건들이 너무 크고 폭신폭신해서 내 여행 가방을 닫지 못하겠어."라고 말함으로써 전날 밤 묵었던 그의 숙박시설을 언급했다. 지난 몇 년간에 걸쳐 호텔 투숙객들이 직면한 도덕적 딜레마는 변화하고 있다. 오늘날 그 수건들을 그들이 머무르는 동안 그들의 객실에서 제거할지에 대한 물

음은 그 수건을 다시 사용할지에 대한 물음으로 대체되고 있다.

어휘 **refer to** 언급하다; 참고하다 / **accommodation** 숙박(시설) / **previous** 이전의 / **fluffy** 폭신폭신 한, 솜털 같은 / **suitcase** 여행용 가방 / **moral** 도덕적인 / **dilemma** 딜레마 / **remove** 없애다, 제거하다 / **replace** 대체하다, 대신하다

Chapter 04 동사의 태 일치

001

» 정답 ②

다음 밑줄 친 부분 중 어법상 가장 적절한 것은?

Today's purposes of education ① are certain centered on making us all better humans, in addition to making a good living. However, when education ② is considered a mere means of making a good fortune, you think, don't let it ③ kept in your mind ④ permanently.

해설 ② consider은 5형식 동사이므로 is considered 뒤에 a mere means(명사 보어)의 사용은 어법상 적절하므로 수동의 형태는 어법상 옳다.
① 주어와 동사의 수 일치와 태 일치 모두 어법상 적절하지만 be+p.p.사이에는 부사가 위치해야 하므로 형용사 certain은 부사 certainly로 고쳐 써야 한다.
③ 부정 명령문의 수동태 구문을 묻고 있다. 부정 명령문의 수동태는 don't let+O+be+p.p.이므로 kept는 be kept로 고쳐 써야 한다.
④ keep은 5형식 동사이므로 be kept뒤에 형용사 보어가 있어야 한다. 따라서 부사 permanently는 형용사 permanent로 고쳐 써야 한다.

해석 오늘날의 교육 목적은 더 좋은 삶을 만드는 것 이외에도 모두를 더 나은 인간으로 만드는 데 집중되고 있다. 하지만 당신이 생각하기에 교육이 돈을 버는 단순한 수단으로만 여겨진다면 마음속에 그것(돈 버는 수단)을 영원히 간직하게 해서는 안 된다.

어휘 **purpose** 목적 / **certainly** 확실히, 분명히 / **center** 집중시키다 / **in addition to** ~이외에도 / **mere** 단순한 / **means** 수단 / **make a fortune** 돈을 벌다 / **permanent** 영구적인

002

» 정답 ①

다음 우리말을 영어로 옮긴 것 중 가장 적절한 것은?

그들은 그 사람을 그 이사회의 의장으로 선출했다고 말했다.

① He was said to have been elected chairman of the board.
② It was said that he had elected chairman of the board.
③ They said that he had elected chairman of the board.
④ That he had been elected chairman were said.

해설 ① 말한 것보다 선출된 것이 먼저이므로 시제(to have+p.p.)일치도 적절하고 5형식 동사 elect 뒤에 목적격 보어 chairman의 사용 역시 어법상 옳다.
②, ③ elect가 5형식 동사인데 뒤에 목적어가 없으므로 elect는 수동의 형태로 고쳐 써야 한다.
④ 명사절 주어는 단수 취급해야 하므로 were는 was로 고쳐 써야 한다.

어휘 **elect** 선출하다 / **chairman** 의장, 회장 / **board** 이사회

003

» 정답 ④

다음 밑줄 친 부분 중 어법상 틀린 것은?

My secretary, Jenny, was good at doing her job. I ① was always reminded of a number of business affairs. She sometimes ② assured me that I received e-mail message. Not only ③ was she told that my company launched the new project, she also ④ notices that I was going to take a business trip.

해설 ④ notice는 3형식 동사로 뒤에 명사절(that+S+V~)이 있으므로 능동의 형태는 어법상 적절하지만 상관접속사 not only A but also B에서 A의 시제가 과거이므로 B의 시제도 과거시제로 병렬을 이루어야 하므로 현재시제 notices를 과거시제 noticed로 고쳐 써야 한다.
① 'remind A of B'의 수동태 구문(A be reminded of B)은 어법상 적절하다.
② assure는 4형식 동사(assure+I.O+that+S+V ~)로 사용할 수 있으므로 어법상 옳다.
③ Not only가 문두에 위치하므로 주어와 동사의 도치는 어법상 적절하고 4형식 동사 tell의 수동태 역시 어법상 적절하다.

해석 나의 비서 Jenny는 자신의 일을 잘했다. 그녀는 내게 많은 업무를 상기시켜 주었다. 그녀는 가끔 나에게 이메일 받은 것을 확인시켜 주었다. 그녀는 나의 회사가 새로운 프로젝트를 시작한 것을 말해주었을 뿐 아니라 또한 내가 출장을 가야할 것 역시 알려주었다.

어휘 **be good at** ~에 익숙하다, ~을 잘하다 / **remind A of B** A에게 B를 상기시키다 / **business affairs** 업무 / **assure** 확신시키다, 확인시키다 / **launch** 시작하다

004

» 정답 ③

다음 밑줄 친 부분 중 어법상 가장 적절한 것은?

Someone in this town ① which has worked in the auto industry since 1980s ② must be quit his job now that his job ③ is now being done more quickly by a robot. According to the technicians, the robot's memory volume ④ can load into 86 billion bits of information.

해설 ③ is being done은 진행시제의 수동태 구문으로 done 뒤에 목적어가 없으므로 수동의 형태 being done의 사용은 어법상 적절하다.
① work는 1형식 자동사이므로 능동의 형태는 어법상 적절하지만 관계대명사의 선행사가 사람(someone)이므로 관계대명사 which는 who로 고쳐 써야 한다.
② quit의 목적어(job)가 뒤에 있으므로 능동의 형태가 필요하다. 따라서 must be quit는 must quit로 고쳐 써야 한다.
④ 타동사 load의 목적어가 없으므로 can load는 can be loaded로 고쳐 써야 한다.

해석 이제 인간의 일이 로봇에 의해 더욱 빠르게 행해지고 있기 때문에 1980년대부터 자동차 산업에서 일해 온 이 마을에 있는 사람은 직장을 그만두어야 한다. 기술자들에 따르면, 로봇의 기억 용량은 860억 비트의 정보를 수용할 수 있다.

어휘 **auto** 자동차 / **industry** 산업; 업계 / **quit** 그만두다, 멈추다 / **now that + S+V ~** ~때문에 / **according to** ~에 따르면, ~에 따라서 / **technician** 기술자 / **volume** 용량 / **load** 싣다, 적재하다 / **billion** 10억

정답과 해설

005

» 정답 ③

다음 밑줄 친 부분 중 어법상 틀린 것은?

Let me ① imagine life without the beauty and richness of forests. In fact, this kind of imagination cannot be easy. But scientists ② are convinced that we must not take our forest for granted. By some estimates, deforestation ③ has been brought about the loss of as much as eighty percent of the natural forests of the world. Currently, deforestation is thought ④ to be a global problem.

해설 ③ bring about은 구동사로서 뒤에 목적어(the loss)가 있으므로 수동의 형태는 어법상 옳지 않다. 따라서 has been brought about은 has brought about(능동의 형태)으로 고쳐 써야 한다.

① 사역동사 let 다음 목적격 보어 자리에 원형부정사의 사용은 어법상 적절하고 뒤에 의미상 목적어 life가 있으므로 능동의 형태 역시 어법상 옳다.

② 4형식 동사 convince의 수동의 형태로 직접목적어 자리에 that절의 사용은 어법상 적절하다.

④ 'People think that deforestation is a global problem.'의 수동태 구문으로 주절의 동사 think와 종속절의 동사 is의 시제가 일치하므로 to be의 사용은 어법상 옳다.

해석 숲의 아름다움과 풍요로움이 없는 삶을 떠올려 보자. 사실상, 이러한 상상은 쉬울 수 없다. 하지만 과학자들은 우리가 우리의 숲을 당연시 여겨서는 안 된다는 것을 분명히 하고 있다. 몇몇 추정치에 따르면 삼림벌채는 세계 자연 삼림의 80%의 손실을 야기했다. 현재, 삼림벌채는 국제적인 문제라고 생각되고 있다.

어휘 **convince** 확신시키다 / **take A for granted** A를 당연시 여기다 / **estimate** 추정(치) / **deforestation** 삼림벌채 / **bring about** ~을 야기하다, 초래하다 / **loss** 손실 / **currently** 현재

006

» 정답 ③

다음 중 어법상 적절한 것은?

① I was observed by him cross the street.
② The artistic techniques complimented on the press.
③ The judges were made to work overtime by the court.
④ The unintentional news has angrily been reacted to local residents.

해설 ③ 사역동사 make의 수동은 목적격 보어 자리에 원형부정사가 to ⓥ로 바뀌어야 하므로 목적격 보어 자리에 to work는 어법상 적절하다.

① 지각동사 observe의 수동은 목적격 보어 자리에 원형부정사가 아니라 to ⓥ를 사용해야 하므로 cross는 to cross로 고쳐 써야 한다.

② compliment는 타동사로 뒤에 목적어가 있어야 하는데 뒤에 목적어가 없으므로 수동의 형태로 바꿔야 한다. 따라서 were complimented로 고쳐 써야 한다.

④ react to는 구동사이므로 전치사 to 다음 목적어가 있어야 하고 문맥상 residents가 목적어 역할을 하므로 수동의 형태는 어법상 적절하지 않다. 따라서 been을 없애야 한다.

해석 ① 나는 그에 의해서 길을 건너는 것이 관찰되었다.
② 언론에서 그 예술적 기법은 칭찬 받았다.
③ 판사들은 법원에 의해 초과 근무를 하게 되었다.
④ 그 지역 주민들은 의도치 않은 그 소식에 화난 반응을 보였다.

어휘 **observe** 관찰하다; 지키다, 준수하다 / **compliment** 칭찬하다(=praise) / **press** 누르다; 압박(력); 언론 / **judge** 판사; 판단하다 / **court** 법원; 법정 / **unintentional** 의도치 않은, 고의가 아닌 / **react to** ~에 반응하다 / **resident** 거주민, 지역 주민

007

» 정답 ②

우리말을 영어로 가장 잘 옮긴 것은?

① 사람들은 그가 유창하게 러시아어를 말했다고 생각한다.
→ He is thought to have been spoken Russian fluently.
② 많은 특징이 이 원뿔들과 다른 것들을 구별해준다.
→ A number of traits tell these cones from others.
③ 내가 들었던 그 소문은 내게 좀처럼 흥미롭지 않았다.
→ The rumor I heard of was rarely excited to me.
④ 코로나바이러스로 인한 후각 상실은 음식섭취에 크게 영향을 미친다.
→ Loss of smell from Coronavirus is largely influenced by food intake.

해설 ② a number of 다음 복수명사 traits와 복수동사 tell의 사용 모두 어법상 적절하고 'tell A from B' 구문 역시 어법상 옳다.

① speak 다음 목적어 Russian이 있으므로 능동의 형태가 필요하다. 따라서 have been spoken을 have spoken으로 고쳐 써야 한다.

③ excite는 감정표현동사이고 주체가 사물인 rumor이므로 excited는 exciting으로 고쳐 써야 한다.

④ 영어 문장의 문법적 오류는 없지만 주어진 영문을 우리말로 바꾸면 '후각 상실이 음식섭취에 영향을 받는다.'이므로 적절한 영작이 될 수 없다. 따라서 is largely influnced by는 largely influence로 고쳐 써야 한다.

어휘 **fluently** 유창하게 / **trait** 특징, 특성 / **tell A from B** A와 B를 구별하다 / **cone** 원뿔 / **intake** 섭취

008

» 정답 ④

어법상 옳은 것은?

① She is caused to be appointed by CEO of our company.
② This problem is too serious to be left unkept or uninterested.
③ In these exported files, patients' names will be kept anonymously.
④ This container was made to heavy rain impervious thanks to thick paint.

해설 ④ 5형식 동사 make 다음 목적격 보어 자리에는 형용사 보어가 와야 하므로 형용사 impervious의 사용은 어법상 적절하다.

① 'be caused to ⓥ' 구문은 어법상 적절하지만 appoint는 5형식 동사이므로 be appointed 다음에 명사 보어가 바로 위치해야한다. 따라서 전치사 by를 없애야 한다.

② to leave(5형식 동사)의 수동태(to be left) 다음 형용사 보어가 위치해야 하므로 unkept의 사용은 어법상 적절하지만 interest는 감정표현동사이고 주체가 사물이므로 uninterested를 uninteresting으로 고쳐 써야 한다.

③ keep은 5형식 동사로 수동형으로 사용될 때에도 목적격 보어 자리에 형용사가 와야 하므로 부사 anonymously를 형용사 anonymous로 고쳐 써야 한다.

해석 ① 그녀는 우리 회사의 CEO로 임명되게 된다.
② 이 문제는 너무 심각해서 방치되거나 무시될 수 없다.
③ 내보낸 파일들 안에, 환자들의 이름은 익명으로 유지될 것이다.
④ 이 컨테이너는 두꺼운 페인트칠 덕분에 폭우에도 비가 스며들지 않았다.

어휘 **appoint** 임명하다 / **unkept** 방치된 / **export** ① 수출하다 ② 내보내다 / **anonymous** 익명의 / **impervious** 통과시키지 않는, 스며들지 않는 / **thanks to ~** 덕분에 / **thick** 두꺼운

009

≫ 정답 ①

우리말을 영어로 가장 잘 옮긴 것은?

① 그 여자는 서울에 있을 때 아주 거만했었다고 한다.
➡ The woman is said to have been very arrogant while in Seoul.
② 100일 동안 만남을 위해 당신이 내게 해 줬던 이벤트는 감동이었다.
➡ The events you gave me for meeting for 100 days were impressed.
③ 아무 준비 없이 호박 케이크를 만드는 것은 쉽다고 나는 확신했다.
➡ I convinced that making pumpkin cake from scratch would be easy.
④ 미각의 민감성은 개인의 음식 섭취와 체중에 영향을 미친다.
➡ Taste sensitivity is greatly affected by food intake and body weight of individuals.

해설 ① 거만했던 시점이 사람들이 말하는 시점보다 한 시제 앞서기 때문에 to have been의 사용은 어법상 적절하다.
② impress는 감정표현동사이고 그 주체가 사물(events)이므로 과거분사 impressed는 현재분사 impressing으로 고쳐 써야 한다.
③ 'convince A that S+V' 구조를 묻고 있다. convince 다음 바로 that 절(직접목적어)이 나올 때에는 수동의 형태로 사용되어야 하므로 convinced는 was convinced로 고쳐 써야 한다.
④ 말장난 문제이다. 영어문장의 문법적 오류는 없지만 주어진 우리말과 영어 문장의 내용이 서로 다르다. 영어 문장을 우리말로 해석하면 '민감성이 음식섭취와 체중에 영향을 받는다'이기 때문에 적절한 영작이 될 수 없다. 따라서 is greatly affected는 greatly affects로 고쳐 써야 한다.

어휘 **arrogant** 거만한 / **impress** 감명을 주다 / **convince** 확신시키다 / **from scratch** 준비 없이 / **sensitivity** 민감성 / **affect** ~에 영향을 주다 / **intake** 섭취

010

≫ 정답 ④

다음 중 어법상 가장 적절한 것은?

① 도대체 무엇 때문에 모든 사람들이 그를 깔보는가?
➡ What on earth makes all the people looked down on him?
② 토네이도가 호주의 남부지역에 가장 큰 영향을 주었다.
➡ The tornado was the most influenced by the south of Australia.
③ 작은 기업체들을 위해 그 조직은 가능한 한 빨리 완성되어야 한다고 설득하고 있다.
➡ The organization induced to be completed for small business bodies as soon as possible.
④ 그들은 많은 소설가들 중에서 인정받아 마땅한 위대한 작품을 썼다.
➡ They achieved the great promises that deserve admitting among many novelists.

해설 ④ '사물주어+deserve+ⓥ-ing' 구문을 묻고 있다. 어법상 적절하다.
① 구동사 look down on 다음 목적어 him이 있으므로 과거분사 looked는 능동의 형태 look(원형부정사)으로 고쳐 써야 한다.
② 주어진 영문은 토네이도가 영향을 준 것이 아니라 영향을 받은 것이므로 적절한 영작이 될 수 없다. 따라서 적절한 영작을 하려면 tornado와 the south of Australia의 순서를 바꿔 줘야 한다.
③ 'induce(설득하다)+O+to ⓥ' 구문을 묻고 있다. induce 다음에 목적어가 없으므로 수동의 형태로 바꿔야 한다. 따라서 induced 앞에 be동사가 있어야 한다.

어휘 **on earth** (의문사 뒤에서 의문사를 강조) 도대체 / **look down on** 깔보다 / **induce** 설득하다, 유도하다 / **promise** ① 약속 ② 작품 / **deserve** ~받아 마땅하다 / **admit** 인정하다

Chapter 05 준동사

001

≫ 정답 ②

밑줄 친 부분 중 어법상 적절하지 않은 것은?

Any manager of a group that longs employees ① <u>to achieve</u> a meaningful level of acceptance and commitment to a planned change ② <u>furnishing</u> the rationale for the contemplated change as clearly as possible. And he should also provide opportunities for discussion ③ <u>to clarify</u> consequences on those ④ <u>affected</u> by the change.

해설 ② 주어 Any manager에 대한 동사가 없으므로 furnishing은 자릿값에 의해 동사 자리가 되어야 한다. 따라서 문맥상 furnishing은 must furnish로 고쳐 써야 한다.
① 자릿값에 의해 준동사 자리이고 앞에 소망/기대동사 long(갈망하다)이 있으므로 목적격 보어 자리에 to부정사의 사용은 어법상 적절하다.
③ 자릿값에 의해 준동사 자리이고 앞 문장이 완성된 문장이므로 부사역할을 하는 to ⓥ의 쓰임은 어법상 적절하다.
④ 자릿값에 의해 준동사 자리이고 뒤에 목적어가 없으므로 수동의 형태는 적절하다.

해석 계획된 변화에 피고용인들이 가능한 한 명료하게 의미 있는 수준의 지지와 헌신을 획득하기를 갈망하는 한 그룹의 모든 관리자들은 그 계획된 변화에 대한 근거를 제시해야 한다. 그리고 그는 또한 그 변화에 영향 받는 사람에게 그 결과를 분명하게 하기 위한 토론의 기회들을 제공해야 한다.

어휘 **long** 갈망하다 / **employee** 피고용인 / **acceptance** 지지 / **commitment** ① 헌신 ② 몰두 ③ 약속, 다짐 / **rationale** ① 근거 ② 합리 / **contemplated** ① 심사숙고된 ② 계획된 / **clarify** 분명히(확실히) 하다 / **consequence** 결과

002

≫ 정답 ②

밑줄 친 부분 중 어법상 가장 적절한 것은?

All in this field ① <u>assumes</u> that textbook writers ② <u>restricted</u> themselves to the very fact that they were affecting ③ <u>to</u> anyone else and evaded ④ <u>to present</u> their fallacies.

해설 ② 준동사의 자릿값을 묻고 있다. 접속사 that을 기준으로 동사 두 개가 있어야 하므로 동사의 사용 restricted는 어법상 적절하고 뒤에 목적어가 있으므로 능동의 형태 역시 어법상 옳다.
① 문맥상 All이 사람을 지칭하므로 단수동사 assumes는 복수동사 assume으로 고쳐 써야 한다.
③ affect는 타동사이므로 바로 뒤에 목적어가 와야 한다. 따라서 전치사 to를 없애야 한다.
④ evade 다음에는 목적어로 동명사가 필요하다. 따라서 to present는 presenting으로 고쳐 써야 한다.

해석 이 분야의 모든 사람들은 교과서 저자들이 타인에게 영향을 준다는 바로 그 사실로 그들 스스로를 제한하고 그들의 오류를 드러내는 것을 피한다고 생각한다.

어휘 **field** 분야 / **assume** 추정하다, 생각하다 / **restrict** 제한하다 / **evade** 피하다 / **present** 보여주다; 나타내다 / **fallacy** 오류

003

» 정답 ③

다음 중 어법상 가장 적절한 것은?

① We suggest to use the coffer to keep money safely.
② I really appreciated you to come here and join us tonight.
③ The military made a choice to cross the border line and fight to the last.
④ The police officer determined to escape to take on this complicated case.

해설 ③ make a choice(=choose)는 to부정사를 목적어로 취하는 동사이므로 어법상 적절하다.
① suggest는 동명사를 목적어로 취하는 동사이므로 to use는 using으로 고쳐 써야 한다.
② appreciate은 동명사를 목적어로 취하는 동사이므로 to come과 join 모두 동명사(coming / joining)로 고쳐 써야 한다.
④ determine 다음 to부정사(to escape)는 어법상 옳지만 escape는 뒤에 동명사를 목적어로 취해야 하므로 to take는 taking으로 고쳐 써야 한다.

해석 ① 우리는 돈을 안전하게 보관하기 위해서 금고를 사용할 것을 제안한다.
② 나는 당신이 오늘 밤에 이곳에 와서 우리와 함께 한 것에 대해 진심으로 고맙다.
③ 그 군대는 국경선을 넘어서 끝까지 싸울 것을 선택했다.
④ 그 경찰관은 이 복잡한 사건을 맡기를 피하기로 결정했다.

어휘 coffer 금고 / appreciate ① (진가를) 인정하다 ② 이해하다 ③ 감상하다 ④ 감사하다 / military ① 군대의 ② 군대 / border line 국경선 / to the last 끝까지 / determine 결정[결심]하다 / escape 피하다 / take ① 떠맡다(=undertake) ② (양상을) 띠다 / complicated 복잡한

004

» 정답 ②

다음 우리말을 영어로 옮긴 것 중 가장 적절한 것은?

① 이 책은 그가 읽기에는 어렵다.
➡ This book is difficult for him to read it.
② 그가 당신의 계획에 동의하는 것이 어렵다는 것을 안다.
➡ He finds it difficult to agree to your plan.
③ 그녀는 동행할 많은 지인들이 있다.
➡ She has many acquaintances to accompany with.
④ 그가 마약 중독자라는 사실을 알고서 모든 사람은 충격을 받았다.
➡ Everyone was shocking to hear the rumor that he was drug abuser.

해설 ② find 다음 가목적어 it의 사용과 목적격 보어 자리에 형용사 difficult 모두 어법상 옳고 또한 agree도 자동사이므로 뒤에 전치사 to의 사용 역시 어법상 적절하다.
① '주어 + be동사 + 형용사 + to부정사' 구문에서 to부정사의 의미상 목적어와 주어가 같을 때에는 to부정사의 의미상 목적어는 생략해야 하므로 it을 없애야 한다.
③ to부정사가 명사를 후치 수식하는 것은 어법상 옳지만 accompany는 타동사이므로 전치사 with가 필요 없다. 따라서 전치사 with를 없애야 한다.
④ 완성된 문장(Everyone was shocking) 다음에는 부사가 필요하므로 to hear(부사적 용법)의 사용은 어법상 적절하지만 shock은 감정표현동사이고 주체가 사람이므로 과거분사의 사용이 필요하다. 따라서 shocking은 shocked로 고쳐 써야 한다.

어휘 acquaintance 지인(知人) / accompany ① 동행하다 ② 동반하다 / drug abuser 마약 중독자

005

» 정답 ②

다음 밑줄 친 부분 중 어법상 적절하지 않은 것은?

Five studies ① <u>examined</u> whether upright positioning decreased reflux in babies, using a very sensitive probe that ② <u>placed</u> in the baby's esophagus to measure changes in acidity and provide a very precise measure of reflux. Either elevating the head of the bed or positioning the baby upright after meals ③ <u>was not shown</u> to have any significant effect on the reflux of the babies ④ <u>studied</u>.

해설 ② 자릿값에 의해 동사 자리이므로 placed는 문맥상 is placed로 고쳐 써야 한다.
① 자릿값에 의해 동사 자리이고 뒤에 목적어가 있으므로 능동의 형태는 어법상 적절하다.
③ 주어 자리에 either A or B가 있으므로 B(positioning)에 수 일치를 시켜야 한다. 따라서 단수동사 was는 어법상 적절하고 뒤에 목적어가 없으므로 수동의 형태 어법상 옳다.
④ 자릿값에 의해 준동사 자리이고 뒤에 목적어가 없으므로 수동의 형태는 어법상 적절하다.

해석 아이의 식도에서 산성의 변화를 측정하고 역류의 아주 정확한 측정치를 제공하기 위해 아주 민감한 조사를 사용해 똑바로 선 자세가 역류를 줄일 수 있는지 5가지의 연구를 시행했다. 침대의 머리맡을 올리든지 또는 식사 후에 아이를 똑바로 세우는 것은 연구된 바로는 아이의 역류에 큰 효과가 없는 것으로 보여졌다.

어휘 examine 연구하다, 조사하다 / upright (자세) 똑바로 / reflux 역류 / sensitive 민감한 / probe ① 연구, 조사 ② 연구[조사]하다 / measure ① 재다, 측정하다 ② 대책, 조치 *measurement 측정 / precise 정확한

006

» 정답 ②

다음 밑줄 친 부분 중 어법상 적절하지 않은 것은?

The vice-president requested to one of the ① <u>employees</u> that the reports ② <u>submitted</u> by the end of the day ③ <u>to complete</u> all projects without ④ <u>doing</u> any delay.

해설 ② 자릿값에 의해 동사 자리이고 주절에 requested(주요명제동사)가 있으므로 submitted는 (should) be submitted로 고쳐 써야 한다.
① one of 다음 복수명사 employees는 어법상 적절하다.
③ 자릿값에 의해 준동사 자리이고 완성된 문장 다음에는 부사가 위치해야 하므로 to complete는 어법상 적절하다.
④ '전치사+ⓥ-ing+의미상 목적어' 구문을 묻고 있다. 뒤에 의미상 목적어 delay가 있으므로 doing은 어법상 옳다.

해석 그 부회장은 직원들 중 한 사람에게 지체 없이 모든 프로젝트를 완수하기 위해서 마감일까지 보고서들이 제출되어야 한다고 요구했다.

어휘 vice-president 부회장, 부통령 / request 요구하다 / employee 피고용인, 근로자 / submit 제출하다 / complete 완성하다 / delay 지연(하다)

007

» 정답 ①

어법상 옳은 것은?

① Not knowing what to do, the rumor got very disappointing.
② We blame him for not having been told us the truth.
③ Having been finished the race, we all fell down.
④ I locked the door for him to not get in.

해설 ① knowing 앞에 부정어 Not의 사용도 어법상 적절하고 disappoint는 감정표현동사이고 주체가 사물인 rumor이므로 현재분사 disappointing의 쓰임도 어법상 옳다.

② having been told는 수동이므로 뒤에 목적어 us와 the truth를 함께 쓸 수 없다. 따라서 having been told를 having told로 고쳐 써야 한다.
③ 경주를 끝낸 것이 쓰러진 것보다 먼저이므로 'having+p.p.'는 옳지만 finish 다음 목적어 the race가 있으므로 having been finish를 having finished로 바꿔야 한다.
④ 준동사의 부정은 준동사 바로 앞에 not을 사용해야 하므로 to not get in을 not to get in으로 고쳐 써야 한다.

해석 ① 무엇을 해야 할지 몰랐기 때문에 그 소문은 아주 실망스러웠다.
② 우리는 우리에게 진실을 말하지 않은 것 때문에 그를 비난한다.
③ 그 경기를 끝낸 후 우리 모두는 쓰러졌다.
④ 나는 그가 들어가지 못하게 문을 잠갔다.

어휘 **disappoint** 실망시키다 / **blame** 비난하다 / **fall down** 쓰러지다, 넘어지다 / **lock** 잠그다

008

» 정답 ①

밑줄 친 부분 중 어법상 적절하지 않은 것은?

Wealth and materialism have been said ① <u>leading</u> to inferior-quality happiness, but there is no real proof of that. Individuals differ enormously in what makes them happy, but for others, feeling competent or socializing may be more ② <u>satisfying</u>. So, extensive programs to encourage individuals ③ <u>to appreciate</u> art are often necessary. ④ <u>Raised</u> with frequent exposure to sculpture and paintings, it is much more likely that young people will mature into artists and patrons of the arts.

해설 ① 'be said to ⓥ' 구문을 묻고 있다. 따라서 leading을 to lead로 고쳐 써야 한다. 참고로 이 문장의 능동의 형태는 다음과 같다. → Some people have said that wealth and materialism lead to inferior-quality happiness, but there is no real proof of that.
② 감정표현동사의 주체가 사물(feeling or socializing)이므로 satisfying의 사용은 어법상 적절하다.
③ 자릿값에 의해 준동사 자리이고 앞에 encourage가 있으므로 목적격 보어 자리에 to부정사(to appreciate)의 사용은 어법상 옳다.
④ 자릿값에 의해 준동사 자리이고 뒤에 목적어가 없으므로 Raised의 사용은 어법상 적절하다.

해석 어떤 사람들은 부와 물질주의가 질이 낮은 행복을 가져온다고 말해 왔지만, 그것에 대한 실제적인 증거는 없다. 개인은 무엇이 그들을 행복하게 하느냐라는 점에서 크게 다르다. 어떤 사람들에게는 경쟁, 승리, 그리고 부가 가장 큰 행복의 원천이지만, 다른 사람들에게는 유능하다는 느낌이나 친구를 사귀는 것이 더 만족스러울 수 있다. 그래서 개인들에게 예술을 감상하도록 격려해주는 광범위한 프로그램이 종종 필요하다. 조각품이나 그림에 빈번히 노출된 상태로 길러진 젊은이들은 훨씬 더 작가로 또는 고객으로 성숙해지는 것 같다.

어휘 **wealth** 부 / **materialism** 물질주의 / **inferior** 열등한 / **proof** 증거 / **enormously** 거대하다, 크게 / **competition** 경쟁 / **competent** 유능한, 능력 있는 / **extensive** 광범위한 / **appreciate** (진가를) 인정하다; 감상하다; 고마워하다 / **raise** 올리다; 기르다, 양육하다 / **frequent** 빈번한 / **exposure** 노출 / **sculpture** 조각(품) / **mature** 성숙한; 성숙해지다 / **patron** 고객

009

» 정답 ③

우리말을 영어로 가장 잘 옮긴 것은?
① 그가 그들의 제안을 받아들였다니 경솔했다.
→ It was careless for him to have accepted their offer.
② 날씨가 허락한다면 그 공연은 야외에서 열릴 것이다.
→ Permitting weather, the performance will take place outside.
③ 그 예술작품은 정교하게 만들어졌기 때문에 칭찬받을 가치가 있다.
→ As the art work was made elaborately, it is worth complimenting.
④ 일하는 엄마들은 직장과 가정에서 동시에 일하느라 바쁘다.
→ Working mothers are busy to do office and house work at the same time.

해설 ③ be worth -ing는 '~할 만한 가치가 있다'의 뜻으로 complimenting의 사용은 어법상 적절하다. 참고로 'be worth -ing' 구문에서 be동사의 주어와 -ing뒤의 의미상 목적어가 같을 때 의미상 목적어는 생략해야 한다.
① '경솔했다'는 시점보다 '제안을 받아들인 것'이 먼저이기 때문에 to have accepted는 적절하지만, careless는 인성을 나타내는 형용사이므로 전치사 for 대신 of를 사용해야 한다.
② permit은 시간이나 날씨가 주어 자리에 오면 자동사로 사용되므로 Permitting weather는 Weather permitting으로 고쳐 써야 한다.
④ 'be busy ⓥ-ing' 구문을 묻고 있다. 따라서 to do를 doing으로 고쳐 써야 한다.

어휘 **careless** 부주의한, 경솔한 / **accept** 받아들이다 / **permit** 허락하다 / **performance** 공연 / **take place** 일어나다, 발생하다 / compliment 칭찬하다

010

» 정답 ④

다음 중 어법상 올바른 것은?
① Totally being exhausting, they fell asleep at once.
② For a newspaper to publish such lies are disgraceful.
③ Being cold outside, she needed to put on a heavy coat.
④ There being no class yesterday, I went see a movie with her.

해설 ④ As there was no class yesterday을 분사구문으로 바꾸면 There being no class yesterday가 되므로 어법상 옳다.
① exhaust는 감정표현동사이고, 주체가 문맥상 사람인 they이므로 exhausting을 exhausted로 고쳐 써야 한다.
② 주어가 to publish(to부정사)이므로 동사는 단수동사로 받아야 한다. 따라서 are은 is로 고쳐 써야 한다. 참고로 to publish 앞의 a newspaper는 to publish의 의미상 주어가 되고 to부정사의 의미상 주어의 격은 목적격이어야 하므로 a newspaper 앞에 전치사 for가 필요하다.
③ 분사구문의 주어와 주절의 주어가 서로 다르기 때문에 어법상 적절하지 않다. 따라서 문맥상 Being 앞에 의미상 주어 It이 필요하다.

해석 ① 완전히 지쳤기 때문에 그들은 즉시 잠에 빠져 들었다.
② 신문이 그러한 거짓말을 출판하다니 수치스럽다.
③ 바깥 날씨가 추워서 그녀는 두꺼운 외투를 입어야 했다.
④ 어제 수업이 없었기 때문에 나는 그녀와 영화를 보러갔다.

어휘 **exhaust** 피곤하게(지치게)하다 / **at once** 즉시 / **publish** 출판하다 / **disgraceful** 우아하지 못한, 수치스러운 / put on 입다

011

>> 정답 ③

다음 밑줄 친 부분 중 어법상 적절하지 않은 것은?

Companies are using commercials to help ① address societal challenges beyond ② selling brands and ideas, However, the function of ③ use this strategy for advertisement which used to help us a lot is ④ confusing now.

해설 ③ '전치사+ⓥ-ing+의미상 목적어' 구문을 묻고 있다. 따라서 명사 use는 동명사 using으로 고쳐 써야 한다.
① help 다음에는 to부정사나 원형부정사(동사원형)가 와야 하므로 address의 사용은 어법상 적절하다.
② '전치사+ⓥ-ing+의미상 목적어' 구문을 묻고 있다. selling 다음 의미상 목적어 brand and ideas가 있으므로 동명사의 사용은 어법상 옳다.
④ confuse는 감정표현동사이고 주체가 사물(the function)이므로 confusing의 사용은 어법상 적절하다.

해석 기업들은 브랜드나 아이디어를 파는 것 이상으로 사회적 도전 과제를 다루기 위해 광고를 사용하고 있다. 하지만 우리를 많이 도와주곤 했던 광고를 위한 이러한 전략을 사용하는 기능이 지금은 혼란스럽다.

어휘 **commercial** ①광고, 선전 ②상업적인 / **address** ①다루다 ②연설하다 ③부르다 / **societal** 사회적인 / **function** 기능 / strategy 전략

012

>> 정답 ③

다음 빈칸에 들어갈 내용으로 가장 적절한 것은?

__________, seemingly irrational tendencies can lead even the brightest minds to make costly mistakes.

① Leaving unchecked ② Leaving unchecking
③ Left unchecked ④ Left unchecking

해설 부사절 If they(irrational tendencies) are left unchecked를 분사구문으로 바꾼 문장이다. 주절과 주어가 같고, are의 분사형이 Being이므로 생략했다. 따라서 ③ Left unchecked가 문법상 적절하다.

해석 (만약) 방치된다면, 겉으로 보이는 직관들(비이성적인 성향들) 때문에 가장 똑똑한 사람들도 큰 대가를 치를 실수를 범하게 할 수 있다.

어휘 **seemingly** 겉보기에, 외견상으로 / **irrational** 비이성적인, 비합리적인 / **tendency** 성향, 경향, 버릇 / **lead A to** ⓥ A가 ⓥ하도록 하다 / **the brightest mind** 현자들, 똑똑한 사람들 / **costly** 대가가 큰, 돈이 많이 드는 / **unchecked** 방치된, 억제되지 않은

013

>> 정답 ③

다음 우리말을 영어로 옮긴 것 중 가장 적절하지 않은 것은?

① 그녀는 이자와 함께 100달러를 되갚은 우편환을 동봉했다.
→ She enclosed a money order paying back the 100 dollars with interest.
② 그는 테니스 치는 것은 말할 것도 없고 탁구를 치는 것도 좋아하지 않는다.
→ He does not like playing table tennis, not to mention playing tennis.
③ 가열된 기체를 물에 둘러싸인 동그란 모양의 파이프를 통해 운반한다.
→ The heated gas conveyed through a round shaped pipe surrounded by water.
④ 그 갤러리에 전시되는 작품 중에 3/4이 19세기 미국에서 온 것이다.
→ Three quarters of the work exhibited in the gallery is from America in the 19th century.

해설 ③ conveyed와 surrounded 모두 과거분사이므로 이 문장에는 동사가 없다. 문맥상 conveyed는 is conveyed로 고쳐 써야 한다.
① 동사 enclose 뒤에 목적어가 있으므로 enclosed의 사용은 어법상 적절하고 현재분사 playing 뒤에 목적어 100 dollars가 있으므로 paying이 money order를 후치 수식하는 구조 역시 어법상 옳다.
② not to mention은 '~은 말할 것도 없이'의 뜻으로 전치사로 사용된다. 따라서 not to mention 다음 동명사 playing의 사용은 어법상 적절하다.
④ 부분주어(3/4) of 다음 명사가 단수명사이므로 단수동사 is는 어법상 적절하고 과거분사 exhibited의 사용 역시 뒤에 목적어가 없으므로 어법상 옳다.

어휘 **enclose** 동봉하다 / **money order** 우편환 / **interest** ① 관심, 흥미 ② 이익 ③ 이자 / **not to mention** ~은 말할 것도 없이 / **convey** 나르다, 운반하다 / **surround** 에워[둘러]싸다 / **exhibit** 전시하다

014

>> 정답 ①

다음 중 어법상 잘못된 것은?

① Having not studied hard in the university, he has lots of troubles.
② The man leaning against the car is waiting for his wife.
③ She is competent enough to strike a deal with the company.
④ The villagers are willing to give a hand to the people in trouble.

해설 ① 준동사의 부정은 준동사 바로 앞에 not이나 never를 붙인다. 그러므로 Having 뒤에 not은 적절하지 않다. Having 앞에 not을 사용해야 한다.
② lean은 '~에 기대다'의 뜻으로 자동사이다. 따라서 능동의 형태 leaning은 적절하다.
③ enough는 형용사 뒤에 위치해서 후치 수식하므로 competent enough는 적절하다.
④ be willing to ⓥ는 '기꺼이 ⓥ하다'의 뜻이다. 따라서 문법적으로 옳다.

해석 ① 대학에서 열심히 공부하지 않았기 때문에, 그는 많은 어려움을 가지고 있다.
② 차에 기대 있는 그 남자는 그의 아내를 기다리고 있다.
③ 그녀는 그 회사와 거래를 할 만큼 충분히 능력이 있다.
④ 마을 사람들은 곤경에 처한 사람들에게 기꺼이 도움을 주려 한다.

어휘 **lean against[on]** ~에 기대다 / **competent** 능력 있는 / **strike a deal with** ~와 거래하다 / **give a hand to** ~에게 도움을 주다

015

>> 정답 ①

다음 중 어법상 잘못된 것은?

① My husband has dedicated his life to help the blind.
② His plan for raising more money sounds overwhelming.
③ Having lost my money, I cannot give up buying the book.
④ He is ashamed of his teacher having scolded him.

해설 ① 'dedicate[devote]+A+to ⓥ-ing' 구문을 묻고 있다. 따라서 help를 helping으로 고쳐 써야 한다.
② 전치사 for 다음 동명사 raising도 적절하고 raising 다음 의미상 목적어 more money도 적절하며, 주어가 단수이므로 단수동사 sounds도 적절하다. overwhelm은 감정표현동사이고 주체가 사물인 his plan인 것을 고려해서 ⓥ-ing 형태가 와야 한다. 따라서 문법적으로 하자가 없는 문장이다.
③ 돈을 잃어버린 것과 책을 사는 시점이 서로 다르기 때문에 having lost는 적절하고 give up 다음 동명사 목적어 buying도 적절하다.
④ 부끄러운 시점과 혼난 시점이 다르기 때문에 having scolded는 적절하다.

해석 ① 나의 남편은 앞을 못 보는 사람들을 돕는 것에 평생을 바치고 있다.
② 더 많은 돈을 모으려는 그의 계획은 당황스러운 것 같다.
③ 돈을 잃어버렸다 하더라도 나는 그 책을 사는 것을 포기할 수 없다.
④ 그는 선생님이 자신을 혼냈던 것에 대해 부끄러워했다.

어휘 dedicate[devote]+A+to ⓥ-ing A가 ⓥ하느라 헌신[몰두]하다 / the blind 맹인들 / overwhelm ① 당황하게 하다(=embarrass) ② 압도하다 / be ashamed of ~에 대해 수치스러워하다[부끄러워하다] / scold 혼내다, 꾸짖다

016

》 정답 ③

다음 중 어법상 올바른 것은?

① I regret to buy new copy machine since it broke down more often.
② We are not capable of definition what was wrong with him.
③ Cooperating with outside monitor to oversee the company's progress makes us resolve the problem.
④ Thirty miles is so long a distance to walk a day.

해설 ③ 주어(동명사 주어 cooperating)와 동사(makes)의 수 일치, 사역동사 make 다음 목적격 보어 자리에 원형부정사(resolve) 그리고 구동사 cooperate with 모두 어법상 적절하다.
① regret 다음 to부정사가 목적어 자리에 올 때 to부정사는 '앞으로 일에 대한 유감'을 나타내므로 문맥상 적절하지 않다. 따라서 to buy는 동명사 buying(과거에 샀던 것에 대한 후회)으로 고쳐 써야 한다.
② 전치사 of 다음 명사 definition의 사용은 어법상 적절하지만 definition 뒤에 명사절(What was wrong with him)이 있으므로 definition을 defining으로 고쳐 써야 한다.
④ 주어가 거리를 나타내므로 단수동사의 사용은 어법상 적절하지만 so는 to부정사와 호응 관계를 가질 수 없으므로 so는 too로 고쳐 써야 한다.

해석 ① 나는 이 새로운 복사기가 너무 자주 고장 났기 때문에 그것을 샀던 것을 후회한다.
② 우리는 그가 잘못한 것이 무엇인지 규정할 수 없다.
③ 그 회사의 진행 과정을 감독할 수 있는 외부 감시 기관과 협력하는 것은 우리가 그 문제를 해결하는 데 도움을 준다.
④ 30마일은 너무 먼 거리라서 하루에 걸을 수 없다.

어휘 break down 고장나다 / be capable of ~할 수 있다 / define ① 정의를 내리다 ② 규정하다 / cooperate with ~와 협력하다 / oversee 감독하다 / steadily 꾸준히, 안정적으로

017

》 정답 ②

다음 우리말을 영어로 가장 적절히 옮긴 것은?

① 그는 그 상자를 들 만큼 충분히 강하다.
He is enough strong to lift the box.
② 당신이 결코 만날 필요가 없는 사람이 그 사기꾼이다.
The last one you need to meet is the swindler.
③ 정치가들이 이 문제들에 대해 법적으로 대답할 의무는 없다.
Politicians are legally bound to answer these questions.
④ 이 마을에 사는 사람들은 통제된 삶 속에서 사는 것 같다.
The people in this town appear to inhabit in controlled lives.

해설 ② 'The last ~ to ⓥ'는 '결코 ⓥ하지 않는'의 뜻으로 이 문장은 적절한 영작이다.
① 부사 enough는 형용사 뒤에 위치해서 후치수식해야 하므로 enough strong은 strong enough로 고쳐 써야 한다.
③ to부정사의 관용적 용법 'be bound to ⓥ(ⓥ해야만 한다)' 구문은 어법상 적절하지만 주어진 영문은 긍정문이기 때문에 적절한 영작이 될 수 없다. 따라서 적절한 영작이 되려면 are 다음 not이 있어야 한다.
④ appear to ⓥ은 'ⓥ처럼 보이다'라는 표현이므로 적절한 영작이지만 inhabit는 3형식 동사이므로 전치사 in을 없애야 한다.

어휘 swindler 사기꾼 / politician 정치가 / inhabit ~에 살다, 거주하다

018

》 정답 ④

다음 중 어법상 잘못된 것은?

① Taking this medicine every day, you'll recover soon.
② Not realizing what to do, she asked me for some advice.
③ A mid-term is scheduled to emerge the day after tomorrow.
④ Michelangelo, the famous sculptor, died leaving the work unfinishing.

해설 ④ die는 1형식 동사이고 바로 뒤에 leaving은 유사 보어이다. leaving 다음 목적어 the work는 적절하지만 unfinishing 뒤에 의미상 목적어가 없으므로 unfinishing을 unfinished로 바꿔야 한다.
① Taking은 분사구문으로 뒤에 목적어 medicine이 있으므로 능동의 형태가 적절하다.
② realizing 앞에 부정어 not은 적절하고 뒤에 목적어 what to do가 있으므로 능동의 형태도 적절하다.
③ 'be scheduled to ⓥ' 구문을 묻고 있다. 따라서 to emerge는 적절하다.

해석 ① 이 약을 매일 먹으면 당신은 곧 회복할 것입니다.
② 무엇을 해야 할지 몰랐기 때문에 그녀는 내게 몇 가지 조언을 구했다.
③ 중간고사가 모레 있을 예정이다.
④ 유명 조각가 Michelangelo가 죽었을 때 그 작품을 미완성으로 남겼다[미완성된 작품을 남긴 채 죽었다].

어휘 recover 회복하다 / realize ① 깨닫다 ② 실현하다 / ask A for B A에게 B를 구하다[요청하다] / mid-term 중간고사 / be scheduled to ⓥ ⓥ할 예정이다 / the day after tomorrow 모레 / sculptor 조각가 / work 작품 / unfinished 미완성된

019

》 정답 ③

우리말을 영어로 가장 잘 옮긴 것은?

① 그 상황에서 당신이 그를 도와주지 않은 것은 잔인했다.
It was cruel in the situation that you didn't help him.
② 그녀는 나를 너무 화나게 해서 나는 그녀에게 소리치고 싶었다.
She made me too annoyed to feel like shouting at her.
③ 그는 손을 호주머니에 넣은 채 벽에 기대 있었다.
He was leaning against the wall with his hands in his pocket.
④ 그 당시 열심히 일하지 않았기 때문에 나는 많은 문제를 가지고 있다.
Having not working hard then, I have lots of troubles.

해설 ③ lean은 자동사로 능동의 형태는 적절하며 'with A B(형용사/분사/전치사구 A가 B한 상태)' 구문도 어법상 적절하다.
① 인성형용사 cruel은 'It is 인성형용사 that ~' 구문을 사용할 수 없으므로 어법상 적절하지 않다. 따라서 이 문장은 다음과 같이 고쳐 써야 한다.
→ It was cruel in the situation of you not to help him.
② 'feel like ⓥ-ing' 구문은 어법상 적절하지만 too ~ to ⓥ는 부정적 의미를 지니므로 주어진 우리말의 적절한 영작이 될 수 없다. 따라서 이 문장은 다음과 같이 고쳐 써야 한다. → She made me so annoyed that I felt like shouting at her.
④ 과거표시부사 then이 있으므로 having worked의 사용은 어법상 적절하지만 준동사의 부정은 준동사 바로 앞에 위치해야 하므로 Having not worked는 Not having worked로 고쳐 써야 한다.

어휘 cruel 잔인한 / annoyed 화난, 짜증난 / feel like ⓥ-ing ⓥ하고 싶다 / lean on (against) ~에 기대다

020

» 정답 ①

다음 중 어법상 잘못된 것은?

① He has bought land with a view to build a house.
② Given that she is interested in children, she has to do many things.
③ I spent my evenings watching television when I was young.
④ Using these products is about to advise you to cut fuel costs dramatically.

해설 ① 'with a view to ⓥ-ing' 구문을 묻고 있다. 따라서 to build를 to building으로 바꿔야 한다.
② given that은 '~임을 고려해 보면'의 의미를 갖는 독립분사구문으로 어법상 적절하다.
③ 'spend+목적어+ⓥ-ing' 구문을 묻고 있다. 따라서 어법상 옳다.
④ using은 동명사 주어이므로 단수동사 is의 사용은 어법상 적절하고 'advise+A+to ⓥ' 구문 역시 어법상 적절하다.

해석 ① 그는 그 집을 짓기 위하여 땅을 샀다.
② 그녀가 아이들에 관심이 있는 것을 고려해 보면 그녀는 많은 일을 해야만 한다.
③ 나는 어렸을 때 TV를 보느라 매일 저녁을 소비했다.
④ 이 물건을 사용하는 것이 당신이 극적으로 연료비를 절감할 수 있다고 너에게 충고할 것이다.

어휘 **with a view to ⓥ-ing** ⓥ할 목적으로, ⓥ하기 위하여 / **cut fuel cost** 연료비를 절감하다 / **dramatically** 극적으로, 상당히, 꽤 많이

Chapter 06 관계사

001

» 정답 ④

다음 빈칸에 들어갈 말로 가장 적절한 것은?

You must explicate the algorithms, especially, __________ is quite important.

① which ② where
③ rest of which ④ the last of which

해설 ④ ',(comma) 명사 of which' 구문을 묻고 있다. 이 경우에 of which 다음 문장구조는 불완전해야 하고 is의 주어는 the last(단수)이므로 어법상 적절하다.
① 주격 관계대명사 which 다음 동사는 선행사와 수 일치시켜야 한다. 선행사가 algorithms이므로 동사는 복수동사 are가 있어야 하는데 단수동사 is가 있으므로 which는 어법상 적절하지 않다.
② 관계부사 where 다음 문장구조는 완전해야 하는데 뒤에 주어가 없으므로 불완전한 문장이다. 따라서 관계부사 where는 어법상 적절하지 않다.
③ 부분 주어 rest 다음 of which(=algorithms)는 복수이므로 동사는 is가 아니라 are가 필요하다. 따라서 어법상 적절하지 않다.

해석 당신은 이 알고리즘을 설명해야 하는데, 특히, 그 알고리즘 중에서 마지막이 아주 중요하다.

어휘 **explicate** 설명하다 / **algorithm** 알고리즘

002

» 정답 ④

다음 밑줄 친 부분 중 어법상 적절한 것은?

Mr. Smith is a music teacher of ① which saying is unclear, but he is one of the very few teachers ② who I know can manage his classes in a calmed manner, ③ that is an ability of the teacher ④ which deserves appreciating highly.

해설 ④ 문맥상 선행사가 사물(ability)이므로 관계대명사 which의 사용은 어법상 적절하다.
① 선행사가 teacher(사람)이므로 which는 whose로 고쳐 써야 한다.
② 선행사에 the very가 있으므로 관계대명사 who는 that으로 고쳐 써야 한다.
③ ,(comma) 다음 관계대명사 that은 사용할 수 없으므로 that을 which로 고쳐 써야 한다.

해석 Smith 선생님은 말하는 것이 명확하지 않은 음악 선생님이지만, 그는 내가 알기로 차분한 태도로 수업을 관리할 수 있는 몇 안 되는 선생님 중의 한 명이고, 이는 높게 인정받아 마땅한 능력이다.

어휘 **calmed** 차분한 / **manner** 방식, 태도 / **deserve** ~받아 마땅하다 / **appreciate** ① (진가를) 인정하다 ② 감상[이해]하다 ③ 감사해하다, 고마워하다

003

» 정답 ④

다음 중 어법상 적절한 것은?

① I couldn't explain what takes place on the sidewalk.
② I would like to tell her that you have already known.
③ I forgot the name of the attraction in which they visited.
④ The students are interested in what their professor explained then.

해설 ④ 전치사+관계대명사 what 다음 문장구조는 불완전해야 한다. in what 다음 explained의 목적어가 없는 불완전한 문장이 이어지므로 어법상 옳다.
① 선행사가 없고 관계대명사 what 다음 문장구조가 불완전하므로 what의 사용은 어법상 적절하지만 주절의 동사가 과거이므로 관계사절의 동사도 과거시제여야 한다. 따라서 takes는 took으로 고쳐 써야 한다.
② 접속사 that 다음 문장구조는 완전해야 하는데 have known의 목적어가 없으므로 that의 사용은 어법상 적절하지 않다. 따라서 that은 what으로 고쳐 써야 한다.
③ 전치사+관계대명사 which 다음 문장구조는 완전해야 한다. 하지만 in which 다음 문장구조가 불완전(visited의 목적어가 없다)하므로 어법상 적절하지 않다. 따라서 전치사 in을 없애야 한다.

해석 ① 나는 인도에서 일어났던 일을 설명할 수 없었다.
② 나는 그녀에게 당신이 이미 알고 있던 것을 말해주고 싶다.
③ 나는 그들이 방문했던 관광 명소의 이름을 잊어 버렸다.
④ 교수님이 그때 설명했던 것에 대해 학생들이 관심을 가지고 있다.

어휘 **take place** 일어나다, 발생하다 / **sidewalk** 인도, 보도 / **attraction** 매력, 매혹; (관광)명소

004

» 정답 ④

우리말을 영어로 가장 잘 옮긴 것은?

① 그는 내가 그에 대해 듣고 싶은 말을 한 마디도 하지 않았다.
→ He didn't say any word which I wanted to hear of him.
② 나는 돌봐야 하는 자폐증을 가진 아이가 있다.
→ I have a kid with autism of which I should take care.
③ 당신이 내게 추천했던 것에 대해 생각해 보겠습니다.
→ Let me think about what you recommended me.
④ 그가 이루어 냈던 결과물은 다소 놀라운 것으로 입증되었다.
→ The result that he had achieved proved somewhat astonishing.

해설 ④ 관계대명사 that 다음 불완전한 문장이 이어지므로 어법상 적절하고 감정표현동사 astonish의 주체가 사물(result)이므로 astonishing의 사용 역시 어법상 옳다.
① 관계대명사 which 다음 완전한 문장이 이어지므로 어법상 적절하지 않다. 따라서 관계대명사 which는 동격의 접속사 that으로 고쳐 써야 한다.
② which의 선행사가 사람(kid)이므로 which는 관계대명사 whom으로 고쳐 써야 한다.
③ recommend는 3형식 동사이므로 me 앞에 전치사 to가 있어야 한다.

어휘 **autism** 자폐(증) / **somewhat** 다소, 약간 / **astonish** 놀라게 하다

005

» 정답 ②

다음 중 어법상 올바른 것은?

① In the aircraft I saw a man whom I guessed was a criminal.
② The sales world is one in which constant interaction is required.
③ The rumor which all Asian students are ingenious cannot be true.
④ The prejudice is a sort of error of a person who one might fall into.

해설 ② in which 다음 문장구조가 완전하므로 in which의 사용은 어법상 적절하다.
① whom 다음 I guessed는 삽입절이므로 was의 주어가 필요하다. 따라서 목적격 관계대명사 whom을 주격 관계대명사 who로 고쳐 써야 한다.
③ which 다음 문장구조가 완전하므로 관계대명사 which의 사용은 어법상 적절하지 않다. which를 동격의 접속사 that으로 고쳐 써야 한다.
④ 문맥상 관계대명사 who의 선행사는 error이므로 who를 which로 고쳐 써야 한다.

해석 ① 추측하건대 비행기에서 나는 범죄자를 보았다.
② 영업의 세계란 지속적인 경쟁이 요구되는 곳이다.
③ 모든 아시아 학생들이 기발하다는 바로 그 소문은 사실이 아님에 틀림없다.
④ 편견은 사람들이 빠질 수 있는 일종의 잘못이다.

어휘 **aircraft** 비행기 / **criminal** 범죄자, 범인 / **constant** 지속적인 / **interaction** 상호 작용 / **ingenious** 독창적인, 기발한 / **prejudice** 편견 / **a sort of** 일종의

006

» 정답 ③

다음 중 우리말을 영어로 적절하게 옮긴 것은?

① 그녀는 내가 결혼하고 싶은 바로 그 여자이다.
→ She is the very woman, that I have wanted to marry.
② 범죄를 저지르지 않은 많은 사람들이 교도소에 있다.
→ There are many people in prison which did not commit crimes.
③ 나는 당신이 문제를 해결했던 방식을 기억한다.
→ I remember the way you solved the problem.
④ 내 결정에 영향을 준 그들의 의견은 몹시 훌륭했다.
→ Their opinion which was affected by my decision was quite excellent.

해설 ③ the way 다음 관계부사 how가 생략된 구조이며 the way 다음 문장구조가 완전하므로 이 문장은 적절한 영작이다.
① 선행사가 the very의 수식을 받는 경우 관계대명사 that의 사용은 어법상 적절하지만 관계대명사 that은 , (comma)와 함께 사용할 수 없으므로 문맥상 , (comma)를 없애야 한다.
② 선행사가 사람 people이므로 관계대명사 which는 who로 고쳐 써야 한다.
④ 주어진 영어 문장은 그들의 의견이 내 결정에 의해 영향을 받은 것이므로 주어진 우리말과 정반대의 내용이 된다. 따라서 which was affected by my decision은 which affected my decision으로 고쳐 써야 한다.

어휘 **prison** 교도소, 감옥 / **commit crimes** 범죄를 저지르다 / **opinion** 의견, 견해 / **affect** ~에 영향을 주다 / **decision** 결정, 결심

007

» 정답 ④

다음 중 어법상 틀린 것은?

① She resides in the two story building whose roof is red.
② Kids whose parents work long hours are addicted to TV.
③ He will end the task which his brother was supposed to finish.
④ I met a friend of mine who I had made fun of him in school days.

해설 ④ 관계대명사 who 다음 완전한 문장구조가 이어지므로 어법상 적절하지 않다. of 다음 him을 없애야 한다.
① reside는 1형식 동사이므로 전치사 in의 사용은 어법상 적절하고 또한 소유격 관계대명사 whose 다음 무관사 명사 roof의 사용 역시 어법상 옳다.
② 주어가 kids이므로 복수동사 are의 사용은 어법상 적절하고 또한 소유격 관계대명사 whose 다음 무관사 명사 parents의 사용 역시 어법상 옳다.
③ 관계대명사 which 앞의 선행사가 사물(the task)이므로 which의 사용은 어법상 적절하다.

해석 ① 그녀는 저 빨간 지붕의 2층 집에 산다.
② 부모가 오랫동안 직장 생활을 하는 아이들은 TV에 중독되어 있다.
③ 그는 그의 형이 끝내기로 되어있던 일을 끝낼 것이다.
④ 학창시절에 내가 늘 놀렸던 친구 한 명을 만났다.

어휘 **story** ① 이야기 ② 소설 ③ (건물의) 층 / **roof** 지붕 / **addicted** 중독된 / **be supposed to** ⓥ ① ⓥ하기로 되어있다 ② ⓥ해야만 한다 / **make fun of** ~을 조롱하다, 놀리다

008

» 정답 ④

밑줄 친 부분 중, 어법상 틀린 것은?

Of something certain about the following century in ① <u>which</u> the world will be entangled, networked ② <u>arises</u> our plight. Because national borders will be able to block the flow of information and innovation, the most convenient societies ③ <u>that</u> thrive will become those ④ <u>who</u> are complex with openness and with the free flow of services, goods and ideas.

해설 ④ 뒤의 문장구조가 불완전(주어가 없다)하므로 관계대명사의 사용은 어법상 적절하지만 who의 선행사 those가 가리키는 것이 사물(societies)이므로 관계대명사 who는 which로 고쳐 써야 한다.
① 전치사(in) + 관계대명사(which) 다음 문장구조가 완전하므로 in which의 사용은 어법상 적절하다.
② 문두에 장소를 나타내는 전치사구(Of ~)가 위치하고 주어와 동사가 도치된 구조로 주어가 plight이므로 단수동사 arises의 사용은 어법상 적절하다.
③ 선행사에 최상급(the most convenient)이 있으므로 관계대명사 that의 사용은 어법상 적절하다.

정답과 해설

해석 세상이 얽히고, 망처럼 연결될 다음 세기에 관한 확실한 몇 가지 중에 우리의 문제점이 발생한다. 국경선이 정보와 혁신의 흐름을 봉쇄할 수 있기 때문에, 번창하는 가장 편리한 사회가 개방성과 서비스, 상품 그리고 아이디어의 자유로운 흐름으로 복잡한 사회가 될 것이다.

어휘 **entangle** 얽어매다, 얽히게 하다 / **plight** 골칫거리, 문제점 / **border** 국경 / **block** 차단하다 / **thrive** 번성(번창)하다 / **complex** 복잡한 / **flow** 흐름, 흐르다 / **goods** 상품

009

» 정답 ③

다음 중 어법상 적절한 것은?

① We will support the decision whatever you make.
② A free gift can be given to whoever answers to it.
③ The first toys reached Alaska from where they were lost.
④ He devised a 'technology shelf' on which was placed possible technical solutions.

해설 ③ reach는 3형식 동사로 바로 뒤에 목적어(Alaska)가 와야 하고 where 다음 문장구조는 완전한 문장(주어가 있고 동사가 수동태)이므로 어법상 적절하다. 참고로 관계부사 where 앞에 선행사 the place는 생략이 가능하다.
① 복합관계대명사 whatever는 앞에 선행사를 취할 수 없다. 따라서 이 문장은 We must support whatever decision you make로 고쳐 써야 한다.
② whoever(주격) 다음 동사 answers의 사용은 어법상 적절하지만 answer는 타동사이므로 전치사 to를 없애야 한다.
④ on which에서 which는 'technology shelf'를 대신하고 있고, on technology shelf(장소 위치의 전치사구)가 앞에 있으므로 뒤에 주어와 동사가 도치된 구문이다. 따라서 주어가 solutions(복수)이므로 동사 was를 were로 고쳐 써야 한다.

해석 ① 우리는 당신이 어떤 결정을 내리든 지지할 것이다.
② 그것에 대답하는 누구에게나 공짜 선물이 주어질 수 있다.
③ 그 장난감들은 분실된 곳에서 Alaska로 도달했다.
④ 그는 가능한 기술적 해결책이 주어지는 'technology shelf(기술 선반)'를 고안해냈다.

어휘 **make a(the) decision** 결정하다, 결심하다 / **reach** ~에 이르다, 다다르다 / **devise** 고안하다 / **shelf** 선반

010

» 정답 ④

다음 중 어법상 가장 적절한 것은?

① I'm supposed to introduce that I did then to you and your sister.
② The injured gorilla captured by the hunter who I guess seems to die.
③ Here are some inmates in the jail, many of which are not aware of their mistakes.
④ There are residents in New York's sprawling China Town, most of whom never learn English.

해설 ④ 문맥상 선행사가 residents이므로 관계대명사 whom의 사용은 어법상 적절하고 부분주어 most of 다음 whom이 복수명사 residents를 가리키므로 복수동사 learn의 사용 역시 어법상 옳다.
① be supposed to 다음 동사원형은 어법상 적절하고 과거표시부사인 then이 있으므로 과거시제 did의 사용 역시 어법상 적절하지만 접속사 that 다음 문장구조가 불완전하므로 접속사 that은 관계대명사 what으로 고쳐 써야 한다.
② 문맥상 관계대명사 who의 선행사는 hunter가 아니라 gorilla이므로 who는 관계대명사 which로 고쳐 써야 하고 또한 관계대명사 다음 문장구조가 완전하므로 문맥상 it도 없애야 한다.
③ '명사, 명사 of which(whom)' 구조를 묻고 있다. 선행사가 inmate(수감자), 즉 사람이므로 관계대명사 which를 whom으로 고쳐 써야 한다.

해석 ① 나는 그 당시에 내가 했던 것을 당신과 당신의 누이에게 알려야 한다.
② 내 추측으로는 그 사냥꾼에 포획된 부상당한 고릴라는 죽은 것 같다.
③ 교도소에는 자신의 실수를 깨닫지 못하는 몇몇 수감자들이 많이 있다.
④ 뉴욕의 무차별로 뻗어 나가는 차이나타운 안에 거주자들이 있는데 그들 대부분은 결코 영어를 배우지 않는다.

어휘 **be supposed to** ⓥ ① ⓥ하기로 되어있다 ② ⓥ해야만 한다 / **then** ① 그 당시에, 그때에는 ② 그러고 나서, 그런 다음에 / **capture** 잡다, 포획하다 / **inmate** 수감자 / **be aware of** ~ ~을 알다, 인식하다 / **sprawling** 무분별하게 뻗어나가는, 팽창하는

Chapter 07 접속사

001

» 정답 ④

다음 밑줄 친 부분 중 어법상 적절하지 않은 것은?

The concern we ① <u>have always had is</u> ② <u>that if</u> Asian countries ③ <u>don't recover</u>, this will spread to other countries ④ <u>and that</u> is a minor problem for our country will become a severe problem.

해설 ④ 접속사 and를 기준으로 병렬구조를 이끌고 있다. 언뜻 보기에는 앞에 있는 접속사 that과 병렬을 이루므로 어법상 적절해 보이지만 that 다음 문장구조가 불완전하므로 어법상 적절하지 않다. 따라서 that을 what으로 바꿔야 한다.
① we have always had는 the concern을 선행사로 취하는 관계사절이고 단수동사 is는 주어 concern가 단수이므로 어법상 적절하다.
② that은 접속사로 is 다음 명사절(보어 역할)을 이끌고 that절 안에 다시 if절이 있는 구조이므로 어법상 적절하다.
③ '시조부는 현미(시간이나 조건의 부사절에서는 현재 시제가 미래 시제를 대신한다)'이므로 현재 시제 don't recover는 어법상 옳다.

해석 우리가 항상 하는 우려는 아시아 국가들이 회복하지 못한다면 이것은 다른 나라로 퍼질 수 있고, 우리나라의 사소한 문제가 심각한 문제로 될 수 있다는 것이다.

어휘 **concern** 걱정; 관심 / **recover** 회복하다 / **severe** 심각한

002

» 정답 ①

밑줄 친 부분 중, 어법상 틀린 것은?

① <u>Despite</u> one of the variety of things that come to mind when we hear the word 'ballet' ② <u>is</u> a graceful ballerina sliding across the stage, the ballet is not just dancing. It may be hard to realize ③ <u>that</u> behind the seemingly effortless movement ④ <u>are</u> long periods of practice.

해설 ① Despite 뒤에 주어(one)+동사(is)의 절이 있으므로 전치사 Despite는 접속사 Though로 고쳐 써야 한다.
② 주어가 one(단수)이므로 단수동사 is는 어법상 적절하다.
③ 선행사가 없고 뒤에 문장구조가 완전하므로 접속사 that의 사용은 어법상 옳다.
④ 문두에 장소·위치의 전치사구(behind the ~ movement)가 위치하므로 주어와 동사가 도치된 구조로 주어가 long periods(복수)이므로 복수동사 are는 어법상 적절하다.

해석 비록 우리가 '발레'라는 단어를 들었을 때 마음속에 떠오르는 다양한 것들 중 하나는 우아한 발레리나가 미끄러지듯이 무대를 가로지르는 것일지라도 발레는 단순한 춤이 아니다. 언뜻 보기에 노력이 들어가지 않은 것 같은 발레리나의 동작들 뒤에는 수년간의 오랜 연습이 있다는 점을 깨닫기 어려울지도 모른다.

어휘 **graceful** 우아한 / **slide** 미끄러지다 / **seemingly** 외견상으로, 겉보기에는

003

≫ 정답 ③

우리말을 영어로 옮긴 것 중 가장 적절한 것은?

① 당신의 마음속에 무엇을 품고 있는 지는 곧 드러날 것이다.
What do you have in your mind is revealed soon.

② 그들은 스스로에게 어떤 종류의 물건들을 선택해야만할지 묻는다.
They ask themselves which kinds of items should they choose.

③ 증거를 찾던 그 형사는 그녀가 누구를 다치게 한지 몰랐다.
The detective who found the evidence didn't know who she hurt.

④ 비록 그들이 범죄현장을 지속적으로 관찰했지만 그들은 정말로 어디에 그것이 있는지는 몰랐다.
Even if they constantly monitored the crime site, they really didn't know where is it.

해설 ③ 관계대명사 who 앞에 사람선행사가 있고 who 다음 문장구조가 불완전한 문장이 이어지므로 who의 사용은 어법상 적절하고 의문사 who 다음 '주어 + 동사'어순(she hurt) 역시 어법상 옳다.
① 의문사 what 다음 '주어 + 동사' 어순이 필요하므로 do you have는 you have로 고쳐 써야 한다.
② 명사절을 유도하는 which kinds of items 다음 '주어 + 동사' 어순이 필요하므로 should they는 they should로 고쳐 써야 한다.
④ 의문사 where 다음 '주어 + 동사' 어순이 필요하므로 is it은 it was로 고쳐 써야 한다.

어휘 **reveal** 드러내다 / **detective** 형사 / **evidence** 증거 / **hurt** 아프게 하다, 다치게 하다 / **constantly** 지속적으로 / **monitor** 관찰하다

004

≫ 정답 ③

다음 중 어법상 적절하지 않은 것은?

① Strong though he is, he cannot lift this rock.
② No matter how candid she is, I cannot trust in her.
③ He is unable to know how she often goes swimming.
④ Imperative as sugar is, we don't always fall back on it.

해설 ③ 'how+형용사/부사+S+V' 구조를 묻고 있다. 따라서 how she often goes swimming은 how often she goes swimming으로 고쳐 써야 한다.
① 양보절을 유도하는 접속사 though는 형용사 보어가 문두에 위치할 수 있으므로 어법상 적절하다.
② 양보절을 유도하는 접속사 no matter how(= however)는 형용사 보어가 반드시 접속사 바로 뒤에 위치해야 하므로 어법상 옳고 trust in은 강조를 목적으로 사용되는 구동사이므로 역시 어법상 적절하다.
④ 양보절을 유도하는 접속사 as는 형용사 보어가 문두에 위치해야 하므로 어법상 적절하다.

해석 ① 비록 그가 힘이 세지만 이 바위를 들 수는 없다.
② 비록 그녀가 솔직하다 하더라도 나는 그녀를 신뢰할 수 없다.
③ 그는 그녀가 얼마나 자주 수영하는 지를 알 수 없다.
④ 설탕이 필수적이지만 우리는 항상 그것에 의존하지는 않는다.

어휘 **candid** 솔직한 / **imperative** 필수적인 / **fall back on** ~에 의존하다

005

≫ 정답 ②

다음 밑줄 친 부분 중 어법상 옳지 않은 것은?

Water particles carried to a greater and ① <u>longer</u> height ② <u>frozen</u> into ice particles and are swept upward or ③ <u>refrozen</u> in repeated and ④ <u>continuous</u> condition until they are heavy enough to fall as hail.

해설 ② and를 기준으로 동사 are와 병렬을 이루어야 하므로 과거분사 frozen은 동사 freeze로 고쳐 써야 한다.
① and를 기준으로 greater와 병렬을 이루는 longer의 사용은 어법상 옳다.
③ or를 기준으로 과거분사 refrozen은 과거분사 swept와 병렬을 이루고 있으므로 어법상 옳다.
④ and를 기준으로 과거분사 repeated와 병렬을 이루는 형용사 continuous의 사용은 어법상 옳다.

해석 더 높고 긴 고도에 이르는 물 입자는 얼음 결정으로 얼게 되고 반복적이고 지속적인 상태에서 그들이 우박으로 떨어질 정도로 충분히 무겁기 전까지는 위로 휩쓸리거나 다시 얼게 된다.

어휘 **particle** 입자 / **height** 높이 / **freeze–froze–frozen** 얼다 / **sweep–swept–swept** 휩쓸다, 청소하다 / **upward** 위쪽으로, 위로 / **repeated** 반복적인 / **continuous** 지속적인 / **hail** 우박

006

≫ 정답 ③

밑줄 친 부분 중 어법상 적절하지 않은 것은?

Some of the early personal accounts of anthropologists in the field ① <u>make</u> fieldwork ② <u>sound</u> exciting, adventuresome, certainly exotic, sometimes ③ <u>easily</u>. Malinowski, the classic anthropological fieldworker, describes the early stages of fieldwork as 'a strange, sometimes ④ <u>unpleasant</u>, sometimes intensely interesting adventure which soon adopts quite a natural course.'

해설 ③ easily는 exciting, adventuresome 그리고 exotic과 병렬을 이루어야 하므로 형용사 easy로 고쳐 써야 한다.
① 부분 주어 some of 다음 복수명사 accounts가 쓰였으므로 복수동사 make는 적절하다.
② 사역동사 make 다음 목적격 보어 자리에 sound는 어법상 옳다.
④ 형용사 unpleasant는 형용사 strange 그리고 형용사 interesting과 병렬을 이루므로 어법상 적절하다.

해석 현장에서 작업하던 인류학자들의 초기의 개인적인 기술들 중 몇몇을 읽어보면 현지 조사는 흥미진진하고, 모험적이며, 분명히 색다르고, 때로는 쉬운 것 같다. 전형적인 인류학 현지 탐험가인 Malinowski는 현지 조사의 초기 단계들을 '이내 자연스런 과정을 채택하게 되는 낯설고, 때로는 불쾌하기도 하며, 때로는 강렬하게 흥미를 유발하는 모험'이라고 묘사하고 있다.

어휘 **fieldwork** 현지[실지] 조사 / **hallmark** 특징, 특질 / **anthropology** 인류학 / **intricacy** 얽히고 설킴, 복잡 / **anthropologist** 인류학자 / **standing** 입장 / **account** 설명, 이야기, 기술 / **adventuresome** 모험적인 / **exotic** 이국적인, 이국풍의, 색다른 / **classic** 전형적인, 일류의 / **intensely** 강렬하게, 매우, 대단히 / **adopt** 채택하다, 골라잡다 / **go on to** ⓥ 계속해서 ⓥ하다 / **routine** 판에 박힌 일 / **stroll** 산책하다 / **intimate** 사사로운, 자세한, 친밀한 / **accessible** 접근하기 쉬운, 이용할 수 있는

007

≫ 정답 ③

다음 중 어법상 가장 적절한 것은?

① Monkeys usually employ their feet to eat and climbing.
② Material possessions were seen as tangible evidence not only people's work but of their abilities.
③ I prefer my usual routine and am not inclined to try new things.
④ This book will be rewritten so as to update the theory on which they were based and provided better practical advice.

해설 ③ and를 기준으로 prefer와 am은 병렬구조를 이루고 있고, be inclined to ⓥ(ⓥ하려는 경향이 있다)도 적절한 표현이다.
① and를 기준으로 to부정사와 동명사는 병렬을 이룰 수 없으므로 문맥상 climbing을 (to) climb으로 고쳐 써야 한다.
② 상관접속사 'not only A but also B' 구문에서 A와 B는 병렬을 이루어야 하는데 but 다음 전치사구(of their abilities)가 있으므로 not only 다음에도 명사 people's work앞에 전치사 of가 있어야 한다.

④ 주어와 동사의 수/태 일치는 어법상 적절하고 on which 다음 문장구조(완전한 문장) 또한 어법상 옳지만 and 다음 provided는 문맥상 update와 병렬을 이루어야 하므로 provided를 provide로 고쳐 써야 한다.

해석 ① 원숭이는 먹고 몸짓하고 기어오르는 데 다리를 사용한다.
② 물질 소유는 사람들의 작품뿐만 아니라 그들의 능력에 대한 분명한 증거로서 여겨졌다.
③ 나는 평상시에 판에 박힌 일을 선호하며, 새로운 일을 시도하고 싶어하지 않는다.
④ 이 책은 그것들이 기초하는 이론을 향상시켜주기 위해서 그리고 더 좋은 실질적인 충고를 제공하기 위해서 다시 쓰여 질 것이다.

어휘 **employ** ① 고용하다 ② 이용하다 / **material** 물질적인 / **possession** 소유(물) / **tangible** ① 만질 수 있는 ② 분명히 실재하는 / **ability** 능력 / **prefer** 선호하다 / **routine** 판에 박힌 일, 일상(적인 일) / **be inclined to** ⓥ ⓥ하는 경향이 있다 / **so as to** ⓥ ⓥ하기 위하여 / **practical** 실질적인

008

» 정답 ④

다음 우리말을 영어로 옮긴 것 중 가장 적절한 것은?

① 그는 해변에서 느긋하고 편안한 휴가를 즐기고 있다.
➡ He is enjoying the leave leisurely and comfortably at the beach.
② 판매와 이윤 둘 다 모두 가까운 미래에 증가할 것으로 기대되지 않는다.
➡ Neither the sales nor the profit are expected to increase in the near future.
③ 나무와 숲이 주는 따뜻함과 아름다움이 없는 삶을 떠올리기란 어려울 것이라고 나는 생각했다.
➡ I thought it would be difficult to imagine life without the warm and beauty of trees and forests.
④ 하루에 적어도 두 번 이를 닦고 매일 치실질을 하면 플라그가 쌓이는 것을 최소화시켜 줄 것이다.
➡ By brushing at least twice a day and flossing daily, you will help minimize the plaque buildup.

해설 ④ and를 기준으로 brushing과 flossing의 병렬은 어법상 적절하고 help + 원형부정사(minimize) 구조 역시 어법상 옳다.
① 형용사 leisurely와 부사 comfortably는 병렬을 이룰 수 없으므로 comfortably는 형용사 comfortable로 고쳐 써야 한다.
② 'neither A nor B' 구조에서 A와 B자리에 명사가 병렬을 이루는 것은 어법상 적절하지만 상관접속사 neither A nor B가 주어자리에 있을 때 동사의 수 일치는 B에 일치시켜야 하므로 are는 is로 고쳐 써야 한다.
③ and를 기준으로 문맥상 명사병렬이 이루어져야 하므로 형용사 warm은 명사 warmth로 고쳐 써야 한다.

어휘 **leave** 휴가 / **leisurely** 느긋한, 여유있는 / **floss** 치실질 하다 / **minimize** 최소화하다 / **buildup** 축적

009

» 정답 ③

다음 중 어법상 적절한 것은?

① The elite campus based programs which he will be taking it next semester are scheduled to be extremely difficult.
② That happens in a particular period does not have any significant effects on the long term investors in the stock market.
③ The newly built conference room, though equipped with more advanced facilities, accommodates fewer people than the old one.
④ With such a diverse variety of economical appliances to choose, it's important to decide what it is best.

해설 ③ 주어(conference room)와 동사(accommodates)의 수 일치는 어법상 적절하고 또한 접속사 though 다음 주어+be동사가 생략된 구조로 equipped 다음 목적어가 없으므로 수동의 형태 역시 어법상 옳다. 그리고 fewer ~ than 비교 구문의 사용도 어법상 적절하다.
① 주어(programs)와 동사(are)의 수 일치는 어법상 적절하지만 관계대명사 which 다음 문장구조가 완전(주어 he와 목적어 it이 있다)하므로 어법상 적절하지 않다. 따라서 it을 없애야 한다.
② 접속사 That 다음 문장구조가 불완전(주어가 없다)하므로 어법상 적절하지 않다. 따라서 That을 what으로 고쳐 써야 한다.
④ 관계대명사 what 다음 문장구조는 불완전해야 하는데 what 다음 문장구조가 완전(주어가 있고 동사가 자동사이다)하므로 어법상 적절하지 않다. 따라서 문맥상 주어 it을 없애야 한다.

해석 ① 그가 다음 학기 수강하게 될 캠퍼스 기반의 엘리트 프로그램들은 아주 어려울 것으로 예상된다.
② 특정 기간에 발생하는 것은 주식 시장에서 장기 투자가들에게 어떠한 상당한 영향도 끼치지 않는다.
③ 새로이 건설된 회의실은, 좀 더 진보된 시설들로 되어있으나 예전 것보다 더 적은 사람이 들어갈 수 있다.
④ 절약형 가정용 기기가 수많이 존재해서, 어느 것이 가장 좋은지를 결정하는 것이 중요하다.

어휘 **semester** 학기 / **be scheduled to** ⓥ ⓥ하기로 되어 있다, ⓥ하기로 예상되다 / **extremely** 극도로, 아주 매우 / **particular** 특별한 / **period** 기간 / **significant** ① 상당한, 꽤 많은 ② 중요한 / **long-term** 장기간의 / **investor** 투자자 / **stock** 주식 / **conference** 회의 / **equip** ① 준비하다 ② 장비를 갖추다 / **facility** 편의 시설 / **accomodate** 숙박하다 / **a diverse variety of** 아주 다양한 / **economical** 절약하는 / **appliance** 가전제품, 기기

010

» 정답 ②

우리말을 영어로 옮긴 것 중 가장 적절한 것은?

① 그 철학가는 지적이지도 창의적이지도 않고 제멋대로이다.
➡ The philosopher is neither creative nor moral and arbitrary.
② 그 일은 능력 있고, 그 일을 수행할 수 있는 의지를 가진 사람들에게 주어진다.
➡ The task is given to those who are able and have the will to carry it out.
③ 사람들은 건강을 잃고 나서야 비로소 그 건강의 가치를 깨닫는다.
➡ Not until do people lose health they realize the value of it.
④ 그녀는 회의의 취소 여부를 갑자기 알게 되었다.
➡ She was informed all of a sudden if the conference had been called off.

해설 ② and를 기준으로 are와 have의 병렬은 어법상 적절하고 have가 '가지다'의 의미이기 때문에 뒤에 to부정사(to carry)의 사용과 구동사 carry out 사이에 대명사 it의 사용 역시 어법상 옳다.
① 'neither A nor B but C' 구문을 묻고 있다. 따라서 and를 but으로 고쳐 써야 한다.
③ not until을 강조를 목적으로 문두로 위치시킬 때에는 until 다음 나오는 주어와 동사가 도치되는 것이 아니라 주절의 주어와 동사가 도치되어야 한다. 따라서 이 문장은 'Not until people lose health do they realize the value of it.'으로 고쳐 써야 한다.
④ inform은 4형식 동사로 that절을 목적어로 취해야 하므로 접속사 if는 that으로 고쳐 써야 한다.

어휘 **neither A nor B but C** A도 B도 아닌 C이다 / **philosopher** 철학자 / **moral** 도덕적인 / **arbitrary** 제멋대로인, 임의의 / **carry out** 수행[실행]하다 / **realize** 인식하다, 깨닫다; 실현하다 / **all of a sudden** 갑자기 / **conference** 회의 / **call off** 취소하다

Chapter 08 조동사 · 가정법

001

» 정답 ①

다음 빈칸에 들어갈 말로 가장 적절하지 않은 것은?

If the economy continues to deteriorate further, we ______________ laying off employees.

① have no choice but begin ② cannot but begin
③ cannot help but begin ④ cannot help beginning

해설 ① 'have no choice but to ⓥ' 구문을 묻고 있다. 따라서 begin 앞에 전치사 to가 있어야 한다.
② 'cannot but ⓥ' 은 어법상 적절하다.
③ 'cannot help but ⓥ' 은 어법상 적절하다.
④ 'cannot help ⓥ-ing' 는 어법상 적절하다.

해석 경기가 더욱 악화된다면 직원을 해고할 수밖에 없다.

어휘 **deteriorate** 악화되다 / **lay off** 해고하다 / **have no choice but to ⓥ** ⓥ할 수밖에 없다(= **cannot help ⓥ-ing, cannot help but ⓥ, cannot but ⓥ**)

002

» 정답 ①

다음 밑줄 친 부분 중, 어법상 가장 적절한 것은?

The general demanded every soldier ① stick their neck out and rigidly proclaimed that he would ② not rather ③ to surrender to the foe than ④ to give his right up.

해설 ① demand 다음 that절에는 (should)+동사원형이 있어야 하므로 stick은 어법상 적절하다.
② 조동사의 관용적 용법 would rather의 부정은 would rather not이므로 not과 rather의 위치는 서로 바뀌어야 한다.
③ would rather 다음에는 동사원형이 와야 하므로 to surrender를 surrender로 고쳐 써야 한다.
④ would rather than다음에는 동사원형이 와야 하므로 to give를 give로 고쳐 써야 한다.

해석 그 장군은 모든 군사가 위험을 무릅쓸 것을 요구했고 그의 권리를 포기하느니 적에게 항복하지 않겠다고 단호하게 공표했다.

어휘 **general** 장군 / **stick one's neck out** 위험을 무릅쓰다 / **rigidly** 엄격하게, 단호하게 / **proclaim** 공표하다 / **would rather A than B** B하느니 차라리 A하다. / **surrender** 항복하다 / **foe** 적 / **right** 권리

003

» 정답 ④

밑줄 친 부분 중 어법상 적절하지 않은 것은?

Should everyone want to clone a cow or other animal, how ① will our life change? For example, if a farmer ② had a cow that produced high quality meat or milk, he would make a lot of money, especially, ③ were many copies of this cow made by the farmer. But what ④ will the world be like if we produced another Michael Jordan, Elvis Presley, Albert Einstein, or Mother Teresa?

해설 ④ if절에 과거시제(produced)가 있으므로 주절의 시제는 가정법 조동사 would가 필요하다. 따라서 will을 would로 고쳐 써야 한다.
① 가정법 미래시제 패턴을 묻고 있다. 'If everyone should want ~'에서 if를 지우고 주어와 동사가 도치된 구문으로 주절의 미래조동사 will의 사용은 어법상 적절하다.
② 가정법 과거시제 패턴을 묻고 있다. 따라서 if절의 과거시제 had는 어법상 옳다.
③ 'if 없는 가정법' 구문을 묻고 있다. if many copies of the cow were made ~ 에서 if를 지우고 주어와 동사가 도치된 구문으로 가정법 과거시제 패턴은 어법상 적절하다.

해석 만약 모든 사람들이 소나 다른 동물들을 복제하기를 원한다면, 우리의 삶은 어떻게 변할까? 예를 들어서 만약 어떤 농부가 고품질의 고기나 우유를 만드는 소를 가지고 있다면 그리고 그 농부가 특히 이 소의 많은 복제품을 만든다면, 그 농부는 많을 돈을 벌 수 있다. 하지만, 우리가 또 다른 Michael Jordan이나 Elvis Presley 그리고 Albert Einstein이나 수녀 Teresa를 만들어 낸다면 이 세상은 어떻게 될까?

어휘 **clone** 복제하다 / **make money** 돈을 벌다 / **what is A like?** A는 어때?

004

» 정답 ③

우리말을 영어로 가장 잘 옮긴 것은?

① 그에게 말하느니 차라리 돌담에 대고 말하는게 더 낫겠다.
→ You may as well speak to a stone wall as to talk to him.
② 나는 그녀가 군중들에게 밟히지 않도록 그녀의 팔을 잡아주었다.
→ I gripped her arms lest she was not trampled by the throng.
③ 피터는 충분히 잠을 잤기 때문에 피곤하지 않았음에 틀림없다.
→ Peter cannot have been exhausted because he slept enough.
④ 선생님이 질문을 하셨지만 그는 감히 그 질문에 대답할 수 없었다.
→ My teacher asked him a question, but he dared not answer to it.

해설 ③ 과거사실에 대한 강한 부정 추측은 cannot have+p.p.이므로 cannot have been의 사용은 어법상 적절하다. 또한 exhaust는 감정표현동사이고 주체가 사람이므로 exhausted의 사용 역시 어법상 옳다.
① 'may as well A as B' 구문을 묻고 있다. A와 B 자리에는 동사원형이 와야 하므로 to talk를 talk로 고쳐 써야 한다.
② 'lest ~ (should)' 구문을 묻고 있다. 우선 was를 be로 고쳐 써야 하고, lest는 not의 의미를 갖고 있기 때문에 not 역시 불필요하다. 따라서 was not을 be로 고쳐 써야 한다.
④ dare가 부정문에서 조동사로 사용되었기 때문에 바로 뒤의 동사원형 answer는 적절하지만 answer는 3형식 동사이므로 전치사 to를 없애야 한다. 따라서 어법상 적절하지 않다.

어휘 **may as well A as B** B하느니 차라리 A하다 / **grip** 잡다, 쥐다 / **trample** (짓)밟다 / **throng** 군중 / **exhausted** 피곤한, 지친 / **dare** ① 감히 ~하다 ② 과감하게 하다

005

» 정답 ①

다음 우리말을 영어로 옮긴 것 중 적절하지 않은 것은?

① 우리는 그 어린 아이를 너무 많이 칭찬할 수는 없다.
→ We cannot compliment the young child too much.
② 그는 그 사실을 미리 알고 있었음에 틀림없다.
→ He must have known the truth in advance.
③ 술이 취했다면 운전을 하지 말았어야 했다.
→ You ought not to have driven if you're drunk.
④ 그가 자신의 행동에 책임지는 것은 바람직했다.
→ It was desirable that he be responsible for his behavior.

해설 ① cannot ~ too는 '아무리 ~해도 지나치지 않다'의 뜻으로, 주어진 우리말과 영어문장은 서로 다르다. 따라서 ①이 정답이 된다.
② 과거사실에 대한 강한 추측을 나타내는 must have p.p.의 사용은 적절한 영작이다.
③ 과거사실에 대한 유감이나 후회를 나타내는 should have p.p.(ought to have p.p.)를 사용해야 하므로 주어진 우리말의 영어문장은 어법상 적절하다.
④ It is 판단형용사 desirable 다음에는 should(생략가능)+동사원형이 있어야 하므로 주어 he다음 be의 사용은 어법상 적절하다.

어휘 compliment 칭찬하다 / in advance 미리, 앞서서 / desirable 바람직한 / responsible 책임지는, 책임 있는

006

» 정답 ①

밑줄 친 부분 중 어법상 적절한 것은?

I would be happy now ① had I stopped watching TV. The basketball game I watched was tedious, dull, dry and ② bored. It ③ would be over thirty minutes ago if one of the members ④ were not falling and breaking his arm. But, it didn't happen.

해설 ① 'if 없는 가정법' 구문인데 주절에 now가 있으므로 혼합가정법이다. 따라서 종속절에 had stopped의 사용은 어법상 적절하다.
② 감정표현동사 bore의 주체가 사물(game)이므로 bored를 boring으로 고쳐 써야 한다.
③ 과거표시부사 ago가 있으므로 과거시점이고 따라서 주절에는 가정법 과거완료시제 패턴인 would have+p.p.가 필요하다. 따라서 would be를 would have been으로 고쳐 써야 한다.
④ 과거표시부사 ago가 있으므로 과거시점이고 따라서 가정법 과거완료 시제 패턴이 필요하므로 if절에 과거 동사 were는 어법상 적절하지 않다. 따라서 were not falling을 had not been falling으로 고쳐 써야 한다.

해석 내가 텔레비전 시청을 멈췄더라면 지금 행복할 텐데. 내가 봤던 그 농구 경기는 싫증나고, 따분하고, 재미없고, 지루했다. 만약 선수 중 하나가 넘어져서 팔이 부러지지 않았더라면 30분전에 끝났을 텐데. 하지만 그런 일은 일어나지 않았다.

어휘 tedious 싫증나는, 지루한(= boring) / dull ① 무딘 ② 따분한

007

» 정답 ④

다음 밑줄 친 부분 중 어법상 적절하지 않은 것은?

It was reasonable to doubt whether Machiavelli ① would have written his great books ② had he been allowed ③ to continue in the diplomatic service and ④ he had gone on interesting missions.

해설 ④ 병렬 구조를 묻고 있다. and앞에 had he been과 병렬을 이루어야 하므로 he had gone을 had he gone으로 고쳐 써야 한다.
① 가정법 과거완료시제 패턴을 묻고 있다. 뒤에 'if 없는 가정법'(had he been → if he had been)이 있으므로 어법상 적절하다.
② 'if 없는 가정법' 구문을 묻고 있다. 따라서 어법상 옳다.
③ 'allow+O+to ⓥ' 의 수동태 구문을 묻고 있다. 따라서 어법상 적절하다.

해석 Machiavelli가 외교 업무를 계속하도록 허락 받고, 흥미로운 임무를 계속해서 수행했더라면 그의 위대한 작품들을 쓸 수 있었을지 의심하는 것은 당연했다.

어휘 reasonable 이치에 맞는 / doubt 의심하다 / whether ~인지 아닌지 / diplomatic 외교상의, 외교적인 / go on 계속해서 ~하다

008

» 정답 ②

어법상 옳은 것은?

① She might be affluent when she was young.
② It is of no importance that he look down her.
③ Were it not for his help yesterday, I'd have gotten in trouble.
④ Had you listened to me, you would not have been in jeopardy now.

해설 ② 주절에 판단의 형용사 of importance(= important)가 있으므로 that 절에 should가 생략된 구조이다. 따라서 동사원형 look의 사용은 어법상 적절하다.
① when절의 시제가 과거이므로 주절의 시제도 과거여야 한다. 따라서 현재사실에 대한 추측(might be)은 과거사실에 대한 추측(might have been)으로 고쳐 써야 한다.
③ Were it not for는 if가 생략된 가정법 과거시제(현재사실에 반대)이므로 과거표시부사 yesterday와는 함께 사용할 수 없다. 따라서 문맥상 Were it not for는 Had it not been for로 고쳐 써야 한다.
④ 혼합가정법 시제 패턴을 묻고 있다. Had you listened는 'if 없는 가정법' 구문으로 가정법 과거완료시제에 해당되고 주절에 now가 있기 때문에 주절에는 가정법 과거시제가 필요하다. 따라서 would not have been은 would not be로 고쳐 써야 한다.

해석 ① 그녀는 젊었을 때 부자였을 것이다.
② 그가 그녀를 무시해야 하는 것은 중요치 않다.
③ 어제 그의 도움이 없었다면 나는 곤경에 처했을 텐데.
④ 만약 내 말을 들었더라면 당신은 지금 위험에 빠지지 않았을 텐데.

어휘 affluent 부유한 / look down 무시하다 / were it not for ~이 없다면 / get in trouble 곤경에 처하다 / jeopardy 위험

009

» 정답 ①

다음 중 어법상 가장 적절한 것은?

① You wouldn't get paid for time off unless you had a doctor's note.
② A true friend would act differently but he did not help me in need.
③ If he had not died in the war, he would have still been here.
④ I wish I purchased the equipment from your local supplier then.

해설 ① 'unless 가정법' 구문을 묻고 있다. unless 다음 과거시제(had)가 있고 주절에 would+동사원형은 어법상 적절하다.
② 사람주어+would+동사원형은 가정법 과거로서 현재사실에 반대해야 하는데 문맥상 과거사실(did)이기 때문에 would act를 가정법 과거완료시제인 would have acted로 고쳐 써야한다.
③ 혼합가정법 구문을 묻고 있다. 주절에 still이 있으므로 If절의 시제 had + p.p.(had died)는 어법상 적절하지만 주절의 would have p.p.(would have been)는 어법상 옳지 않다. 따라서 would have still been은 would still be로 고쳐 써야 한다.
④ 과거표시부사 then이 있으므로 그 장비를 구입한 것은 과거사실이므로 가정법 과거시제 purchased를 가정법 과거완료시제인 had purchased로 고쳐 써야 한다.

해석 ① 의사의 진단서를 갖고 있지 않다면 당신은 근무하지 않은 시간에 대한 급여는 받을 수 없을 텐데.
② 진정한 친구라면 다르게 행동했을 것이지만 그는 어려움에 처한 나를 도와주지 않았다.
③ 그 신호가 없었더라면 나는 그녀와 의사소통을 할 수 없었을 텐데.
④ 내가 그 당시에 당신의 지역 공급자로부터 그 장비를 구입했더라면 얼마나 (지금) 좋았을까요.

어휘 doctor's note 의사의 진단서 / in need 어려움에[곤경에] 처하다 / had it not been for(= without, but for) ~이 없었더라면 / purchase 구입하다, 구매하다 / equipment ① 장비 ② 준비 / supplier 공급자, 공급처 / then 그 당시에는, 그때에는

010

» 정답 ②

다음 중 어법상 가장 적절한 것은?

① He travels around the world as he were a millionaire.
② Tim ought to have had the razor used before he bought it.
③ Had it not been for the signal, the new policy would have implemented.
④ Many people would rather go to the store to buy a water as change a water filter.

해설 ② 'ought to have p.p.' 구문과 사역동사 have 다음 목적격 보어 자리에 과거분사의 사용 모두 어법상 적절하다.
① as절에 가정법 과거시제(were)가 있으므로 접속사 as는 as if(though)로 고쳐 써야 한다.
③ 가정법 과거완료시제의 사용은 어법상 적절하지만 implemented 뒤에 목적어가 없으므로 능동의 형태는 어법상 적절하지 않다. 따라서 would have implemented는 would have been implemented로 고쳐 써야 한다.
④ 조동사의 관용적 용법인 'would rather A(동사원형) than B(동사원형)' 구문을 묻고 있다. 따라서 as는 than으로 고쳐 써야 한다.

해석 ① 그는 자신이 마치 백만장자인 것처럼 세계여행을 한다.
② Tim은 그 면도기를 사기전에 그것을 사용했어야 했다.
③ 그 신호가 없었더라면 그 새 정책은 시행되었을 텐데.
④ 많은 사람들이 워터필터를 바꾸기보다 물 한 병을 사기 위해 가게를 가는 게 더 낫다.

어휘 **as if[though]** 마치 ~처럼 / **millionaire** 백만장자 / **razor** 면도기 / **had it not been for(= without, but for)** ~이 없었더라면 / **implement** 시행하다 / **would rather A than B** B보다는 A하는 게 더 낫다(B할 바에야 차라리 A하겠다)

Chapter 09 명사 · 관사 · 대명사

001

» 정답 ②

다음 밑줄 친 부분 중, 어법상 적절하지 않은 것은?

Along the famous street which has been through a lot of ① <u>twists and turns</u> ② <u>run</u> some of the nicest ③ <u>team</u> ④ <u>that</u> is competing in a marathon.

해설 ② 주어가 some(부분주어)이고 of 다음 명사가 단수(team)이므로 동사는 단수동사로 수 일치시켜야 한다. 따라서 run은 runs로 고쳐 써야 한다.
① a lot of 다음에는 단수명사, 복수명사 둘 다 올 수 있으므로 복수명사 twists and turns의 사용은 어법상 적절하다.
③ some of 다음에는 단수명사, 복수명사 둘 다 올 수 있으므로 단수명사 team의 사용은 어법상 옳다.
④ 선행사에 최상급 nicest가 있으므로 관계대명사 that의 사용은 어법상 적절하다.

해석 많은 우여곡절을 겪은 그 유명한 거리를 따라서 마라톤에서 경쟁을 하는 가장 멋진 팀의 일부 사람들이 달린다.

어휘 **along** ~을 따라서 / **twists and turns** 우여곡절 / **compete** 경쟁하다

002

» 정답 ③

다음 밑줄 친 부분 중 어법상 적절하지 않은 것은?

New researchers began the enormous task of making sense of much euthanasia ① <u>information</u>. Since then the number of solo ② <u>patients</u> ③ <u>soared</u>. The Netherlands now ④ <u>becomes</u> the only country in the world to allow the mercy killing of patients.

해설 ③ since then이 있으므로 주절의 시제는 현재완료시제가 필요하다. 따라서 과거동사 soared는 has soared로 고쳐 써야 한다.
① information은 절대불가산명사이므로 much와 함께 사용 가능하고 단수형 information의 사용도 어법상 적절하다.
② the number of 다음 복수명사 patients의 사용은 어법상 적절하다.
④ 주어 The Netherlands가 국명인 경우에는 s가 붙어도 단수 취급을 하기 때문에 단수동사 becomes의 사용은 어법상 적절하다.

해석 새로운 연구원들이 많은 안락사 정보를 이해하는 엄청난 임무를 시작했다. 그때 이후로 나 홀로 환자들의 수가 치솟고 있다. 현재 네덜란드는 세계에서 유일하게 안락사를 허용하는 나라이다.

어휘 **enormous** 거대한, 엄청난 / **task** 임무; 업무, 일 / **make sense** 이치에 맞다; 이해하다 / **euthanasia** 안락사(= **mercy killing**) / **soar** 치솟다

003

» 정답 ④

다음 밑줄 친 부분 중 어법상 적절하지 않은 것은?

As decision making reached higher levels, half ① <u>the</u> harvests of the world ② <u>were</u> bought and sold in political and financial ③ <u>deals</u> which ignored the fact that food was grown to eat ④ <u>it</u>.

해설 ④ to eat은 앞에 있는 명사 food를 수식하는 형용사적 용법으로 사용되었기 때문에 뒤에 의미상 목적어가 생략되어야 한다. 따라서 의미상 목적어 it을 없애야 한다.
① 'double(twice) / half / both / all + 한정사 + 명사' 구조를 묻고 있다. 따라서 정관사 the의 사용은 어법상 적절하다.
② 주어가 부분주어(half)이고 뒤에 복수명사 harvests이므로 복수동사 were의 사용은 어법상 옳다.
③ deal은 단수명사, 복수명사 둘 다 가능하므로 복수명사 deals의 형태는 어법상 옳다.

해석 의사 결정이 높은 수준에 이르렀을 때, 세계 수확량의 절반이 먹기 위한 음식으로 재배된다는 사실을 무시한 정치적, 재정적 거래로 사고 팔렸다.

어휘 **decision making** 의사결정 / **reach** ~에 이르다 / **harvest** 수확, 추수 / **financial** 재정적인, 재정상의 / **ignore** 무시하다 / **grow** ① 성장하다, 자라다 ② ~이 되다 ③ 재배하다, 기르다

004

» 정답 ②

다음 중 어법상 적절하지 않은 것은?

① The sun is much larger than the moon.
② She informed me of the news by the e-mail.
③ He seized me by the sleeves all of a sudden.
④ She plays the piano and he plays go game.

해설 ② 통신 수단은 무관사명사로 사용해야 하므로 정관사 the를 없애야 한다.
① 유일무이한 명사(태양과 달)는 정관사를 붙여야 하므로 정관사 the의 사용은 각각 적절하다.
③ 신체 일부에는 정관사를 붙여야 하므로 정관사 the의 사용은 어법상 적절하다.
④ 악기명에는 정관사 the를 붙여야 하지만 game명 앞에는 정관사 the를 사용할 수 없으므로 어법상 적절하다.

정답과 해설

해석 ① 태양이 달보다 훨씬 더 크다.
② 그녀는 내게 e-mail로 그 소식을 알려 주었다.
③ 갑자기 그는 내 소매를 꽉 붙잡았다.
④ 그녀는 피아노를 연주하고 그는 바둑을 둔다.

어휘 **seize** 붙잡다 / **sleeve** 소매 / **all of a sudden** 갑자기 / **go game** 바둑

005

≫ 정답 ③

다음 밑줄 친 부분 중 어법상 적절하지 않은 것은?

My family living in the big city ① employ many kinds of vehicles. According to a traffic expert, a variety of public transportation users in a large city would ask ② themselves what kinds of conveyance they had to choose. Nevertheless, not until ③ he can be sick of using a bus ④ have all transferred to other means of transport, particularly a car.

해설 ③ 문맥상 he는 Peter Smith가 아니라 users를 대신해야 하므로 he는 they로 고쳐 써야 한다.
① family는 집합명사로 단수복수 둘 다 사용가능하므로 복수동사 employ의 사용은 어법상 적절하다.
② 동사 ask의 목적어가 문맥상 주어 users와 동일하므로 재귀대명사 themselves의 사용은 어법상 옳다.
④ 부정어구 Not until이 문두에 위치하므로 주어와 동사가 도치된 구조로 주어가 all인데 문맥상 all이 사람을 지칭하므로 복수동사 have의 사용은 어법상 적절하다.

해석 대도시에 사는 나의 가족은 많은 교통수단을 이용한다. 교통전문가 피터 스미스에 따르면 다양한 대중교통 이용객들은 스스로에게 어떤 종류의 차량을 선택해야할지 스스로에게 묻곤 했다. 그럼에도 불구하고, 많은 버스이용객들이 버스에 질리고서나서야 모두가 다른 운송 수단, 특히 자동차로 옮겨갔다.

어휘 **employ** ① 고용하다 ② 이용하다, 사용하다 / **vehicles** 차량, 탈것, 교통수단 / **traffic expert** 교통 전문가 / **conveyance** 수송, 운송, 탈것 / **be sick of** ~에 질리다, ~에 싫증나다 (= be tired of, be fed up with) / **means** 수단, 방법 / **transport** 운송수단 / **particularly** 특히

006

≫ 정답 ①

다음 우리말을 영어로 옮긴 것 중 가장 적절한 것은?

① 당뇨병은 고혈압과 같은 많은 다른 질병들을 초래한다.
→ Diabetes brings about many other diseases such as high blood pressure.
② 능숙한 직원들이 그 공장을 위한 많은 유용한 장비들을 포장하고 있다.
→ Versed personnel is packing lots of useful equipments for the factory.
③ 테이블, 의자, 침대 그리고 붙박이장과 같은 많은 가구들이 있다.
→ There are many furnitures such as tables, chairs, beds and closets.
④ 수상 스키, 스쿠버 다이빙 그리고 스노클링과 같은 레저들은 많은 옹호자들에게 인기가 있다.
→ Leisures like water skiing, scuba diving or snorkeling are popular with many advocates.

해설 ① diabetes는 형태는 복수형이지만 단수 취급해야 한다. 따라서 단수동사 brings는 어법상 적절하다.
② personnel은 항상 복수(직원들) 취급해야 하므로 단수동사 is를 복수동사 are로 고쳐 써야 하고 equipment 역시 절대불가산명사이므로 복수형을 사용할 수 없다. 따라서 's'를 빼야 한다.
③ furniture는 절대불가산명사이므로 복수형을 사용할 수 없다. 따라서 's'를 빼야 한다.
④ leisure는 절대불가산명사이므로 복수형을 사용할 수 없다. 따라서 's'를 빼야 한다.

어휘 **diabetes** 당뇨병 / **bring about** 초래하다, 야기하다 / **high blood pressure** 고혈압 / **versed** 능숙한 / **personnel** 직원들 / **pack** 포장하다 / **equipment** ① 준비 ② 장비 / **advocate** 옹호자, 지지자

007

≫ 정답 ③

다음 글의 밑줄 친 부분 중, 어법상 가장 적절하지 않은 것은?

Recognizing specific sport-related strengths ① is a powerful means for athletes to develop their confidence. ② This strategy increases confidence by requiring athletes to focus on their strengths and taking their mind off their weaknesses. ③ They are not uncommon for athletes to have difficulty ④ identifying their strengths.

해설 ③ 뒤에 있는 to have를 대신하는 가주어 자리이므로 They are는 It is로 고쳐 써야 한다.
① 주어가 Recognizing(동명사)이므로 단수동사 is는 어법상 적절하고 또한 means는 단수/복수형태가 같은 명사이므로 부정관사 a의 사용 역시 어법상 옳다.
② 지시형용사 This 다음 단수명사 strategy의 사용은 어법상 적절하다.
④ 'have difficulty(trouble)+ⓥ-ing' 구문에 따라 identifying의 사용은 어법상 적절하고 또한 문맥상 their는 앞에 있는 복수명사 athletes를 대신하므로 their의 사용 역시 어법상 옳다.

해석 스포츠와 관련된 특정한 장점을 인식하는 것은 운동선수들이 자신들의 자신감을 키우기 위한 강력한 수단이다. 이 전략은 운동선수들에게 자신들의 장점에 집중하도록 요구하고 그들의 마음에서 약점을 떼어냄으로써 자신감을 증가시킨다. 운동선수들이 자신들의 장점을 인식하는 데 어려움을 겪는 것은 드물지 않다.

어휘 **recognize** 인식하다, 알다 / **specific** 분명한, 특정한 / **means** 수단, 방법 / **athlete** 운동선수 / **confidence** 자신감 / **strength** ① 힘 ② 장점 / **take A off B** A에게서 B를 떼어놓다, 없애다 / **weakness** 약점 / **have difficult(trouble) (in) -ing** -하는 데 어려움을 겪다 / **identify** ① 확인[증명]하다 ② 동일시하다

008

≫ 정답 ①

다음 중 어법상 가장 적절한 것은?

① There stood lots of combat aircraft in the air force airport.
② The police only exist for making sure that people obey to the law.
③ When walking along the street, I ran into a friend who was resembling my brother.
④ The committee that have to make political decisions all has unique and peculiar characters.

해설 ① 장소부사 There가 문두에 위치하므로 주어와 동사의 도치는 어법상 적절하고 또한 lots of 다음에는 단수명사나 복수명사 둘 다 사용가능하므로 aircraft의 사용 역시 어법상 옳다. 참고로 aircraft는 단복수가 동일한 형태이다.
② police형 집합명사는 복수 취급해야 하는 집합명사이므로 복수동사 exist는 어법상 적절하지만 obey는 타동사로 바로 뒤에 목적어를 사용해야 하므로 전치사 to를 없애야 한다.
③ resemble은 진행형불가동사이므로 was resembling은 resembles로 고쳐 써야 한다.
④ 관계대명사 that의 선행사가 committee이고 관계사절의 동사가 have이므로 committee는 복수명사로 취급해야 하는데 뒤에 동사가 has이므로 동사의 수 일치가 맞지 않는다. 따라서 has는 have로 고쳐 써야 한다. 참고로 집합명사 committee는 원칙적으로 구성원을 나타내는 경우에는 복수명사로 집단을 나타낼 때에는 단수취급을 해야 하지만 실제 시험에서는 그러한 구별없이 둘 다 가능하다.

해석 ① 공군 비행장에 많은 전투기가 서 있다.
② 경찰은 단지 국민들이 법에 복종할 수 있게 하기 위해서만 존재한다.
③ 길을 따라 걷다가 나는 나의 형을 닮은 친구를 만났다.
④ 정치적 결정을 해야 하는 그 위원회의 구성원들은 모두 독특하고 특이한 성격을 가지고 있다.

어휘 combat 전투 / aircraft 비행기(들) / air force 공군 / exist 존재하다 / make sure 분명히 하다 / obey 복종하다 / run into (우연히) 만나다, 마주치다 / committee 위원회 / make decisions 결정하다 / unique 독특한 / peculiar 특별한, 특이한

009

>> 정답 ④

다음 중 어법상 적절한 것은?

① It was so lovely day that we spent the whole day on the beach.
② However, the both debaters have shared many similar interests.
③ My father led too busy a life that he did not have much time for retrospect.
④ From gadgets and toys to regular household goods, China has quite a good reputation.

해설 ④ 'quite+a+형용사+명사' 구조를 묻고 있다. 따라서 어법상 적절하다.
① 'so+형용사/부사+a+명사' 구조를 묻고 있다. 따라서 day 앞에 부정관사 a가 필요하다.
② 'both+the+명사' 구조를 묻고 있다. 따라서 the both debaters를 both the debaters로 고쳐 써야 한다.
③ 'too+형용사+a+명사' 구조는 어법상 적절하지만 too는 that절과 호응 관계를 가질 수 없다. 따라서 that he did not have를 to have로 고쳐 써야 한다.

해석 ① 날씨가 너무 좋아 우리는 해변에서 하루 종일 시간을 보냈다.
② 하지만, 그 두 토론자는 많은 비슷한 관심을 공유해 왔다.
③ 나의 아버지는 너무 바쁜 생활을 해서 회상할 시간을 많이 갖지 못했다.
④ 기계 장치와 장난감에서부터 일반 가정 제품까지 중국은 꽤 좋은 평판을 얻고 있다.

어휘 debater 토론자 / retrospect 회상, 회고 / gadget 기계 장치 / household 가정의 / goods 상품, 제품 / reputation 평판

010

>> 정답 ②

다음 우리말을 영어로 옮긴 것 중 가장 적절한 것은?

① 손과 이 둘 다 경기에 출전하지 않았다.
⇨ Son and Yi were not both in the match.
② 직원들 각자가 그 힘든 일을 하고 있다.
⇨ Each of the employees is doing the hard task.
③ 우리는 페인트가 더 필요하지만 남은 게 하나도 없다.
⇨ We need more paint, but there isn't some left.
④ 모든 흥미로운 발견들이 분명하게 적용되고 있는 것은 아니다.
⇨ Not all interested discoveries have an obvious application.

해설 ② each of 다음에는 복수명사가 있어야 하므로 employees의 사용은 어법상 적절하다.
① not ~ both는 부분부정이므로 주어진 우리말로는 적절하지 않다. 따라서 우리말의 적절한 영작은 다음과 같다. → Neither Son nor Yi is in the match.
③ 부정문에서는 some 대신 any를 사용해야 하므로 some은 any로 고쳐 써야 한다.
④ Not all은 부분부정이고 주어진 우리말의 영작으로는 적절하지만 감정표현동사 interest가 사물명사 discoveries를 수식하므로 interested는 interesting으로 고쳐 써야 한다.

어휘 obvious 분명한 / application 적용

Chapter 10 형용사 vs. 부사

001

>> 정답 ④

다음 문장 중 밑줄 친 부분이 어색한 것은?

The Vietnamese Communist regime, ① long weakened by regionalism and corruption, can ② barely control the relentless destruction of the country's forests, which are home to some of ③ the most spectacular wild species in Asia, including the Java rhinoceros, dagger-horned goats, as well as ④ new discovered animals previously unknown to Western science.

해설 ④ 형용사는 분사(형용사 역할)를 수식할 수 없으므로 new를 newly로 고쳐 써야 한다.
① long은 형용사·부사 둘 다 사용되므로 뒤에 있는 과거분사(형용사)를 수식할 수 있다. 따라서 어법상 옳다.
② 빈도부사(barely)의 위치는 '조/be 뒤 일반 앞'이므로 어법상 적절하다.
③ spectacular의 최상급은 the most spectacular이고 형용사가 형용사 wild를 수식할 수 있으므로(의미구조를 확인할 필요가 있다) 어법상 옳다.

해석 베트남 공산주의 체제는, 지방분권주의와 부패로 오랜 시간 동안 허약해진, 국가 삼림의 가차없는 파괴를 거의 막을 수가 없다. 그리고 그것은 서양 과학에는 이전에 알려지지 않았던 새로이 발견된 동물들뿐만 아니라 아시아에서 자바 코뿔소, 단검뿔 염소를 포함하는 가장 눈에 띄게 장관인 야생종의 일부 서식지이다.

어휘 regime 체제 / regionalism 지방분권주의 / corruption 부패 / relentless 수그러들지 않는; 가차없는 / spectacular 장관을 이루는 / rhinoceros 코뿔소 / dagger 단검, 단도

002

>> 정답 ①

밑줄 친 부분 중, 어법상 적절하지 않은 것은?

Most of the idle rich ① suffers from non-speakable boredom as the price of their freedom from ② hard work. At times ③ they might find relief by surfing ④ surprising information in the Internet.

해설 ① 주어가 부분주어이므로 of 다음 명사에 의해서 동사의 수가 결정된다. of 다음 the idle rich는 복수명사(the+형용사)이므로 동사 suffers는 suffer로 고쳐 써야 한다.
② 명사 work를 수식하는 형용사 hard의 사용은 어법상 적절하다.
③ 문맥상 they는 앞에 있는 the idle rich(게으른 부자들)을 대신하므로 복수대명사 they의 사용은 어법상 옳다.
④ surprise는 감정표현동사이고 수식하는 명사가 사물이므로 surprising의 사용은 어법상 적절하고 information은 절대불가산명사이므로 단수명사의 사용 역시 어법상 적절하다.

해석 대부분의 게으른 부자들은 힘든 노동으로부터의 자유로운 대가로 말할 수 없는 지루함으로부터 고통을 받는다. 가끔 그들은 인터넷에서 놀라운 정보를 탐색함으로써 위안을 찾기도 한다.

어휘 idle 게으른 / suffer from ~로부터 고통 받다 / boredom 지루함 / price ① 가격 ② 희생, 대가 / at times 가끔, 때때로 / relief 위안, 위로

003

» 정답 ①

다음 우리말을 영어로 옮긴 것 중 가장 적절한 것은?

① 어제 내린 눈이 들판에 수북이 쌓여 있었다.
→ The snow that fell yesterday was lying thick on the field.

② 지난 2년 동안 원유가가 빠른 급락세를 보이고 있다.
→ The price of crude oil has plunged swift for the last 2 years.

③ 소파에 누워서 야구 경기를 보는 것이 그의 삶에서 정말 신나는 일이다.
→ To watch a baseball game lying on the couch is real exciting in his life.

④ 나는 그 당시에 취했던 그의 행동이 적절했다고 여기지는 않는다.
→ I don't consider his behavior which was done at that time appropriately.

해설 ① 2형식 동사 lie 뒤에 형용사 보어 thick은 어법상 적절하다.
② plunge는 '급락하다'의 뜻으로 1형식 동사이므로 형용사 swift를 부사 swiftly로 고쳐 써야 한다.
③ 'be+부사+ⓥ-ing' 구문을 묻고 있다. 즉, 현재분사 exciting을 수식하는 것은 부사이므로 형용사 real을 부사 really로 고쳐 써야 한다.
④ consider는 5형식 동사로 사용되기 때문에 부사 appropriately를 형용사 appropriate로 고쳐 써야 한다.

어휘 **lie thick** (수북이) 쌓여있다 / **crude** 가공하지 않은 / **crude oil** 원유 / **proliferate** 급등하다 / **swift** 빠른 / **couch** 소파 / **lying on the couch** 소파에 누워서 / **at that time** 그 당시에 / **appropriately** 적절하게

004

» 정답 ③

다음 중 어법상 적절하지 않은 것은?

① When is it convenient for you to meet me?
② It was cruel of his father to have exerted all his authority.
③ It was imperative that every window was closed.
④ It is no longer desirable for adults to live with their parents.

해설 ③ imperative는 판단형용사이므로 that절에 반드시 (should)+동사원형이 필요하다. 따라서 was closed는 be closed로 고쳐 써야 한다.
① 난이형용사 convenient는 'it is 난이형용사(for+의미상 주어) to ⓥ' 구문을 취해야 하므로 어법상 적절하다.
② 인성형용사는 to부정사의 의미상 주어를 취할 때 전치사 of를 사용해야 하므로 어법상 적절하다.
④ desirable은 판단형용사로서 'It is ~ for 의미상 주어 to ⓥ' 구문이므로 어법상 적절하다.

해석 ① 당신이 나를 언제 만나는 것이 편할까요?
② 그의 아버지가 그의 모든 권한을 행사했던 것은 잔인했다.
③ 모든 창문이 닫혀 있는 것은 필수적이었다.
④ 어른들이 부모와 함께 사는 것은 더 이상 바람직하지 않다.

어휘 **convenient** 편리한 / **cruel** 잔인한 / **exert** 가하다, 행사하다 / **authority** ① 권위 ② 권한 / **imperative** 필수적인 / **no longer** 더 이상 ~않다 / **desirable** 바람직한

005

» 정답 ④

다음 우리말을 영어로 옮긴 것 중 가장 적절한 것은?

① 비록 그녀가 솔직하다고 하더라도 나는 그녀를 신뢰할 수 없다.
→ No matter how candidly she is, I cannot trust her.

② 그 힘든 임무가 마침내 완전하게 그리고 기민하게 끝났다.
→ The demanding task was finally complete and nimbly done.

③ 숲이 주는 풍요로움과 아름다움 없는 삶을 나는 상상하기 어렵다.
→ I would be difficult to imagine life without the richness and beauty of forests.

④ 하루에 적어도 두 번 이를 닦고 이틀에 한 번 치실질을 하면 플라그가 쌓이는 것을 최소화시켜 줄 것이다.
→ By brushing at least twice a day and flossing every other day, you will help minimize the plaque buildup.

해설 ④ and를 기준으로 brushing과 flossing의 병렬은 어법상 적절하고 '이틀에 한 번'의 영어표현인 every other day의 사용 그리고 help+원형부정사(minimize) 구조 모두 어법상 옳다.
① 양보절을 유도하는 접속사 no matter how(=however)는 형용사 보어나 부사가 반드시 접속사 바로 뒤에 위치해야 하지만 be동사 뒤에는 형용사 보어가 필요하므로 부사 candidly는 형용사 candid로 고쳐 써야 한다.
② and를 기준으로 done을 수식하는 부사가 있어야 하므로 complete는 completely로 고쳐 써야 한다.
③ and를 기준으로 문맥상 명사병렬(richness and beauty)은 어법상 적절하지만 난이형용사는 사람주어를 사용할 수 없으므로 적절한 영작이 될 수 없다. 이 문장은 다음과 같이 고쳐 써야 한다. → It would be difficult for me to imagine life without the richness and beauty of forests.

어휘 **demanding** 힘든, 어려운 / **nimbly** 기민하게, 민첩하게 / **floss** 치실질하다 / **minimize** 최소화하다 / **buildup** 축적

006

» 정답 ③

다음 우리말을 영어로 옮긴 것 중 가장 적절한 것은?

① 우리는 그 곤칫거리를 해결할 충분히 능력 있는 대표자가 필요하다.
→ We need the delegate enough competent to work out the plight.

② 이 기계는 4인치 두께이지만 휴대하기는 불가능하다.
→ This machine is four thick inches but it is impossible to carry it away.

③ 경찰은 갑작스러운 폭동을 진압하기 위해 모든 가능한 수단을 강구하려고 애쓰고 있다.
→ The police strive to devise every means possible in order to put down a sudden riot.

④ 내가 외출하기 보다는 집에 머무르는 것을 늘 선호했던 것은 아니다.
→ I used not necessary to prefer staying home to going out.

해설 ③ 'all the(every)+명사+-ible(-able)로 끝나는 형용사' 구문을 묻고 있다. 따라서 어법상 옳다.
① enough는 형용사를 후치수식해야 하므로 enough competent는 competent enough로 고쳐 써야 한다.
② '수사+명사+단위형용사(old, long, tall, deep, wide, high, thick …)' 구조를 묻고 있다. 따라서 four thick inches는 four inches thick으로 고쳐 써야 한다.
④ 'prefer A to B' 구문은 어법상 적절하지만 부분부정 not necessarily 구문은 어법상 적절하지 않다. 따라서 not necessary(형용사)를 not necessarily(부사)로 고쳐 써야 한다.

어휘 **delegate** 대표자 / **competent** 능력 있는 / **work out** ① 운동하다 ② 해결하다 / **plight** ① 곤칫거리 ② 문제(점) / **thick** 두꺼운 / **strive to ⓥ** ⓥ하려고 애쓰다, 노력하다 / **devise** 고안하다, 강구하다 / **in order to ⓥ** ⓥ하기 위해서 / **put down** 진압하다 / **riot** 폭동

007

≫ 정답 ③

다음 밑줄 친 부분 중 어법상 적절하지 않은 것은?

① Unable to do anything while the systems which needed expediting at the laboratory ② were out of order, I had ③ leisurely realized it was natural that every electricity be off. But, I also could not help insisting that laboratory ④ turn on the light all day long.

해설 ③ had + p.p.사이에는 부사가 위치해야 하므로 형용사 leisurely의 사용은 어법상 적절하지 않다. 따라서 leisurely는 cozily로 고쳐 써야 한다.
① being이 생략된 분사구문이므로 be동사의 보어 역할을 하는 형용사 Unable의 사용은 어법상 옳다.
② 주어가 복수명사 systems이므로 복수동사 were의 사용은 어법상 적절하다.
④ 주절에 주요명제동사 insist가 있으므로 종속절에 should가 생략된 동사원형 turn의 사용은 적절하다.

해석 실험실에서 신속하게 처리되어야 할 그 시스템이 고장 나서 아무것도 할 수 없었을 때 나는 문득 모든 전기를 꺼야하는 것이 당연하다는 것을 편안하게 깨달아 왔다. 하지만 나는 또한 실험실의 불은 항상 켜놔야 한다고 주장할 수밖에 없었다.

어휘 **expedite** (신속하게) 처리하다 / **laboratory** 실험실 / **be out of order** 고장 나다 / **cozy** 편안한, 느긋한 / **cannot help ⓥ-ing** ⓥ 할 수밖에 없다 / **insist** 주장하다 / **all day long** 하루 종일

008

≫ 정답 ④

다음 중 어법상 옳은 것은?

① Mr. Diamond considered it well to say nothing about the incident.
② Steven tends to view the wise, originally men, as participants of the world.
③ Foreigners say that they are really hard for themselves to speak Korean fluently.
④ Brightly colored ducks, frogs, and turtles were made adrift in the middle of the Pacific Ocean.

해설 ④ 과거분사 colored를 수식하는 부사 Brightly의 사용은 어법상 적절하고 5형식 동사 make 다음 목적격 보어 자리에 형용사 adrift의 사용 모두 어법상 옳다.
① 동사 considered 다음 가목적어 it과 진목적어 to say의 사용은 어법상 적절하지만 가목적어 it 다음 목적격 보어 자리에는 형용사 보어가 필요하므로 부사 well을 형용사 good으로 고쳐 써야 한다.
② 명사 men을 수식하는 것은 형용사여야 하므로 originally를 original로 고쳐 써야 한다.
③ 문맥상 they는 Foreigners를 대신하고 있고 난이형용사는 사람주어를 취할 수 없으므로 어법상 적절하지 않다. 따라서 they are는 it is로 고쳐 써야 한다.

해석 ① Diamond씨가 그 사건에 대해 아무 말도 하지 않은 것은 잘한 것으로 여겨진다.
② Steven은 현명한 사람들, 즉 창의적인 사람들을 세상의 참여자로 여기는 경향이 있다.
③ 외국인들은 자신들이 유창하게 한국어를 말하는 것이 어렵다고 말한다.
④ 밝은 색의 오리, 개구리, 그리고 거북이들은 태평양 한가운데에 표류하게 되었다.

어휘 **incident** 사고 / **tend to ⓥ** ⓥ하는 경향이 있다 / **original** ① 독창적인 ② 원래의, 근원의 / **participant** 참가자, 참여자 / **fluently** 유창하게 / **adrift** 표류하는 / **Pacific Ocean** 태평양

009

≫ 정답 ③

밑줄 친 부분 중 어법상 적절하지 않은 것은?

As the saying goes, you are what you eat. The ① foods you eat ② obviously affect your body's performance. They may also influence how ③ effective your brain handles tasks. If your brain copes with them well, you think more clearly, and you become more ④ stable.

해설 ③ 접속사 how 다음 형용사의 사용은 어법상 적절하지만 완성된 문장 다음에는 부사가 위치해야 하므로 형용사 effective를 부사 effectively로 고쳐 써야 한다.
① food는 절대불가산명사가 아니므로 복수형의 사용은 어법상 적절하다.
② 부사 obviously는 affect(동사)를 수식하므로 어법상 적절하다.
④ 2형식 동사 become 다음 형용사 보어 stable의 사용은 어법상 적절하다.

해석 속담에도 있듯이 당신이 먹는 것은 당신이 된다. 당신이 먹는 음식은 분명히 몸의 수행에 영향을 준다. 그것들은(음식은) 뇌가 어떻게 효과적으로 과제를 처리하는지에 또한 영향을 준다. 만약 당신의 뇌가 과거들을 잘 처리한다면, 당신은 더 분명하게 생각하고 더 안정적이 된다.

어휘 **saying** 속담 / **obviously** 분명하게 / **cope with** 대처하다, 처리하다 / **stable** 안정된

010

≫ 정답 ④

다음 문장이 어법상 적절한 것은?

① The man who looks like a fool is as a hard worker as has ever been employed.
② This may be such beneficially phenomena that the Korean economy will get better soon.
③ These portraits which always inspire me present various competing structures in the fierce world.
④ This word does not mean a command but rather a unilateral word that refers to the specific situation.

해설 ④ 'rather+a+(형용사)+명사' 구조를 묻고 있다. 따라서 어법상 옳다.
① 'as+형용사+a+명사' 구조를 묻고 있다. 따라서 as a hard worker를 as hard a worker로 고쳐 써야 한다.
② 'such+형용사+명사' 구조를 묻고 있다. 따라서 명사 phenomena 앞의 부사 beneficially는 형용사 beneficial로 고쳐 써야 한다.
③ 형용사는 형용사를 수식할 수 없으므로 profound는 부사 profoundly로 고쳐 써야 한다.

해석 ① 바보 같아 보이는 그 남자는 이제껏 고용된 일꾼만큼 열심히 일한다.
② 이것은 너무 유리한 현상이라서 한국 경제는 곧 좋아질 것이다.
③ 내게 늘 영감을 주는 이 초상화들은 이 가혹한 세상에서 다양하게 경쟁하는 구조들을 보여준다.
④ 이 단어는 명령어가 아니라 오히려 특정 상황을 가리키는 일방적인 단어이다.

어휘 **employ** 고용하다 / **beneficial** 유리한, 이로운 / **phenomenon** 현상 / **portrait** 초상화 / **present** 주다, 제공하다 / **competing** 경쟁하는 / **fierce** ① 몹시 사나운, 흉포한 ② 가혹한 / **command** 명령(하다) / **unilateral** 일방적인 / **refer to** 언급하다, 가리키다 / **specific** 특정한, 구체적인

정답과 해설

Chapter 11 비교 구문

001

» 정답 ④

다음 밑줄 친 부분 중 어법상 적절하지 않은 것은?

Nothing is so ① precious as health. Unfortunately, there is nothing you can do to stop yourself falling ill. But if you try to lead ② far healthier life, you will probably be able to get better ③ even more quickly. We can all escape doing things that damages the body, such as smoking cigarettes or drinking too much alcohol which must be ④ much harmful to your health.

해설 ④ 형용사의 원급 강조부사는 very, quick, too, highly 등이 있고 much는 비교급 강조부사이므로 much를 very로 고쳐 써야 한다.
① '부정어+so(as)+형용사+원급+as' 구문을 묻고 있다. 따라서 어법상 적절하다.
② 비교급 강조부사 far의 사용은 어법상 적절하다.
③ 비교급 강조부사 even의 사용은 어법상 적절하다.

해석 건강보다 소중한 것은 그 어디에도 없다. 불행하게도 당신 스스로 병에 걸리지 않기 위해 당신이 할 수 있는 것이 없다. 그러나 만약 당신이 건강한 삶을 이끌려고 노력한다면, 아마도 훨씬 더 빠르게 호전될 것이다. 우리 모두는 당신의 건강에 틀림없이 아주 많이 해를 끼치는 것들인 흡연이나 과음 등을 피할 수 있다.

어휘 **precious** 소중한 / **fall ill** 병에 걸리다 / **baneful** ① 해로운 ② 사악한

002

» 정답 ①

밑줄 친 부분 중 어법상 적절하지 않은 것은?

Any managers of a group that wants to achieve ① as meaningful levels of acceptance and commitment to a planned change than they expected ② are able to present the rationale for the contemplated change as ③ clearly as possible and provide not so much opportunities for discussion ④ as consequences for those who will be affected by the change.

해설 ① 뒤에 than이 있으므로 as는 more로 고쳐 써야 한다.
② 주어가 managers(복수)이므로 복수동사 are는 어법상 적절하다.
③ 앞의 문장구조가 3형식 구조이므로 완성된 문장 다음 부사 clearly의 사용은 어법상 옳다.
④ 'not so much A as B' 구문을 묻고 있다. 따라서 as의 사용은 어법상 적절하다.

해석 계획된 변화에 대해 예상했던 것보다 더 의미 있는 수준의 수용과 헌신을 하고자 원하는 집단의 관리자라면 고려된 변화에 대한 근거를 가능한 한 명확하게 제시하고, 토론을 위한 결과라기보다는 그 변화에 의해 영향을 받을 사람들을 위한 결과물을 제공할 수 있다.

어휘 **commitment** ① 헌신, 몰두 ② 약속, 다짐 / **present** 주다, 제공하다 / **rationale** 이유, 근거 / **contemplated** 고려된, 생각된 / **not so much A as B** A라기보다는 오히려 B / **opportunity** 기회 / **clarify** 명확(분명)하게 하다 / **consequence** 결과

003

» 정답 ③

밑줄 친 부분 중 어법상 옳지 않은 것은?

As artists, ① what drives us is the desire to make our lives run more ② smoothly, with less ③ angsts, fewer ④ voids and a minimum of bother.

해설 ③ less 다음 복수명사(angsts)는 어법상 적절하지 않다. 따라서 angsts는 angst로 고쳐 써야 한다.
① 관계대명사 what 다음 문장구조가 불완전(주어가 없다)하므로 어법상 적절하다.
② 1형식 동사 run 다음 부사(smoothly)의 쓰임은 어법상 옳다.
④ fewer 다음 복수명사(voids)의 쓰임은 어법상 적절하다.

해석 예술가로서, 우리를 이끄는 것은 더 적은 불안과, 더 적은 공허감들 그리고 최소한의 성가심으로 우리의 삶을 더 부드럽게 만드려는 욕구이다.

어휘 **desire** 욕구, 욕망 / **smoothly** 부드럽게 / **angst** 불안, 고뇌 / **void** ① ~이 없는, 텅 빈 ② 공허감, 빈 공간 / **bother** ① 성가심, 괴롭힘 ② 성가시게 하다, 괴롭히다

004

» 정답 ④

다음 중 어법상 적절한 것은?

① The harder you study, the more you will have knowledge.
② The more a man becomes affluent, the prouder he will grow.
③ The more coercively they seem, the less selfless the students are.
④ The healthier is your body, the less likely you are to run into disease.

해설 ④ 비교급 healthier와 less likely를 정관사 the를 사용해서 'the healthier ~, the less likely …' 구문(the+비교급~, the+비교급 …)으로 사용한 것이므로 어법상 옳다. 또한 'the+비교급 ~, the+비교급 …' 구문에서는 be동사가 생략되거나 도치될 수 있기 때문에 the healthier 다음 is의 사용 역시 어법상 적절하다.
① the more knowledge는 하나의 의미 단위이므로 분리시켜서는 안 된다. 따라서 어법상 적절하지 않다.
② affluent의 비교구문이 필요하므로 affluent와 more는 분리시켜서는 안 된다.
③ 2형식 자동사 seem의 보어가 필요하므로 부사 coercively는 형용사 coercive로 고쳐 써야 한다.

해석 ① 당신이 더 열심히 공부하면 할수록 더 많은 지식을 갖게 될 것이다.
② 사람은 부유하면 부유할수록 점점 더 자부심이 강해진다.
③ 그들이 강압적일수록 학생들은 덜 이타적이 된다.
④ 당신의 몸이 더 건강하면 할수록 당신이 질병에 마주칠 가능성은 더 낮다.

어휘 **affluent** 부유한 / **proud** 자랑스러워하는, 자부심이 강한 / **coercive** 강압적인 / **selfless** 이타적인 / **run into** ① (우연히) 마주치다 ② ~ 와 충돌하다 ③ (합계) ~ 이 되다

005

≫ 정답 ③

다음 중 어법상 적절한 것은?

① Her weight is said to have been twice as heavier as his.
② The stronger one uses the violence overtly, the weak one does covertly.
③ Such a soft fabric as silk is equated with luxury although considered tearable.
④ Americans also tend to imagine that their futures will be brighter than that of their peers.

해설 ③ 주어와 동사의 수/태 일치 모두 어법상 적절하고 although 다음 S+be 동사가 생략된 구조로 뒤에 목적어가 없으므로 수동의 형태 considered의 사용 또한 적절하다. consider는 5형식 동사이므로 목적격 보어 자리에 형용사 tearable의 사용 역시 어법상 옳다.
① '배수사+as+원급+as+소유 대명사' 구조이므로 비교급 heavier를 원급 heavy로 고쳐 써야 한다.
② 'The+비교급 ~ the+비교급' 구문을 묻고 있다. 따라서 the weak는 the weaker로 고쳐 써야 한다.
④ 비교 구문에서 비교 대상의 명사는 반복하지 않고 지시 대명사 that 또는 those를 사용해야 하므로 비교 대상의 명사(their futures)를 대신하는 that은 those로 고쳐 써야 한다.

해석 ① 그녀의 몸무게는 그의 몸무게의 2배 정도 된다고 한다.
② 강하면 강할수록 공공연하게 폭력을 행사를 하고 약하면 약할수록 은밀하게 사용한다.
③ 실크와 같은 부드러운 직물은 비록 찢어질 수 있다고 생각되지만, 사치와 같다(사치품이다).
④ 미국인들은 동료들보다 자신들의 미래가 더 밝으리라 상상하는 경향도 있다.

어휘 **overtly** 공공연하게 / **covertly** 은밀하게 / **fabric** 직물 / **be equated with** ~와 같다 / **tearable** 찢어질 수 있는 / **peer** 또래, 동료

006

≫ 정답 ④

다음 중 어법상 틀린 것은?

① People who don't get sleep enough to rest grow sick more often than people who do.
② Jane working in the sales department seems to work much harder than ever.
③ A few animals have been so mercilessly exploited for their fur as beaver.
④ Tests proved their produce was more superior to the vegetables available at the market.

해설 ④ 라틴어원형용사 superior 다음 전치사 to의 사용은 어법상 적절하지만 superior는 more나 less와 함께 사용할 수 없으므로 more를 없애야 한다.
① 형용사 enough가 명사 sleep을 후치수식하는 것은 어법상 적절하고 2형식 동사 grow 다음 형용사 보어 sick의 사용 역시 어법상 옳다. 또한 비교 구문에서 대동사 do는 get(일반동사) enough sleep을 대신하므로 이 역시 어법상 적절하다.
② 현재분사 working이 뒤에서 앞에 있는 명사 Jane을 후치수식하는 구조와 주어와 동사의 수 일치 모두 어법상 적절하고 동사 seem 다음 to부정사의 사용과 비교급 강조 부사 much의 사용 모두 어법상 옳다.
③ A few 다음 복수명사+복수동사는 어법상 적절하고 부사 mercilessly가 과거분사 exploited를 꾸며주는 구조도 적절하다. 그러므로 어법상 옳다.

해석 ① 휴식을 위해 충분히 잠을 자지 못하는 사람들은 그렇지 못한 사람들보다 더 자주 아프다.
② 영업부에서 일하는 Jane은 과거 어느 때보다 훨씬 더 열심히 일하는 것 같다.
③ 몇몇 동물은 비버처럼 그들의 모피 때문에 너무 무자비하게 착취되어왔다.
④ 실험들은 그들의 농산물이 시장에서 파는 다른 채소보다도 훨씬 더 뛰어나다는 것을 증명하였다.

어휘 **department** 부서 / **mercilessly** 무자비하게, 가혹하게 / **exploit** 이용하다; 착취하다 / **fur** (동물의)털, 모피 / **superior** ~보다 더 뛰어난 / **available** 이용 가능한

007

≫ 정답 ②

다음 우리말을 영어로 옮긴 것 중 가장 적절한 것은?

① 마리아는 그보다는 당신들을 더 좋아한다.
→ Maria likes you guys more than he.
② 그 회사는 기껏해야 5명의 근로자만 있다.
→ The company has five employees at best.
③ 당신의 생각이 그의 생각과는 아주 다르다.
→ Your thought is very different from his thought.
④ 그는 1년 전보다 농구를 더 잘한다.
→ He plays basketball better than he does a year ago.

해설 ② at best는 '기껏해야, 고작'의 뜻으로 적절한 영작이다.
① 비교 대상이 you guy(목적격)와 병렬을 이루어야 하므로 he를 him으로 고쳐 써야 한다.
③ 비교 대상의 명사는 반복하지 않으므로 his thought는 어법상 적절하지 않다. 따라서 his thought를 his나 his one으로 고쳐 써야 한다.
④ 대동사 does의 쓰임(plays basketball을 대신하고 있다)은 적절하지만 과거표시부사 ago가 있기 때문에 does를 did로 고쳐 써야 한다.

어휘 **employee** 피고용인, 근로자

008

≫ 정답 ④

다음 중 어법상 적절하지 않은 것은?

① Fraser got higher than he did a month ago.
② The number of male students greatly outnumbers that of female students.
③ Frankly speaking, mother's symptom of depression is a lot more serious than father's.
④ To operate a patient is as difficult as to diagnose a variety of diseases.

해설 ④ 비교 대상의 병렬(to operate와 to diagnose)은 어법상 적절하지만 operate은 구동사이므로 전치사 on이 필요하기 때문에 어법상 적절하지 않다.
① got은 일반동사이므로 대동사 did의 사용은 어법상 적절하다.
② outnumber는 단어 자체로 비교의 의미를 담고 있으므로 비교 대상이 일치해야 한다. 따라서 that of female students는 어법상 옳다.
③ 비교 대상의 명사는 반복해서 사용할 수 없으므로 소유대명사 father's의 사용은 어법상 적절하다.

해석 ① Fraser는 한 달 전보다 더 높은 점수를 받았다.
② 남학생의 수가 여학생의 수보다 훨씬 더 많다.
③ 솔직히 말해서 엄마의 우울증이 아빠보다 훨씬 더 심각하다.
④ 환자를 수술하는 것이 다양한 질병을 진단하는 것만큼 어렵다.

어휘 **outnumber** ~보다 더 수가 많다 / **frankly speaking** 솔직히 말해서 / **symptom** 증상 / **depression** 우울증 / **serious** ① 심각한 ② 진지한 / **operate on** 수술하다 / **diagnose** 진단하다 / **a variety of** 다양한 / **disease** 질병

009

》정답 ④

다음 중 어법상 가장 적절한 것은?
① This statue you have is as much cumbersome as that I have.
② Few living things are linked together as intimately than bees and flowers.
③ It turned out that my professor was not so more friendly as he was thought to be.
④ The newly built conference room, though equipped with more advanced facilities, accommodates fewer people than the old one.

해설 ④ 주어(conference room)와 동사(accommodates)의 수 일치도 적절하고 fewer ~ than 비교 구문도 어법상 옳다. 또한 비교 대상의 명사를 반복하지 않고 conference room대신 one을 사용한 것 역시 어법상 적절하다.
① as 원급 as 비교 구문에서 원급을 강조할 때에는 much를 사용할 수 없다. 따라서 much를 very로 고쳐 써야 한다.
② 비교 구문에서 as와 than은 함께 사용할 수 없다. 따라서 than을 as로 고쳐 써야 한다.
③ as(so) – as 동등비교 구문에서 as – as 사이에는 원급이 필요하므로 비교급 more friendly는 어법상 적절하지 않다. more friendly를 friendly로 고쳐 써야 한다.

해석 ① 당신이 가지고 있는 동상은 내가 가지고 있는 그것만큼 아주 크고 무겁다.
② 벌과 꽃들보다 더 친밀하게 함께 연결되어 있는 생명체는 거의 없다.
③ 나의 교수님은 사람들이 생각했던 것만큼 그렇게 친근하지는 않다는 것으로 판명되었다.
④ 새로이 건설된 회의실은, 좀 더 진보된 시설들을 갖추었으나 예전 것보다 더 적은 수의 사람을 수용한다.

어휘 **statue** 동상 / **cumbersome** 크고 무거운 / **link** 연결(하다) / **intimately** 친밀하게; 밀접하게 / **turn out** ~라고 판명되다 / **conference** 회의 / **equip** ① 준비하다 ② 장비를 갖추다 / **facility** 편의 시설 / **accomodate** 숙박하다, 수용하다

010

》정답 ④

다음 중 영어를 우리말로 옮긴 것으로 가장 적절한 것은?
① 당신이 원하는 만큼 먹을 수 있는 다양한 음식이 있다.
→ There is a great deal of food that you have as more as you want.
② 지난 회의 때보다 이번 회의에 사람들이 더 적었다.
→ There were few people at this meeting than at the last one.
③ 계획을 덜 세우면 세울수록 더 많은 즐거움을 갖게 될 것이다.
→ The less schemes you make, the more amusement you have.
④ 나는 영화 보러 가는 것보다 집에 있는 게 더 좋다.
→ I prefer to stay home rather than go to a movie.

해설 ④ 'prefer to ⓥ rather than (to) ⓥ' 구문을 묻고 있다. 따라서 to stay와 (to) go의 사용은 어법상 적절하다.
① as~as 동등비교에서는 as~as 사이에 형용사의 원급이 위치해야 하므로 more의 사용은 어법상 적절하지 않다. food은 셀 수 없는 명사이므로 more는 문맥상 much로 고쳐 써야 한다.
② than은 비교구문과 함께 사용되어야 하므로 few는 fewer로 고쳐 써야 한다.
③ less는 little의 비교급이므로 뒤에는 단수명사가 필요하다. 따라서 less를 fewer로 고쳐 써야 한다.

어휘 **a great deal of** 많은, 다양한 / **scheme** 계획 / **amusement** 즐거움

Chapter 12 어법 종합문제

001

》정답 ③

다음 밑줄 친 부분 중 어법상 옳지 않은 것은?

Speculations about the meaning and purpose of prehistoric art ① <u>hinge heavily on</u> analogies drawn with modern-day hunter-gatherer societies. Even if Mithen ② <u>highly</u> emphasizes in *The Prehistory of the Modern Mind*, Such primitive societies tend to view man and beast, animal and plant, ③ <u>organically and unorganically</u> spheres, as participants in ④ <u>integrated, animated</u> totality.

해설 ③ 접속사 and를 기준으로 부사와 부사의 병렬은 어법상 적절하지만 뒤에 명사 spheres가 있으므로 명사를 수식하는 형용사가 필요하다. 따라서 organically와 unorganically는 각각 organical과 unorganical로 고쳐 써야 한다.
① 주어가 Speculations(복수명사)이므로 복수동사의 사용은 어법상 적절하고 또한 hinge on은 구동사이므로 hinge on 사이에 부사 heavily의 사용 역시 어법상 옳다.
② 동사를 수식하는 부사 highly의 사용은 어법상 적절하다.
④ 명사를 수식하는 과거분사(형용사 역할)의 사용은 어법상 옳다. 참고로 integrated 다음 , (comma)는 접속사 and의 역할을 하는 병렬의 ,(comma)이다.

해석 선사 시대 예술의 의미와 목적에 대한 추정은 현대의 수렵 채집 사회와의 사이에서 끌어낸 유사점에 많은 것을 의존한다. 비록 Mithen박사가 <The Prehistory of the Modern Mind>에서 아주 강조했지만, 그런 원시 사회는 인간과 짐승, 동물과 식물, 생물체의 영역과 무생물체의 영역을 통합적이고 살아 있는 총체에 대한 참여자로 여기는 경향이 있다.

어휘 **speculation** 추측, 추정 / **prehistoric** 선사시대의 / **hinge on** ~에 의존하다 / **analogy** ① 유사(점) ② 비유 / **draw** ① 그리다 ② 잡아당기다, 끌어내다 / **hunter-gatherer** 수렵채집인 / **primitive** 원시의, 원시시대의 / **emphasize** 강조하다 / **tend to** ⓥ ⓥ하는 경향이 있다 / **sphere** ① 영역 ② 구(체) / **participant** 참가자, 참여자 / **integrated** 통합된 / **animated** 살아있는, 생기 있는 / **totality** 전체, 총체

002

》정답 ④

밑줄 친 부분 중 어법상 적절하지 않은 것은?

The new ① <u>peoples</u> who ② <u>joined</u> last month ③ <u>are</u> receiving invaluable ④ <u>advices</u> from the political leader of the group.

해설 ④ advice는 절대불가산명사이므로 복수형을 사용할 수 없다. 따라서 advices는 advice로 고쳐 써야 한다.
① peoples는 '민족들'의 뜻으로 어법상 옳다.
② join은 자·타동사 둘 다 가능한 동사이고 뒤에 과거표시부사구 last month가 있으므로 과거시제 또한 어법상 옳다.
③ peoples가 복수이므로 복수동사 are는 어법상 적절하고, 합류한 것은 지난달이지만 충고를 받고 있는 것은 현재이므로 현재시제 역시 어법상 옳다.

해석 지난달에 합류한 그 새로운 민족들이 그 집단의 정치적 지도자로부터 귀중한 충고를 듣고 있다.

어휘 **people** 민족 / **join** 함께하다, 합류하다 / **invaluable** 아주 귀중한 / **political** 정치적인

003

» 정답 ①

다음 중 어법상 적절하지 않은 것은?

① Had I stayed, I would have been destroyed my library for fear of police.
② Someone I knew was arrested as a communist for carrying with him *The Red and the Black*.
③ I left my books behind when I set off for Europe in 1969, some time before the military dictatorship.
④ I was 21 years old and wanted to see the world I had read about, *the London of Dickens, the Paris of Marcel Ayme*.

해설 ① 가정법 과거완료시제의 사용은 어법상 적절하지만 수동태 been destroyed(수동) 뒤에 목적어 library가 있으므로 been을 없애야 한다.
② 수동태 was arrested 그리고 carrying(능동) 뒤에 의미상 목적어(The Red and the Black)가 있으므로 각각 어법상 옳다.
③ 과거표시부사구(in 1969)가 있으므로 과거시제(set off)는 적절하다.
④ 읽었던 시점(had read)보다 보고 싶은(wanted to see) 시점이 먼저 일어난 일이므로 과거완료와 과거시제는 각각 어법상 적절하다.

해석 ① 만약 내가 남아 있었더라면 나는 경찰이 두려워 내 서고를 파괴했을 것이다.
② 내가 아는 누군가는 <적과 흑>을 가지고 있었다는 이유로 공산주의자로 체포되었다.
③ 나는 군사독재가 있기 얼마 전인 1969년에 유럽으로 떠날 때 내 책들을 남겨 두었다.
④ 나는 21살이었고 내가 읽었던 〈Dickens의 런던, Marcel Ayme의 파리〉와 같은 세상을 보고 싶었다.

어휘 **arrest** 체포하다 / **communist** 공산주의자 / **set off for** ~를 향해 떠나다 / **military dictatorship** 군사독재

004

» 정답 ①

다음 우리말을 영어로 옮긴 것 중 가장 잘 옮긴 것은?

① 이런 식으로만 그들의 행동을 설명하기는 불가능하다.
Only in this way is it impossible to account for their deeds.
② 하루 종일 일하는 지친 운전자들은 대체로 반응이 느리다.
Tiring drivers who works all day long have slow reactions.
③ 많은 공학도들이 모든 최신의 발전에 뒤떨어지지 않기 위해서 열심히 공부했다.
A number of engineers studied hard lest they kept abreast of all the latest developments.
④ 최초의 애완동물 숍은 Cambridge가 아니라 Oxford에서 Java라는 이름을 가진 어떤 사람이 1990년에 세웠다.
The first pet-shop opened not in Cambridge but in Oxford where a man naming Java set it up in 1990.

해설 ① only+딸린 어구(시간, 장소개념)+V+S 도치구문과 가주어(it), 진주어(to account for)구문 모두 어법상 적절하다.
② tire는 감정표현동사이고 사람이 주체이므로 tiring은 tired로 고쳐 써야 하고 또한 선행사가 복수명사이므로 단수동사 works도 복수동사 work로 고쳐 써야 한다.
③ a number of 다음 복수명사 engineers의 사용은 어법상 적절하지만 lest 다음 조동사 should가 생략된 구조로 과거동사 kept는 원형동사 keep으로 고쳐 써야 한다.
④ naming 다음 Java는 목적어가 아니라 목적격 보어이므로 naming은 수동의 형태인 named로 고쳐 써야 한다.

어휘 **account for** 설명하다 / **deed** 행동, 행위 / **exhaust** 지치게(피곤하게) 하다 / **all day long** 하루 종일 / **reaction** 반응 / **keep abreast of** ~에 뒤처지지 않게 하다 / **set up** 세우다, 설치하다

005

» 정답 ①

다음 글의 밑줄 친 부분 중, 어법상 틀린 것은?

Jogging is a popular sports. Since the 1960s, millions of Americans ① <u>are taking it up</u>. ② <u>I was informed that</u> the fact was true. So I started jogging because of my weight problem. It ③ <u>helps relieve</u> stress. Jogging doesn't take much equipment. All I need to do ④ <u>is keep</u> clothing and good running shoes.

해설 ① since가 '~ 이래로'라는 뜻의 부사절을 이끌 때, 주절의 시제는 현재완료로 사용해야 한다. 따라서 are taking it up을 have taken it up으로 바꿔야 한다.
② inform은 4형식 구조로 목적어 다음에 that절을 사용할 수 있다. 따라서 inform의 수동태 was informed 다음 that절은 문법적으로 옳다.
③ help는 목적어로 to부정사나 원형부정사 둘 다 취할 수 있다. 따라서 어법상 적절하다.
④ 명사구 All ~ to do 또는 What ~ to do를 주어로 하는 경우 be동사 다음에 to ⓥ의 to를 생략해도 된다. 원래는 is to keep인데 전치사 to를 생략해도 문법적으로는 하자가 없다.

해석 조깅은 인기 있는 운동이다. 1960년대 이후로 수백만의 미국인들이 조깅을 시작하였다. 나는 이러한 사실이 진실이란 걸 알게 되었다. 그래서 나는 체중 때문에 조깅을 시작하였다. 조깅은 스트레스를 감소시키는 데도 도움이 된다. 조깅은 특별한 장비가 필요 없다. 내가 필요한 전부는 옷과 좋은 러닝화를 갖추는 것뿐이다.

어휘 **take up** ~을 시작하다 / **relieve** 경감시키다, 완화시키다 / **equipment** 장비, 도구 / **clothing** 의복, 옷

006

» 정답 ②

다음 중 어법상 가장 적절한 것은?

① Chimpanzees, primate relatives with what we share nearly 98% of our DNA, also rob beehives.
② She runs on average 15 miles a day, irrespective of the circumstances and the weather.
③ Many a person convinces that this strong desire has been part of primate nature for countless millennia.
④ The painting portrayed a human figure in a tree, enveloping in a cloud of insects which must have been harmful.

해설 ② 현재의 습관을 나타내는 현재시제도 옳고 전치사 irrespective of의 쓰임 역시 어법상 적절하다. run은 1형식 자동사로 바로 뒤에 명사가 올 수 없으므로 run 다음 전치사 on을 쓴 것도 적절하다.
① with what 다음 완전한 문장구조는 어법상 적절하지 않고 또한 what 앞에 선행사 relatives가 있으므로 이 역시 어법상 적절치 않다. 따라서 관계대명사 what은 관계대명사 which로 고쳐 써야 한다.
③ 'Many a 단수명사+단수동사' 구조는 어법상 적절하지만 convince는 that절을 목적어로 취할 때에는 4형식 구조나 수동태가 되어야 하므로 문맥상 convinces를 is convinced로 고쳐 써야 한다.
④ 분사구문 enveloping 다음 목적어가 없으므로 enveloping은 수동분사구문 enveloped로 고쳐 써야 한다.

해석 ① 우리의 DNA와 거의 98%를 공유하는 영장류 친척인 침팬지 또한 벌집을 강탈한다.
② 그녀는 상황이나 날씨에 관계없이 하루 평균 15마일을 달린다.
③ 많은 사람들은 이 강한 욕망이 오랜 세월 동안 영장류 속성의 일부였다고 확신한다.
④ 그 그림은 해충임에 틀림없는 한 떼의 곤충들에 둘러싸여 있는 나무에 있는 인간의 모습을 보여주었다.

어휘 **primate** 영장류 / **relative** 친척 / **rob** 강탈하다, 빼앗다 / **beehive** 벌집 / **on average** 평균적으로 / **irrespective of** ~와 관계없이 / **convince** 확신시키다 / **countless** 무수히 많은 / **millennium** 천 년(**pl. millennia**) / **portray** 그리다, 묘사하다, 보여주다 / **figure** 모습, 형상 / **envelop** 둘러싸다 / **a cloud of insects** 곤충 떼[무리]

007

» 정답 ②

다음 밑줄 친 부분 중 어법상 옳지 않은 것은?

A gymnastic professor examined that starting a fitness routine would involve anything from taking a long walk after dinner ① to joining a full service health club. Her research could be relied ② upon many participants who are interested in their health. According to her research, recently people hoping ③ to get into shape have been turning programs ④ developed by the US Armed Forces, these programs promise to give "recruits" good solid work outs.

해설 ② 구동사의 수동태(rely upon ➡ be relied upon)를 묻고 있다. 'S+rely upon+목적어'를 수동태로 바꾸면 목적어가 수동의 자리로 나오고, rely upon은 be relied upon으로 바뀌며, S는 'by+S' 형태로 사용해야 한다. 그런데 many participants 앞에 전치사 by가 없으므로 어법상 옳지 않다.

① 'from A to B' 구문을 묻고 있다. from 다음 동명사 taking이 있으므로 to 다음에도 동명사 joining이 와야 하므로 어법상 적절하다.

③ to부정사의 사용과 동사의 수 일치를 동시에 묻고 있다. hope 다음에는 to부정사를 사용해야 하므로 to get은 적절하고, have의 주어는 people이므로 수 일치도 문법적으로 옳다.

④ 준동사의 능동/수동을 묻고 있다. 과거분사 developed 뒤에 목적어 없이 '전치사구 by the US Armed Forces'가 있으므로 문법적으로 옳다.

해석 한 체육학 교수가 식사 후 산책에서부터 헬스클럽에서의 완벽한 운동까지를 포함하는 일상의 운동에 대해서 연구했다. 그녀의[그 교수의] 연구는 건강에 관심이 있는 많은 참가자들에게 의존했다. 그녀의 연구에 따르면 최근에 몸매를 가꾸고 싶어 하는 사람들은 '신병'에게 좋은 그리고 견고한 운동을 약속하는 프로그램인 미국 군대에 의해서 발전된 프로그램으로 방향을 바꾸고 있다.

어휘 **gymnastic** 체육의 / **examine** 연구[조사]하다 / **fitness** ① 건강 ② 운동 / **routine** 일상 / **rely upon[on]** ~에 의존하다 / **participant** 참가자 / **get into shape** 몸매를 가꾸다 / **recruit** ① 모집하다 ② 신병, 신입 사원 / **solid** ① 고체의 ② 견고한 / **work out** 운동(하다)

008

» 정답 ①

다음 중 어법상 적절하지 않은 것은?

① The plan will be revoked automatically unless it posts on the bulletin board.
② A valid ID card is asked to use the athletic equipment during summer vacation.
③ Campus shuttle buses run every two hours and make all of the regular stops.
④ Only after they know how to use them will children tell objects from substances.

해설 ① unless는 조건(만약 ~하지 않으면) 의 부사절을 이끄는 접속사이고 '시조부는 현미(시간이나 조건의 부사절에서 현재 시제가 미래 시제를 대신한다)'이므로 현재시제 posts의 사용은 어법상 적절하지만 동사 post 다음 목적어가 없으므로 posts는 수동태로 사용되어야 한다. 따라서 posts는 is posted로 고쳐 써야 한다.

② 'be asked to ⓥ' 구문은 어법상 적절하고 equipment는 절대 불가산 명사이므로 단수 형태의 쓰임 또한 어법상 옳다. 마지막으로 전치사 during 다음 명사가 위치해야 하므로 이 역시 어법상 적절하다.

③ 주어(buses) + 동사(run)의 수 일치나 시제 일치(현재 사실)는 어법상 옳고 'every + 수사(복수) + 수 단위(복수) 명사'의 쓰임 역시 어법상 적절하며 and 다음 병렬구조(run과 make)의 사용 모두 어법상 옳다.

④ Only + 시간/장소 개념이 문두에 위치하면 주절의 주어 동사가 도치되므로 어법상 적절하고 '시조부는 현미(시간이나 조건의 부사절에서 현재 시제가 미래 시제를 대신한다)'의 쓰임 역시 어법상 옳다. 또한 구동사 tell A from B의 사용도 어법상 적절하다.

해석 ① 만약 그것이 게시판에 게시되지 않으면 그 계획은 자동적으로 폐지될 것이다.
② 여름 방학 동안 운동 장비를 사용하기 위해서는 유효한 ID카드가 요구된다.
③ 매 두 시간마다 학교 셔틀 버스는 운행되며 모든 정거장에서 정차한다.
④ 아이들이 그것들을 어떻게 사용할지 안후에 그들은 물체와 물질을 구별할 것이다.

어휘 **revoke** 폐지하다, 취소하다 / **automatically** 자동적으로 / **unless** 만약 ~하지 않으면 / **post** ① 우편(물) ② 기둥 ③ 게시(공고)하다 / **valid** 유효한 / **athletic** 운동의 / **equipment** ① 준비 ② 장비 / **run** ① 달리다 ② 운행되다 ③ 경영[운영] 하다 / **regular** 정기적인, 규칙적인 / **tell A from B** A와 B를 구별[식별]하다 / **object** 물건, 물체 / **substance** 물질

009

» 정답 ①

다음 밑줄 친 부분 중, 어법상 어색한 것은?

Blindness is one of the most difficult of human handicaps because our eyes are so important to our learning. ① One thing making education possibly and life more pleasant for the blind is the development of a system by which they are able to learn to read. ② Since the blind cannot use their eyes, ③ they are taught to use the sense of touch in their fingers. Reading raised printed matter of the common type is very, very difficult. The special system now ④ used was invented by Charles, and perfected by Louis Braille.

해설 ① 뒤에 동사 is가 있으므로 준동사 making은 적절하다. 하지만 'make+목적어+형용사 보어(5형식)' 구조여야 하므로 possibly를 possible로 바꿔야 한다.

② since 다음 cannot(과거시제가 아니므로)이 있으므로 since는 '~ 때문에'의 뜻이고 어법상 옳다.

③ they are taught to use에서 they는 the blind를 가리키기 때문에 복수 형태로 쓰는 것이 올바르다. 또한 이 문장에서 teach는 5형식 동사로 사용되었으므로 목적어 다음 목적격 보어 to use는 적절하다.

④ used는 과거분사(수동 – 뒤에 목적어가 없다)로 후치수식구조이며 was의 주어가 system(단수명사)이므로 단수동사 was는 적절하다.

해석 시각 장애는 인간이 가질 수 있는 장애 중 가장 힘든 장애의 하나인데, 그 이유는 눈이 학습에 매우 중요한 역할을 하기 때문이다. 시각 장애인들에게 교육을 가능케 하고 인생을 보다 즐겁게 살게 할 수 있는 한 가지 방법은 그들이 읽고 학습할 수 있는 장치를 개발하는 것이다. 시각 장애인은 눈을 사용할 수 없기 때문에 손가락의 촉각을 사용하는 것을 배우는데, 현재 보급되어 있는 점자 인쇄물을 읽는 것은 매우 어렵다. 지금 사용되는 특별한 장치는 Charles에 의해 고안되고 Braille에 의해 완결되었다.

어휘 **handicap** 장애 / **pleasant** 즐거운 / **development** 개발 / **the sense of touch** 촉각 / **raised** 양각의 ***raised printed matter** 점자 인쇄물

010

» 정답 ②

다음 우리말을 영어로 옮긴 것 중 적절하지 않은 것은?

① 비록 그 악명 높은 사람들이 부유하다 하더라도 그들이 항상 행복한 것은 아니다.
→ However affluent the notorious are, they are not always happy.

② 그들이 무엇을 원하든지 이 지역에 들어오는 사람은 인질로 잡힐 위험이 있다.
→ Everybody who goes into this region, whatever they want, are at risk of being taken hostage.

③ 그는 칸막이벽으로 되어 있는 곳 너머로 주의 깊게 이동했다.
→ He moved carefully over what remained of partition walls.

④ 당신이 어떤 건강강좌를 선택하더라도 당신의 몸을 만들 수 있도록 도와 줄 훈련강사가 그곳에 있다.
→ Whatever fitness classes you opt for, trained instructors are there to help build you.

해설 ② 주어가 Everybody(단수)이므로 동사는 단수동사가 필요하다. 따라서 are은 is로 고쳐 써야 한다.
① However 다음 형용사+S+V 어순도 적절하고 the+형용사(→복수명사 주로 사람들)의 사용 역시 어법상 옳다.
③ what 다음 주어가 없고 remain은 1형식 동사이므로 뒤에 전치사구의 쓰임 역시 어법상 적절하다.
④ 'whatever+명사+S+V' 구조이므로 어법상 적절하고 help 다음 원형부정사 build의 사용 역시 어법상 옳다.

어휘 **affluent** 부유한 / **notorious** 악명 높은 / **region** 지역 / **be taken hostage** 인질로 잡히다 / **partition walls** 칸막이 / **fitness** 건강 / **opt for** 선택하다 / **instructor** 강사

011

» 정답 ③

다음 밑줄 친 부분 중 어법상 적절하지 않은 것은?

Rescuer Anton Phillips said: "This was ① <u>rather</u> an unusual call, and the owner did a great job in keeping her pet as ② <u>calm</u> as possible before I got there. But for the owner's patience and ability, this ③ <u>could result</u> in ④ <u>a far</u> worse scenario for Max."

해설 ③ 'if 없는(But for, Without) 가정법' 구문을 묻고 있다. 시점이 모두 과거시제이므로 과거 사실에 반대되는 가정법 과거 완료 시제가 필요하다. 따라서 could result를 could have resulted로 고쳐 써야 한다.
① 'rather(quite, such, what) + a + 형용사 + 명사' 구조를 묻고 있다. 어법상 옳다.
② 형용사 / 부사를 묻고 있다. 앞에 5형식 동사 keep이 있으므로 목적격 보어 calm(형용사)은 어법상 적절하다.
④ 비교급 강조부사(a far)와 형용사 보어(worse)의 쓰임은 어법상 적절하다.

해석 구조자 안톤 필립스는 "이것은 아주 의례적인 경우고 내가 거기에 도착하기 전에 애완견 주인이 애완견을 아주 잘 돌보고 있었고 그 주인의 인내와 능력이 없었다면 맥스에게는 최악의 시나리오였을 것"이라고 말했다.

어휘 **rescuer** 구조자 / **unusual** 흔치않은, 의례적인 / **patience** 인내(심) / **result in** ~을 초래하다, 야기하다

012

» 정답 ③

다음 빈칸에 들어갈 내용으로 가장 적절한 것은?

______________, seemingly irrational tendencies can lead even the brightest minds to make costly mistakes.

① Keeping uninvastigating ② Keeping uninvastigated
③ Kept uninvastigated ④ Kept uninvastigating

해설 keep 다음에 목적어가 없으므로 과거분사가 필요하고, uninvestigate 다음에도 목적어가 없으므로 과거분사 uninvestigated가 적절하다.

해석 조사되지 않으면 겉보기에 비이성적인 성향들이 가장 영리한 사람들조차도 큰 손실이 따르는 실수를 저지르게 할 수 있다.

어휘 **seemingly** 겉보기에는 / **irrational** 비이성적인(↔ **rational** 이성적인) / **tendency** ① 성향, 기질 ② 경향 / **bright** ① 밝은 ② 명석한, 똑똑한 / **costly** 값비싼 / **investigate** 조사하다

013

» 정답 ④

다음 밑줄 친 부분 중, 어법상 어색한 것은?

① <u>Containing</u> a number of complicated ② <u>terms</u>, the instruction which is relative to computer technology ③ <u>was</u> very ④ <u>confused</u>.

해설 ④ confused는 감정표현동사이고 주어인 instruction이 사물이므로 confused를 confusing으로 바꿔 써야 한다.
① containing은 분사구문으로, 뒤에 목적어 terms가 있으므로 능동의 형태가 적절하다.
② 앞에 a number of가 있으므로 복수명사 terms는 적절하다.
③ 주어가 단수명사 instruction이므로 단수동사 was는 적절하다.

해석 많은 복잡한 용어를 포함하고 있기 때문에 컴퓨터 기술과 관련된 설명서는 매우 헷갈린다.

어휘 **contain** 포함하다 / **a number of** 많은 / **term** ① 기간 ② 용어 / **instruction** 설명(서), 지시 사항 / **relative to** ~와 관련된 / **confuse** 헷갈리게 하다

014

» 정답 ②

다음 중 우리말을 영어로 적절하게 옮긴 것은?

① 긴장감은 신체적 접촉과 그것이 아픔을 느끼게 하는 것인지에 대한 두려움 때문에 나오는 것이다.
→ The tension is due to physical contact and the fear of if it will hurt.

② 그 당시에 내가 생각했던 그는 정말 멋지고 훌륭했다.
→ The man whom I thought in those days was really smart and nice.

③ 교수님께서 문제 해결의 접근이 흥미로운 해결책을 우리에게 주었다.
→ The professor gave us the solution in which the approach is interested.

④ 나는 가죽으로 만들어진 구두의 끈을 가지고 있다.
→ I have the shoes whose the shoelaces are made of leather.

해설 ② 목적격 관계대명사 쓰임도 적절하고 주어와 동사의 수/시제 일치도 적절하다.
① 접속사 if는 전치사와 함께 사용할 수 없으므로 if는 whither로 고쳐 써야 한다. 참고로 if는 or not과도 함께 사용할 수 없다.
③ interest는 감정표현동사이고 주체가 사물(approach)이기 때문에 ⓥ-ing가 필요하다. 따라서 interested를 interesting으로 고쳐 써야 한다.
④ 소유격 관계대명사 whose 다음에 나오는 명사는 관사를 쓰지 않는다. 따라서 shoelaces 앞에 정관사 the를 없애야 한다.

어휘 **tension** 긴장 / **due to** ~때문에 / **intelligent** 지적인, 총명한 / **shoelace** 구두끈

정답과 해설

015

» 정답 ③

다음 우리말을 영어로 옮긴 것 중 가장 적절한 것은?

① 영국은 한때 다른 어떤 나라보다도 더 많은 도자기를 생산했다.
England once produced more chinas than any other countries.

② 내가 잠이 들자마자 나의 아들은 텔레비전을 크게 틀었다.
No sooner had I fallen asleep than my son had turned the television up too loud.

③ 그는 우리에게 평일 저녁에 텔레비전을 보지 말라고 요청했다.
He requested that we not watch television on week night.

④ 내가 어렸을 때, 나의 독서를 지도해 줄 만한 훌륭한 감각을 갖춘 스승이 있었더라면 좋았을 텐데.
I wished that I had a teacher of good sense to direct my reading when I was young.

해설 ③ request가 주요명제동사이므로 that절 다음에는 '(should) + 동사원형'이 있어야 한다. 따라서 이 문장에서는 should가 생략된 구조이므로 동사원형 watch의 사용은 어법상 적절하다.
① '비교급 ~ than any other + 단수명사' 구문을 묻고 있다. 따라서 countries는 country로 고쳐 써야 한다.
② ' No sooner had + 주어 + p.p. ~ , than + 주어 + 과거동사 ' 구문을 묻고 있다. 따라서 had turned는 turned로 고쳐 써야 한다.
④ 소망하는 내용이 과거사실에 반대하므로 가정법 과거완료 시제가 필요하다. 따라서 I had는 I had had로 고쳐 써야 한다.

어휘 **china** 도자기 / **no sooner A than B** A하자마자 B했다 / **sense** 감각

016

» 정답 ③

다음 밑줄 친 부분 중 어법상 옳은 것을 고르시오.

Depression is a ① <u>psychological disorder characterizing</u> by negative mood such as feelings of sadness and despair, low self-esteem, pessimism, lack of initiative, and slowed thought processes. Around 5 percent of the population will experience a major depression sometime ② <u>while their lives</u>. Many more suffer from brief, relatively mild bouts with the blues. Women are more likely ③ <u>than men to suffer</u> from depression. Many factors including social context and genetic inheritance ④ <u>may affect on</u> the onset and duration of a depressive episode. Social psychologists, however, have paid particular attention to the effects of cognitive factors on depression.

해설 ③ 앞에 more가 있으므로 than이 적절하고 'be likely to ⓥ' 구문에 의해서 to suffer도 적절하다.
① 준동사 characterizing의 능동/수동을 묻고 있다. 뒤에 목적어가 없으므로 characterizing을 characterized로 고쳐 써야 한다.
② 접속사 while과 전치사 during의 쓰임을 묻고 있다. 뒤에 명사 their lives만 있으므로 while을 during으로 고쳐 써야 한다.
④ 동사 affect는 3형식 동사이므로 전치사와 함께 사용할 수 없다. 따라서 전치사 on을 없애야 한다.

해석 우울증은 슬픔과 절망, 자괴감, 비관주의, 솔선의 결핍, 그리고 느린 사고 작용 같은 부정적 감정으로 특징지어지는, 심리적인 병이다. 대략 인구의 5퍼센트가 그들의 삶 중에 어느 때에 심각한 우울증을 겪는다. 더 많은 사람들이 짧고 상대적으로 가벼운 우울증을 겪는다. 여성이 남성보다 더 우울증에 걸리기 쉽다. 사회적 맥락과 유전을 포함한 많은 요소들이 우울증의 발병과 지속에 영향을 미칠 수 있다. 하지만, 사회 심리학자들은 인지적 요소들의 영향에 특별한 관심을 기울여 왔다.

어휘 **depression** 우울증 / **psychological** 심리적인, 정신적인 / **disorder** 장애 / **characterize** 특징짓다 / **such as** ~와 같은 / **despair** 절망, 낙담 / **self-esteem** 자부심, 자존감 / **pessimism** 비관주의 / **lack** 결여 / **initiative** 솔선, 창의 / **slowed** 느려진 / **around** 대략 / **brief** 짧은 / **mild** 가벼운, 온화한 / **bout** 발병 (기간) / **the blues** 우울증 / **be likely to ⓥ** ⓥ할 것 같다, ⓥ하기 쉽다 / **context** ① 맥락 ② 문맥 / **genetic** 유전적인 / **inheritance** 유전, 상속 / **influence** 영향을 주다 / **onset** 발병, 습격 / **duration** 지속 / **depressive** 우울증의 / **episode** 사건, 에피소드 / **pay attention to** ~에 주의를 기울이다 / **cognitive** 인지적인

017

» 정답 ②

다음 우리말을 영어로 옮긴 것 중 가장 적절한 것을 고르시오.

① 지구의 대기는 태양열의 약 50퍼센트를 차단하면서, 우주로 다시 반사시킨다.
The atmosphere of the earth cuts off about fifty percent of the Sun's heat, bouncing them back into space.

② 수은과 알코올은 그 부피가 기온에 따라 균일하게 증가하기 때문에 온도계에 널리 사용된다.
Mercury and alcohol are widely used in thermometers because their volume increases uniformly with temperature.

③ 그 정당의 대변인은, 대통령이 그 스캔들에 연루되어 있음을 부인했다.
The spokesman for the party denied that the president was involving in the scandal.

④ 오페레타는 음악적 연극이라는 대중적인 형태로 19세기에 처음 출현했다.
The operetta first has emerged as a popular form of musical theater in the 19th century.

해설 ② 주어가 Mercury and alcohol로 복수이므로 동사 are는 적절하다. 'be + p.p.'사이에 부사 widely의 위치도 적절하고, increase는 자동사이므로 뒤에 uniformly 부사도 적절하다.
① bouncing 다음 them은 문맥상 Sun's heat을 대신해야 하므로 them을 it으로 바꿔야 한다.
③ involving 뒤에 목적어가 없으므로 involving을 involved로 바꿔야 한다.
④ 과거 연도 in the 19th century가 있으므로 현재완료시제 has emerged를 과거시제 emerged로 바꿔야 한다.

어휘 **atmosphere** 대기(권) / **cut off** 차단하다 / **bounce** ① 튀다, 뛰다 ② 흔들다 / **mercury** 수은 / **widely** 널리, 광범위하게 / **thermometer** 온도계 / **volume** ① 용량, 부피 ② (책의) 권 / **uniformly** 균일하게, 한결같이 / **spokesman** 대변인 / **deny** 거부하다 / **emerge** 나오다

018

» 정답 ④

다음 중 어법상 옳지 않은 것을 고르시오.

① You cannot escape speaking to someone when you go to a party.
② Most of the books one thinks we use belong to the school.
③ I prefer my usual routine and am not inclined to try new things.
④ In spite of the violence which it is capable, lightning moves lightly.

해설 ④ 전치사 In spite of 다음 명사 the violence는 적절하지만, 관계대명사 which 다음에 문장구조가 완전한 것은 적절하지 않다. 그러므로 which를 문맥상 of which로 바꾸어야 한다.
① escape 다음 동명사 speaking은 적절하다. 또한 speak는 자동사이므로 뒤에 전치사 to의 쓰임도 적절하다.
② 부분주어 다음 'of+명사' 구조에서는 of 다음 명사에 동사의 수를 일치시켜야 한다. of 다음 명사가 the books이므로 복수동사 belong은 적절하다. 또한 books 다음 목적격 관계대명사는 생략되었고, one thinks는 삽입절이 된다.
③ and를 기준으로 prefer와 am은 병렬 구조를 이루고 있고, be inclined to ⓥ도 적절한 표현이다.

해석 ① 파티에 가면, 누군가에게 말하는 것을 피할 수 없다.
② 우리가 생각하기에 우리가 사용하는 대부분의 책들은 그 학교 소유이다.
③ 나는 평상시에 판에 박힌 일을 선호하며 새로운 일을 시도하고 싶어 하지 않는다.
④ 번개가 만들어 낼 수 있는 격렬함에도 불구하고, 번개는 가볍게 이동한다.

어휘 **belong to** ① ~에 속하다 ② ~의 소유이다 / **prefer** 선호하다 / **routine** 판에 박힌 일, 일상(적인 일) / **be inclined to** ⓥ ⓥ하는 경향이 있다 / **in spite of** ~에도 불구하고 / **capable** ~을 할 수 있는, 유능한 / **lightning** 번개 / **lightly** 가볍게

019

» 정답 ①

다음 중 어법상 적절한 것은?
① It was they who had left before we arrived.
② My brother has a German dictionary and thus you can use one.
③ Most of the devices here in this factory isn't ready for prime time.
④ Irony which many societies do not welcome the birth of girls exists.

해설 ① they를 강조하고자 It was who를 사용했으므로 어법상 적절하다.
② one은 같은 종류를 대신할 때 사용되고 it은 동일물을 나타낼 때 사용되므로 문맥상 one은 it으로 고쳐 써야 한다.
③ 부분주어 most of 다음 devices가 복수명사이므로 복수동사가 필요하다. 따라서 is를 are로 고쳐 써야 한다.
④ 관계대명사 which 다음 문장구조가 완전하므로 which를 동격의 접속사 that으로 고쳐 써야 한다.

해석 ① 우리가 도착하기 전에 떠난 사람은 그들이었다.
② 나의 형이 독일어 사전을 갖고 있으니 당신은 그것을 사용할 수 있다.
③ 여기 이 공장에 있는 기계장치들 대부분은 출시될 단계가 아니다.
④ 많은 사회가 여아의 출생은 환영하지 않는다는 것은 아이러니하다.

어휘 **device** 장치, 도구 / **prime time** ① 황금시간대 ② 적기, 적절한 시기 / **exist** 존재하다

020

» 정답 ③

다음 우리말을 영어로 옮긴 것으로 가장 적절한 것은?
① 누군가가 그녀를 속이는 것은 정말 쉬웠다.
- It was really easy that she was deceived.

② 그가 이 문제를 푸는 것은 거의 불가능하다.
- He is almost difficult to solve this problem.

③ 이 책은 그가 이해하기에 몹시 힘들다.
- The book is highly tough for him to understand.

④ 선거에서 우리가 공명정대하게 행동할 필요가 있다.
- It was imperative that we played cricket in the election.

해설 ③ 난이형용사 tough는 사물 주어를 사용할 수 있으므로 어법상 적절하다.
① 난이형용사 easy는 'It is ~ that' 구문을 취할 수 없다. 따라서 어법상 적절하지 않다.
② 난이형용사 difficult는 사람이 주어 자리에 올 수 없으므로 어법상 적절하지 않다.
④ 판단형용사 imperative는 that절에 (should)+동사원형이 필요하므로 played는 (should) play로 고쳐 써야 한다.

어휘 **deceive** 속이다 / **highly** 아주, 매우, 꽤 / **tough** 거친, 힘든 / **imperative** 필수적인 / **play cricket** 공명정대하게 행동하다

Chapter 01 주제 · 제목 · 요지

001

≫ 정답 ③

다음 글의 제목으로 가장 적절한 것은?

Most people get trapped in their optimistic biases, so they tend to listen to positive feedback and ignore negative feedback. Although this may help them come across as confident to others, in any area of competence (e.g., education, business, sports or performing arts) achievement is 10% performance and 90% preparation. Thus, the more aware you are of your weaknesses, the better prepared you will be. Low self-confidence may turn you into a pessimist, but when pessimism teams up with ambition it often produces outstanding performance. To be the very best at anything, you will need to be your harshest critic, and that is almost impossible when your starting point is high self-confidence. Exceptional achievers always experience low levels of confidence and self-confidence, but they train hard and practice continually until they reach an acceptable level of competence.

① Negative Comments Are Harmful
② The Risk of Ambition Without Effort
③ The Less Confident Are More Successful
④ High Self-Confidence Leads to Better Achievement

해설 이 글은 낙관적 편견보다는 낮은 자신감이 더 뛰어난 성과를 이룰 수 있다는 내용의 글이므로 ③이 정답이 된다. 선택지 ①번은 너무 광범위한 선택지이므로 정답이 될 수 없다.

해석 대부분의 사람들은 자신의 낙관적인 편견에 갇혀 있어서, 긍정적인 피드백은 듣고 부정적인 피드백은 무시하는 경향이 있다. 비록 이것이 그들이 다른 사람들에게 자신감이 있다는 인상을 주는 데 도움이 될 수도 있지만, (예를 들어 교육, 사업, 운동, 또는 공연 예술과 같은) 능력이 발휘되는 어느 분야에서건 성취는 10퍼센트의 수행과 90퍼센트의 준비이다. 따라서 자신의 약점에 대해 더 잘 알고 있으면 있을수록, 더 준비가 잘 되어 있을 것이다. 낮은 자신감은 당신을 비관론자로 만들 수도 있지만, 비관적인 태도가 야망과 어우러질 때, 그것은 흔히 뛰어난 성과를 이루어낸다. 어떤 것에서든지 가장 최고가 되기 위해서는 당신은 자신의 가장 가혹한 비평가가 될 필요가 있을 것이고, 그것은 당신의 출발점이 높은 자신감일 때는 거의 불가능하다. 뛰어난 성취자들은 항상 낮은 자신감과 자존감을 느끼지만, 열심히 훈련하고 지속적으로 연습하여 마침내 받아들일 만한 수준의 역량에 도달하게 된다.
① 부정적 편견은 해롭다
② 노력 없는 야망의 위험성
③ 낮은 자신감은 더 큰 성취를 이룬다
④ 높은 자신감이 더 좋은 성취를 이룬다

어휘 **trap** 덫; 덫을 놓다 / **optimistic** 낙천적인(↔ **pessimistic** 비관적인) / **bias** 편견(= **prejudice**) / **ignore** 무시하다 / **come across as** ~라는 인상을 주다 / **competence** 능력 / **e.g.** 예를 들어서 / **aware** 알고 있는 / **weakness** 약점 / **self-confidence** 자신감 / **team up with** ~와 어우러지다, ~와 협동[협조]하다 / **outstanding** 눈에 띄는, 두드러진 / **ambition** 야망, 야심 / **harsh** 가혹한, 거친 / **critic** 비평가 / **continually** 지속적으로

002

≫ 정답 ②

다음 글의 요지로 가장 적절한 것은?

Many women have prolonged difficulties achieving good sleep. As mothers, students, caretakers, and professionals, many of us lead hectic lives, filled with both obvious and subtle stressors that are on our minds as we attempt to settle into sleep. The sheer numbers of over-the-counter or prescribed sleep aids give you an idea of how widespread insomnia is today. But the problem with these sleep aids is that even though they induce drowsiness, they do not provide real sleep — deep, lasting, and refreshing. And some of these agents, if taken over the course of months, may lead to dependency or stop working altogether. Don't be surprised if your physician is not inclined to prescribe them.

① Women living in busy lives suffer from an overdose of sleeping pills.
② There are many different kinds of pills for insomnia, but their safety isn't guaranteed.
③ Many women suffer from insomnia, but they need prescription to purchase sleep aids that help alleviate their symptom.
④ Many women suffer from sleeplessness, but doctors will never prescribe sleep aids for them.

해설 많은 여성들의 불면증으로 인한 수면제 복용에 대해 그 수면제의 효과와 안전에 대한 문제점을 지적하는 글이므로 이 글의 요지는 ②가 가장 적절하다.

해석 많은 여성들은 숙면을 취하는 데 어려움을 지속해왔다. 어머니, 학생, 관리인, 교수들로서 우리들 중 많은 사람은 정신없는 삶을 살았으며, 그 삶은 우리가 잠을 자려고 시도할 때 우리 머릿속에 있는 명확하고 민감한 스트레스 요인들로 가득 찼다. 처방전이 없는 것과 처방전이 필요한 수면 보조제의 전체 숫자는 당신에게 오늘날 어떻게 불면증이 퍼졌는지에 대한 생각을 줄 것이다. 이러한 수면 보조제가 가지고 있는 문제는 비록 수면 보조제가 졸음을 유발하더라도 그것들이 진정한 잠을 – 깊고, 지속적이며, 상쾌하게 – 제공할 수 없다는 것이다. 이러한 물질들의 몇몇은, 수개월에 걸쳐 섭취하게 되면 의존성을 유발할 수도 있고, 함께 일하는 것을 멈추는 것을 이끌지도 모른다. 당신의 몸이 수면 보조제 처방에 동의하지 않는 것에 놀라워하지 마라.
① 바쁜 삶을 사는 여성들은 수면제 과다 복용으로 고통을 겪는다.
② 불면증을 위한 약에는 많은 다른 종류가 있다. 그러나 약들의 안전은 보장되지 않는다.
③ 많은 여성들은 불면증으로 고통을 겪는다. 하지만 그들은 우리에게 증세를 완화시키는 데 도움을 주는 수면 보조제들을 구입하기 위한 처방전을 필요로 한다.
④ 많은 여성들은 불면증으로 고통을 겪는다. 하지만 의사들은 결코 환자들을 위한 수면 보조제들을 처방하지 않는다.

어휘 **achieve** 성취하다 / **prolong** 연장하다 / **good sleep** 숙면 / **caretaker** 관리인, 시중드는 사람 / **professional** 전문가 / **hectic** 분주한, 몹시 바쁜 / **obvious** 분명한, 명백한 / **subtle** 미묘한, 감지하기 힘든 / **stressor** 스트레스의 요인 / **attempt to settle into sleep** 잠을 청하려 시도하다 / **sheer** 완전한, 순전한 / **over-the-counter** 처방전이 필요 없는 / **prescribe** 처방하다 ***prescribed** 처방된 ***prescription** 처방전 / **sleep aids** 수면 보조제 / **widespread** 널리 퍼진, 만연한 / **induce** 유도하다, 유발시키다 / **drowsiness** 졸림 / **provide** 제공하다 / **over the course of** ~기간 동안, ~기간에 걸쳐 / **refreshing** 개운한 / **dependency** 의존성 / **be incline to** ⓥ ⓥ하고 싶어 하다 / **insomnia** 불면증 / **as opposed to** ~ 와는 대조적으로 / **pill** 알약 / **guarantee** 보장하다 / **suffer from** ~으로부터 고통을 겪다 / **alleviate** 완화하다 / **symptom** 증상

003

» 정답 ④

다음 글의 제목으로 가장 적절한 것은?

The green revolution was a mixed blessing. Over time farmers came to rely heavily on broadly adapted, bumper crops to the exclusion of breeds adapted to local conditions. Monocropping vast fields with the genetically even seeds helps boost yield and meet immediate hunger needs. Yet high-yield varieties are also genetically weaker grains that require expensive chemical fertilizers and toxic pesticides. The same holds true for high-yield livestock breeds, which often require expensive feed and medicinal care to survive in foreign climates. The drive to increase production is pushing out local varieties, diluting livestock's genetic diversity in the process. As a result, the world's food supply has become largely dependent on a shrinking list of breeds designed for maximum yield. In short, in our focus on widening the amount of food we produce today, we have accidentally put ourselves at risk for food dearth in the future.

① Pros and Cons of Using Chemical Fertilizers
② Is Genetic Diversity a Blessing in Disguise?
③ Who Will Conquer Famine, Farmers or Scientists?
④ Farming Uniform Breeds: A Double-edged Sword

해설 유전적으로 같은 품종을 대량으로 경작하는 것이 수확량을 늘릴 수도 있지만, 오히려 식량 부족의 위험을 불러 올 수도 있다는 내용의 글이므로 이 글의 제목으로 가장 적절한 것은 ④이다.

해석 녹색 혁명은 해가 될 수도 득이 될 수도 있다. 시간이 흐르면서, 농부들은 지역적인 상황에 맞도록 적응된 종들을 제외하고는 넓게 개작되고, 높은 수확률을 가진 작물에 크게 의존하게 되었다. 유전적으로 똑같은 씨앗으로 넓은 들판에서 한 가지 작물만 기르는 것은 수확량을 신장시키고 즉각적인 굶주림의 욕구를 충족시키는 데 도움이 된다. 그러나 높은 수확량의 변종들은 또한 값비싼 화학 비료와 유독성 살충제를 필요로 하는 유전적으로 약한 작물이다. 이와 같은 것은 높은 산출량의 가축들에게도 마찬가지이다. 그래서 이러한 가축들은 종종 외래의 기후에서 살아남기 위해서 값비싼 사료와 약물적인 치료가 요구된다. 생산을 증가시키고자 하는 욕구는 그 과정에서 가축들의 유전적인 다양성을 약화시키면서, 지역적 품종을 몰아내고 있다. 그 결과, 전 세계의 식량 공급은 최대 생산을 목적으로 점점 감소하고 있는 목록의 품종들에 크게 의존하고 있다. 간단히 말해, 우리는 오늘날 생산하는 식량의 양을 증가시키는 것에 중점을 두고 있어서, 뜻하지 않게 미래 식량 부족의 위험에 우리 자신을 처하게 해버렸다.
① 화학 비료 사용의 찬반론
② 유전적인 다양성은 변장한 축복인가?
③ 누가 기근을 정복할 것인가, 농부인가 아니면 과학자인가?
④ 획일적인 품종 농작: 양날의 칼

어휘 **green revolution** 녹색 혁명 / **mixed blessing** 해가 될 수도 득이 될 수도 있는 것 / **broadly** (폭)넓게 / **high-yield** 다 수확, 높은 수확 / **breed** ① 기르다, 양육하다 ② 종 / **to the exclusion of** ~을 제외하고 / **variety** ① 다양성 ② 변종 / **fertilizer** 비료 / **pesticide** 살충제 / **dilute** 희석시키다 / **monocrop** 단종 재배하다 / **vast** 거대한 / **boost** 북돋우다, 신장시키다 / **bumper crop** 다 수확 / **genetically** 유전적으로 / **weak** 약한 / **grain** 곡물, 농작물 / **toxic** 독성의 / **livestock** 가축 / **shrink** 줄다, 감소하다 / **widen** 넓게 하다, 증가시키다 / **dearth** 부족, 결핍 / **accidentally** 우연히 / **pros and cons** 찬반 / **disguise** 변장(하다) / **conquer** ① 정복하다 ② 극복하다 / **famine** 기근, 기아 / **double-edged** 양날의 / **sword** 검, 칼

004

» 정답 ①

다음 글의 제목으로 가장 적절한 것은?

The customer who went into a retail or small store owned by an independent businessman was sure to get personal attention: his individual purchase was important to the owner of the store; he was received like somebody who mattered, his wishes were studied; the very act of buying gave him a feeling of importance and dignity. How different is the relationship of a customer to a department store. He is impressed by the vastness of the building, the number of employees, the profusion of commodities displayed; all this makes him feel small and unimportant by comparison. As an individual he is of no importance to the department store. There is nobody who is glad about his coming, nobody who is particularly concerned about his wishes. The act of buying has become similar to going to the post office and buying stamps.

① A Change in the Status of the Customers
② Historical Background of Department Store
③ Importance and Dignity of Customers in Our Era
④ Understanding Department Store and Its Customers

해설 이 글은 소매점과 백화점이 각각 고객을 맞이하는 환경적 차이에 의해서 고객의 지위가 바뀐다는 내용의 글이므로 이 글의 제목으로 가장 적절한 것은 ① '고객의 지위에서의 변화'가 된다.

해석 독립적인 기업인이 소유하는 소매점이나 작은 가게에 들어 선 고객은 분명 개인적인 관심을 받았다. 즉, 그의 개인적인 구매행위는 상점의 주인에게는 중요했고 그는 중요한 누군가처럼 대접을 받았으며, 그가 바라는 것들은 연구대상이 되었다. 구매라는 바로 그 행동이 그에게 중요함과 존엄의 느낌을 주었던 것이다. 고객과 백화점의 관계는 얼마나 다른가? 그는 빌딩의 광대함, 종업원들의 수, 진열된 상품들의 풍부함 즉, 이 모든 것들이 그로 하여금 (소매점의 경우와) 비교해 보면 작고 중요하지 않은 존재로 느껴지게 된다. 한 개인으로서 그는 백화점에 결코 중요하지 않다. 그가 온 것을 기뻐해 주고 그가 바라는 것에 특별한 관심을 두는 사람은 아무도 없다. 구매하는 행위는 우체국에 가서 우표를 사는 것과 유사하게 되어 버렸다.
① 고객의 지위에서의 변화
② 백화점의 역사적 배경
③ 우리시대의 고객들의 중요성과 존엄
④ 백화점과 그 고객들을 이해하기

어휘 **retail** 소매의 / **matter** 중요하다 / **dignity** 위엄, 존엄성 / **impress** 깊은 인상을 주다, 감명을 주다 / **vastness** 광대(함) / **profusion** 풍부함, 많음 / **commodity** 상품, 생필품 / **display** 표시하다, 펼치다, 나타내다

005

» 정답 ①

다음 글의 주제로 가장 적절한 것은?

A few years ago we purchased a brand-new camper van. Not long after we bought our camper, a friend of ours asked if her family could borrow it for house guests. We were not too interested in loaning out our spotless camper, so we declined. This happened in the fall, and we stored the camper in our backyard all that winter. In the spring my husband and I were setting it up to prepare for a trip to visit some relatives. Imagine our surprise to find that we had left cookie boxes in the camper over the winter! We'd moved and had a baby that previous summer and fall, and cleaning out the camper had been overlooked. That in itself wouldn't have been so bad had it not been for the mice. Mice were attracted by the food and they shredded all the curtains, screens, and cushions. Had we let the friend borrow the camper, she would have discovered the boxes before the mice did.

① It Pays Off to Share
② Sharing: Pros and Cons?
③ Shared Loss Leads to Friendship
④ Misfortune Turned into a Blessing

해설 이 글은 공유하는 것이 더 이익이라는 내용의 글이므로 정답은 ①이 된다.

해석 몇 년 전 우리는 최신형 캠핑카를 구입했다. 우리가 캠핑카를 구입한 지 얼마 지나지 않아 친구가 손님들을 위해 자기 가족이 그것을 빌릴 수 있는지 물어보았다. 우리는 한 점의 얼룩도 없는 캠핑카를 별로 빌려주고 싶지 않았기 때문에 거절했다. 이것은 가을에 일어난 일이고, 우리는 그 캠핑카를 겨울 내내 뒷마당에 두었다. 봄에 남편과 나는 친척을 방문할 여행 준비를 위해 그것을 정리하고 있었다. 겨우내 그 캠핑카에 과자 상자를 놔두었다는 것을 발견하고서 우리가 놀란 것을 상상해 보라! 우리는 그 전 해의 여름과 가을에 이사를 하고 아기를 낳아서 캠핑카를 깨끗이 청소하는 것을 간과했던 것이다. 쥐만 없었더라면, 그것은 그 자체로 그렇게 나쁘지 않았을 것이다. 음식 때문에 쥐가 꾀었고, 쥐는 모든 커튼, 스크린 및 쿠션을 조각조각으로 찢어 놓았다. 친구가 캠핑카를 빌리도록 했다면 그녀는 쥐보다 먼저 그 상자들을 발견했을 것이다.
① 공유하는 것이 이익이다.
② 공유하는 것을 찬성하나 반대하나?
③ 공유된 손실이 우정을 이끈다.
④ 불행이 축복으로 바뀌었다.

어휘 **camper van** 캠핑카 / **not too** 별로 ~하지 않는 / **be interested in -ing** -하는 데 흥미를 가지다 / **loan out** 빌려주다 / **spotless** 얼룩 없는 / **decline** 거절하다 / **relative** 친척 / **overlook** 빠뜨리다, 간과하다 / **shred** (쥐 등이) 조각조각으로 찢다 / **pay off** 성공하다; 이익이 되다 / **pros and cons** 찬반

006

» 정답 ①

다음 글의 요지로 가장 적절한 것은?

Zero percent interest for the next six months, or even a year, on all balance transfers. No annual fees. Reward points for everyday purchases. Choose airline tickets, hotel stays, car rentals, a variety of great brand-name products or just get cash back. What red-blooded American credit-card holder could resist such a deal? Well, if you're smart, maybe you. Tantalizing offers like these from your credit-card issuers are increasingly filled with traps that can pile on unexpected fees or trigger punitive interest, as high as 35%. These details are spelled out in the fine print of promotions and cardholder agreements. But, says Curtis Arnold of CardRatings.com, "You have to be incredibly sedulous to avoid the pitfall."

① Lower rates and other deals sound great, until you find out what you're really paying.
② Credit-card companies do not always behave badly towards their customers.
③ Credit-card companies will be fined unless they provide the details of cardholder agreements
④ Reward points or low punitive interests are being added to the existing benefits.

해설 이 글은 카드 회사의 과장 광고에 대한 실상을 소개하면서 그런 것들에 속지 말라는 내용의 글이므로 ①이 가장 적절한 요지가 된다.

해석 모든 잔액 이체에 대해 다음 6개월 혹은 심지어 1년 동안 이자가 0%입니다. 연회비가 없습니다. 매일 구매에 대한 보상 포인트, 항공권, 호텔 숙박, 자동차 렌탈, 다양한 좋은 브랜드의 제품들을 고르세요. 아니면 현금으로 돌려받으세요. 어떤 혈기 왕성한 미국의 신용카드 소지자가 그러한 계약에 저항할 수 있을까? 자, 만약 당신이 똑똑하다면, 아마도 당신일 것이다. 당신의 신용카드 발행인들로부터 이와 같은 감질나게 하는 제안들은 예상치 못한 수수료를 쌓을 수 있거나 35%만큼이나 높은 연체 이자를 유발할 수 있는 함정들로 점점 더 채워져 있다. 이러한 항목들은 홍보와 카드 소지자의 계약에 작은 활자로 설명되어 있다. 하지만, 'CardRatings.com'의 Curtis Arnold는 말한다. "당신은 그 함정을 피하기 위해 엄청나게 성실해야만 한다."
① 낮은 이자와 다른 거래들이 당신이 진짜 무엇을 지불하는지 알아내기 전까지는 좋게 들린다.
② 신용카드 회사들은 항상 그들의 소비자들에게 나쁘게 행동하지 않는다.
③ 신용카드 회사들은 카드 소지자 약관서를 제출하지 않으면 벌금을 낼 것이다.
④ 보상 포인트나 적은 징벌의 이자가 기존의 이익에 추가되는 중이다.

어휘 **balance** ① 균형 ② 잔고 / **annual fee** 연회비 / **red-blooded** 정력이 넘치는, 혈기 왕성한 / **tantalize** 감질나게 하다 / **issuer** 발행인 / **pile on** ① ~을 쌓다 ② 과장하여 말하다 / **trigger** 유발하다, 일으키다 / **punitive** ① 처벌의 ② 가혹한 / **spell out** ① 판독하다 ② 상세히 설명하다 / **print** 인쇄, 인쇄물; 활자 / **incredibly** 믿을 수 없을 정도로, 엄청나게 / **sedulous** 근면한, 성실한 / **pitfall** 함정, 위험

007

» 정답 ④

다음 글의 주제로 가장 적절한 것은?

Scientists use paradigms rather than believing them. The use of a paradigm in research typically addresses related problems by employing shared concepts, symbolic expressions, experimental and mathematical tools and procedures, and even some of the same theoretical statements. Scientists need only understand how to use these various elements in ways that others would accept. These elements of shared practice thus need not presuppose any comparable unity in scientists' beliefs about what they are doing when they use them. Indeed, one role of a paradigm is to enable scientists to work successfully without having to provide a detailed account of what they are doing or what they believe about it. Thomas Kuhn noted that scientists "can agree in their identification of a paradigm without agreeing on, or even attempting to produce, a full interpretation or rationalization of it. Lack of a standard interpretation or of an agreed reduction to rules will not prevent a paradigm from guiding research."

① difficulty in drawing novel theories from existing paradigms
② key factors that promote the rise of innovative paradigms
③ roles of a paradigm in grouping like-minded researchers
④ functional aspects of a paradigm in scientific research

해설 과학자들의 연구에서 패러다임이 어떻게 사용되며 어떤 역할을 하는지에 대해 쓴 글이다. 따라서 글의 주제로 가장 적절한 것은 ④'과학 연구에서 패러다임의 기능적 측면'이다.

해석 과학자들은 패러다임을 믿기보다는 그것을 사용한다. 연구에서 패러다임의 사용은 일반적으로 공유된 개념, 상징적 표현, 실험 및 수학적 도구와 절차, 그리고 심지어 동일한 이론적 진술의 일부를 사용함으로써 관련된 문제들을 다룬다. 과학자들은 다른 사람들이 받아들일 방식으로 이러한 다양한 요소들을 사용하는 '방법'을 이해하기만 하면 된다. 따라서 이러한 공유된 실행의 요소들은 과학자들이 그것들을 사용할 때 그들이 하고 있는 것에 관한 그들의 믿음에서 그 어떤 비슷한 통일성을 전제로 할 필요는 없다. 실제로, 패러다임의 한 가지 역할은 과학자들이 그들이 무엇을 하고 있는지 또는 그들이 그것에 관해 무엇을 믿고 있는지에 대한 상세한 설명을 제공할 필요 없이 성공적으로 일할 수 있게 하는 것이다. Thomas Kuhn이 언급하기를, 과학자들은 "패러다임에 대한 완전한 '해석'이나 '이론적 설명'에 동의하거나, 심지어 그런 것을 만들어 내려고 시도조차 하지 않고도, 그것(패러다임)을 식별하는 데 있어서 일치를 보일 수 있다. 표준적인 해석이나 규칙으로 축약되어 합의된 것이 부족하다 해도 패러다임이 연구를 안내하는 것을 막지는 못할 것이다."
① 기존의 패러다임으로부터 새로운 이론을 도출하는 데 있어서의 어려움
② 혁신적 패러다임의 출현을 고취하는 핵심 요인
③ 생각이 비슷한 연구원들을 분류하는 데 있어서 패러다임의 역할
④ 과학 연구에서 패러다임의 기능적 측면

어휘 **paradigm** 패러다임 / **typically** 일반적으로 / **address** 다루다 / **employ** 사용하다 / **procedure** 절차 / **theoretical** 이론적인 / **accept** 받아들이다 / **presuppose** 전제로 하다 / **comparable** 비슷한 / **unity** 통일성 / **account** 설명 / **identification** 식별, 확인 / **interpretation** 해석 / **rationalization** 이론적 설명 / **reduction** 축약, 축소

008

» 정답 ②

다음 글의 주제로 가장 적절한 것은?

The precision of the lines on the map, the consistency with which symbols are used, the grid and/or projection system, the apparent certainty with which place names are written and placed, and the legend and scale information all give the map an aura of scientific accuracy and objectivity. Although subjective interpretation goes into the construction of these cartographic elements, the finished map appears to express an authoritative truth about the world, separate from any interests and influences. The very trust that this apparent objectivity inspires is what makes maps such powerful carriers of ideology. However unnoticeably, maps do indeed reflect the world views of either their makers or, more probably, the supporters of their makers, in addition to the political and social conditions under which they were made. Some of the simple ideological messages that maps can convey include: This land is and has long been ours; here is the center of the universe; if we do not claim this land, the enemies you most fear will.

① political and social conflicts caused by maps
② ideologies lying beneath the objectivity of maps
③ the conditions essential to making a map accurate
④ subjectivity defining the creativity of map-making

해설 전반부에서 지도가 겉보기에는 과학적인 정확성을 갖추고 있다고 설명하다가 중반부터는 그럼에도 불구하고 지도는 이데올로기와 제작자나 그 후원자의 세계관에 영향을 받는다는 설명이 이어진 후, 마지막 부분에서 그러한 예를 들고 있다. 따라서 이 글의 주제로 가장 적절한 것은 ② '지도의 객관성 아래에 놓여 있는 이데올로기'이다.

해석 지도 위의 선의 정밀성, 기호가 사용되는 일관성, 기준 선망 그리고/또는 투영법, 지명이 쓰이고 배열되는 외관상의 확실성, 그리고 범례와 축척의 정보 등 모든 것은 지도에 과학적인 정확성과 객관성의 분위기를 부여한다. 비록 이러한 지도 제작 요소들의 구축에 주관적인 해석이 들어가기는 하지만, 완성된 지도는, 어떠한 이해관계와 영향력과는 분리된, 세계에 대한 권위 있는 진실을 표현하는 것처럼 보인다. 이러한 외관상의 객관성이 불러일으키는 바로 그 신뢰성이 지도를 매우 강력한 이데올로기의 전달자로 만드는 것이다. 아무리 눈에 띄지 않는다 할지라도, 지도는 정말로, 그 지도가 만들어지는 정치적, 사회적 환경뿐만 아니라, 지도 제작자나, 혹은 더욱 가능성이 있는 것으로서, 제작자의 후원자의 세계관을 반영한다. 지도가 전달할 수 있는 간단한 이데올로기의 메시지들 중 몇 가지는 다음과 같은 것들을 포함한다. 이 땅은 우리 것이고 또 오랫동안 우리 것이었다. 이곳이 우주의 중심이다. 우리가 이 땅을 우리 것으로 주장하지 않으면 여러분이 가장 두려워하는 적이 그렇게 할 것이다.
① 지도에 의해 야기되는 정치적, 사회적 갈등
② 지도의 객관성 아래에 놓여 있는 이데올로기
③ 지도를 정확하게 만드는 데 필수적인 조건들
④ 지도 제작의 창의성을 규정하는 주관성

어휘 **precision** 정확성, 정밀성 / **consistency** 일관성 / **grid** (지도에 사용되는 가로선과 세로선의) 격자무늬 / **projection system** 투영법 / **apparent** 외관상의; 명백한, 분명한 / **legend** 범례 / **scale** 축척 / **certainty** 확실성, 분명함 / **aura** 아우라, 기운, 분위기 / **accuracy** 정확함 / **objectivity** 객관성 / **interpretation** 해석 / **construction** 건설, 구축 / **cartographic** 지도제작(법)의 / **authoritative** 권위 있는 / **interests** 이해관계 / **inspire** 불러일으키다 / **ideology** 이데올로기 / **convey** 전달하다 **unnoticeably** 눈에 띄지 않게 / **indeed** 실제로, 정말로 / **in addition to** ~이외에도

정답과 해설

009

» 정답 ③

다음 글의 주제로 가장 적절한 것은?

After a problem which needs to be solved has been recognized, the step of defining and representing the problem may proceed with analogical thinking. To form an appropriate representation, a problem solver must often try out different perspectives on solving a problem before finding one that gives insight to a solution path. One way in which a variety of representations can be found is through analogical thinking. When a similar problem can be identified, then the solution of the present problem is partly a matter of mapping one element onto another. For example, mapping involves comparing the problem for similarity in structure and identifying their parallel elements. The solution of one problem then can guide the process of solving a novel one through this analogical mapping process.

① problems of too much analytical thinking
② importance of having various perspectives
③ procedure of problem-solving through analogy
④ problem-solving ability through analogical thinking

해설 주어진 지문은 유추적 사고로 문제를 해결하는 과정을 시간 순서 전개 방식을 통해 설명하고 있다. 따라서 이 글의 주제로 가장 적절한 것은 ③이다.

해석 해결될 필요가 있는 문제가 인식된 이후에 문제를 정의하고 표현(설명)하는 과정은 유추적 사고와 함께 진행될 수 있다. 적절한 표현(설명)을 만들어 내기 위해서, 문제를 해결하는 사람은 해결 경로에 통찰력을 제공하는 하나의 관점을 찾기 전에 문제 해결에 관한 다른 관점들을 시험해 보아야 한다. 다양한 표현(설명)을 발견할 수 있는 한 가지 방법은 유추적 사고를 통해서이다. 유사한 문제를 찾아낼 수 있으면, 현재 문제의 해결은 어느 정도 하나의 요소를 다른 요소로 대응시키는 문제이다. 예를 들어 대응시키는 것은 구조의 유사성을 찾기 위해 문제들을 비교하고, 그 문제들의 아주 유사한 요소들을 찾는 것을 포함한다. 그런 다음 한 문제의 해결은 이러한 유추에 의한 일정한 대응 과정을 통해 새로운 문제의 해결 과정을 안내할 수 있다.
① 과다한 분석적 사고의 문제점
② 다양한 관점을 갖는 것의 중요성
③ 유추를 통한 문제 해결 과정
④ 유추적 사고를 통한 문제해결 능력

어휘 **recognize** 인식하다 / **process** 과정, 절차 / **define** 정의하다, 정의를 내리다 / **represent** ① 대신하다, 대표하다 ② 나타내다, 표현[설명]하다 ③ 상징하다, 보여주다 / **proceed** ① 진행하다[되다] ② 계속해서 ~하다 / **analogical** ① 유사한 ② 유추적인 / **appropriate** 적절한, 적당한 / **representation** 표현, 설명 / **try out** 시험해 보다 / **perspective** 관점 / **insight** 통찰력 / **path** 통로, 길 / **a variety of** 다양한 / **identify** 확인하다 / **partly** 어느 정도, 부분적으로 / **map A on(to) B** A를 B와 연결[대응]시키다 ***mapping** 대응 / **parallel** ① 평행한 ② 유사한 / **novel** ① 소설 ② 새로운 / **analytical** 분석적인 / **procedure** 과정, 절차

010

» 정답 ②

다음 글의 제목으로 가장 적절한 것은?

We have a strange belief in the power of systems related with traffic. If a visitor from a planet without cars were to visit Earth, he might be truly puzzled by the strange daubs of paint on the street. Do you remember the children's game Red Light, Green Light? The person acting as the stoplight would stand with his back to the other players and announce, "Green light." The players would move forward. Then he would say, "Red light" and spin around. If you didn't stop before he saw you, you were "out." What makes the game work is that children do not always stop in time. Nor do adults in real life, which is even more complicated, because we have things like yellow lights — do I stop or do I go? A line on the street may also keep cities from getting sued, but it does nothing to prevent a driver from misbehaving, perhaps even killing someone.

① Traffic Lights: Not always Necessary
② Traffic Systems Are Little Effective
③ Supplementing Traffic Lights for Traffic Systems
④ Securing Financial Resources for Efficient Traffic Lights

해설 이 글은 교통 체계의 불필요함을 역설하는 글이므로 ②가 가장 적절한 제목이 된다. ①은 너무 세부적인 선택지이므로 정답이 될 수 없다.

해석 우리는 교통 체계의 힘에 대한 이상한 믿음을 가지고 있다. 차가 없는 행성에서 어떤 방문객이 지구를 방문하게 된다면, 그는 도로 위에 있는 이상한 페인트 칠에 정말 어리둥절해할지도 모른다. 아이들의 '빨간불, 초록불' 놀이를 기억하는가? 신호등 역할을 하는 사람은 다른 (놀이) 참가자들에게 등을 진 채로 서서 '초록불'이라고 말하곤 했다. (놀이) 참가자들은 앞으로 움직이곤 했다. 그리고 나서 그가 '빨간불'이라고 말하고 휙 돌아섰다. 그가 여러분을 보기 전에 멈추지 않았으면, 여러분은 '퇴장'당했다. 이 놀이를 가능하게 하는 것은 아이들이 항상 제 시간에 멈추지 않는다는 것이다. 실제 상황에서 어른들도 또한 그렇게 하지 않는데, 실제 생활에서는 '멈춰야 하나, 가야 하나?'와 같은 노란불 같은 것들이 있기 때문에 훨씬 더 복잡하다. 또한 도로 위의 차선은 도시가 고소당하지 않게 해 줄 수는 있지만, 운전자가 잘못된 행동을 하는 것을, 어쩌면 심지어는 누군가를 죽이는 것을 막기 위해서 아무것도 하는 것이 없다.
① 교통 신호들: 항상 필요한 것은 아니다
② 교통 체계가 효율적이지는 않다
③ 교통 체계를 위해 교통 신호등을 보완하기
④ 효율적인 교통 신호등을 위한 재원 확보

어휘 **puzzled** 어리둥절해하는 / **daub** (아무렇게나 발라 놓은 페인트 따위의) 칠, 얼룩 / **stoplight** 신호등 / **announce** 말하다, 알리다 / **spin around** 획 돌아서다, 돌다 / **complicated** 복잡한 / **sue** 고소하다 / **misbehave** 잘못된 행동을 하다

011

》 정답 ④

다음 글의 주제로 가장 적절한 것은?

In monkey colonies, where rigid dominance hierarchies exist, beneficial innovations do not spread quickly through the group unless they are taught first to a superior animal. When a lower animal is taught the new concept first, the rest of the colony remains mostly oblivious to its value. One study on the introduction of new food tastes to Japanese monkeys provides a nice illustration. In one troop, a taste for caramels was developed by introducing this new food into the diet of young minors, low on the status ladder. The taste for caramels inched slowly up the ranks : A year and a half later, only 51 percent of the colony had acquired it, and still none of the leaders. Contrast this with what happened in a second troop where wheat was introduced first to the leader : Wheat eating — to this point unknown to these monkeys — spread through the whole colony within four hours.

① peer pressure in monkey colonies
② how monkeys get beneficial innovations
③ unnecessary dominance hierarchies in monkey colony
④ monkeys' deference to authority in adapting themselves to new things

해설 엄격한 지배 서열이 존재하는 원숭이 무리에서는 새로운 개념을 서열이 높은 원숭이에게 먼저 가르치면 무리 내의 파급 효과가 강하고, 반대로 서열이 낮은 원숭이부터 가르치면 파급 효과가 약하다는 내용이므로, 이 글의 주제로 ④ '새로운 것에 적응하는 데 있어서 권위에 대한 원숭이의 존중'이 가장 적절하다.

해석 원숭이 무리에서는 엄격한 지배 서열이 존재하는데, 유익한 혁신들을 우월한 지위의 원숭이에게 먼저 가르쳐지지 않으면 무리 전체로 빠르게 퍼져나가지 않는다. 서열이 낮은 원숭이가 새로운 개념을 먼저 배우게 되면, 무리에 있는 나머지는 대개 그것의 가치에 대해 여전히 알아차리지 못하는 상태로 남게 된다. 일본 원숭이에게 새로운 음식 맛을 처음 접하게 한 것에 대한 연구는 좋은 실례를 제공한다. 한 무리에서, 캐러멜 맛보기는 이 새로운 음식을 지위 계층상 낮은, 어린 원숭이들의 식단에 처음 선보임으로써 전개되었다. 캐러멜 맛보기는 조금씩 서서히 계층 위쪽으로 움직여 나갔다. 일 년 반이 지난 후에, 그 무리의 단지 51%만이 캐러멜 맛을 알게 되었고, 여전히 우두머리 원숭이들은 어느 누구도 캐러멜의 맛을 알지 못했다. 이것을 밀이 우두머리에게 먼저 소개되었던 두 번째 무리에서 있었던 일과 대조해 보라. 밀 섭취는 이때까지는 이 원숭이들에게 알려지지 않았으나, 네 시간 만에 무리 전체로 퍼져 나갔다.
① 원숭이 무리에서의 동료 간 압박
② 어떻게 원숭이가 유익한 혁신들을 얻는가
③ 원숭이 무리의 불필요한 지배 서열
④ 새로운 것에 적응하는 데 있어서 권위에 대한 원숭이의 존중

어휘 **colony** ① 무리 ② 식민지 ③ 거주지 / **rigid** 엄격한 / **dominance** 지배, 우월, 우성 / **hierarchy** 서열, 계층 / **innovation** 혁신 / **superior** 우월한, 우세한 / **oblivious** 알아차리지[의식하지] 못하는 / **introduction** 소개 ***introduce** 소개하다 / **illustration** ① 실례 ② 삽화, 도해 / **troop** ① 무리 ② 군대, 병력 / **status** 신분, 지위 / **ladder** 사다리 ***status ladder** 지위 계층 / **inch** 조금씩[서서히] 움직이다 / **acquire** 얻다, 획득하다 / **contrast A with B** A와 B를 대조하다 / **wheat** 밀 / **pressure** 압박 / **imitation** 모방 / **deference** 존중, 존경 / **authority** 권위 / **adapt** 적응하다[시키다]

012

》 정답 ③

다음 글의 요지로 가장 적절한 것은?

If someone is homeless and without warm clothing for the winter ahead, donating your old winter clothes and food to the shelter the following spring is not very helpful. When we are angry, we have to express it appropriately and at the proper moment. If not, the words that would have led to an improvement may make the situation worse. And the same thing said at the wrong time can be a disaster, while said at the right time, enlightening. So be aware of the time and your emotional state before speaking. Also, while you are deciding on the right moment, be patient and aware of what others need. Sometimes the right moment for you may not be right for the person you want to communicate with.

① Time heals all wounds.
② Time will show who is right.
③ There is a time for everything.
④ Time and tide waits for no man.

해설 이 글은 모든 일에는 적절한 시기가 있다는 내용이므로 정답은 ③이 된다.

해석 어떤 사람이 집이 없고, 다가오는 겨울을 위한 따뜻한 의복이 없다면 이듬해 봄에 (그들의) 숙소에 당신이 입었던 겨울옷과 음식을 기증하는 것은 그리 도움이 되지 않는다. 우리는 화가 났을 때, 그것을 적절하게 그리고 적당한 순간에 표현해야 된다. 그러지 않으면 나아지게 할 수도 있었던 말들이 상황을 더 악화시킬 수도 있다. 그리고 동일한 말도 적당하지 않은 때에는 재앙이 될 수 있지만, 적당한 때에는 계몽적이 될 수 있다. 그러므로 말하기 전에 때와 당신의 감정 상태를 의식하라. 또한, 적절한 순간을 결정하는 동안에는, 인내하고 다른 사람들이 필요로 하는 것을 알아보도록 하라. 때로 당신에게 적절한 순간이 대화를 하고자 하는 상대방에게는 적절하지 않을 수도 있다.
① 시간이 약이다.
② 시간이 누가 옳은지 보여줄 것이다.
③ 모든 일에는 때가 있다.
④ 시간과 때는 사람을 기다려주지 않는다.(시간을 낭비하지 마라)

어휘 **ahead** 전방에, 앞에 / **donate** 기부하다, 주다 / **shelter** 피난장소, 숙소 / **improvement** 개선, 개량 / **disaster** 재해, 재앙 / **enlightening** 계몽적인, 깨우치는 / **be aware of** ~을 알아차리다, 의식하다 / **patient** 인내심이 강한, 잘 견디는

정답과 해설

013

» 정답 ②

다음 글의 제목으로 가장 적절한 것은?

One theory to explain the sudden extinction of all dinosaurs points to drug overdoses as the cause. Angiosperms, a certain class of plants, first appeared at the time that dinosaurs became extinct. These plants produce an amino-acid-based alkaloid which is among psychoactive organic compounds. Most herbivorous mammals avoid these potentially lethal poisons because they taste bitter. Moreover, mammals have livers that help detoxify such drugs. However, dinosaurs could neither taste the bitterness nor detoxify the substance once they ate it. This theory receives its strongest support from the fact that it helps explain why so many dinosaur fossils are found in unusual positions and contorted positions.

① Why Did Mammals Become Extinct
② Watch What Dinosaurs Ate Carefully
③ Extinction of Dinosaurs : An Eternal Riddle
④ Poisons Can Sometimes Be a Good Remedy

해설 이 글은 공룡의 멸종의 원인을 공룡이 섭취한 음식과 관련지어 설명하는 내용의 글이므로 이 글의 제목으로 가장 적절한 것은 ②가 된다. 선택지 ③은 공룡 멸종에 대한 언급이 없기 때문에 정답이 될 수 없다.

해석 공룡의 갑작스러운 멸종을 설명하는 한 이론은 그 원인으로 약물과다를 지적한다. 식물의 한 부류인 속씨식물은 공룡이 멸종되던 시기에 처음으로 나타났다. 이 식물은 정신 활동에 영향을 주는 유기 합성물에 속하는 아미노산에 기초를 둔 알칼로이드를 만들어낸다. 대부분의 초식 포유류들은 그 쓴 맛 때문에 죽음에 이르게 할 수 있는 이 독성 물질을 피한다. 또한 포유류는 그런 약물을 해독하는 데 도움이 되는 간이 있다. 그러나 공룡은 쓴 맛을 느낄 수도 없고 일단 섭취하면 그 물질을 해독할 수도 없었다. 이 이론은 왜 그렇게 많은 공룡 화석들이 특이한 위치에서 발견되는지에 대한 이유를 설명하는 데 도움이 된다는 사실에서 열렬한 지지를 받고 있다.
① 왜 포유류가 멸종했는가
② 공룡이 먹었던 음식을 주의 깊게 살펴라
③ 공룡의 멸종: 영원한 수수께끼
④ 독이 가끔은 좋은 치료제가 될 수 있다

어휘 **extinction** 멸종 / **point to** 지적하다 / **overdose** 과다복용 / **angiosperm** 속씨식물 / **extinct** 멸종한 / **alkaloid** 알칼로이드 / **amino-acid-based** 아미노산에 근거한 / **organic** 유기체의 / **psychoactive** 정신에 영향을 주는 / **compound** 합성물, 혼합물 / **herbivorous** 초식의 / **lethal** 치명적인, 죽음에 이르는 / **bitter** 맛이 쓴 / **detoxify** 해독하다 / **liver** 간 / **substance** 물질 / **fossil** 화석 / **unusual** 특이한 / **contorted** 뒤틀린, 일그러진 / **riddle** 수수께끼 / **remedy** 치료(약)

014

» 정답 ①

다음 주어진 글의 주제로 가장 적절한 것을 고르시오.

A team of researchers has found that immunizing patients with bee venom instead of with the bee's crushed bodies can better prevent serious and sometimes fatal sting reactions in the more than one million Americans who are hypersensitive to bee stings. The crushed-body treatment has been standard for fifty years, but a report released recently said that it was ineffective. The serum made from the crushed bodies of bees produced more adverse reactions than the injections of the venom did. The research compared results of the crushed-body treatment with results of immunotherapy that used insect venom and also with results of a placebo. After six to ten weeks of immunization, allergic reactions to stings occurred in seven of twelve patients treated with the placebo, seven of twelve treated with crushed-body extract, and one of eighteen treated with the venom.

① A new treatment for people allergic to bee stings
② A more effective method of preventing bee stings
③ The use of placebos in treating hypersensitive patients
④ Bee venom causing fatal reactions in hypersensitive patients

해설 이 글은 벌침 알레르기 반응에 대해 으깨진 벌의 몸보다는 벌 독이 효과적이라는 글이므로 정답은 ①이 된다. 선택지 ②는 너무 광범위하다.

해석 한 팀의 연구자들은 벌침에 매우 민감한 백 명 이상의 미국인들을 대상으로, 으깨진 벌의 몸 대신에 벌의 독을 가지고 환자에게 면역력을 주는 것이 심각하고 때로는 치명적인 벌침 알레르기 반응을 더 잘 예방할 수 있다는 것을 발견했다. 벌의 으깨진 몸을 사용한 치료법은 50여 년 동안 기준이 되어 왔지만, 최근에 발표된 보고서에 따르면 이 방법은 효과가 없다고 말했다. 벌의 몸을 으깨서 만든 면역혈청은 벌침 독을 주사하는 것보다 더 많은 부작용을 만들어 낸다. 이 연구는 벌의 으깨진 몸을 사용하는 치료법을 벌침 독을 사용한 면역 요법의 결과와 비교하고, 또한 플라시보(위약)의 결과와도 비교하였다. 면역 접종의 6~10주 이후에, 벌침에 대한 알레르기 반응은 플라시보(위약)의 경우 환자 12명 중 7명에게서, 벌의 으깨진 몸의 추출액의 경우 환자 12명 중 7명에게서, 벌침 독으로 치료한 18명의 환자 중에서 1명에게서 발생했다.
① 벌침에 알레르기 반응이 있는 사람들을 위한 새로운 치료법
② 더 효과적인 벌침 예방법
③ 과민성 환자 치료에 있어서의 위약 사용
④ 과민성 환자에게 치명적 반응을 야기하는 벌의 독

어휘 **immunize** 면역력을 갖게 하다 / **venom** 독 / **crushed** 으깨진, 부서진 ***crush** 으깨다, 부서뜨리다 / **prevent** 예방하다, 막다 / **serious** ① 심각한 ② 진지한 / **fatal** 치명적인 / **hypersensitive** 과민한 / **bee sting** 벌침 / **release** ① 내보내다, 석방하다 ② 발표하다 / **ineffective** 무력한, 효과없는 / **serum** (면역) 혈청 / **adverse** 불리한, 부정적인 ***adverse reaction** 부작용 / **injection** 주사, 주입 / **immunotherapy** 면역 요법 / **placebo** 위약, 가짜 약 / **extract** 추출하다 / **allergic** 알레르기의

015

» 정답 ①

다음 글의 주제로 가장 적절한 것은?

Most conducive to the calm and peaceful atmosphere that the two-year-old child needs but cannot produce for himself/herself is the presence of comforting music, in almost any form. Mother's chanting can help. Chanting a request, such as "Time to come to breakfast." may be more effective than simply saying the request. Records, especially nursery rhymes, are just the thing for those periods at the end of the morning or afternoon when children are often easily irritated. Some children, especially boys, like to have their own music players and may play these for very long periods of time.

① the leisurely effect of music on two-year-olds
② the baneful influence of music on two-year-olds
③ the plights of musical therapy for two-year-olds
④ the most popular nursery rhymes for two-year-olds

해설 이 글은 두 살배기 아이에게 음악은 긍정적 효과가 있다는 내용의 글이므로 이 글의 주제로 가장 적절한 것은 ①이다.

해석 두 살배기 아이에게 필요하지만 아이 스스로가 만들어낼 수 없는 조용하고 평화로운 분위기에 가장 도움이 되는 것은 거의 모든 형태로 된 마음을 편안하게 해주는 음악의 존재이다. 어머니의 노래는 도움이 될 수 있다. "아침 먹을 시간이다." 같은 요청을 노래로 하는 것은 그 요청을 그냥 말하는 것보다 더 효과적일 수 있다. 레코드, 특히 자장가는 아이들이 종종 쉽게 짜증내는 아침의 끝이나 오후 동안 안성맞춤의 것이 된다. 어떤 아이들은, 특히 소년들은 그들 자신의 음악연주기기를 갖고 싶어 하고, 아주 오랜 기간 동안 이것을 틀 수도 있다.
① 두 살 배기 아이에게 음악이 주는 느긋한 효과
② 두 살 배기 아이에게 음악이 주는 해로운 영향력
③ 두 살 배기 아이에 대한 음악치료의 문제점
④ 두 살 배기 아이를 위한 가장 유명한 동요

어휘 **conducive** 도움이 되는 / **atmosphere** ① 분위기 ② 대기 / **chant** 노래하다 / **nursery rhyme** ① 자장가 ② 동요 / **irritated** 짜증내는 / **leisurely** 여유 있는, 느긋한 / **baneful** 해로운 / **plight** 골칫거리, 문제점 / **therapy** 치료

016

» 정답 ④

다음 글의 제목으로 가장 적절한 것은?

One thing Westerners notice with some puzzlement when visiting African universities is that even in oppressive heat the African staff members are dressed to perfection – the men, for example, wear three-piece suits, gold watches, and shined shoes. In contrast, Western men look sweaty and hairy in their wrinkled shirts and shorts, leisurely walking in sandals. This difference is not to be explained simply; the Africans are not "bragging" their status, as it might seem to a Westerner for whom stylish outfit indicates the desire to impress, and casual clothes demonstrate a care for comfort or an admirable disdain to outward indicators of wealth or rank. Rather, the Africans are exemplifying a belief that goes back to village society: Care in grooming and dress manifests a politeness and sincerity that are considered to be rudimentary human virtues. We see this sophisticated manners in our town African-American churchgoers.

① Social Position Means Nothing to Africans
② Manners Matter More Than How You're Dressed
③ Dress Code: A Badge of Identity in African Societies
④ African's Stylishness: Not for Showing But for Courtesy

해설 아프리카의 대학들에서 볼 수 있는 아프리카인 교직원들의 멋진 복장은 서양인들이 생각하는 것처럼 그들의 지위를 자랑하고 있는 것이 아니라 오히려 근본적인 인간의 미덕으로 여겨지는 공손함과 진정성을 나타내는 것이라고 했으므로 ④가 이 글의 제목으로 가장 적절하다.

해석 서양인들이 아프리카의 대학에 방문할 때 다소 의아해 하면서 보게 되는 한 가지는 심지어 숨이 막히는 더위 속에서도 아프리카인 교직원들은 완벽하게 옷을 갖추어 입는다는 것인데, 예를 들어 남자들은 쓰리피스 정장을 입고, 금색 시계를 차며 광나는 구두를 신는다. 이와는 반대로, 서양 남자들은 그들의 주름진 셔츠와 반바지를 입고 땀에 젖고 털이 많아 보이는 채로 샌들을 신고서 한가롭게 걷는다. 이런 차이는 쉽게 설명되는 것이 아니다. 비록 멋진 복장은 인상적으로 보이기 위한 열망을 나타내며, 자유분방한 복장은 편안함에 신경쓰거나 혹은 부와 계급에 대한 외형상의 지표에 감탄할 만한 무시를 보여주는 것이라고 생각하는 서양인에게는 그렇게(지위를 자랑하는 것) 보일지는 모르지만, 아프리카인들은 그들의 지위를 '자랑'하고 있는 것이 아니다. 오히려, 아프리카인들은 촌락 사회로 거슬러 올라가는 하나의 신념을 예증하고 있는 것이다. 즉, 몸단장과 옷에 대해 신경 쓰는 것은 근본적인 인간의 미덕으로 여겨지는 공손함과 진정성을 나타낸다. 우리는 이러한 세련된 예의를 교회에 가는 우리의 아프리카계 미국인에게서 볼 수 있다.
① 사회적 지위는 아프리카인들에게는 아무것도 아니다.
② 어떻게 옷을 입는가보다는 예절이 더 중요하다.
③ 드레스 코드 : 아프리카 사회의 정체성 표시
④ 아프리카인들의 멋 내기 : 보여주기가 아닌 공손함

어휘 **puzzlement** 의아함, 어리둥절함 / **oppressive** ① 숨이 막힐 듯한 ② 억압적인 / **sweaty** 땀투성이의, 땀에 젖은 / **hairy** 털이 많은 / **wrinkled** 주름진 / **shorts** 반바지 / **leisurely** 한가로운, 느긋한 / **brag** 자랑하다, 뽐내다 / **statue** 지위, 상태 / **outfit** 의복, 복장 / **demonstrate** 보여주다 / **admirable** 감탄할 만한 / **disdain** 업신여김, 무시 / **outward** 외견상의, 겉보기의 / **indicator** 지표 / **exemplify** 예증하다 / **grooming** 몸단장 / **manifest** 나타내다, 보여주다 / **sincerity** 진정성 / **rudimentary** 근본적인 / **virtue** 미덕 / **sophisticated** 세련된, 정교한 / **manners** 예의범절, 예절 / **identity** 정체성

Chapter 02 Pattern and Signal

001

》 정답 ④

다음 글의 제목으로 가장 적절한 것을 고르시오.

It is important to use water carefully. Here are some ways you can use less water. First, be sure to turn off faucets tightly. They should not drip in the bathroom or kitchen sink. Second, do not keep the water running for a long time. Turn it off while you are doing something else. For example, it should be off while you are shaving or brushing your teeth. It should be off while you are washing the dishes. Finally, in the summer you should water your garden in the evening. That way you will not lose a lot of water. During the day the sun dries up the earth too quickly.

① Importance in Using Water Carefully
② Effective Ways in Using Water to Wash
③ What to Do in the Garden
④ How to Save Water

해설 이 글은 나열의 전개 방식을 이용해서 물을 절약하는 방법을 설명하고 있다. 따라서 이 글의 주제는 ④가 된다.

해석 물을 신중히 사용하는 것은 중요하다. 여기 당신이 물을 적게 사용하는 몇 가지 방법이 있다. 첫째, 반드시 수도꼭지를 꽉 잠가라. 화장실이나 부엌 싱크대에서 그것(수도꼭지)들이 물을 떨구어서는 안 된다(물이 새면 안 된다). 둘째, 오랫동안 물이 흐르게 두지 마라(물을 틀어 놓지 마라). 다른 일을 할 때에는 물을 잠가 두어라. 예를 들면, 면도를 하거나 이를 닦는 동안에는 물을 잠가야 한다. 그릇을 씻을 때에도 역시 물을 잠가야 한다. 끝으로, 여름철에는 저녁에 정원에 물을 주어야 한다. 그렇게 하면 당신은 물을 많이 낭비하지 않게 된다. 낮 동안에는 태양 때문에 땅이 너무 빨리 마른다.
① 물을 주의 깊게 사용하는 데 있어서의 중요성
② 씻기 위한 물을 사용하는 데 있어서의 효과적인 방법
③ 정원에서 무엇을 해야 하는가
④ 어떻게 물을 절약할 수 있는가

어휘 **turn off** 잠그다, 끄다 / **faucet** 수도꼭지 / **tightly** 꽉, 단단히 / **drip** 물이 똑똑 떨어지다 / **run** (물이) 흐르다 / **water** 물을 주다 / **lose** 잃다, 낭비하다 / **dry up** 건조시키다 / **earth** ① 땅 ② 지구

002

》 정답 ②

다음 글의 흐름으로 보아 주어진 문장이 들어가기에 가장 적절한 곳은?

The sizes and shapes of coins are different in several countries, and the size and color of paper money also vary.

When we think of money, we usually think of coins or bills. (①) In the modern world, almost every country uses coins and paper money to exchange for other objects of value. (②) In India, for instance, some coins have square sides. (③) In Japan, coins have holes in the center. (④) In the United States, all paper money is the same size and the same color; only the printing on the bills is different.

해설 제시문에 several countries가 있으므로 제시문 다음에는 나라들이 나열되어야 한다. ②부터 인도, ③ 일본, ④ 미국 순으로 나라가 나열되고 있으므로 정답은 ②가 된다.

해석 우리가 돈을 떠올릴 때, 우리는 보통 동전과 지폐를 떠올린다. 현대 사회에서, 거의 모든 나라는 다른 가치를 지닌 물건들과 교환을 하려고 동전과 지폐를 사용한다. 동전의 크기와 모양은 여러 나라에서 다르고 지폐의 크기와 색깔 역시 다양하다. 예를 들어, 인도에서는 몇 개의 동전은 사각형이다. 일본에서는 동전 중앙에 구멍이 있다. 미국에서는 모든 지폐는 같은 크기이며 색도 같다; 오직 지폐에 인쇄되는 것만이 다르다.

어휘 **several** 몇몇의 / **vary** 다양하다, 다르다 / **bill** ① 지폐 ② 법안 / **modern** 근대의, 현대의 / **square** 사각형(의) / **printing** 인쇄(물)

003

》 정답 ④

주어진 글 다음에 이어질 글의 순서로 가장 적절한 것은?

Ralph was asked to work on the citizens' general dissatisfaction with the effectiveness of city government. After spending some time with people in the city, he found one of the problems was the performance of the city planning department.

(A) Another one said, "The most important thing is that we've learned how to coordinate." Ralph saw that the immediate, short-term payoff for the planning department was to become more responsive to the community and its growth.
(B) Ralph determined that the citizens' complaints were justified, so he trained the city planners in setting objectives, selecting alternatives, data analysis, and coordination. At the end of the training, one of them said, "We'll use this in the future. I'm not going to be drawing boxes any more."
(C) Citizens complained that many planners were experts at 'drawing pictures', that is, physical planning and design, but did nothing to coordinate what they were doing.

① (A) − (C) − (B) ② (B) − (A) − (C)
③ (B) − (C) − (A) ④ (C) − (B) − (A)

해설 (C)에 many planners가 있으므로 (C) 다음에는 (B)의 one of them이 이어져야 한다. 그다음 Another로 시작하는 (A)가 오는 것이 적절하다. 따라서 글의 순서는 ④ (C)−(B)−(A)가 되어야 한다.

해석 Ralph는 시 정부의 효율성에 대한 시민들이 가진 보편적인 불만족을 해결해 보라는 요청을 받았다. 도시의 사람들과 얼마간의 시간을 보낸 후, 그는 문제들 중 하나가 도시 계획과의 업무 수행이라는 것을 알아냈다.
(C) 시민들은 많은 기획자들이 '그림을 그리는 것' 즉, 물리적인 계획과 디자인에는 전문가들이지만 그들이 하고 있는 일을 조정하기 위해서는 아무 일도 하지 않았다고 불평했다.
(B) Ralph는 시민들의 불평이 정당하다는 결정을 내렸고, 도시 계획 입안자들이 목표를 설정하고, 대안을 선택하며, 데이터를 분석하고, 조정하는 훈련을 시켰다. 훈련이 끝날 무렵에 그들 중 한 사람은 "앞으로 우리는 이 방법을 사용할 것입니다. 저는 더 이상 박스나 그리고 있지는 않을 겁니다."라고 말했다.
(A) 또 한 사람은 "가장 중요한 것은 우리가 조정하는 것을 배웠다는 것입니다."라고 말했다. Ralph는 도시 계획과에 즉각적이고 단기적으로 이득이 되는 일이란 지역 사회와 지역 사회의 성장에 더 많은 관심을 기울이는 것이라고 보았다.

어휘 **work on** ~에 관심을 갖고 임하다 / **general** ① 일반적인 ② 장군 / **dissatisfaction** 불만족 / **performance** 업무 수행 / **immediate** ① 즉각적인 ② 주변의, 가까운 / **short-term** 단기간의(↔ **long-term** 장기간의) / **payoff** 이익, 이점 / **responsive** 반응을 보이는, 대응하는 / **determine** 결정[결심]하다 / **complaint** 불평, 불만 / **justify** 정당화하다 / **objective** ① 객관적인 ② 목표 / **alternative** 대안(의) / **analysis** 분석 / **coordination** 조정, 통합 ***coordinate** ① 조정하다 ② 통합하다 ③ 협조하다

004

» 정답 ④

주어진 글 다음에 이어질 글의 순서로 가장 적절한 것은?

One day when Brahms taught and traveled as a pianist, he served as a teacher and conductor.

(A) During the last 30 years of his life, Brahams spent more and more time composing.
(B) In 1863, in the end, he settled there as a conductor.
(C) Brahams was composing large numbers of works by 1862, when he visited Vienna.

① (A) – (C) – (B)　② (B) – (A) – (C)
③ (B) – (C) – (A)　④ (C) – (B) – (A)

해설 시간 순서 전개 방식을 이용해야 한다. 시간 순서의 시작점인 one day가 제시문에 있고 (C)에 제일 빠른 연도 1862, 그리고 (B)에 1863, 그 다음 (A)에 last 30 years가 있다. 이 순서로 글이 전개되어야 하므로 정답은 ④ (C)–(B)–(A)가 된다.

해석 브람스가 피아니스트로서 가르치고 여행하던 어느 날, 그는 선생님과 지휘자로서 일하고 있었다.
(C) 브람스가 많은 작품을 작곡했던 때는 1862년쯤이었고 그때 그는 비엔나를 방문했다.
(B) 1863년에 마침내, 그는 지휘자로 그곳에 자리 잡았다.
(A) 그의 인생의 마지막 30년 동안, 브람스는 더욱더 많은 시간을 작곡에 바쳤다.

어휘 **serve** ① 봉사하다 ② 주다, 제공하다 / **conductor** 지휘자 / **compose** 작곡하다 / **in the end** 마침내 / **settle** ① 자리 잡다, 정착하다 ② (문제를) 해결하다

005

» 정답 ③

다음 글의 제목으로 가장 적절한 것을 고르시오.

The people of ancient Egypt were polytheistic. The Persian invasion of Egypt in 539 B.C. doesn't seem to have made any difference to Egyptian religion. The Egyptian just kept right on worshipping their own gods. When the Romans conquered Egypt in 30 B.C., again the Egyptians kept on worshipping their own gods while at the same time continuing to worship the Greek gods, and adding on some Roman gods as well. But little by little some Egyptians began to convert to Christianity, and by the time of the Great Persecution in 303 A.D., there were many Christians in Egypt. After the Roman Emperors became Christian and the persecution ended, most of the people of Egypt were converted to Christianity.

① The Various Kinds of Egyptian Gods
② The Cultural Tradition of Ancient Egypt
③ The Historical Change of Egyptian Religion
④ The Conversion from Muslim to Christianity

해설 이 글은 첫 번째 문장의 ancient(고대)로 시작해서 B.C. 539 ➡ B.C. 30 ➡ A.D. 303 순서로 연결되는 시간 순서 전개 방식 구조이다. 이 글은 고대 이집트 종교의 역사를 설명하고 있으므로 정답은 ③이 된다.

해석 고대 이집트 사람들은 다신론자들이었다. 기원전 539년에 페르시아가 이집트를 침공했을 때도, 이집트의 종교에는 아무런 변화가 없는 것처럼 보인다. 이집트인들은 단지 자신들의 신들을 계속해서 숭배했다. 기원전 30년경, 로마가 이집트를 정복했을 때에도 이집트인들은 계속해서 자신들의 신을 숭배하였고, 자신들의 신을 숭배하면서 그와 동시에 그리스 신과 로마의 신들도 숭배했다. 그러나 조금씩 몇몇의 이집트인들이 기독교로 개종하기 시작하였고, A.D. 303년 대박해 기간쯤에는 수많은 기독교인들이 있었다. 로마 황제들이 기독교인이 되고, 박해가 끝난 이후에는 대부분의 이집트인들이 기독교로 개종했다.
① 다양한 종류의 이집트 신들
② 고대 이집트의 문화적 전통
③ 이집트 종교의 역사적 변화
④ 이슬람교에서 기독교로의 전환

어휘 **ancient** 고대의, 오래된 / **polytheistic** 다신교의, 다신교를 믿는 / **invasion** 침공, 침략 ***invade** 침공[침략]하다 / **religion** 종교 / **worship** 숭배하다 / **conquer** 정복하다 / **convert** 개종하다, 전환하다 ***conversion** 개종, 전환 / **Christianity** 기독교 / **persecution** 박해 ***persecute** 박해하다

006

» 정답 ③

다음 글의 제목으로 가장 적절한 것을 고르시오.

Powerful computers capable of translating documents from one language into another have recently been developed. To interpret a document from English into Japanese, the computer first analyzes an English sentence, determining its grammatical structure and identifying the subject, verb, objects, and modifiers. Next, the words are shifted by an English-Japanese dictionary. After that, another part of the computer program analyzes the awkward jumble of words and meanings and produces an intelligible sentence based on the rules of Japanese syntax and the machines understanding of what the original English sentence meant. Finally, the computer-produced translation is polished by a human bilingual editor.

① Development of New Software
② Software for Language Translation
③ Procedure of Machine Translation
④ Assembling Sentences by Computer

해설 이 글은 시간 순서 전개 방식을 이용해서 컴퓨터로 영어를 일어로 번역하는 과정을 소개하고 있다. 따라서 정답은 ③이 된다.

해석 문서를 한 언어에서 다른 언어로 번역할 수 있는 고성능 컴퓨터가 최근 개발되었다. 영어 문서를 일본어로 번역하려면, 이 컴퓨터는 먼저 영어 문장을 분석하고, 문법적 구조를 결정하고 주어, 동사, 목적어 그리고 수식어를 확인한다. 그 다음 단어들은 영일 사전에 의해 변환된다. 그 뒤에, 컴퓨터 프로그램의 다른 부분에서 뒤죽박죽인 어색한 단어들과 의미들을 분석해서 일본어 통사론의 규칙과 컴퓨터가 이해한 영어 원문이 의미하는 것을 기반으로 하여 이해할 수 있는 문장을 만들어 낸다. 마지막으로, 컴퓨터가 만들어 낸 번역은 이중 언어를 사용하는 인간 편집자에 의해 퇴고된다.
① 새로운 소프트웨어의 개발
② 언어 번역을 위한 소프트웨어
③ 기계 번역 과정
④ 컴퓨터로 문장을 조립하는 것

어휘 **capable** ~할 수 있는 / **translate** 번역하다 / **document** 문서, 서류 / **interpret** 해석하다, 통역하다 / **analyze** 분석하다 / **sentence** 문장 / **determine** 결정[결심]하다 / **structure** 구조 / **identify** ① 확인하다 ② 동일시하다 / **modifier** 수식어 / **shift** 이동하다, 변환시키다 / **awkward** 어색한 / **jumble** 뒤죽박죽 섞인 것 / **intelligible** 이해할 수 있는 / **syntax** 통사론, 구문론 / **polish** ① 광을 내다 ② 퇴고하다 / **bilingual** 이중 언어를 구사하는 / **editor** 편집자 / **procedure** 과정, 절차(= **process, step**) / **assemble** ① 조립하다 ② 모이다, 모으다

007

» 정답 ②

다음 글을 읽고, 빈칸에 가장 적절한 것을 고르시오.

Children will often express themselves openly. "Look at my painting! Isn't it pretty?" But adults are generally ______________ about their need for support. A grown-up who tried his or her best at something isn't likely to ask, "Didn't I do a good job?" But the adult needs to hear it all the same. In other words, children and adults alike want to hear positive remarks. Therefore, don't forget to praise others when they need support.

① more honest ② less revealed
③ less hidden ④ less hesitant

해설 빈칸 앞에 있는 But을 이용해서 반대·대조의 전개 방식으로 문제를 해결할 수 있다. But 앞의 내용에서 아이들은 솔직하게 자기 자신을 드러낸다고 했으므로 빈칸에는 그와 반대·대조되는 내용인 '숨긴다[감춘다]'가 나와야 한다. 따라서 정답은 ②가 된다.

해석 아이들은 종종 공개적으로 자기 자신을 드러낼 것이다. "내 그림을 보세요! 예쁘지 않아요?" 그러나 어른들은 지지를 받고 싶은 욕구에 대해 일반적으로 (아이들보다) 덜 드러낸다. 어떤 일에 최선을 다한 어떤 어른이 "내가 일을 잘하지 않았나요?"라는 질문을 할 것 같지는 않다. 그러나 그는 그럼에도 불구하고 그 말을 들을 필요가 있다. 즉, 아이들과 어른들은 똑같이 긍정적인 말을 듣기 원한다. 따라서, 다른 사람들이 지원을 필요로 할 때 그들을 칭찬하는 것을 잊지 말아라.
① 더 정직한 ② 덜 드러내는 ③ 덜 숨기는 ④ 덜 주저하는

어휘 **openly** 공개적으로 / **positive** 긍정적인 / **remark** 논평 / **praise** 칭찬하다 / **need** 욕구(= urge) / **support** 지원 / **hesitant** 주저하는

008

» 정답 ②

다음 글의 주제로 가장 적절한 것을 고르시오.

Advertising informs consumers about new products available on the market. It gives us more important information about everything from shampoo, to toothpaste, to computers and cars etc. But there is one serious problem with this. The information is actually very often mis-information. It tells us the products' benefits but hides their disadvantages. Advertising not just leads us to buy things that we don't need and can't afford, but it confuses our sense of reality. "Zuk-yum Toothpaste prevents cavities and gives you white teeth!" The advertisement tells us. But it doesn't tell us the complete truth – a healthy diet and a good toothbrush will have the same effect.

① 광고의 양면성 ② 광고의 문제점
③ 광고의 특수성 ④ 광고의 절대성

해설 도입부의 내용을 세 번째 문장 'But there is one serious problem with this.'에서 부정·전환하고 그다음 구체적인 예를 제시하고 있으므로 세 번째 문장이 이 글의 주제문이 된다. 따라서 정답은 ②가 된다.

해석 광고는 소비자들에게 시중에 나와 있는 구입 가능한 새로운 상품들에 대해 알려 준다. 광고는 우리에게 샴푸에서부터 치약, 컴퓨터, 자동차 등에 이르는 모든 것에 관한 더 중요한 정보를 알려 준다. 하지만 이것에 따른 심각한 문제가 하나 있다. 그 정보는 실제로 매우 자주 잘못된 정보이다. 광고는 우리에게 상품의 장점을 알려 주지만 단점은 숨긴다. 광고는 단지 우리에게 필요도 없고 구매할 능력이 안 되는 것들을 사도록 할 뿐만 아니라 우리의 현실 감각을 혼란스럽게도 한다. "죽염 치약은 충치도 예방하고 치아도 하얗게 해 줍니다!"라고 우리에게 광고한다. 그러나 광고는 완전한 진실을 알려 주지는 않는다. 즉 건강한 식습관과 좋은 칫솔도 똑같은 효과를 낼 것이다.

어휘 **advertising** 광고 / **consumer** 소비자 / **available** 이용 가능한, 구입할 수 있는 / **benefit** 장점, 이점 / **disadvantage** 단점 / **afford** ~할 능력이 있다 / **confuse** 혼돈을 주다 / **prevent** 예방하다, 막다 / **cavity** 충치 / **complete** 완전한, 완벽한

009

» 정답 ④

다음 글의 제목으로 가장 적절한 것을 고르시오.

Fertilizing is generally not recommended for plants heading into the winter, because it causes new growth that can be damaged by cold. But lawns are an exception and should be fertilized in the fall. If you live in a mild climate and your grass has just endured a long and hot summer, for example, fertilize it in mid-fall. In cool regions, fertilize in late summer or early fall with a lawn fertilizer especially made for fall fertilizing. The bagged lawn food intended for fall use stimulates root growth, better enabling grass to withstand winter. It also lets the grass store food that will get it off to a good start the following year.

① Fertilizing Techniques ② Side Effects of Fertilizing
③ Various Kinds of Fertilizer ④ Fertilizing Lawns in Fall

해설 이 글은 도입부의 내용을 두 번째 문장 'But lawns ~ in the fall.'에서 부정·전환하고 그다음 구체적인 예를 제시하고 있으므로 두 번째 문장이 이 글의 주제문이 된다. 따라서 정답은 ④가 된다.

해석 겨울을 앞두고 식물에 비료를 주는 것은 보통 권장되지 않는다. 왜냐하면, 새로 자라는 부분이 추위에 피해를 입을 수 있기 때문이다. 그러나 잔디의 경우는 예외여서 가을에 비료를 주어야 한다. 온대 지역이어서 잔디가 길고 더운 여름을 지낸 직후라면 가을 중순에 비료를 주어라. 추운 지역이라면 여름 늦게나 초가을에 가을 비료로 특수 제작된 잔디용 비료를 주어라. 가을에 사용하도록 만들어진 포대에 담긴 비료는 뿌리의 성장을 촉진하고 겨울을 더욱 잘 나도록 해 준다. 또한 뿌리가 양분을 저장할 수 있도록 해서 다음 해에 처음부터 잘 자라도록 해 준다.
① 비료 주는 기술
② 비료의 부작용
③ 다양한 종류의 비료
④ 가을에 잔디에 비료 주기

어휘 **fertilize** 비료를 주다, 기름지게 하다 / **plant** 식물, 심다 / **head into** ~로 향하다 / **lawn** 잔디 / **endure** 견디다, 버텨 내다 / **bagged** 포대에 담긴, 자루에 넣어진 / **lawn food** 비료 / **intended** 의도된, 계획된 / **stimulate** 자극하다 / **withstand** 견디다, 버티다 / **store** 저장하다 / **get ~ off to a good start** ~이 잘 출발하게[시작되게] 하다 / **side effect** 부작용

010

>> 정답 ④

다음 글을 읽고, 빈칸에 가장 적절한 것을 고르시오.

Different groups develop ideas in different ways. In successful groups, individuals are encouraged to produce imaginative and original ideas and share them with others. In unsuccessful groups, individual members are not encouraged to do so. Instead, they are always asked to do group-think. In the beginning, there are no differences in the abilities and qualities among the members of these two kinds of groups. However, in the end, the groups which encourage individual members to ______________ will prosper, whereas those which do not will fail. Therefore, group leaders must learn this lesson and put it into practice in order to achieve productive and positive results.

① learn quickly ② understand others
③ respond properly ④ think creatively

해설 반대 · 대조의 공간 개념 전개 방식을 이용해야 한다. 성공한 그룹은 개인의 창의력과 독창성을 요구하며 성공하지 못한 그룹은 그렇지 못하다는 글이다. 빈칸은 성공한 그룹에 대한 설명이므로 정답은 ④가 된다.

해석 서로 다른 그룹은 아이디어를 개발하는 데 서로 다른 방법을 취한다. 성공적인 그룹들은 그 구성원들이 창의적이고 독창적인 아이디어를 내도록 격려되고 그런 것들을 다른 사람들과 공유한다. 실패하는 그룹 내에서는, 개인 구성원들은 그렇게 하도록 독려되지 않는다. 대신 항상 집단적 사고를 하도록 강요받는다. 출발에 있어서 이 두 그룹 구성원의 능력이나 자질은 차이가 없다. 하지만, 결국에는 그렇지 않았던 사람들은 실패할 것이고, 창조적인 생각을 하도록 고무되었던 개개인의 구성원들은 성공할 것이다. 그러므로, 그룹의 리더들은 이것을 교훈으로 삼아야 하며, 생산적이고 긍정적인 결과를 성취하기 위해서는 이 점을 활용해야 한다.
① 빠르게 배우다
② 타인을 이해하다
③ 적절하게 반응하다
④ 창조적으로 생각하다

어휘 **encourage** 격려하다, 독려하다 / **imaginative** 상상력이 풍부한, 창의적인 / **original** ① 독창적인 ② 근원의, 기원의 / **prosper** 번성하다, 성공하다 / **whereas** 반면에 / **practice** 실습, 실행 / **productive** 생산적인 / **respond** ① 반응하다 ② 대답[응답]하다 / **properly** 적절[당]하게

011

>> 정답 ①

다음 글의 빈칸에 들어갈 말로 가장 적절한 것을 고르시오.

The primary aims of government should be three: security, justice, and conservation. These are things of the utmost importance to human happiness, and they are things that only government can bring about. At the same time, no one of them is absolute; each may, in some circumstances, have to be sacrificed in some degree for the sake of a greater degree of some other good. I shall say something about each in turn. Most of all the administration is especially in charge of ______________________.

① protection of life and property
② preservation of cultural remains
③ stage prior to economic development
④ society existing justice and common sense

해설 나열의 공간 개념을 이용해야 한다. 도입부에서 세 가지 '안전, 정의, 보존'을 제시하고 있고 빈칸 바로 앞 문장에서 각각을 순서대로 설명하겠다고 했으므로 빈칸에는 '안전'에 대한 설명이 있어야 한다. 따라서 정답은 ①이 된다.

해석 정부의 우선적인 목적은 세 개여야 한다. 이는 안정, 정의, 보존이다. 이것들은 인간의 행복에 있어서 가장 중요한 것이며, 오직 정부만이 해낼 수 있는 것이다. 이와 동시에 그것들 중 그 어떤 것도 절대적인 것은 아니다. 이 세 가지는 각각 어떤 상황 안에서 보다 큰 다른 이익을 위해 어느 정도 희생되어야 한다. 나는 차례대로 각각에 대해 이야기하고자 한다. 무엇보다도 우선 정부는 특히 생명과 재산을 보호하는 일을 책임진다.
① 생명과 재산의 보호
② 문화 유물의 보존
③ 경제 개발 전 단계
④ 정의와 상식이 존재하는 사회

어휘 **primary** 우선적인, 주요한 / **security** 안정, 안전 / **justice** 정의 / **conservation** 보존 ***conserve** 보호하다 / **utmost** 가장 중요한 / **government** 정부 / **bring about** 야기하다, 초래하다 / **absolute** 절대적인 / **circumstance** 환경, 상황 / **sacrifice** 희생하다 / **for the sake of** ~을 위하여 / **in turn** 차례로, 순서대로 / **most of all** 무엇보다도, 우선 / **administration** 정부 / **be in charge of** ~을 책임지다 / **protection** 보호 / **property** 재산 / **preservation** 보존 / **remains** 유물, 유적 / **prior to** ~ 이전에 / **common sense** 상식

012

>> 정답 ②

다음 글의 흐름으로 보아 주어진 문장이 들어가기에 가장 적절한 곳은?

However, now that the economy is characterized more by the exchange of information than by hard goods, geographical centrality has been replaced by attempts to create a sense of cultural centrality.

Now, as always, cities are desperate to create the impression that they lie at the center of something or other. This idea of centrality may be locational, namely that a city lies at the geographical center of England, Europe, and so on. (①) This draws on a well-established notion that geographical centrality makes a place more accessible, easing communication and communication costs. (②) Cultural centrality usually demonstrates itself as a cry that a city is at the center of the action. (③) This means that the city has an abundance of cultural activities, such as restaurants, theater, ballet, music, sport, and scenery. (④) The suggestion is that people will want for nothing in this city.

해설 반대 · 대조의 공간 개념을 이용해야 한다. 제시문에서는 However 다음에 '경제가 재화보다는 정보 교환으로 특징지어지기 때문에 지역 중심에서 문화 중심으로 이동한다'고 했다. 본문 도입부에는 지역 중심 이야기를 설명하는데 ②부터 문화 중심 이야기로 내용이 전환되고 있으므로 정답은 ②가 된다.

해석 항상 그렇듯, 지금 도시는 무언가의 중심에 놓여 있다는 인상을 만들어 내기 위해 필사적이다. 이러한 중심성에 관한 생각은 위치에 관한 것일 수 있는데, 말하자면 어떤 도시가 영국이나 유럽이나 기타 지리적인 중심에 놓여 있다는 것이다. 이것은 지리적인 중심성이 어떤 장소를 보다 더 쉽게 접근할 수 있게 해서 통신과 통신 비용을 완화시켜 줄 것이라는 잘 정립된 개념을 불러온다. 하지만, 이제 경제가 재화보다는 정보의 교환에 의해 더 특징지어지고 있어서, 지리적인 중심성은 문화적인 중심성의 개념을 만들어 내려는 시도에 의해 대체되었다. 문화적인 중심성은 보통 어떤 도시가 활동의 중심에 있다는 슬로건으로 나타난다. 이것은 그 도시가 식당, 극장, 발레, 음악, 스포츠, 그리고 풍경과 같은 풍부한 문화적인 활동을 가지고 있다는 것을 의미한다. 그 암시는 사람들이 이 도시에서 부족한 것이 없을 것이라는 것이다.

어휘 **now that** ~ 때문에 / **characterize** 특징으로 삼다 / **geographical** 지리적인 / **replace** 대체하다 / **centrality** 중심성 / **desperate** ① 필사적인 ② 절망적인 / **locational** 위치와 관계있는 / **notion** 관념, 개념 / **accessible** 접근하기 쉬운, 접근이 용이한 / **demonstrate** 나타내다, 증명하다 / **cry** 외침, 슬로건, 표어 / **abundance** 풍부함 / **want for** ~이 부족하다, 모자라다

정답과 해설

013

» 정답 ④

다음 글의 요지로 가장 적절한 것을 고르시오.

Soil management is the application of specific techniques to increase soil productivity in order to preserve soil resources. The most common practices are fertilization, irrigation, and drainage. Fertilizers are utilized in poor soils in which continuous crops have depleted the nutrients in the soil or in which plant nutrients are present in very small quantities due to natural processes. Irrigation has allowed the production of two or more harvests from any piece of land by applying through different methods the amount of water necessary for a crop in dry periods. Drainage is used in places where excessive water makes growing crops very difficult; adequate drainage enhances the amount of land available for agriculture. If well applied, these practices will tend to increase productivity without deterioration of soil resources.

① 농토의 배수 처리가 가장 중요하다.
② 토양 관리가 잘 돼야 생산성이 증대된다.
③ 토양의 생산성 증대가 농업 정책의 핵심이다.
④ 토양 자원의 보존을 위해 비료, 관개, 배수 처리가 이용된다.

해설 나열의 공간 개념을 이용해야 한다. 본문 도입부에 세 가지 개념 '비료, 관개, 그리고 배수'를 제시하고 있고 순서대로 그 세 가지 개념을 설명하는 글이므로 정답은 ④가 된다.

해석 토양 관리란 특정한 기법을 적용하여 토지 생산성을 향상시켜 토양 자원을 보존하려는 것이다. 가장 흔한 방법은 (토지) 비옥화와 관개 그리고 배수이다. 비료는 토양에서 지속적인 수확으로 토양 내 양분이 고갈된 척박한 자연적인 과정으로 토양이나 식물의 양분이 매우 적은 수량만 남은 토양에 사용된다. 관개로 인하여 건기에 작물에 필요한 물의 양의 다른 방법들의 적용을 통해서 어떤 토지에서나 이모작 이상의 생산을 가능하게 해 주었다. 배수는 과도한 수량으로 작물 재배가 매우 힘든 곳에 이용된다. 즉 충분한 배수가 농작에 이용할 수 있는 토지의 양을 향상시킨다. 잘만 적용된다면, 이런 방법들은 토양 자원을 저하시키지 않고 생산성을 높여 주는 경향이 있게 된다.

어휘 **soil** 토양, 토지 / **management** 경영, 관리 / **application** 적용, 응용 / **specific** 특정한, 특별한 / **productivity** 생산성 / **preserve** 보존하다 / **resource** 자원, 원천 / **practice** ① 실천, 실행 ② 방법 ③ 관습 / **fertilization** 비옥화 / **irrigation** 관개 / **drainage** 배수 / **utilize** 이용하다, 활용하다 / **deplete** 고갈시키다 / **nutrient** 영양분 / **present** 존재하는, 있는 / **due to** ~ 때문에 / **harvest** 수확, 추수 / **excessive** 지나친, 과도한 / **adequate** 적절한, 충분한 / **enhance** 향상시키다 / **deterioration** 황폐화, 저하

Special : Pattern and Signal 기출분석

001

» 정답 ②

다음 글의 흐름상 가장 어색한 문장은?

Beliefs about maintaining ties with those who have died vary from culture to culture. For example, maintaining ties with the deceased is accepted and sustained in the religious rituals of Japan. Yet among the Hopi Indians of Arizona, the deceased are forgotten as quickly as possible and life goes on as usual. ___(A)___, the Hopi funeral ritual concludes with a break-off between mortals and spirits. The diversity of grieving is nowhere clearer than in two Muslim societies－one in Egypt, the other in Bali. Among Muslims in Egypt, the bereaved are encouraged to dwell at length on their grief, surrounded by others who relate to similarly tragic accounts and express their sorrow. ___(B)___, in Bali, bereaved Muslims are encouraged to laugh and be joyful rather than be sad.

	(A)	(B)
①	However	Similarly
②	In fact	By contrast
③	Therefore	For example
④	Likewise	Consequently

해설 (A) 앞에 Hopi인디언들은 고인을 가능한 한 빨리 잊는다는 내용이 있고 (A) 뒤에는 Hopi족의 장례의식이 인간과 영혼사이의 단절이라는 내용이 있으므로 (A) 에는 논리의 방향이 같은 연결사 In fact가 필요하다.
(B) 는 Two 개념 (반대 · 대조의 공간 개념) 을 이용해야 한다. (B) 앞에 두 이슬람 문화의 차이점을 제시하고 있으므로 (Egypt → 슬픔을 표현 / Bali → 웃고 기뻐함) (B) 에는 By contrast가 있어야 한다. 따라서 정답은 ② 이다.

해석 사망한 사람들과 유대를 유지하는 것에 관한 믿음은 문화마다 다르다. 예를 들어 일본의 종교 의식에서는 고인과 유대를 유지하는 것이 받아들여지고 지속된다. 하지만 Arizona의 Hopi인디언들 사이에서 망자는 가능한 한 빨리 잊히고 삶은 늘 그렇듯이 지속된다. 사실상, Hopi족의 장례의식은 인간과 영혼 사이의 단절로 결론이 난다. 슬퍼하기의 다양성은 이집트와 발리 즉, 두 이슬람교 사회에서 가장 분명하다. 이집트의 이슬람교도 사이에서 유족들은 마찬가지로 비극적인 이야기와 자신들의 슬픔을 표현하는 사람들에게 둘러싸여 그들의 슬픔을 충분히 심사숙고하도록 권장된다. 이와는 반대로, 발리에서는 이슬람교 유족들이 슬퍼하기보다는 웃고 기뻐하도록 권장된다.

어휘 **belief** 믿음 / **maintain** 유지하다 / **tie** 유대 / **deceased** 사망한, 작고한 / **sustain** 지속시키다 / **religious** 종교적인 / **ritual** (종교적) 의식 / **go on** 계속되다, 계속하다 / **as usual** 늘 그렇듯이, 여느 때처럼 / **funeral** 장례식 / **break-off** 단절, 중단 / **mortal** ① 영원히 살 수 없는, 언젠가는 반드시 죽는 ② 사람, 인간 / **diversity** 다양성 / **grieve** 비통해 하다, 슬프게 하다 ***grief** 비통, 슬픔 / **bereave** 사별하다, 여의다 / **dwell on** 심사숙고하다 / **at length** 상세하게, 충분히 / **surround** 에워싸다, 둘러싸다 / **tragic** 비극적인 / **account** 설명, 이야기 / **sorrow** 슬픔 / **similarly** 마찬가지로 (= likewise) / **therefore** 그러므로, 그래서 / **consequently** 결과적으로

002

» 정답 ③

다음 글의 제목으로 가장 적절한 것은?

Do people from different cultures view the world differently? A psychologist presented realistic animated scenes of fish and other underwater objects to Japanese and American students and asked them to report what they had seen. Americans and Japanese made about an equal number of references to the focal fish, but the Japanese made more than 60 percent more references to background elements, including the water, rocks, bubbles, and inert plants and animals. In addition, whereas Japanese and American participants made about equal numbers of references to movement involving active animals, the Japanese participants made almost twice as many references to relationships involving inert, background objects. Perhaps most tellingly, the very first sentence from the Japanese participants was likely to be one referring to the environment, whereas the first sentence from Americans was three times as likely to be one referring to the focal fish.

① Language Barrier Between Japanese and Americans
② Associations of Objects and Backgrounds in the Brain
③ Cultural Differences in Perception
④ Superiority of Detail-oriented People

해설 단락의 도입부에 반대・대조를 나타내는 시그널 different(서로 다른 소재에 대한 차이점)를 이용해야 한다. 주어진 지문은 똑같은 사물을 보는 두 문화 사람들(미국인 vs 일본인)의 차이점을 소개하는 내용의 글이므로 이 글의 제목으로 가장 적절한 것은 ③'인식의 문화적 차이'이다.

해석 다른 문화의 사람들은 세상을 달리 볼까? 한 심리학자는 일본과 미국 학생들에게 물고기와 다른 수중 물체의 사실적인 애니메이션 장면을 보여주었고 그들이 본 것을 보고하도록 요청했다. 미국인들과 일본인들은 이 초점 대상인 물고기를 거의 같은 수로 언급했지만, 일본인들은 물, 바위, 거품, 그리고 비활성식물과 동물들을 포함한 배경 요소들에 대해 60% 이상 언급했다. 게다가, 일본과 미국의 참가자가 대략 같은 수의 활동적인 동물을 포함한 움직임을 언급했던 반면, 일본 참가자는 비활성 배경 물체와 관련된 관계에 대해서는 거의 두 배 가까이 더 언급을 했다. 아마도 가장 확실한 것은 일본인 참가자의 첫 번째 문장은 환경을 언급하는 문장이었을 것이고 반면에, 미국인의 첫 번째 문장은 초점 대상인 물고기를 언급하는 문장이었을 것인데 그 가능성은 3배 더 높았다.

① 일본인과 미국인사이의 언어장벽
② 뇌 안의 물체와 배경의 연관성
③ 인식의 문화적 차이
④ 세부지향적인 사람들의 우월성

어휘 **present** 보여주다, 제공하다 / **realistic** 사실적인 / **animated** ① 생생한, 살아있는 ② 만화영화로 된 / **scene** 장면 / **reference** ① 언급 ② 참고 / **focal** 중심의, 초점의 / **inert** 무기력한, 비활성의 / **participant** 참가자 / **tellingly** 확실하게, 강력하게 / **barrier** 장벽, 장애물 / **association** 연관성, 관련 / **perception** 인식 / **superiority** 우월성 / **A-oriented** A지향적인

003

» 정답 ④

다음 글의 흐름상 가장 어색한 문장은?

The term burnout refers to a "wearing out" from the pressures of work. Burnout is a chronic condition that results as daily work stressors take their toll on employees. ① The most widely adopted conceptualization of burnout has been developed by Maslach and her colleagues in their studies of human service workers. Maslach sees burnout as consisting of three interrelated dimensions. The first dimension – emotional exhaustion – is really the core of the burnout phenomenon. ② Workers suffer from emotional exhaustion when they feel fatigued, frustrated, used up, or unable to face another day on the job. The second dimension of burnout is a lack of personal accomplishment. ③ This aspect of the burnout phenomenon refers to workers who see themselves as failures, incapable of effectively accomplishing job requirements. ④ Emotional labor workers enter their occupation highly motivated although they are physically exhausted. The third dimension of burnout is depersonalization. This dimension is relevant only to workers who must communicate interpersonally with others (e.g. clients, patients, students) as part of the job.

해설 주어진 지문은 번아웃의 (−) 관점 세 가지를 나열하는 내용의 글이다. 따라서 ④'비록 감정 노동자들이 육체적으로는 피곤하다 하더라도 상당히 동기 부여된 상태로 자신들의 일을 시작한다'는 내용의 (+) 관점은 글의 흐름상 어색하다. 따라서 정답은 ④이다.

해석 번아웃은 일의 압박으로부터 "기진맥진"을 일컫는 용어이다. 번아웃은 일상적인 업무스트레스 요인의 결과물이 직원들에게 큰 해를 입히는 만성질환이다. 가장 널리 채택된 번아웃의 개념화는 Maslach와 그녀의 동료들이 사람을 대하는 근로자들에 대한 연구에서 개발되었다. Maslach는 번아웃을 세 가지 서로 관련된 관점으로 구성되어 있다고 여긴다. 첫 번째 관점인 감정적 피로감이 진정으로 번아웃 현상의 핵심이다. 근로자들이 피로감, 좌절감 그리고 몹시 지쳤다고 느끼거나 직장에서 또 다른 하루에 직면할 수 없을 때 감정적 피로로부터 고통을 받는다. 번아웃의 두 번째 관점은 개인적 성취의 부족이다. 번아웃 현상의 이러한 관점은 자기 스스로 업무 요구 사항을 효과적으로 달성할 수 없는 실패자로 여기는 근로자들을 일컫는다. (비록 감정 노동자들이 육체적으로는 피곤하다 하더라도 상당히 동기 부여된 상태로 자신들의 일을 시작한다.) 번아웃의 세 번째 관점은 비인격화이다. 이 관점은 단지 업무상 다른 사람들(예를 들어 고객, 환자, 학생)과 관계를 맺어야 하는 노동자들에 해당된다.

어휘 **refer to** ① ~을 참고하다 ② ~을 언급하다, ~라고 일컫다 / **wear out** 닳아빠지다, 기진맥진하다 / **stressor** 스트레스 요인 / **chronic condition** 만성질환 / **take a toll on** ~에게 해를 입히다, ~에게 피해를 주다 / **adopt** 채택하다 / **conceptualization** 개념화 / **colleague** 동료 / **see A as B** A를 B로 여기다, 간주하다 / **consist of** ~로 구성되다 / **interrelated** 상호 관련된 / **dimension** ① 차원 ② 관점 / **exhaustion** 피로, 탈진 / **fatigued** 피로한, 지친 / **frustrated** 좌절된 / **used up** 몹시 지친 / **phenomenon** 현상 / **failure** 실패 / **incapable** 할 수 없는 / **highly** 아주, 매우, 상당히 / **requirement** 요구 사항 / **motivated** 동기 부여된, 의욕을 가진 / **depersonalization** 비인격화 / **interpersonally** 대인관계에서

정답과 해설

004

» 정답 ②

주어진 문장이 들어갈 위치로 가장 적절한 것은?

And working offers more than financial security.

Why do workaholics enjoy their jobs so much? Mostly because working offers some important advantages. (①) It provides people with paychecks – a way to earn a living. (②) It provides people with self-confidence; they have a feeling of satisfaction when they've produced a challenging piece of work and are able to say, "I made that". (③) Psychologists claim that work also gives people an identity; they work so that they can get a sense of self and individualism. (④) In addition, most jobs provide people with a socially acceptable way to meet others. It could be said that working is a positive addiction; maybe workaholics are compulsive about their work, but their addiction seems to be a safe – even an advantageous – one.

해설 이 글은 일이 주는 몇 가지 장점을 나열하고 있다. 따라서 나열의 공간개념을 이용해야 한다. ① 다음 문장에 일이 주는 첫 번째 장점인 봉급 지급이 언급되어 있고 ② 다음 문장에서부터는 장점으로 자신감과 관련된 내용이 나열되므로 주어진 문장이 들어갈 위치로 가장 적절한 것은 ②이다

해석 왜 일 중독자들은 그들의 일을 그렇게나 즐기는 것인가? 주로 일하는 것이 그들에게 몇 가지 중요한 이점들을 제공하기 때문이다. 그것은 사람들에게 생계를 유지할 수 있는 방법인 봉급을 지급한다. 그리고 일은 재정적인 안정 그 이상을 제공한다. 그것은 사람들에게 자신감을 제공한다. 그래서 그들이 도전할만한 한 가지 일을 끝내고 "내가 해냈어."라고 말할 때, 그들은 만족감을 느낀다. 심리학자들은 일은 또한 사람에게 정체성을 준다고 주장한다. 그래서 그들은 자아와 개성을 느낄 수 있도록 일을 한다. 게다가, 대부분의 직업은 사람들에게 사회적으로 용인된 타인을 만날 수 있는 방법을 제공한다. 사람들은 일이 긍정적인 중독이라고 말한다. 아마도 일 중독자들은 그들의 일에 대해 강박적일 수 있지만, 그 중독은 안전하고 심지어 이로워 보인다.

어휘 **financial** 재정적인, 재정상의 / **security** 안전, 안보 / **workaholic** 일 중독자 / **provide A with B** A에게 B를 제공하다 / **paycheck** 봉급 **self-confidence** 자신감 / **challenging** 도전적인 / **psychologist** 심리학자 / **claim** 주장하다 / **identity** 정체성 / **self** 자아 / **individualism** 개성 / **addiction** 중독 / **compulsive** 강박적인, 충동적인 / **advantageous** 이로운

005

» 정답 ④

주어진 문장이 들어갈 위치로 가장 적절한 것은?

But there is also clear evidence that millennials, born between 1981 and 1996, are saving more aggressively for retirement than Generation X did at the same ages, 22~37.

Millennials are often labeled the poorest, most financially burdened generation in modern times. Many of them graduated from college into one of the worst labor markets the United States has ever seen, with a staggering load of student debt to boot. (①) Not surprisingly, millennials have accumulated less wealth than Generation X did at a similar stage in life, primarily because fewer of them own homes. (②) But newly available data providing the most detailed picture to date about what Americans of different generations save complicates that assessment. (③) Yes, Gen Xers, those born between 1965 and 1980, have a higher net worth. (④) And that might put them in better financial shape than many assume.

해설 ③에 1965 and 1980이 있고 주어진 제시문에 1981 and 1996이 있으므로 시간 순서상 주어진 문장은 ④에 들어가는 것이 가장 적절하다.

해석 밀레니얼 세대는 종종 현대에 가장 가난하고 가장 큰 재정적인 부담을 지닌 세대라는 꼬리표가 붙는다. 그들 중 많은 수가 미국이 여태껏 목격해왔던 최악의 노동 시장 중 하나에 진입했을 때 대학을 졸업했고 그것도 휘청거릴 만큼의 학자금 대출이 부담으로 남아있게 되었다. 놀랄 것도 없이, 밀레니얼 세대는 X세대가 비슷한 삶의 단계에서 누렸던 것보다 더 적은 자산을 축적해왔는데 그 이유는 주로 밀레니얼 세대는 거의 아무도 집을 소유하지 못했기 때문이다. 그러나 다른 세대의 미국인들이 저축한 것에 관해 가장 세부적인 묘사를 제공하는 새로이 사용된 데이터는 그러한 평가를 복잡하게 만든다. 그렇다, 1965년에서 1980년 사이에 태어난 X세대는 순(純) 자산이 더 높다. 그러나 또한 1981년에서 1996년 사이에 태어난 밀레니얼 세대가 22세에서 37세에 있는 동일한 나이 대에 있는 X세대들이 그랬던 것보다 은퇴를 위해 더 공격적으로 저축을 하고 있다는 분명한 증거가 있다. 그리고 그것이 많은 사람들이 추정하는 것보다 그들을 좀 더 나은 재정적 상황에 있게 할 것이다.

어휘 **clear** 분명한, 명확한 / **evidence** 증거 / **millennials** 밀레니얼 세대(1980년대 초부터 2000년대 초까지 출생한 세대) / **save** 저축하다, 저금하다 / **aggressively** 공격적으로 / **retirement** 은퇴 / **Generation X** 세대(= **Gen Xers**) / **label** 라벨(을 붙이다), 꼬리표(를 붙이다) / **finacially** 제정적으로 / **burden** 부담(을 지우다) / **stagger** 휘청[비틀]거리다 / **load** 짐, 부담 / **debt** 빚, 부채 / **to boot** 그것도(앞서 한 말에 대해 다른 말을 덧붙일 때) / **accumulate** 모으다, 축적하다 / **wealth** 부(富) / **primarily** 주로 / **complicate** 복잡하게 하다 / **assessment** 평가 / **net worth** 순(純) 자산 / **assume** 추정하다, 생각하다

006

≫ 정답 ④

주어진 문장이 들어갈 위치로 가장 적절한 것은?

It was then he remembered his experience with the glass flask, and just as quickly, he imagined that a special coating might be applied to a glass windshield to keep it from shattering.

In 1903 the French chemist, Edouard Benedictus, dropped a glass flask one day on a hard floor and broke it. (①) However, to the astonishment of the chemist, the flask did not shatter, but still retained most of its original shape. (②) When he examined the flask he found that it contained a film coating inside, a residue remaining from a solution of collodion that the flask had contained. (③) He made a note of this unusual phenomenon, but thought no more of it until several weeks later when he read stories in the newspapers about people in automobile accidents who were badly hurt by flying windshield glass. (④) Not long thereafter, he succeeded in producing the world's first sheet of safety glass.

해설 시간 순서 전개 방식을 이용해야 한다. 주어진 제시문에 그가 자신의 경험이 기억났다고 했고 ③에서 그가 신문을 읽고 나서야 비로소 유리 플라스크를 생각했다고 했으므로 주어진 제시문은 시간순서상 ④에 들어가는 것이 가장 적절하다.

해석 1903년에 프랑스의 화학자 Edouard Benedictus는 어느 날 딱딱한 바닥에 유리 플라스크를 떨어뜨렸고 그것을 깨뜨렸다. 하지만 그 화학자에게 놀라움을 안기며, 플라스크는 산산조각 나지 않았고, 여전히 대부분 원래의 모양을 유지했다. 그가 플라스크를 조사했을 때 플라스크 안쪽에 필름 코팅이 들어있다는 것을 알아냈는데, 플라스크가 가지고 있던 콜로디온 용액에 잔여물이 남아있었다. 그는 이러한 특이한 현상을 메모해두었지만, 몇 주 뒤 자동차 사고로 인해 날아오는 자동차 앞 유리에 크게 다친 사람들에 관한 신문기사를 읽고 나서야 비로소 그것에 대해 생각하기 시작했다. 그가 그 유리 플라스크에 관한 자신의 경험을 기억해낸 것이 바로 그때였고, 아주 빠르게, 특별한 코팅이 자동차의 앞 유리에 적용되면 유리창이 산산조각 나지 않을지도 모른다는 상상을 했다. 그 후 얼마 지나지 않아, 그는 세계 최초의 안전유리판을 만드는 데 성공했다.

어휘 **apply** 적용하다, 응용하다 / **astonishment** 놀라움 / **chemist** 화학자 / **windshield** 자동차의 앞 유리, 바람막이창 / **shatter** 산산조각나다 / **retain** 유지하다, 보유하다 / **examine** 조사하다 / **contain** 포함하다, 가지고 있다 / **phenomenon** 현상 / **not long thereafter** 아주 빠르게, 재빨리 ***thereafter** 그 후에 / **sheet** 한 장[판]

007

≫ 정답 ②

밑줄 친 (A), (B)에 들어갈 말로 가장 적절한 것은?

Advocates of homeschooling believe that children learn better when they are in a secure, loving environment. Many psychologists see the home as the most natural learning environment, and originally the home was the classroom, long before schools were established. Parents who homeschool argue that they can monitor their children's education and give them the attention that is lacking in a traditional school setting. Students can also pick and choose what to study and when to study, thus enabling them to learn at their own pace. ___(A)___, critics of homeschooling say that children who are not in the classroom miss out on learning important social skills because they have little interaction with their peers. Several studies, though, have shown that the home-educated children appear to do just as well in terms of social and emotional development as other students, having spent more time in the comfort and security of their home, with guidance from parents who care about their welfare. ___(B)___, many critics of homeschooling have raised concerns about the ability of parents to teach their kids effectively.

	(A)	(B)
①	Therefore	Nevertheless
②	In contrast	In spite of this
③	Therefore	Contrary to that
④	In contrast	Furthermore

해설 Two 개념(홈스쿨링 지지자 vs. 홈스쿨링 비판자)을 이용해야 한다. (A) 앞에는 홈스쿨링 지지자들의 (+) 개념이 있고 (A) 뒤에는 홈스쿨링을 비판하는 비평가들의 (−) 입장이 설명되고 있으므로 (A)에는 반대·대조의 연결사가 필요하다. (B) 앞에는 홈스쿨링의 (+) 개념이 있고 (B) 뒤에는 홈스쿨링의 (−) 개념이 있으므로 역시 반대/대조의 연결어가 필요하다. 따라서 정답은 ②가 된다.

해석 홈스쿨링 지지자들은 아이들이 안전하고 사랑스러운 환경에 있을 때 더 잘 배운다고 믿는다. 많은 심리학자들은 집을 가장 자연스러운 학습 환경으로 간주하고, 원래 집은 학교가 만들어지기 훨씬 전부터 교실이었다. 홈스쿨링을 하는 학부모들은 자녀의 교육을 관찰할 수 있고 전통적인 학교 환경에서는 부족한 관심을(자녀들에게) 줄 수 있다고 주장한다. 학생들은 또한 무엇을 공부할지, 언제 공부할지를 선택할 수 있기 때문에 그들 자신만의 속도로 학습할 수 있다. 이와는 대조적으로 홈스쿨링에 대한 비평가들은 학교에서 공부를 하지 않는 아이들은 또래와의 상호 작용이 거의 없기 때문에 중요한 사회적 기술을 배우지 못한다고 말한다. 하지만, 몇몇 연구들은 홈스쿨링을 하는 아이들도 다른 학생들만큼 사회적이고 정서적인 발달이 잘되는 것 같고, 그들의 복지에 신경을 쓰는 부모들의 지도와 함께 가정의 편안함과 안전 속에서 더 많은 시간을 보낸다는 것을 보여주었다. 그럼에도 불구하고, 홈스쿨링에 대한 많은 비평가들이 아이들을 효과적으로 가르칠 수 있는 부모의 능력에 대한 우려를 제기해 왔다.

어휘 **advocate** 옹호자 / **secure** 안전한 * **security** 안전 / **psychologist** 심리학자 / **establish** 설립하다, 세우다 / **critic** 비평가 / **interaction** 상호 작용 / **peer** 또래 / **appear to** ⓥ ⓥ인 것 같다 / **in terms of** ~의 관점에서 / **comfort** 편안함 / **welfare** 복지 / **concern** ① 걱정 ② 관심 / **effectively** 효과적으로 / **therefore** 그래서, 그러므로 / **nevertheless** 그럼에도 불구하고 / **contrary to~** ~와는 반대로 / **furthermore** 더욱이, 게다가

정답과 해설

008

» 정답 ①

밑줄 친 (A), (B)에 들어갈 말로 가장 적절한 것은?

Assertive behavior involves standing up for your rights and expressing your thoughts and feelings in a direct, appropriate way that does not violate the rights of others. It is a matter of getting the other person to understand your view point. People who exhibit assertive behavior skills are able to handle conflict situations with ease and assurance while maintaining good interpersonal relations. ___(A)___, aggressive behavior involves expressing your thoughts and feelings and defending your rights in a way that openly violates the rights of others. Those exhibiting aggressive behavior seem to believe that the rights of others must be subservient to theirs. ___(B)___, they have a difficult time maintaining good interpersonal relations. They are likely to interrupt, talk fast, ignore others, and use sarcasm or other forms of verbal abuse to maintain control.

	(A)	(B)
①	In contrast	Thus
②	Similarly	Moreover
③	However	On one hand
④	Accordingly	On the other hand

해설 주어진 지문은 단호한 행동의 긍정적 측면과 공격적 행동의 부정적 관점을 비교(Two 개념)하는 내용의 글이므로 (A)에는 반대·대조의 연결사가 있어야 한다. (B)의 앞뒤내용은 인과 관계(타인의 권리가 당신의 권리에 종속된다고 여기는 것: 원인 → 좋은 대인관계를 유지하기 어렵다: 결과)를 나타내므로 (B)에는 인과 관계의 연결사 Thus가 필요하다. 따라서 정답은 ①이다.

해석 단호한 행동은 타인의 권리를 침해하지 않는 직접적이고 적절한 방식으로 당신의 권리를 옹호하고 당신의 생각과 감정을 나타내는 것을 포함한다. 그것은 타인이 당신의 관점을 이해하도록 하는 문제이다. 단호한 행동기술을 보여주는 사람들은 좋은 대인관계를 유지하면서 갈등 상황을 쉽고 분명하게 처리할 수 있다. 이와는 대조적으로 공격적 행동은 타인의 권리를 공공연히 침해하는 방식으로 당신의 권리를 방어하고 생각과 감정을 표현하는 것을 포함한다. 공격적 행동을 보이는 사람들은 타인의 권리는 자신들의 권리에 종속되어야만 한다고 믿는 것처럼 보인다. 따라서 그들은 좋은 대인관계를 유지하는 데 어려움을 겪는다. 그들은 통제를 유지하기 위해 방해하고 빨리 말하며, 타인을 무시하고, 비꼬거나 다른 형태의 폭언을 사용하기 쉽다.

어휘 **assertive** 단호한 / **stand up for** 옹호하다 / **right** 권리 / **express** 나타내다, 표현하다 / **appropriate** 적절한, 적당한 / **violate** 침해하다, 위반하다 / **view point** 관점 / **exhibit** 전시하다, 보여주다 / **handle** 처리하다, 다루다 / **conflict** 갈등 / **situation** 상황 / **with ease** 쉽게 / **assurance** 확신, 분명함 / **maintain** 유지하다 / **interpersonal relationship** 대인관계 / **aggressive** 공격적인 / **involve** 포함하다 / **openly** 공공연히 / **subservient** 종속되는 / **be likely to** ⓥ ⓥ하기 쉽다, ⓥ할 가능성이 있다 / **interrupt** 방해하다, 가로막다 / **sarcasm** 비꼼, 빈정댐 / **verbal** 말로 하는, 구두의 / **abuse** ① 학대 ② 남용 ***verbal abuse** 폭언

009

» 정답 ①

다음 빈칸 (A), (B)에 들어갈 말로 가장 적절한 것은?

Visionaries are the first people in their industry segment to see the potential of new technologies. Fundamentally, they see themselves as smarter than their opposite numbers in competitive companies — and, quite often, they are. Indeed, it is their ability to see things first that they want to leverage into a competitive advantage. That advantage can only come about if no one else has discovered it. They do not expect, ___(A)___, to be buying a well-tested product with an extensive list of industry references. Indeed, if such a reference base exists, it may actually turn them off, indicating that for this technology, at any rate, they are already too late. Pragmatists, ___(B)___, deeply value the experience of their colleagues in other companies. When they buy, they expect extensive references, and they want a good number to come from companies in their own industry segment.

	(A)	(B)
①	therefore	on the other hand
②	however	in addition
③	nonetheless	at the same time
④	furthermore	in conclusion

해설 빈칸 앞 문장에서 '그러한 장점이란 그것을 아무도 발견한 사람이 없을 때에 발생하는 것'이라고 하였고, (A) 뒤에서 '그러한 이유로 선지자들은 광범위한 기업의 참조 자료가 있는 이미 잘 검증된 제품들은 구입하지 않는다'고 하였으므로 (A)에는 인과 관계의 연결사가 필요하다. (B)는 Two 개념을 이용해야 한다. (B) 앞에는 선지자들의 관점이고 (B) 뒤에는 실용주의자들의 관점이 서로 상반된 개념으로 설명되고 있으므로 (B)에는 반대·대조의 연결사가 필요하다. 따라서 정답은 ①이 된다.

해석 선지자들은 그들의 업종 부문에서 새로운 기술에 대한 가능성을 보는 최초의 사람들이다. 근본적으로 선지자들은 그들 자신을 경쟁 회사에 있는 경쟁자들보다 더 똑똑하다고 보고 그리고 꽤 자주 그들은 정말 똑똑하다. 실제로 그들의 능력은 경쟁 우위로 활용하고 싶은 것들을 처음으로 보는 것이다. 그러한 장점은 오직 아무도 그것을 발견하지 못했을 때만 발생할 수 있다. 그래서 그들은 광범위한 업계의 참고 자료 목록을 가지고 있는 충분히 조사된 제품을 사기를 기대하지 않는다. 실제로 만약 그런 참고 자료가 존재한다면 이는 그들의 흥미를 잃게 만드는 것이고 그들이 이 기술에 관해 어쨌든 이미 너무 늦었다는 것을 시인하게 되는 것이다. 반면에 실용주의자들은 다른 회사들에 있는 그들 동료들의 경험을 매우 가치 있게 평가한다. 그들이 구매를 할 때 그들은 광범위한 참고 자료를 기대하고 그들 자신의 업종 부문에 있는 회사들로부터 더 많은 참고 자료가 나오기를 원한다.

어휘 **visionary** 선지자, 선각자 / **segment** 부분, 영역 / **potential** 잠재력 / **opposite** 반대의 / **competitive** 경쟁하는 / **leverage into** (지렛대로) 활용하다 ***leverage** 지렛대 / **well-tested** 잘 검증된 / **extensive** 광범위한 / **reference** 참고 자료 / **exist** 존재하다 / **turn somebody off** ~의 흥미를 잃게 하다 / **indicate** 나타내다, 보여주다 / **at any rate** 어쨌든 / **pragmatist** 실용주의자 / **colleague** 동료 / **a good number** 많이

010

» 정답 ④

주어진 문장이 들어갈 위치로 가장 적절한 것은?

The same thinking can be applied to any number of goals, like improving performance at work.

The happy brain tends to focus on the short term. (①) That being the case, it's a good idea to consider what short-term goals we can accomplish that will eventually lead to accomplishing long-term goals. (②) For instance, if you want to lose thirty pounds in six months, what short-term goals can you associate with losing the smaller increments of weight that will get you there? (③) Maybe it's something as simple as rewarding yourself each week that you lose two pounds. (④) By breaking the overall goal into smaller, shorter-term parts, we can focus on incremental accomplishments instead of being overwhelmed by the enormity of the goal in our profession.

해설 유사의 공간 개념(제시문에 유사의 시그널 same이 있다)을 이용해야 한다. ①부터 ③까지는 체중감량 시 목표설정에 대한 내용이고 ④부터 직장에서의 과업향상목표에 대한 설명이 이어지므로 주어진 제시문(체중감량에 대한 내용이 아니라 직장과 관련된 내용)은 ④에 들어가는 것이 문맥상 가장 자연스럽다.

해석 행복한 뇌는 단기간에 집중하는 경향이 있다. 그게 그렇다면, 장기적인 목표를 이룰 수 있게 해 주는 어떤 단기간의 목표를 우리가 달성할 수 있을지 고려해 보는 것은 좋은 생각이다. 예를 들어, 만약 당신이 6개월 안에 30파운드를 빼고 싶다면 당신은 그 목표치에 도달할 수 있도록 조금씩 늘려서 몸무게를 빼는 것과 어떤 단기간의 목표를 결합시킬 수 있을까? 아마도 그렇게 하면 매주 2파운드를 감량할 때마다 당신 스스로에게 보상하는 것만큼 간단한 일이 될 수도 있다. 이같은 생각은 직장에서의 과업을 향상시키는 것과 같은 어떤 목표들에도 적용될 수 있다. 전체적인 목표를 더 작은 단기간의 부분으로 나눔으로써, 우리는 우리의 직업에서 목표의 거대함에 압도되는 대신 조금씩 늘어나는 성취에 집중할 수 있다.

어휘 **goal** 목표 / **improve** 향상시키다 / **performance** 수행, 과업 / **tend to** ⓥ ⓥ하는 경향이 있다 / **It (That /This) is the case** 그게 그렇다 / **short-term** 단기간의 ***long-term** 장기간의 / **accomplish** 성취하다, 이루다 / **associate** 연합[결합]시키다 / **increment** 증가, (주로 조금씩) 늘어남 ***incremental** 증가하는, 조금씩 늘어나는 / **overall** 전체적인, 전반적인 / **instead of** ~대신에 / **overwhelm** 압도하다 / **enormity** 거대함 / **profession** 직업

011

» 정답 ②

밑줄 친 부분에 들어갈 말로 가장 적절한 것은?

In a famous essay on Tolstoy, the liberal philosopher Sir Isaiah Berlin distinguished between two kinds of thinkers by harking back to an ancient saying attributed to the Greek lyric poet Archilochus (seventh century B.C) : "The fox knows many things, but the hedgehog knows one big thing." Hedgehogs have one central idea and see the world exclusively through the prism of that idea. They overlook complications and exceptions, or mold them to fit into their world view. There is one true answer that fits at all times and all circumstances. Foxes, for whom Berlin had greater sympathy, have a variegated take on the world, which prevents them from ________________. They are skeptical of grand theories as they feel the world's complexity prevents generalizations. Berlin thought Dante was a hedgehog while Shakespeare was a fox.

① grasping the complications of the world
② articulating one big slogan
③ finding multiple solutions
④ behaving rationally

해설 빈칸 완성은 Two 개념(반대 · 대조의 공간 개념)을 이용할 수 있어야 한다. 이 글은 두 종류의 사상가(Fox vs. Hedgehog)에 관한 글이고, 빈칸에는 Fox에 관한 설명이 있어야 한다. Fox는 많은 것을 아는 유형인데, 빈칸 앞에 prevent(부정어)가 있으므로 빈칸에는 '많은 것을 아는'과 반대/대조의 내용이 있어야 하므로 빈칸에 가장 적절한 것은 ②이다.

해석 Tolstoy에 관한 유명한 수필에서, 진보적인 철학자 Isaiah Berlin 경은 그리스 서정시인 Archilochus(B.C 7세기)의 말로 여겨지는 오래된 속담을 상기시키므로써, 두 종류의 사상가들을 구분하였다. "여우는 많은 것을 아는 반면, 고슴도치는 큰 한 가지만 안다." 고슴도치들은 하나의 중심 사상을 가지고 세상을 오직 그 사상의 프리즘을 통해서만 본다. 그들은 복잡성과 예외들을 간과하거나, 그것들을 틀에 넣어 그들의 세계관에 맞춘다. (그들에게는) 모든 시기와 모든 상황에 맞는 하나의 진정한 답만 있다. Berlin이 더 크게 공감했었는데, 여우들은 세상에 대한 더 다양한 의견을 가지고 있어, 그들이 하나의 큰 구호만을 표현하는 것을 못하게 했다. 그들은 세상의 복잡성이 일반화를 막는다고 느끼기 때문에 거대한 이야기에 회의적이다. Berlin은 Dante를 고슴도치로 생각한 반면에 Shakespeare를 여우로 생각했다.

① 세계의 복잡성을 파악하는 것을
② 하나의 큰 구호만을 표현하는 것을
③ 다양한 해법을 찾아내는 것을
④ 합리적으로 행동하는 것을

어휘 **liberal** 진보적인, 자유로운 / **philosopher** 철학가 / **hark back to** ~를 상기시키다[떠올리다] / **attribute** ① ~의 탓으로 돌리다[여기다] ② ~라고 여기다 / **lyric** ① 서정적인 ② 서정시 / **hedgehog** 고슴도치, 호저 / **exclusively** ① 단지, 다만, 오직 ② 독점적으로, 배타적으로 / **overlook** 간과하다 / **mold** ① 틀 ② 틀에 넣어 만들다[주조하다] ③ 곰팡이 / **exception** 예외 / **take** 의견, 생각 / **skeptical** 회의적인 / **grasp** ① 이해하다, 파악하다 ② 잡다, 쥐다 / **complication** 복잡한, 복잡성 / **articulate** 분명하게 표현하다[설명하다] / **slogan** 구호, 슬로건 / **multiple** 많은, 다수의, 다양한 / **rationally** 이성적으로, 합리적으로

정답과 해설

012

» 정답 ④

다음 글의 제목으로 가장 적절한 것을 고르시오.

Few words are tainted by so much subtle nonsense and confusion as *profit*. To my liberal friends the word connotes the proceeds of fundamentally unrespectable and unworthy behaviors: minimally, greed and selfishness; maximally, the royal screwing of millions of helpless victims. *Profit* is the incentive for the most unworthy performance. To my conservative friends, it is a term of highest endearment, connoting efficiency and good sense. To them, *profit* is the ultimate incentive for worthy performance. Both connotations have some small merit, of course, because profit may result from both greedy, selfish activities and from sensible, efficient ones. But overgeneralizations from either bias do not help us in the least in understanding the relationship between profit and human competence.

① Relationship Between Profit and Political Parties
② Who Benefits from Profit
③ Why Making Profit Is Undesirable
④ Polarized Perceptions of Profit

해설 이 글은 첫 번째 문장에서 언급한 것처럼 profit(이 글의 중심소재)에 대한 두 가지의 confusion(작가의 견해)을 설명하고 있다. ④에 polarize가 어려운 단어였지만 ①, ②, ③이 모두 오답이기 때문에 정답을 구하는 데 있어서는 별 어려움이 없었다.

해석 이윤이라는 단어만큼 미묘한 논리 부재와 혼란으로 오점을 남긴 단어는 거의 없다. 나의 자유분방한 친구들에게 그 단어는 기본적으로 존경받을 수도 없고 어울리지도 않는 행동의 결과로 나온 수익이라는 의미를 지닌다. 최소한으로 표현하자면 탐욕과 이기심이며 최대한으로 표현하자면 수백만의 무기력한 피해자들을 왕처럼 착취한다는 것이다. 이익은 가장 무가치한 행위에 대한 동기이다. 나의 보수적인 친구들에게 이 단어는 최고의 애정을 담은 표현이며 효율성과 좋은 의미를 지니는 말이다. 그들에게 이윤이란 가치 있는 활동을 위한 궁극적 자극을 의미한다. 이윤이 탐욕적이고 이기적인 활동의 결과이면서 합리적이고 효율적인 활동의 결과이기도 하기 때문에 두 가지 함의는 물론 어느 정도 약간이라도 가치가 있다. 하지만 어느 한쪽의 편견에서 지나치게 일반화하는 것은 이윤과 능력의 관계를 이해하는 데 있어 아무런 도움도 되지 않는다.
① 이윤과 정당 간의 관계
② 누가 이윤으로부터 혜택을 얻나
③ 왜 이윤을 내는 것은 바람직하지 않나
④ 이윤에 대한 양극의 인식

어휘 **taint** 더럽히다, 오점을 남기다 / **subtle** ① 미묘한 ② 감지하기 힘든 / **confusion** 혼란, 혼동 / **liberal** 자유로운, 개방적인 / **connote** (함축적으로) 의미하다 ***connotation** (함축적) 의미 / **proceeds** 수입, 수익 / **fundamentally** 기본적으로 / **unrespectable** 존경받을 수 없는 / **unworthy** ① 자격이 없는 ② 어울리지 않는 / **minimally** 최소한으로(↔ **maximally** 최대한으로) / **greed** 탐욕 ***greedy** 탐욕스러운 / **selfishness** 이기, 이기적임 / **royal screwing** 몹시 가혹한 배반 / **helpless** 무기력한 / **victim** 희생자[물] / **incentive** 인센티브; 동기, 자극 / **conservative** 보수적인 / **endearment** 애정을 담은 말 / **efficiency** 효율성 ***efficient** 효율적인 / **ultimate** 궁극적인 / **sensible** 분별 있는 / **overgeneralization** 과잉 일반화 / **bias** 편견 / **competence** 능력 / **political party** 정당 / **undesirable** 바람직하지 않은 / **polarized** 양극화된 / **perception** 인식

Chapter 03 통일성

001

» 정답 ③

다음 글의 흐름상 가장 어색한 문장은?

In a highly commercialized setting such as the United States, it is not surprising that many landscapes are seen as commodities. ① In other words, they are valued because of their market potential. Residents develop an identity in part based on how the landscape can generate income for the community. ② This process involves more than the conversion of the natural elements into commodities. The landscape itself, including the people and their sense of self, takes on the form of a commodity. ③ Landscape protection in the US traditionally focuses on protecting areas of wilderness, typically in mountainous regions. Over time, the landscape identity can evolve into a sort of "logo" that can be used to sell the stories of the landscape. ④ Thus, California's "Wine Country," Florida's "Sun Coast," or South Dakota's "Badlands" shape how both outsiders and residents perceive a place, and these labels build a set of expectations associated with the culture of those who live there.

해설 미국처럼 고도로 상업화된 환경에서는 경관도 상품으로 여겨져서 주민들 역시 경관이 지니는 시장 잠재력에서 생기는 가치, 즉 경관이 지역 사회를 위해 어떻게 소득을 창출할 수 있는가에 기초하여 지역과 자신의 정체성을 발전시킨다는 내용에서, 미국에서의 경관 보호가 일반적으로 산악지대의 황무지 보호에 초점을 두고 있다는 내용인 ③은 글의 전체 흐름과 무관하다.

해석 미국처럼 고도로 상업화된 환경에서는 많은 경관이 상품으로 여겨지는 것이 놀라운 일이 아니다. 다시 말해 경관은 그것들의 시장 잠재력때문에 가치 있게 여겨진다. 주민들은 경관이 지역 사회를 위해 어떻게 소득을 창출할 수 있는가에 부분적으로 기초하여 정체성을 발전시킨다. 이 과정에는 자연의 요소를 상품으로 전환하는 것 그 이상의 것이 포함된다. 사람들과 그들의 자아의식을 포함하여 경관 자체가 상품의 형태를 띤다. (미국에서 경관 보호는 일반적으로 산악지대에 있는 황무지 지역을 보호하는 데 전통적으로 초점을 두고 있다.) 시간이 흐르면서 경관 정체성은 경관에 대한 이야기를 판매하기 위해 사용될 수 있는 일종의 '로고'로 발전할 수 있다. 따라서 California의 'Wine Country(포도주의 고장)', Florida의 'Sun Coast(태양의 해변)', 혹은 South Dakota의 'Badlands(악지)'는 외지인과 거주자가 모두 장소를 인식하는 방식을 형성하며, 이런 호칭들은 그곳에 사는 사람들의 문화와 관련된 일련의 기대치를 형성한다.

해석 **commercialized** 상업화된 / **landscape** 경치, 풍경 / **commodity** 상품, 일용품 / **resident** 거주자 / **identity** 정체성 / **generate** 창출하다, 만들어 내다 / **conversion** 전환, 변환 / **wilderness** 황무지 / **typically** 전형적으로, 일반적으로 / **mountainous region** 산악지대 / **evolve** 발전하다, 진화하다 / **perceive** 인식하다 / **expectation** 기대 / **associated with** ~와 관련된

002

>> 정답 ③

다음 전체 흐름과 관계 없는 문장은?

We spend literally hours in each other's company, stroking, touching, talking, murmuring, being attentive to every detail of who is doing what with whom. ① You might think that this marks us out as a cut above the rest of life, but you would be wrong. ② If we have learned anything from the last thirty years of intensive research on monkeys and apes, it is that we humans are anything but unique. ③ Even though they are well known for their intelligence and sociability, they still do not compete with humans on the verbal scale. ④ Monkeys and apes are just as social as we are, just as intensely interested in scores of social activities around them.

해설 이 글은 '인간만이 사회적 생활을 하는 것은 아니다'의 글이므로 글의 전체 흐름과 관계없는 문장은 인간과 경쟁이 되지 않는다는 ③이다.

해석 우리는 쓰다듬고, 만지고, 얘기하고, 속삭이고, 누가 누구와 무엇을 하고 있는지 모든 세세한 것에 신경을 쓰면서 말 그대로 몇 시간이고 서로 함께 보낸다. 당신은 이것이 우리 인간을 다른 생명체보다 더 나은 존재로 특징짓는 것이라고 생각할 수 있지만 그것은 틀린 생각일 것이다. 우리가 지난 30년 동안의 원숭이와 유인원에 대한 집중 연구에서 무엇인가를 배웠다면 그것은 우리 인간이 전혀 특별하지 않다는 것이다. (그들이 지능과 사회성으로 명성이 높다고 해도 언어적 척도에서는 여전히 인간과 경쟁이 되지 않는다.) 원숭이와 유인원은 우리만큼 사회적이고, 자기 주변의 많은 사회 활동에 우리만큼 깊은 관심을 가지고 있다.

어휘 **literally** 말[문자] 그대로 / **in one's company** ~와 함께 / **stroke** 쓰다듬다 / **murmur** 속삭이다 / **attentive** 신경을 쓰는, 주의를 기울이는 / **a cut above** ~보다 나은 / **ape** 유인원 / **anything but** 결코 ~이 아닌 / **verbal** 언어의, 말의 / **scale** 척도, 기준 / **scores of** 많은, 수십의

003

>> 정답 ③

다음 글에서 전체 흐름과 관계없는 문장은?

One of the little understood paradoxes in communication is that the more difficult the word, the more terse the explanation. ① The more meaning you can pack into a single word, the fewer words are needed to get the idea across. Complex words are resented by persons who don't understand them and, of course, very often they are used to confuse rather than clarify. ② But this is not the fault of language; it is the arrogance of the individual who misuses the tools of communication. ③ The best reason for acquiring a large vocabulary is that it keeps you from being laconic. A genuinely educated person can express himself briefly. ④ For example, if you don't know, or use, the word 'imbricate,' you have to say to someone, 'having the edges overlapping in a regular arrangement like tiles on a roof, scales on a fish, or sepals on a plant.' More than 20 words to say what can be said in one.

해석 이 글은 어려운 단어를 사용함으로써 표현이 더 간결해 질 수 있다는 내용의 글이므로 ③의 어려운 단어의 습득이 간결함을 피할 수 있다는 내용은 글의 전체 흐름과 무관하다.

해석 의사소통에 있어서 거의 잘 이해되지 않는 역설 중의 하나는 단어가 어려우면 어려울수록 설명은 더욱더 간결해진다는 것이다. 한 단어에 더욱더 많은 의미를 집어넣을수록 그 생각이 전달되게 하는 데는 더욱더 적은 단어가 필요하게 된다. 어려운 말을 이해하지 못하는 사람들은 그 말에 대해 분개하고, 물론 그 말은 아주 종종 명료하게 하기보다는 혼란스러움을 조장하게 된다. 그러나 이것은 언어의 잘못이 아니다. 그것은 의사소통 도구를 잘못 사용하는 사람의 거만함이다. (풍부한 어휘를 습득하는 가장 좋은 이유는 그것으로 인해 당신이 간결해지는 것을 막게 하는 것이다.) 진정으로 교육을 받은 사람이라면 간결하고 깔끔하게 자신을 표현할 수 있다. 예를 들어, 만약 당신이 'imbricate'라는 단어를 모르거나 사용하지 않는다면, '지붕위의 타일, 물고기의 비늘 혹은 꽃받침처럼 규칙적으로 배열된, 부분적으로 겹친 모서리가 있는'이라고 누군가에게 말해야 한다. 한 단어로 될 수 있는 것을 말하기 위해 스무 개 이상의 단어를 쓰게 된다.

어휘 **paradox** 역설, 패러독스 / **terse** 간결한(= **brief, laconic**) / **get the idea across** 생각을 이해시키다 / **resent** 분개하다 / **clarify** 분명[명료]하게 하다 / **arrogance** 오만, 거만함 / **genuinely** 진실로 / **imbricate** 비늘[기와] 모양으로 겹쳐진 / **edge** 모서리 / **overlap** 중첩되다[부분적으로 겹치다] / **arrangement** 배열, 배치 / **sepal** 꽃받침

004

>> 정답 ④

다음 내용의 흐름상 적절하지 못한 문장은?

We can see the occasional clash between compassion and morality in the lab. ① Experiments by the psychologist C. Daniel Batson and his colleagues find that being asked to adopt someone else's perspective makes participants more likely to favor that person over others. ② For example, they are more prone to move a suffering girl ahead of everyone else on a waiting list for a lifesaving procedure. ③ This is compassionate, but it's not moral, since this sort of moral decision should be based on objective and fair procedures, not on who causes the most intense emotional reaction. ④ Morality is an end in itself, and without compassion, there would be no morality. Part of being a moral person, then, involves overriding one's compassion, not cultivating it.

해설 이 글은 도덕과 동정심의 차이점을 설명하는 글이므로 글의 전체 흐름과 관계 없는 문장은 ④이다.

해석 우리는 실험실에서 때때로 동정심과 도덕이 충돌하는 것을 볼 수 있다. 심리학자 C. Daniel Batson과 그의 동료들은 실험에서 다른 어떤 사람의 관점을 취하라고 요구받은 참여자들이 다른 사람보다 그 특정인에게 더 호의를 보이는 경향이 있다는 것을 발견한다. 예를 들어, 실험 참여자들은 구명 절차를 위한 대기 명단에서 고통스러워하는 소녀를 다른 어느 누구보다 먼저 옮기기 쉽다. 이러한 종류의 결정은 누가 가장 강렬한 감정 반응을 불러일으키는가가 아니라 객관적이고 공정한 절차에 근거해야 하는 것이기 때문에 이것은 동정적인 것이지만 도덕적인 것은 아니다. (도덕은 그 자체로 목적이며, 인간애가 없으면 도덕도 없을 것이다.) 그래서 좋은 사람이 된다는 것은 부분적으로는 자신의 동정심을 함양하기 보다는 무시하는 것을 포함한다.

어휘 **occasional** 이따금의, 가끔의 / **clash** 충돌 / **compassion** 연민, 동정 / **morality** 도덕(성) / **colleague** 동료 / **adopt** 채택하다 / **perspective** ① 관점, 인식 ② 원근법 / **favor** 호의; 호의를 베풀다 / **be prone to** ⓥ ⓥ 하기 쉽다 / **objective** 객관적인 / **fair** 공정한 / **procedure** 관점, 절차 / **intense** 강렬한 / **end** ① 끝 ② 목적 / **override** 무시하다 / **cultivate** 배양하다, 기르다

005

>> 정답 ③

다음 글의 흐름상 가장 어색한 문장은?

With the spread of Islam in the seventh century, the Byzantine empire entered a time of instability. Islamic forces seized many territories from Byzantium, permanently transforming the eastern Mediterranean, North Africa, and Spain. ① In 726, a violent dispute erupted in Byzantium over the legitimacy of creating or owning images of saintly or divine figures. ② During the ensuing period of iconoclasm, which lasted until 843, images were officially banned in the empire and early depictions of Jesus, his mother, Mary, and the saints were destroyed. ③ Elsewhere in the Byzantine empire, different regional image styles coexisted, some more abstract than others but each reflecting the varied conditions of its area. ④ Thus, from an artistic point of view, the eighth and ninth centuries represent a period of hard times for Byzantine religious art.

* iconoclasm 성상 파괴(주의)

해설 이 글은 이슬람교의 전파로 인한 비잔틴 제국의 종교적 불완전성에 관한 내용의 글이므로 ③은 글의 흐름과 무관하다.

해석 7세기에 이슬람교가 전파되면서, 비잔틴 제국은 불안정한 시기로 들어섰다. 이슬람 세력은 비잔티움으로부터 수많은 영토를 점령하였고, 지중해 동부, 북아프리카, 그리고 스페인을 영구적으로 탈바꿈시켰다. 726년, 성스러운 혹은 신성한 인물들의 형상들을 만들거나 소유하는 것에 대한 정당성에 관하여 격렬한 분쟁이 비잔티움에서 일어났다. 그 뒤를 이은 성상 파괴주의 기간은 843년까지 지속되었는데, 그 기간 동안 형상들이 공식적으로 비잔틴 제국에서 금지되었고, 예수, 그의 어머니인 성모 마리아, 그리고 성인들이 묘사된 초창기 형상들이 파괴되었다. (비잔틴 제국의 다른 곳에서는 지역에 따라 제각기 다른 형상의 양식들이 공존했는데, 몇몇 양식은 다른 양식들보다 더 추상적이었지만 각각의 양식은 그 지역의 다양한 상황을 반영하였다.) 따라서 예술적 관점에서, 8세기와 9세기는 비잔틴 종교예술의 어려운 시기를 나타낸다.

어휘 **instability** 불안정 / **seize** ① 점령하다, 빼앗다 ② 붙잡다 / **territory** 영토 / **permanently** 영구적으로 / **transform** 바꾸다, 변형시키다 / **Mediterranean** 지중해 / **violent** ① 폭력적인 ② 격렬한 / **dispute** 분쟁 / **erupt** ① 일어나다 ② 분출하다 / **legitimacy** ① 합법성 ② 정당성, 적합성 / **saintly** 성스러운 / **divine** 신성한 / **figure** ① 모습, 형상 ② 숫자 ③ 인물 / **ensue** 뒤따르다 / **last** 지속되다 / **ban** 금지하다 / **depiction** 묘사 / **saint** 성인 / **regional** 지역적인 / **coexist** 공존하다 / **abstract** 추상적인 / **represent** 나타내다, 보여주다 / **religious** 종교적인

006

>> 정답 ④

다음 글의 흐름상 가장 어색한 문장은?

Economic distance relates to the time and cost involved in moving from the origin to the destination area and back. ① The higher the economic distance, the higher the resistance for that destination and, consequently, the lower the demand. It follows, conversely, that between any origin and destination point, if the moving time or cost can be reduced, demand will increase. ② Many excellent examples of this are available, such as the introduction of the jet plane in 1959 and the introduction of the wide-bodied jets in the late 1960s. Jet planes first cut moving time between California and Hawaii, for example, from twelve hours to five hours, and demand grew dramatically. ③ A similar surge in demand was experienced with the introduction of the wide-bodied planes for transatlantic flights. ④ The produces picked up from Hawaiian farms in the morning were on dinner tables in Californian homes by evening. The introduction of these planes cut the travel cost by almost 50 percent between the United States and most countries on the European continent.

해설 주어진 지문은 경제적 거리가 제트기나 폭이 넓은 비행기의 도입으로 더 가까워지고 그로 인해 시간과 비용이 단축되어 목적지로 가는 수요가 증가했다는 내용의 글이므로 ④'하와이 농장에서 아침에 수확한 농산물을 캘리포니아 가정에 저녁 식탁에 올릴 수 있게 되었다' 는 내용은 글의 흐름과 무관하다. 따라서 정답은 ④ 이다.

해석 경제적 거리란 원래 출발지로부터 목적지까지 이동하고, 그리고 다시 돌아오는 데 수반되는 시간, 그리고 비용과 관련이 있다. 경제적 거리가 멀면 멀수록 더욱 더 그 목적지에 대한 저항도 커지며, 결과적으로 수요도 더욱 더 낮아진다. 반대로, 어떤 출발 지점과 목적 지점 사이에서 이동하는 시간이나 비용을 줄일 수 있다면 당연히 수요는 증가하게 되는 것이다. 이것을 설명해주는 훌륭한 예들이 1959년의 제트기 도입과 1960년대 후반에 나온 폭이 넓은 비행기의 도입이다. 예를 들어, 제트기가 캘리포니아와 하와이까지 여행 시간을 12시간에서 5시간으로 줄였고 수요는 극적으로 증가했다. 대서양 비행을 위해 도입된 폭이 넓은 제트기도 비슷한 수요의 급증을 겪었다. (하와이 농장에서 아침에 수확한 농산물을 캘리포니아 가정에 저녁 식탁에 올릴 수 있게 되었다.) 이러한 비행기들의 도입은 미국과 대부분의 유럽 국가들에게 거의 50%에 달하는 여행비용 감소를 초래했다.

어휘 **relate to** ~와 관련이 있다 / **involve** ① 관련시키다 ② 포함하다 / **destination** 목적지 / **consequently** 결과적으로 / **demand** 수요 / **it follows that** ~ ~이다 / **conversely** 결과적으로 / **reduce** 감소하다[시키다] / **available** 이용 가능한 / **introduction** 소개 / **wide-bodied** 폭이 넓은 / **dramatically** 극적으로 / **surge** 증가 / **transatlantic** 대서양을 가로지르는[횡단하는] / **flight** 비행 / **produce** ① 생산하다 ② 농산물 / **continent** 대륙

007

>> 정답 ②

다음 글에서 전체 흐름과 관계없는 문장은?

The massive tombs and ceremonial structures built from huge stones in the Neolithic period are known as megalithic architecture, the descriptive term derived from the Greek words for "large" *(megas)* and "stone" *(lithos)*. Archaeologists disagree about the nature of the societies that created them. ① Some believe megalithic monuments reflect complex, stratified societies in which powerful religious or political leaders dictated their design and commanded the large workforce necessary to accomplish these ambitious engineering projects. ② Those massive tombs had two essential architectural components that reflected their religious function - a burial chamber and a nearby chapel. ③ Other interpreters argue that these massive undertakings are clear evidence for cooperative collaboration within and among social groups, coalescing around a common project that fueled social cohesion without the controlling power of a ruling elite. ④ Many megalithic structures are associated with death, and recent interpretations stress the fundamental role of death and burial as public theatrical performances in which individual and group identity, cohesion, and disputes were played out.

* coalesce 하나가 되다

해설 거석 건축물이 만들어진 사회적 배경에 대한 논쟁을 언급하는 내용인데 ②는 거대 무덤의 종교적 기능에 대해 언급하고 있으므로 글의 전체 흐름과 관계가 없다.

해석 신석기 시대의 커다란 돌로 만든 거대 무덤과 의례를 위한 구조물은 그리스어 단어 '커다란 (megas)'과 '돌 (lithos)'에서 유래된 서술적인 용어인 거석 건축물로 알려져 있다. 고고학자들은 그것들을 만든 사회의 성격에 대해 의견이 분분하다. 일부는 거석 기념물이 강력한 종교 혹은 정치 지도자가 그것들의 설계를 지시했고 이런 야심찬 토목 계획을 완수하는 데 필요한 대규모 노동력을 지휘했던 복잡하고 계층화된 사회를 나타낸다고 믿는다. (그러한 거대 무덤들은 그것의 종교적 기능을 반영하는 두 개의 필수적인 건축학적 구성요소, 즉 매장실과 근처의 부속 예배당을 가지고 있었다.) 다른 해석자들은 이런 대규모 사업이 지배층의 통제력 없이 사회적 결속을 부채질했던 공동의 계획을 중심으로 하나가 되는, 사회 집단 내부와 사회 집단 간의 협조적 공동 작업의 명백한 증거라고 주장한다. 많은 거석 구조물은 죽음과 연관되어 있는데, 최근의 해석은 개인 및 집단의 정체성, 결속 그리고 분쟁이 일어났던 대중적인 연극 공연으로서의 죽음과 매장의식의 근본적인 역할을 강조한다.

어휘 **massive** 거대한, 어마어마한 / **tomb** 무덤 / **ceremonial** 의식의, 의례를 위한 / **structure** 구조, 구조물 / **huge** 커다란, 거대한 / **architecture** ① 건축 ② 건축물, 건축양식 * **architectural** 건축학적인 / **descriptive** 묘사적인 / **term** ① 용어 ② 기간 / **derive from** ① ~로 부터 유래하다 ② ~로부터 얻다[획득하다] / **archaeologist** 고고학자 / **stratified** 계층[계급]화된 / **religious** 종교적인 / **dictate** 받아쓰게 하다 ② 지시[명령]하다 / **workforce** 노동력 / **ambitious** 야심찬 / **component** 구성요소 / **reflect** ① 반영하다 ② 반사하다 ③ 생각하다 / **religious** 종교적인 / **function** 기능(하다) / **burial** 매장 / **chamber** 방, 공간, 실(實) / **chapel** 교회, 예배당 / **interpreter** 해석가, 해석하는 사람 * **interpret** 해석하다 * **interpretation** 해석 / **undertaking** ① (중요한; 힘든) 일, 사업 ② 약속, 동의 / **evidence** 증거 / **collaboration** 공동작업, 협력 / **fuel** ① 연료 ② 주유하다 ③ 부채질하다 / **fundamental** 근본적인, 기획적인 / **theatrical** 연극[공연]의 / **cohesion** 응집, 결속(력) / **dispute** 논쟁, 분쟁 / **play out** 유발[발생]시키다

008

>> 정답 ③

다음 글의 흐름상 가장 어색한 문장은?

Some researchers investigated the effects of different media on children's ability to produce imaginative responses. ① In one study, children in grades one through four were separated randomly into two groups and presented with the same fictional story. One group listened to the story via radio, while the other group watched the story on a television. ② Afterward, all of the children were asked what they thought would happen next in the story. The researchers rated children's imaginativeness by recording the novel elements (such as characters, setting, dialogue, and feelings) they used in their responses. ③ The researchers also assumed some novelists prefer to include as many imaginations as possible in their stories. The children who listened to the radio produced more imaginative responses, whereas the children who watched the television produced more words that repeated the original story. ④ Media scholars have used this study to illustrate the "visualization hypothesis," which states that children's exposure to ready-made visual images restricts their ability to generate new images of their own.

해설 이 글은 텔레비전보다 라디오로 이야기를 들려주었을 때 뒤에 이어질 내용에 대해 더 많은 상상력을 발휘했다는 내용의 글이다. 따라서 소설가들이 자신들의 작품 속에 가능한 한 많은 상상력을 포함시키는 것을 선호한다는 내용의 ③은 이러한 글의 흐름에서 벗어난다.

해석 일부 연구원들이 각기 다른 미디어가 상상력이 풍부한 응답을 하는 어린이의 능력에 미치는 영향을 조사했다. 한 연구에서 1학년에서 4학년까지의 어린이들을 무작위로 두 개의 그룹으로 나누었고 똑같은 허구적인 이야기를 제공했다. 한 그룹은 라디오로 이야기를 들었지만, 다른 그룹은 텔레비전으로 그 이야기를 시청했다. 나중에 모든 어린이는 그 이야기에서 다음에 무슨 일이 일어날 것으로 생각하는지에 대해 질문을 받았다. 연구원들은 어린이들의 응답에서 그들이 사용한 (등장인물, 배경, 대화, 그리고 감정과 같은) 새로운 요소들을 기록함으로써 어린이들의 상상력의 풍부함을 평가했다. (그 연구가들은 또한 일부 소설가들은 자신들의 이야기 속에 가능한 한 많은 상상력을 포함시키는 것을 더 좋아한다고 생각했다.) 라디오를 들었던 어린이들은 더 상상력이 풍부한 응답을 했지만, 텔레비전을 시청했던 어린이들은 원래 이야기를 반복하는 말을 더 많이 했다. 미디어학자들은 '시각화 가설'을 설명하기 위해 이 연구를 이용해 왔는데, 그것(시각화 가설)은 이미 만들어진 시각적 이미지에 대한 어린이들의 노출이 그들 자신의 새로운 이미지를 만드는 그들의 능력을 제한한다고 진술한다.

어휘 **investigate** 조사하다 / **response** 응답, 대답 / **grade** ① 학년 ② 등급 ③ 성적, 점수 / **randomly** 무작위로, 임의로 / **present** 주다, 제공하다 / **fictional** 허구적인, 소설의 / **via** ~을 경유해서, ~을 통해서 / **rate** 평가하다 / **imaginativeness** 상상력이 풍부함, 상상에 의함 / **novel** ① 새로운, 참신한 ② 소설 / **visualization** 시각화, 구상화 / **scholar** 학자 / **illustrate** 설명하다 / **hypothesis** 가설, 추정 / **exposure** 노출, 폭로 / **restrict** 제한하다 / **ready-made** 이미 만들어져 있는, 기성품의

정답과 해설

Chapter 04 연결사

001

>> 정답 ①

다음 글의 빈칸 (A), (B)에 들어갈 말로 가장 적절한 것은?

The subjective assessments of physical quantities such as distance, size, depth, or height are all based on data of limited validity. ____(A)____, the apparent distance of an object is determined in part by its clarity. The more sharply the object is seen, the closer it appears to be. This rule has some validity, because in any given scene the more distant objects are seen less sharply than nearer objects. However, the reliance on this rule leads to systematic errors in the estimation of distance. Specifically, distances are often overestimated when visibility is not rich because the contours of objects are blurred. Rather, distances are often underestimated when visibility is good because the objects are seen sharply. ____(B)____, the reliance on clarity as an indication of distance leads to common biases.

(A)	(B)
① For instance	Thus
② For instance	However
③ As a result	Thus
④ As a result	However

해설 physical quantities(물리적 양)의 구체적 예로서 distance를 제시했으므로 (A)에는 예시의 연결사가 필요하고 (B)에는 거리판단의 오류에 대한 원인과 결과를 설명하므로 인과관계의 연결사가 필요하다. 따라서 정답은 ①이다.

해석 거리, 크기, 깊이, 높이와 같은 물리적 양의 주관적 판단들은 모두 제한된 타당성을 갖고 있는 정보에 근거를 둔다. 예를 들어, 한 물체의 외관상의 거리는 부분적으로 그것의 선명도에 의해 결정된다. 물체가 더 선명하게 보일수록 그것이 그만큼 더 가까이 있는 것처럼 보인다. 이 규칙은 어떤 주어진 장면에서도 더 멀리 있는 물체가 더 가까이 있는 물체보다 덜 선명하게 보이기 때문에 약간의 타당성이 있다. 그러나 이 규칙에 의존하는 것은 거리를 판단할 때 조직적인 잘못을 저지르게 할 수 있다. 구체적으로, 물체의 윤곽이 흐려지기 때문에 가시도가 좋지 않을 때 거리는 종종 과대평가된다. 오히려, 물체가 선명하게 보이기 때문에 가시도가 좋을 때 거리는 종종 과소평가된다. 따라서 거리의 지표로서 선명도에 의존하는 것은 흔한 선입견을 초래한다.

어휘 **subjective** 주관적인(↔ **objective** 객관적인) / **assessment** 평가 ***assess** 평가하다 / **quantity** 양(↔ **quality** 질) / **depth** 깊이 ***width** 너비, 폭 / **validity** ① 유효함 ② 타당성 ***valid** ① 유효한 ② 타당한 / **apparent** 명백한, 분명한 / **determine** 결정[결심]하다 / **clarity** 명료함, 명확함 ***clarify** 명료[명확]하게 하다 / **sharp** ① 날카로운 ② 예리한 / **reliance** 의지, 의존 ***rely on** ~에 의지[의존]하다 / **systematic** 조직적인, 체계적인 / **estimation** 판단 ***estimate** ① 추정하다, 어림잡다 ② 추정(치) ***overestimate** 과대평가하다 / **specifically** 구체적으로, 세부적으로 ***specific** ① 구체적인, 세부적인 ② 특정한 / **visibility** 시계(視界), 가시성 ***visible** 눈에 보이는 ***invisible** 보이지 않는 / **indication** ① 암시 ② 지표 / **bias** 편견(= **prejudice**), 선입견

002

>> 정답 ①

다음 빈칸 (A), (B) 에 들어갈 말로 가장 적절한 것은?

Synonyms, words that have the same basic meaning, do not always have the same emotional meaning. For example, the word stingy and frugal both mean "careful with money." However, to call a person stingy is a snub ____(A)____ the latter has a much more positive connotation. ____(B)____ a person wants to be slender but not skinny, and aggressive but not pushy. Therefore, you should be careful in choosing words because many so-called synonyms are not really synonymous at all.

(A)	(B)
① while	Similarly
② while	In contrast
③ unless	However
④ unless	By the same token

해설 후자 frugal은 긍정적 함의 → (+) 개념이고 stingy는 모욕 → (−) 개념이므로 (A)에는 while이 있어야 하고 (B)에는 서로 다른 소재에 대한 공통점 slender/aggressive → (+) 개념, skinny/pushy → (−) 개념이 이어지므로 Similarly가 있어야 한다. 따라서 정답은 ①이다.

해석 동일한 기본적인 의미를 갖고 있는 말인 동의어는 항상 같은 어감을 갖고 있는 것은 아니다. 예를 들어, stingy(인색한)라는 단어와 frugal(검소한)은 양쪽 모두 '돈에 대해 조심스럽다'는 의미를 가지고 있다. 그러나 어떤 사람을 stingy라고 부르면 모욕적인 반면에 frugal은 훨씬 더 많은 긍정적인 의미를 지니고 있다. 마찬가지로, 사람들은 마른 것이 아니라 늘씬하기를 원하고, 억지 부리는 것이 아니라 적극적이고 싶어 한다. 따라서 당신은 단어를 선택할 때 조심해야 한다. 왜냐하면 소위 동의어가 항상 같은 의미를 갖고 있는 것은 아니기 때문이다.

어휘 **synonym** 동의어 / **stingy** 인색한 / **frugal** 검소한 / **snub** 모욕(하다) / **the latter** 후자 / **connotation** 함의, 함축적 의미 / **slender** 날씬한 / **skinny** 깡마른 / **aggressive** ① 공격적인 ② 적극적인 / **pushy** 억지 부리는, 쓸데없이 강요하는 / **so-called** 소위 / **unless** 만약 ~ 하지 않으면 / **by the same token** 마찬가지로

003

» 정답 ①

다음 빈칸에 들어갈 말로 가장 적절한 것은?

Reasonable problems are of the kind that can be solved in a step-by-step manner. A crossword puzzle is of this nature. Given a sufficient vocabulary, the empty spaces can be filled in one by one. Unreasonable problems, ___(A)___, cannot be treated this way because the task contains some 'trick' or 'catch' that must be understood before someone can arrive at a solution. This feature frustrates any step-by-step process that proceeds without the realization that "things aren't what they seem." ___(B)___, successful problem solving in these cases requires that the person acquire an insight into the nature of the trick. Riddles provide commonplace instances of such insight problems, such as the classic riddle that the Sphinx posed to Oedipus.

	(A)	(B)
①	in contrast	Hence
②	in contrast	Nevertheless
③	for example	Hence
④	in addition	Nevertheless

해설 (A) 앞쪽은 합리적인 문제 해결 방식에 대한 글이고, 뒤쪽은 비합리적인 문제 해결 방식에 대한 글로 Two 개념이 적용되어야 하므로 역접의 연결사 in contrast가 필요하다.
(B) 앞쪽 문장은 비합리적인 문제 해결 방식의 특성에 대한 글이고, 뒤쪽은 성공적인 비합리적인 문제 해결 방식에 대한 글이므로 인과관계의 연결사 Hence가 필요하다.

해석 합리적인 문제는 단계적인 방식으로 해결될 수 있는 종류이다. 크로스워드 퍼즐(십자말풀이)이 이런 성격이다. 충분한 어휘가 주어지면 빈 공간을 하나씩 채울 수 있다. 그에 반해, 비합리적인 문제는 누군가가 해결책에 도달할 수 있기 전에 반드시 알아야 하는 어떤 속임수나 함정을 과업에 포함하고 있기 때문에 이런 방식으로 다룰 수 없다. 이런 특성은 "상황이 겉보기와 다르다"라는 인식 없이 진행되는 단계적인 과정은 어느 것이든 방해한다. 그러므로, 이런 경우에 있어서의 성공적인 문제해결은 속임수의 성격에 대한 통찰을 그 사람이 습득해야 함을 요구한다. 수수께끼가 그런 통찰 문제의 아주 흔한 사례를 제공하는데, 스핑크스가 오이디푸스에게 제기했던 고전적인 수수께끼 같은 것이다.

어휘 **unreasonable** 비합리적인 / **trick** 속임수 / **catch** 함정, 숨은 문제점 / **step-by-step** 단계적인 / **manner** 방식, 태도 / **insight** 통찰력 / **commonplace** 아주 흔한 / **pose** 제기하다 / **riddle** 수수께끼 / **realization** 인식, 깨달음

004

» 정답 ④

다음 빈칸에 들어갈 말로 가장 적절한 것은?

Americans have ambivalent feelings about neighbors. This ambivalence reflects the tension we feel over our loyalties to group and to self and which of the two takes precedence. In other cultures, the group clearly takes precedence. ___(A)___, in the United States, we draw boundaries around individuals and circumscribe their "space". We conceptualize this space as privacy which protects the individual from the outside and from others. It is a concept that many foreigners find odd, even offensive. ___(B)___, it is the individual that is valued over the group, whether that group is a family, corporation, or community.

	(A)	(B)
①	For example	On the other hand
②	For example	In other words
③	However	On the other hand
④	However	In other words

해설 빈칸 (A) 앞 문장에 group이 take precedence(우선권이 있다)고 했고 (A) 다음에는 individual(개인)에 대한 언급과 사생활에 대한 내용이 이어지므로 (A) 에는 However가 필요하다. (B) 앞과 (B) 뒤의 내용 모두 개인의 사생활이 중요하다는 내용이므로 (B) 에는 In other words가 필요하다. 따라서 정답은 ④가 된다.

해석 미국인들은 이웃에 대해 양면의 감정을 가지고 있다. 이 양면성은 우리가 단체와 자신에 대한 충성심 사이에서 느끼는 갈등을 반영하고 있는데, 둘 중의 하나가 우위를 차지하게 된다. 다른 문화권(미국을 제외한)에서는 단체가 확실히 우월성을 가진다. 하지만, 미국에서, 우리는 개개인에 경계선을 긋고 그들의 "공간"을 설정한다. 우리는 이 공간을, 외부와 다른 사람들로부터 개인을 보호하는 사생활이라는 것으로 개념화한다. 이것은 많은 외국인들이 이상하다고, 심지어는 불쾌한 것이라고 생각하는 개념이다. 다시 말해서, 그 단체가 가족, 회사, 공동체이든 간에 단체보다 가치 있게 여겨지는 것은 개인이다.

어휘 **ambivalent** 양면의 ***ambivalence** 양면성 / **reflect** 반영하다 / **tension** ① 긴장 ② 갈등 / **loyalty** 충성(심) / **take precedence** 우위를 차지하다 ***precedence** 우선(함) / **draw** ① 그리다 ② 잡아당기다 / **boundary** 경계선 / **circumscribe** ① 제한하다 ② 선을 긋다 / **conceptualize** 개념화하다 / **privacy** 사생활 / **foreigner** 이방인, 외국인 / **odd** 이상한 / **offensive** 불쾌한 / **corporation** 회사 / **community** 지역 사회

005

» 정답 ①

다음 글의 (A), (B)에 들어갈 가장 적절한 것은?

It would be hard to find anything more controversial than the subject of cloning. People find it either totally fascinating or wholly menacing. Cloning holds the promise of cures for what are now incurable diseases, sight for the blind, hearing for the deaf, new organs to replace old worn-out ones. ____(A)____, it could be conducive in increasing the world's food supply by the cloning of animals. Bigger and healthier animals could be produced. For most people, ____(B)____, the cloning of humans is poles apart. The idea of duplicating human beings the same way we make copies of book pages on a copy machine is appalling.

	(A)	(B)
①	Further	however
②	Similarly	likewise
③	However	as a result
④	That is	on the other hand

해설 (A) 앞에 cloning(복제)의 장점에 대한 언급이 있고 (A) 뒤에 또 다른 장점이 언급되고 있으므로 (A)에는 나열의 연결사가 Further가 필요하다. (B)는 Two 개념을 이해해야 한다. 단락의 도입부에 (+) 개념(fascinating)과 (−) 개념(menacing)을 제시했고, (B) 앞에는 (+) 개념이 있고 (B) 뒤에 (−) 개념이 있으므로 (B)에는 However가 필요하다. 따라서 정답은 ①이다.

해석 생물 복제라는 주제보다 더 논란이 많은 것을 찾기란 힘들 것이다. 사람들은 그것이 정말 매혹적이거나 아니면 완전히 위협적인 것이라고 생각한다. 생물 복제는, 현재는 치료가 불가능한 질병인 것들에 대해서는 치유를, 앞을 못 보는 사람들에게는 시력을, 귀가 먹은 사람들에게는 청력을, 오래 되어 못 쓰게 된 장기를 대체할 새로운 장기를 약속하는 것이다. 게다가 그것은 동물들을 복제함으로써 세계 식량 공급 증가에 도움이 될 수 있다. 더 크고 더 건강한 동물들이 생산될 수 있는 것이다. 반면에 대다수의 사람들에게 인간 복제는 다른 문제이다. 우리가 복사기에서 책 페이지들을 복사하는 것과 같은 방식으로 인간을 복제한다는 생각은 끔찍하다.

어휘 **controversial** 논란이 많은 / **cloning** (생물) 복제 / **fascinating** 매혹적인, 매력적인 / **menacing** 위협적인 / **incurable** 치료할 수 없는, 치료 불가능한 / **deaf** 귀 먼, 귀가 먹은 / **conducive** 도움이 되는 / **poles apart** 전혀 다른, 정반대인 / **duplicate** 복사하다, 복제하다 / **appalling** 끔찍한, 오싹한

006

» 정답 ①

다음 빈칸에 들어갈 말로 가장 적절한 것은?

No matter how good your product is, remember that perfection of an existing product is not necessarily the best investment one can make. ____(A)____, the Erie Canal, which took four years to build, was regarded as the height of efficiency in its day. What its builders had not considered was that the advent of the railroad would assure the canal's instant downfall. By the time the canal was finished, the railroad had been established as the fittest technology for transportation. ____(B)____, when the fuel cell becomes the automotive engine of choice, the car companies focusing on increasing the efficiency of the internal combustion engine may find themselves left behind

	(A)	(B)
①	For example	Likewise
②	For example	For instance
③	That is	Likewise
④	That is	For instance

해설 (A) 앞에 기존의 제품(existing product)이 있고 (A) 뒤에 그 구체적인 예로서 Erie Canal이 있으므로 (A)에는 예시의 연결사 For example이 적절하다.
(B) 앞에 '철도의 등장으로 운하가 시대에 뒤쳐졌다'의 내용이 있고 (B) 뒤에는 '연료 전지의 등장으로 내연기관 연소가 시대에 뒤쳐졌다'라는 내용이 있으므로 서로 다른 소재에 대한 공통점을 설명하고 있다. 따라서 (B)에는 유사의 연결사 Likewise가 필요하다.
따라서 정답은 ①이 된다.

해석 당신의 제품이 아무리 좋은 것일지라도, 현재 사용되는 제품을 완벽하게 하는 것이 반드시 당신이 할 수 있는 최고의 투자는 아니라는 점을 기억하라. 예를 들어, 건설하는 데 4년이 걸렸던 Erie 운하는 당대에 효율성의 최고봉이라고 여겨졌다. 운하를 건설한 사람들이 고려하지 않았던 것은 철도의 출현이 분명히 운하의 즉각적인 몰락을 가져올 것이라는 사실이었다. 운하가 완성되었을 때, 철도는 이미 가장 적합한 운송 기술로 자리를 잡았다. 마찬가지로, 연료 전지가 자동차 엔진으로 선택되고 있을 때, 내연기관의 효율성을 늘리는 데 초점을 맞춘 자동차 회사들은 자신들이 뒤쳐져있다는 것을 알게 될 수도 있다.

어휘 **not necessarily** 반드시[항상] ~한 것은 아니다(=**not always, not all**) / **investment** 투자 / **height** 높이, 키, 최고조, 절정(=**pitch, peal**) / **efficiency** 효율성(=**effectiveness**) / **advent** 출현, 도래 / **assure** 확신하다 / **canal** 운하 / **instant** 즉각적인 / **downfall** 몰락(=**decline**) / **by the time S+V** ~할 때 쯤, ~할 때까지 / **fit** ~에 잘 맞다[적절하다], 맞추다, 적합한, 건강한 / **transportation** 운송, 수송 / **fuel cell** 연료 전지 / **automative** 자동차의 / **internal** 내부의(↔ **external** : 외부의) / **combustion** 연소(불이 탐) / **notice** 알아차리다, 알다, 예고, 알림

007

≫ 정답 ④

다음 글의 빈칸 (A), (B)에 들어갈 말로 가장 적절한 것은?

When there is a discrepancy between the verbal message and the nonverbal message, the latter typically weighs more in forming a judgment. ___(A)___, a friend might react to a plan for dinner with a comment like "that's good," but with little vocal enthusiasm and a muted facial expression. In spite of the verbal comment, the lack of expressive enthusiasm suggests that the plan isn't viewed very positively. In such a case, the purpose of the positive comment might be to avoid a disagreement and support the friend, but the lack of a positive expression unintentionally leaks a more candid, negative reaction to the plan. Of course, the muted expressive display might also be strategic and intentional. ___(B)___, the nonverbal message is deliberate, but designed to let the partner know one's candid reaction indirectly. It is then the partner's responsibility to interpret the nonverbal message and make some adjustment in the plan.

	(A)	(B)
①	In contrast	However
②	In contrast	That is
③	For example	However
④	For example	That is

해설 (A) 빈칸 다음의 내용은 언어적인 메시지와 비언어적인 메시지 사이에 차이가 있을 때, 판단을 형성하는 데 있어서 후자가 더 큰 비중을 차지한다는 첫 문장 내용의 예시에 해당한다. 따라서 For example(예를 들면)이 적절하다.
(B) 빈칸 다음의 내용은 앞 문장에 나온 내용, 즉 친구가 활기 없는 표정을 보인 것이 전략적이고 의도적일 수 있다는 내용에 대한 상세한 설명에 해당한다. 따라서 That is(즉)가 적절하다.

해석 언어적인 메시지와 비언어적인 메시지 사이에 차이가 있을 때, 판단을 형성하는 데 있어서 후자가 보통 더 큰 비중을 차지한다. 예를 들어, 어떤 친구가 저녁 식사 계획에 대해 말로는 "좋은데."라고 하지만 목소리에 열의가 거의 없고 활기 없는 얼굴 표정으로 응답할 수 있다. 말로 답을 한 것에도 불구하고 표정상의 열정의 부족은 그 계획을 그다지 긍정적으로 간주하지 않고 있음을 암시한다. 그러한 경우에, 긍정적인 말의 목적은 의견의 불일치를 피하고 친구를 지지하기 위한 것일 수 있지만, 긍정적인 표정의 부족은 자신도 모르게 그 계획에 대한 보다 솔직하고 부정적인 반응을 흘린다. 물론 활기 없는 표정을 보인 것은 또한 전략적이고 의도적일 수도 있다. 즉, 그 비언어적 메시지는 고의적이지만, 상대방에게 자신의 솔직한 반응을 간접적으로 알리려고 계획된 것이다. 그렇다면 그 비언어적인 메시지를 해석하고 계획에 약간의 조정을 하는 것은 상대방의 책임이다.

어휘 **discrepancy** 차이 / **verbal** 언어적인 / **nonverbal** 비언어적인 / **typically** 전형적으로 / **weigh** 비중을 차지하다, 무게가 나가다 / **enthusiasm** 열의, 열정 / **muted** (표정, 표현에) 활기가 없는, 소리 없는 / **unintentionally** 자신도 모르게, 무심코 / **leak** 흘리다, 누설하다 / **candid** 솔직한 / **strategic** 전략적인 / **intentional** 의도적인 / **interpret** 해석하다, 통역하다 / **adjustment** 조정, 조절

008

≫ 정답 ①

다음 빈칸 (A), (B)에 들어갈 말로 가장 적절한 것은?

Fingerprint analysis is a fundamentally subjective process; when identifying distorted prints, examiners must choose which features to highlight, and even highly trained experts can be swayed by outside information. ___(A)___, the subjective nature of this process is rarely highlighted during court cases and is badly understood by most jurors. Christophe Champod, a professor at the University of Lausanne in Switzerland, thinks the language of certainty that examiners are forced to use hides the element of subjective judgment from the court. He proposes that fingerprint evidence be presented in probabilistic terms and that examiners should be free to talk about probable or possible matches. In a criminal case, ___(B)___, an examiner could testify that there was a 95 percent chance of a match if the defender left the mark but a one-in-a-billion chance of a match if someone else left it. "Once certainty is quantified," says Champod, "it becomes clear."

	(A)	(B)
①	And yet	for example
②	Thus	moreover
③	Similarly	moreover
④	Similarly	for example

해설 (A) 앞에 지문 분석의 주관성이 언급되어 있고 (A) 뒤에 그런 주관성이 거의 강조되지 않는다고 했으므로, 빈칸 (A) 에는 반대 · 대조의 연결사가 필요하다.
(B) 앞에 examiners가 있고, (B) 뒤에는 an examiner가 있으므로 크다/작다 논리상 (B) 에는 예시의 연결어가 필요하다.
따라서 ① 이 정답이 된다.

해석 지문 분석은 근본적으로 주관적인 과정으로서, 일그러진 지문을 식별할 때 조사관들은 어떤 특성을 강조해야 할지 선택해야 하고, 고도로 훈련된 전문가들조차도 외부의 정보에 흔들릴 수 있다. 하지만 이 과정의 주관적 속성은 법정 소송 사건이 진행되는 동안에 좀처럼 강조되지 않고, 대부분의 배심원들에 의해 잘못 이해된다. 스위스 Lausanne 대학교의 교수인 Christophe Champod는 조사관들이 사용하도록 강요받는 확신의 언어가 주관적 판단이라는 요소를 법정에서 숨긴다고 생각한다. 그는 지문 증거가 확률적인 관점에서 제시되고 조사관은 거의 확실하거나 가능성 있는 일치에 관하여 자유롭게 이야기할 것을 제안한다. 예를 들어, 형사 사건에서 조사관은 만일 피고가 자국을 남겼다면 95%의 일치가능성이 있지만, 그 밖의 누군가 남겼다면 10억분의 1의 일치가능성이 있다고 증언할 수도 있을 것이다. "일단 확실성이 양으로 표시되고 나면, 명백해진다."라고 Champod는 말한다.

어휘 **fingerprint** 지문 / **analysis** 분석 / **fundamentally** 근본적으로 / **subjective** 주관적인 / **distort** 일그러지게 하다, 왜곡하다 / **feature** 특성, 특징 / **highlight** 강조하다 / **expert** 전문가 / **sway** 흔들다, 동요하다 / **rarely** 좀처럼 (거의) ~ 하지 않는 / **court case** 법정 소송 사건 / **juror** 배심원 / **element** 요소, 성분, 원소 / **terms** 관점, 표현 / **criminal case** 형사 사건 / **certainty** 확실함, 확신 / **hide** 감추다, 숨기다 / **present** 주다, 제시하다, 보여주다 / **probabilistic** 확률적인 / **probable** 가능성 있는, 있음직한 / **testify** 증언하다, 증명하다 / **defender** 피고 / **quantify** 양으로 표시하다, 수량화하다

Chapter 05 일관성

001

» 정답 ③

주어진 글 다음에 이어질 글의 순서로 가장 적절한 것은?

If you walk into a store looking for a new computer and the first salesperson you meet immediately points to a group of computers and says, "Any of those are good," and then walks away, there is a good chance you will walk away, too, and with good reason.

(A) That is, the reader is the writer's "customer" and one whose business or approval is one we need to seek. The more you know about your reader, the greater the chances you will meet his or her needs and expectations.

(B) Why? You were never asked what you were seeking, how much you could spend, or if the computer would be used for business or pleasure or your child's homework assignments.

(C) In brief, the salesperson never considered or asked about your needs and preferences. Just as it would come as no surprise to learn the salesperson who was indifferent to a potential customer's needs was soon out of a job, the same holds true for writers who ignore their readers.

① (A) – (C) – (B)
② (B) – (A) – (C)
③ (B) – (C) – (A)
④ (C) – (A) – (B)

해설 컴퓨터 가게에서 판매원의 특정 반응 때문에 고객이 가게에서 나가게 된다는 내용인 주어진 글 다음에, 고객이 그런 반응을 보이게 되는 이유를 설명하고 있는 (B)가 이어지고, 그 이유를 간단히 요약하면서 독자와 필자의 경우로 적용을 확대할 수 있다는 내용인 (C)가 온 후, 그 적용의 의미를 구체적으로 설명하고 있는 (A)가 이어지는 것이 적절하다. 따라서 글의 순서는 ③ (B) – (C) – (A)가 되어야 한다.

해석 여러분이 새 컴퓨터를 찾아 가게로 들어갔는데 만나는 첫 번째 판매원이 즉시 한 무더기의 컴퓨터를 가리키면서 "저것들 다 좋아요."라고 말한 뒤 가 버린다면, 여러분도 가 버릴 가능성이 크며, 그것도 그럴만한 충분한 이유가 있다.

(B) 왜 그런가? 무엇을 찾고 있는지, 얼마나 돈을 쓸 수 있는지, 또는 컴퓨터가 사업용이나 오락용 아니면 아이의 숙제용으로 사용될 것인지 여러분은 한 번도 질문받지 않았다.

(C) 간단히 말해, 그 판매원은 여러분의 필요와 선호도에 대해 전혀 고려하거나 묻지 않았다. 잠재적 고객의 필요에 무관심한 판매원이 곧 일자리를 잃는 것을 알게 되는 것이 놀라운 일로 다가오지 않을 것처럼, 독자를 무시하는 필자에게도 똑같은 것이 적용된다.

(A) 즉, 독자는 필자의 '고객'이며 그 고객의 관심사나 인정은 우리가 추구할 필요가 있는 것이다. 여러분이 독자에 대해 더 많이 알수록, 여러분이 독자의 필요와 기대를 충족시킬 가능성이 더 커진다.

어휘 **immediately** 즉시 / **point** 가리키다 / **assignment** 숙제, 과제 / **preference** 선호(도) / **approval** 인정, 승인 / **come as no surprise** 놀라운 일이 아니다 / **potential** 잠재적인

002

» 정답 ②

다음 글의 흐름으로 보아, 주어진 문장이 들어가기에 가장 적절한 곳은?

Instead, it is more likely that elites acquired power from their roles as overseers of the distribution of communal stores, especially of food.

Containerizing food was important because it helped to create privileged classes and eventually to undermine the communal nature of food gathering and preserving. As Rousseau in the eighteenth century well understood, the ability to preserve a surplus led to private property and to privileges for those controlling the most productive land and largest surplus. (①) This power did not always come from conquest or theft, despite claims of anarchists such as Pierre-Joseph Proudhon. (②) Hunters of fish, reindeer, grass seeds, and much else worked more efficiently when organized into groups to dry and preserve these goods. (③) Aggrandizers must have competed for control over this surplus and the collectivities that made it possible. (④) Power and prestige could be consolidated by controlling food stores used to fuel public festivals or emergencies.

해설 ①에 부정어 not이 있으므로 Instead로 이어지는 주어진 문장이 들어가기에 가장 적절한 곳은 ②이다.

해석 용기에 식량을 넣어 보관하는 것은 특권층을 만들고 결국에는 식량 채집과 저장의 공유적 특성을 약화시키는 것을 도왔기 때문에 중요했다. 18세기의 루소가 잘 이해한 것처럼 잉여 식량을 저장하는 능력은 사유 재산이 생겨나게 했고, 가장 비옥한 땅과 가장 많은 잉여 식량을 통제하는 사람들에게 특권이 생기게 했다. 이 힘은 Pierre-Joseph Proudhon과 같은 무정부주의자의 주장에도 불구하고 항상 정복이나 절도에 의해 생기는 것은 아니었다. 대신에, 엘리트 계층은 특히 식량과 같은 공용 저장물을 분배하는 감독으로서의 자신들의 역할로부터 힘을 획득하였을 가능성이 더 많다. 물고기, 순록, 목초 종자, 그리고 이외의 많은 것을 사냥하는(찾아다니는) 사람들은 이러한 물품을 건조하고 저장하기 위해 집단으로 조직되었을 때 더 효율적으로 작업했다. 권력 등을 확대하려는 사람들은 이 잉여 식량과 그것(잉여 식량)을 가능하게 해준 집단에 대한 통제력을 얻기 위해 경쟁했음이 틀림없다. 힘과 명예는 공공 축제나 비상사태에 공급하기 위해 사용되는 식량 저장물을 통제함으로써 강화될 수 있었다.

어휘 **containerize** 용기에 넣어 보관하다 / **undermine** 약화시키다 / **communal** 공유의, 공용의 / **surplus** 잉여 / **private property** 사유 재산 / **privilege** 특권 / **anarchist** 무정부주의자 / **conquest** 정복 / **theft** 절도 / **overseer** 감독(관) / **reindeer** 순록 / **grass seed** 목초 종자(牧草種子) / **collectivity** 집단, 집합(체) / **prestige** 명예 / **consolidate** 강화하다, 굳히다

003

» 정답 ②

주어진 글 다음에 이어질 글의 순서로 가장 적절한 것은?

Researchers in psychology follow the scientific method to perform studies that help explain and may predict human behavior. This is a much more challenging task than studying snails or sound waves.

(A) But for all of these difficulties for psychology, the payoff of the scientific method is that the findings are replicable; that is, if you run the same study again following the same procedures, you will be very likely to get the same results.
(B) It often requires compromises, such as testing behavior within laboratories rather than natural settings, and asking those readily available (such as introduction to psychology students) to participate rather than collecting data from a true cross-section of the population. It often requires great cleverness to conceive of measures that tap into what people are thinking without altering their thinking, called reactivity.
(C) Simply knowing they are being observed may cause people to behave differently (such as more politely!). People may give answers that they feel are more socially desirable than their true feelings.

① (B) − (A) − (C)
② (B) − (C) − (A)
③ (C) − (A) − (B)
④ (C) − (B) − (A)

해설 심리학 연구가 자연 과학 연구보다 더 어렵다는 내용의 주어진 문장 다음에, 심리학이 사람을 연구 대상으로 하기 때문에 어려움이 발생한다는 내용의 (B)가 오고, 실제로 어떻게 어려운지 구체적인 예를 들고 있는 (C)가 온 다음에, 이러한 어려움에도 불구하고 과학적 연구 방법은 반복 가능한 이점을 지니고 있다고 설명하는 (A)가 마지막에 오는 것이 가장 적절하다. 따라서 정답은 ② (B) − (C) − (A)이다.

해석 심리학 연구자들은 인간의 행동을 설명하는 데 도움을 주고 예측할 수 있는 연구를 수행하기 위해 과학적인 방법을 따른다. 이것은 달팽이나 음파를 연구하는 것보다 훨씬 더 어려운 작업이다.
(B) 이것은 자연적인 환경보다 실험실 내에서의 행동을 검사 하는 것, 그리고 모집단의 대표적인 실제 예에서 데이터를 모으기보다 (심리학 입문을 공부하는 학생들처럼) 쉽게 구할 수 있는 사람들에게 참여하도록 요청하는 것과 같은 절충이 자주 필요하다. 사람들의 생각을 바꾸는 것, 즉 반응성이라 불리는 것 없이 그들이 생각하고 있는 것에 최대한 접근할 방안을 생각해 내는 것은 대단히 교묘한 솜씨가 종종 필요하다.
(C) 단지 자신들이 관찰되고 있다는 것을 아는 것은 사람들이 (더욱 공손하게 하는 것처럼!) (평소와) 다르게 행동하는 것을 유발할 수 있다. 사람들은 자신들의 실제 생각보다 더 사회적으로 바람직하다고 생각하는 답을 할 가능성이 있다.
(A) 그러나 심리학에 대한 모든 이러한 어려움에도 불구하고, 과학적인 방법의 이점은 연구 결과가 반복 가능하다는 것이다. 즉 같은 절차를 따르면서 같은 연구를 다시 진행하면, 같은 결과를 얻을 가능성이 매우 클 것이다.

어휘 **perform** 수행하다, 실행하다 / **challenging** 어려운, 도전적인 / **snail** 달팽이 / **sound wave** 음파 / **for all** ~에도 불구하고 / **payoff** 이점, 성공 / **replicable** 반복 가능한 / **that is** 즉, 다시 말해서 / **procedure** 과정, 절차 / **compromise** 타협, 절충 / **settings** 환경 / **laboratory** 실험실 / **cross-section** ① 대표적인 예, ② 단면, 횡단면 / **readily** 즉시, 쉽게 / **available** 이용 가능한 / **participate** 참가하다 / **population** 모집단 / **cleverness** 교묘한 솜씨 / **conceive of** ~을 생각해 내다, 상상하다 / **measure** 대책, 방안, 조치 / **tap into** ~에 접근하다 / **alter** 바꾸다, 변경하다 / **reactivity** 반응성 / **observe** ① 관찰하다 ② 지키다, 준수하다 / **behave** 행동하다 / **politely** 공손하게 / **desirable** 바람직한

004

» 정답 ④

다음 글의 흐름으로 보아, 주어진 문장이 들어가기에 가장 적절한 곳을 고르시오.

Still, many believe we will eventually reach a point at which conflict with the finite nature of resources is inevitable.

Can we sustain our standard of living in the same ecological space while consuming the resources of that space? This question is particularly relevant since we are living in an era of skyrocketing fuel costs and humans' ever-growing carbon footprints. (①) Some argue that we are already at a breaking point because we have nearly exhausted the Earth's finite carrying capacity. (②) However, it's possible that innovations and cultural changes can expand Earth's capacity. (③) We are already seeing this as the world economies are increasingly looking at "green," renewable industries like solar and hydrogen energy. (④) That means survival could ultimately depend on getting the human population below its carrying capacity. Otherwise, without population control, the demand for resources will eventually exceed an ecosystem's ability to provide it.

해설 주어진 문장은 재생 가능한 에너지를 통해 지구의 수용력을 늘릴 수 있다는 ④ 앞에 나온 내용과 반대되는 내용이다. 그리고 ④ 다음에 나오는 That means의 That이 가리키는 것이 바로 주어진 문장의 내용이다. 그러므로 주어진 문장이 들어가기에 가장 적절한 곳은 ④이다.

해석 우리는 똑같은 생태 공간 속에서 그 공간의 자원을 소비하며 우리의 생활 수준을 유지할 수 있을까? 이 질문은 우리가 유가는 치솟고 인간의 탄소 발자국은 끊임없이 커지는 시대에 살고 있기 때문에 특히 적절하다. 어떤 이들은 우리가 지구의 유한한 환경 수용력을 거의 다 써버렸기 때문에 우리가 이미 한계점에 이르러 있다고 주장한다. 그러나 혁신과 문화적인 변화가 지구의 수용력을 확장할 수도 있다는 것이 가능하다. 세계 경제가 점점 더 태양 에너지와 수소 에너지 같은 '녹색'의 재생 가능한 산업을 바라보고 있으므로 우리는 이미 이것을 목격하고 있다. 하지만 많은 이들이 우리가 결국 자원의 유한한 특성과의 갈등이 불가피한 지점에 도달하게 될 것이라 믿는다. 그것은 생존이 궁극적으로 인구를 환경 수용력 아래로 낮추는 것에 의해 결정될 수 있다는 것을 의미한다. 그렇지 않으면 인구 통제 없이 자원에 대한 수요가 결국 그것을 제공할 생태계의 능력을 초과할 것이다.

어휘 **eventually** 결국 / **conflict** 갈등 / **finite** 유한한 / **inevitable** 불가피한 / **sustain** 유지하다, 지속하다 / **ecological** 생태의 / **relevant** 적절한, 타당한 / **era** 시대 / **skyrocketing** 치솟는 / **carrying capacity** 환경 수용력 / **innovation** 혁신 / **renewable** 재생 가능한 / **hydrogen** 수소 / **ultimately** 궁극적으로 / **exceed** 초과하다

005

>> 정답 ②

다음 주어진 글 다음에 이어질 글의 순서로 가장 적절한 것은?

Garbage is the only human concept that does not exist in nature. In nature the output, or waste, of one organism is the useful input for other organisms.

(A) Of course, there are ways to better control ourselves with the harmony of nature. Buying products differently — buying consciously, buying durable, buying used, or simply not buying at all — is a straightforward way that individual consumption can have a smaller impact on nature.

(B) Feces from a fox can become food for a berry bush, whose fruit can later become the food for a bird that may end up as supper for the fox whose droppings started it all. This process is rooted in the principle that the outputs of organisms tend to bring significant benefits to other organisms.

(C) With the creation of synthetic materials, humans have broken this harmony. While plastics and other man-made materials have allowed us to innovate and create products cheaply, when they hit the end of their useful life, they become obsolete outputs that nature doesn't know what to do with.

① (A) − (C) − (B)　　② (B) − (C) − (A)
③ (C) − (A) − (B)　　④ (C) − (B) − (A)

해설 주어진 글의 마지막 부분에 대한 구체적 예시인 (B)가 처음에 와야 하며, (C)의 this harmony는 (B)에서 말하는 내용을 가리키므로, (C)가 그 다음에 와야 하고, 'Of course'로 시작하는 (A)는 앞에서 언급한 주장에 대해 예상되는 반박을 제시할 때 사용하는 연결어구이므로, (A)가 (C) 다음에 와야 한다. 따라서 주어진 문장에 이어질 글의 순서로 가장 적절한 것은 ② (B) − (C) − (A)이다.

해석 쓰레기는 자연에 존재하지 않는 인간만의 유일한 개념이다. 자연에서는 한 유기체의 산출물, 즉 폐기물이 다른 유기체들에게 유용한 입력물이다.
(B) 여우의 배설물은 딸기나무를 위한 음식이 되고, 그 열매는 나중에 새의 먹이가 되고, 그 새는 결국 이 모든 것을 시작한 배설물을 내놓는 그 여우의 저녁 식사가 될 수 있다. 이러한 자연의 조화는 유기체의 산출물이 다른 유기체들에게 상당한 이익을 가져다 주는 경향이 있다는 원칙에 뿌리를 두고 있다.
(C) 합성 물질의 생성으로, 인간은 이러한 자연의 조화를 깨뜨렸다. 플라스틱과 다른 인공 재료는 우리가 값싸게 제품을 혁신하고 만들 수 있게 해 주었지만, 그것들이 유용한 수명을 끝낼 때 그것들은 자연이 어떻게 해야 할지 모르는 쓸모없는 산출물이 된다.
(A) 물론, 우리 자신을 자연의 조화에 맞게 더 잘 조정할 수 있는 방법들이 있다. 의식적으로 구매하거나, 내구성이 있거나, 중고인 제품을 구매하거나, 단지 아무것도 구매하지 않는 것과 같이 제품을 다르게 구입하는 것은 개인의 소비가 자연에 더 적은 영향을 미칠 수 있는 직접적인 방법이다.

어휘 **garbage** 쓰레기 / **organism** 유기체 / **consciously** 의식적으로 / **straightforward** ① 직접적인 ② 단순한 / **consumption** 소비 / **supper** 저녁식사 / **feces** 배설물(= **dropping**) / **root** ① 뿌리 ② ~에 뿌리를 두다 / **significant** ① 중요한 ② 꽤 많은, 상당한 / **synthetic** 인공의, 합성의 / **cheaply** 값싸게 / **obsolete** 쓸모없는

006

>> 정답 ①

주어진 문장이 들어가기에 가장 적절한 곳은?

There is a considerable difference as to whether people watch a film about the Himalayas on television and become excited by the 'untouched nature' of the majestic mountain peaks, or whether they get up and go on a trek to Nepal.

Tourism takes place simultaneously in the realm of the imagination and that of the physical world. In contrast to literature or film, it leads to 'real', tangible worlds, while nevertheless remaining tied to the sphere of fantasies, dreams, wishes — and myth. It thereby allows the ritual enactment of mythological ideas. (①) Even in the latter case, they remain, at least partly, in an imaginary world. (②) They experience moments that they have already seen at home in books, brochures and films. (③) Their notions of untouched nature and friendly, innocent indigenous people will probably be confirmed. (④) But now this confirmation is anchored in a physical experience. The myth is thus transmitted in a much more powerful way than by television, movies or books.

해설 ①번 위치 바로 뒤에 나온 문장에 '후자의 경우(the latter case)'라는 말이 나오는데 이것은 주어진 문장에서 말한 두 가지 중 실제로 '사람들이 일어나서 네팔로 긴 여행을 하는 경우'를 말한다. 주어진 문장의 내용은 '심지어 후자의 경우에도, 사람들은 적어도 부분적으로는 상상 속의 세계에 머물러 있다.'라는 바로 뒤에 온 문장의 내용과 자연스럽게 이어진다.

해석 관광은 상상의 영역 그리고 물리적인 세계의 영역에서 동시에 일어난다. 문학 또는 영화와는 달리, 관광은 '실제적인', 감지할 수 있는 세계로 이어지는데, 반면에 그럼에도 불구하고 환상, 꿈, 소망 — 그리고 신화의 영역과 여전히 관련되어 있다. 그렇기 때문에 관광은 신화적인 개념을 의식으로 시행할 수 있게 한다. 사람들이 텔레비전에서 히말라야 산맥에 대한 영화를 시청하고 장엄한 산봉우리의 '손대지 않은 자연'에 흥분하게 되는지, 또는 사람들이 일어나서 네팔로 긴 여행을 하는지에 관해서는 상당한 차이가 있다. 심지어 후자의 경우에도, 사람들은 적어도 부분적으로는 상상속의 세계에 머물러 있다. 그들은 집에서 책, 안내서 그리고 영화에서 이미 보았던 순간을 경험한다. 손대지 않은 자연과 친절하고 순진한 토착민에 대한 그들의 개념은 아마도 확고해질 것이다. 하지만 이제 이 확고함은 물리적인 경험에 단단히 기반을 두고 있다. 따라서 신화는 텔레비전, 영화, 또는 책에 의한 것보다 훨씬 더 강력한 방식으로 전달된다.

어휘 **considerable** 상당한, 꽤 많은 / **majestic** 장엄한 / **peak** 정상, 절정 / **go to a trek to** ~로 긴 여행을 떠나다 / **take place** 일어나다 / **simultaneously** 동시에 / **realm** ① 왕국 ② 영역 / **thereby** 그로 인해, 그렇기 때문에 / **ritual** 의식(의) / **mythological** 신화적인 / **latter** 후자의 / **partly** 부분적으로 / **brochure** 안내서, 브로슈어 / **innocent** ① 순진한 ② 무죄의 / **indigenous** 토착의 / **confirm** 확인하다, 확고하게 하다 / **confirmable** 확인, 확고함 / **be anchored in** ~에 단단히 기반을 두다 / **transmit** 전송하다, 전달하다

007

≫ 정답 ②

다음 주어진 문장에 이어질 글의 순서로 가장 적절한 것은?

Because humans are now the most abundant mammal on the planet, it is somewhat hard to imagine us ever going extinct.

(A) Many branches broke off from each other and developed branches of their own, instead. There were at least three or four different species of hominids living simultaneously through most of the past five million years. Of all these branches, only one survived until today: ours.

(B) However, that is exactly what almost happened many times, in fact. From the fossil record and from DNA analysis, we can know that our ancestors nearly went extinct, and their population shrunk to very small numbers countless times.

(C) In addition, there are many lineages of hominids that did go extinct. Since the split between our ancestors and those of the chimps, our lineage has not been a single line of gradual change. Evolution never works that way.

* hominid 진화 인류의 모체가 된 사람이나 동물

① (B) – (A) – (C)　　② (B) – (C) – (A)
③ (C) – (A) – (B)　　④ (C) – (B) – (A)

해설 (B)의 that은 주어진 문장의 인류의 멸종을 가리키고 있으므로, 주어진 문장 다음에 (B)가 오는 것이 적절하고 (C)에 In addition (나열의 singal은 논리의 방향이 같다) 이 있으므로 (C)가 (B) 다음에 이어져야 하고 (A)의 instead앞에는 부정문이 있어야 하므로 (C)의 마지막 문장의 never 다음 (A)가 오는 것이 적절하다. 그러므로 가장 자연스러운 글의 순서는 ② (B) – (C) – (A) 이다

해석 인간은 현재 지구에서 가장 많은 포유동물이기 때문에 우리가 언젠가 멸종되는 것을 상상하기란 다소 어렵다.

(B) 하지만, 바로 그것은 사실 여러 번 일어날 뻔했던 일이다. 화석 기록과 DNA 분석으로부터 우리는 우리의 조상이 거의 멸종될 뻔했으며 셀 수 없이 여러 번 그들의 인구가 매우 작은 수로 줄었다는 것을 알 수 있다.

(C) 게다가 정말로 멸종한 진화 인류 모체가 된 사람이나 동물의 혈통들이 많이 있다. 우리 조상과 침팬지 조상 사이의 분리 이래로 우리의 혈통은 점진적으로 변화한 단일한 계통이 아니었다. 진화는 결코 그런 방식으로 작용하지 않는다.

(A) 대신에 많은 가지들이 서로로부터 갈라졌고 그들만의 가지들로 발전했다. 지난 오백만 년 대부분에 걸쳐 동시에 살고 있는 다른 진화 인류 모체가 된 사람이나 동물의 종들이 최소 서넛 있었다. 이 모든 가지들 중에서 오직 하나, 즉 우리(의 가지)만 이 오늘날까지 살아남았다.

어휘 **abundant** 풍부한 / **mammal** 포유동물 / **planet** 행성, 지구 / **somewhat** 다소, 약간 / **branch** 가지 / **break off** 갈라지다, 분리되다 / **at least** 적어도 / **simultaneously** 동시에 / **exactly** 정확하게 / **almost** 거의, 하마터면 ~할 뻔한(= nearly) / **times** ① 횟수, 번 ② 배수, 배 ③ 시대 / **fossil** 화석 / **analysis** 분석 / **ancestor** 선조 / **extinct** 멸종한 / **shrink-shrunk-shrunk** 줄어들다, 감소하다 / **countless** 셀 수 없는 / **in addition** 게다가, 더욱이 / **lineage** 혈통 / **split** 쪼개다, 분리(하다) / **chimps** 침팬지 / **gradual** 점진적인 / **evolution** 진화

008

≫ 정답 ③

다음 글의 흐름으로 보아, 주어진 문장이 들어가기에 가장 적절한 곳을 고르시오.

They quickly pick out a whole series of items of the same type, making a handful of, say, small screws.

People make extensive use of searching images. One unexpected context is sorting. Suppose you have a bag of small hardware — screws, nails, and so on — and you decide to organize them into little jars. You dump the stuff out on a table and begin separating the items into coherent groups. (①) It is possible to do this by randomly picking up individual objects, one by one, identifying each one, and then moving it to the appropriate jar. (②) But what most people do is very different. (③) They put them in the jar and then go back and do the same for a different kind of item. (④) So the sorting sequence is nonrandom, producing runs of items of a single type. It is a faster, more efficient technique, and much of the increased efficiency is due to the use of searching images.

해설 주어진 문장의 내용은 대부분 사람들이 탐색상을 활용하여 물품을 분류하는 순서의 처음에 해당하므로, 주어진 문장은 골라 낸 물품을 단지에 넣는 그다음 순서를 언급하고 있는 문장의 앞부분인 ③에 위치하는 것이 자연스럽다.

해석 사람들은 탐색상을 폭넓게 활용한다. 한 가지 예상 밖의 상황은 분류하기이다. 당신이 작은 철물, 즉 나사, 못, 기타 등이 들어 있는 가방을 가지고 있고 그것들을 작은 단지 안에 정리해 넣기로 한다고 가정해 보라. 당신은 그 물건들을 탁자 위에 쏟아 놓고 그 물품들을 일관성 있는 집단으로 (같은 형태로) 분리하기 시작한다. 개별적인 물건들을 하나씩 무작위로 집어, 각각을 식별하고, 그러고 나서 그것을 적절한 단지로 옮김으로써 이 일을 할 수 있다. 그러나 대부분 사람이 하는 바는 매우 다르다. 그들은 재빨리 같은 형태를 한 일련의 모든 물품을 골라내는데, 이를테면 작은 나사를 한 움큼 쥔다. 그들은 그것들을 단지에 넣고, 그러고 나서 되돌아가 다른 물품에 대해 똑같이 한다. 그래서 분류 순서는 무작위가 아니고, 단 한 가지 형태로 된 물품을 연속적으로 만들어 낸다. 그것은 더 빠르고, 더 효율적인 기법인데, 향상된 효율성의 많은 부분은 탐색상의 활용에 기인한다.

어휘 **extensive** 폭넓은 / **searching image** 탐색상(探索像 : 찾고자 하는 대상의 이미지) / **sort** 분류하다 / **hardware** 철물 / **separate** 분리하다 / **coherent** 일관성 있는 / **identify** 식별하다 / **appropriate** 적절한 / **sequence** 순서, 차례 / **efficient** 효율적인

009

» 정답 ③

다음 주어진 글 다음에 이어질 글의 순서로 가장 적절한 것은?

Other people are by far the most interesting things in the world of the baby. Research show that infants are captivated by faces from birth.

(A) Newborn infants prefer to look at faces with eyes gazing directly at them. They dislike looking at faces with eyes that are averted. Babies also react negatively to a 'still face' — and experimental situation in which the mother deliberately suspends interaction with the baby and just looks blank.

(B) Presented with a 'still face,' babies become fussy and upset and look away. The 'still face' — maternal unresponsiveness — also causes elevated levels of the stress hormone cortisol in some babies.

(C) Indeed, there is a specialized brain system for face processing, which seems to function in the same way in infants and adults. Experiments with neonates and young infants show that faces are always preferred over other stimuli, particularly live, mobile faces. The eyes are especially interesting.

① (A) − (C) − (B)　② (B) − (C) − (A)
③ (C) − (A) − (B)　④ (C) − (B) − (A)

해설 유아가 태어날 때부터 얼굴에 매혹된다는 것을 보여 준다는 주어진 글의 내용 다음에는 그 내용을 좀 더 자세히 부연 설명하는 (C)가 가장 먼저 나와야 한다. (C)의 마지막 부분에 눈은 특히 흥미롭다는 말이 언급되었으므로 그 내용을 자세히 설명하는 (A)가 이어서 나와야 하며, (A)에서 언급된 '움직이지 않는 얼굴'에 대한 설명을 이어가는 (B)가 마지막으로 나오는 것이 글의 순서로 가장 적절하다.

해석 아기의 세상에서 다른 사람들은 단연코 가장 흥미로운 존재이다. 연구는 유아가 태어날 때부터 얼굴에 매혹된다는 것을 보여 준다.
(C) 실제로 얼굴을 처리하는 전문화된 두뇌 시스템이 있는데, 이것은 유아와 어른에게서 같은 방식으로 작동하는 것처럼 보인다. 신생아와 어린 유아를 대상으로 한 실험은 얼굴이, 특히 활기 있고 표정이 풍부한 얼굴이, 언제나 다른 자극보다 선호된다는 것을 보여 준다. 눈은 특히 흥미롭다.
(A) 신생아는 눈이 자신을 똑바로 응시하는 얼굴을 쳐다보는 것을 선호한다. 그들은 눈길을 돌린 얼굴을 보는 것을 싫어한다. 아기들은 또한 엄마가 고의적으로 아기와의 교류를 중단하고 그냥 멍하니 있는 실험적인 상황인, '움직이지 않는 얼굴'에 부정적으로 반응한다.
(B) '움직이지 않는 얼굴'을 보이면, 아기는 야단법석하고, 기분이 언짢아지며, 눈길을 돌린다. 엄마의 무반응인 이 '움직이지 않는 얼굴'은 또한 일부 아기들에게 스트레스 호르몬 코르티솔의 수준을 상승시킨다.

어휘 **infant** 유아 / **captivate** 매혹시키다, 유혹하다 / **gaze** 응시하다 / **directly** 직접적으로, 똑바로 / **avert** 피하다 / **still** 정지된, 고요한 / **experimental** 실험의 / **deliberately** 고의적으로, 일부러 / **suspend** ① 걸다, 매달다 ② 정지[중단]하다 / **look blank** 멍하다[우두커니]있다, 멍해 보이다 ***blank** 비어있는, 텅 빈 / **fussy** 야단법석인, 호들갑을 떠는 ***fuss** 야단법석, 호들갑 / **upset** 기분상한, 심란한 / **maternal** 엄마의, 모성의 / **unresponsiveness** 무반응 / **elevated** 상승된 / **indeed** 실제로 / **process** ① 과정, 절차 ② 가공[처리]하다 / **neonate** (생후 1개월이 안된) 신생아 / **stimuli** 자극들 ***stimulus** '자극'의 복수형

010

» 정답 ④

다음 주어진 문장이 들어가기에 가장 적절한 곳은?

The bacterium will swim in the straight line as long as the chemicals it senses seem better now than those it sensed a moment ago.

A bacterium is so small that its sensors alone can give it no indication of the direction that a good or bad chemical is coming from. To overcome this problem, the bacterium uses time to help it deal with space. (①) The bacterium is not interested in how much of a chemical is present at any given moment, but rather in whether the concentration is increasing or decreasing. (②) After all, if the bacterium swam in a straight line simply because the concentration of a desirable chemical was high, it might travel away from chemical nirvana, not toward it, depending on the direction it's pointing. (③) The bacterium solves this problem in an ingenious manner: as it senses its world, one mechanism registers what conditions are like right now, and another records how things were a few moments ago. (④) If not, it's preferable to change course.

* nirvana 열반, 극락

해설 'a+명사' 다음 'the+명사'가 와야 한다. 주어진 문장에 'the straight line'이 있고 ②에 'a straight line'이 있으므로 주어진 제시문은 ③ 또는 ④에 들어갈 수 있고 ③에 this problem은 ②에 있는 내용(화학적 극락을 향해서가 아니라, 그곳에서 멀어지게 이동할지도 모른다)을 지칭하므로 주어진 문장이 들어가기에 가장 적절한 곳은 ④이다.

해석 박테리아는 매우 작아서 자신의 센서들만으로는 좋거나 나쁜 화학 물질이 나오고 있는 방향에 대해 자기에게 알려 줄 수 없다. 이러한 문제를 극복하기 위해서 박테리아는 자신이 공간을 다루도록 돕기 위해 시간을 이용한다. 그 세포는 어느 주어진 순간에 하나의 화학 물질이 얼마나 많이 존재하는지에는 관심이 없고, 오히려 그 농도가 증가하고 있는지 혹은 감소하고 있는지에 관심이 있다. 결국 만약 그 세포가 하나의 바람직한 화학 물질의 농도가 높다는 이유만으로 직선으로 헤엄친다면, 그것은 자신이 향하는 방향에 따라 화학적 극락을 향해서가 아니라, 그것(화학적 극락)에서 멀어지게 이동할지도 모른다. 박테리아는 이 문제를 독창적인 방법으로 해결하는데, 그것이 자신의 세상을 감지할 때 하나의 기제는 지금 당장 상황이 어떤지를 등록하고, 또 다른 기제는 조금 전에 상황이 어땠는지를 기록한다. 박테리아는 자신이 지금 감지하는 화학 물질들이 자신이 조금 전 감지했던 것들보다 더 '나은' 것 같다면, 직선으로 헤엄칠 것이다. 그렇지 않다면, 경로를 바꾸는 것이 선호될 수 있다.

어휘 **bacterium** 박테리아(bacteria의 단수형) / **as long as** ~하는 한 / **chemicals** 화학물질 / **sense** 감지하다 / **indication** 암시 / **direction** 방향 / **overcome** 극복하다 / **deal with** 다루다, 취급하다 / **present** 존재하는, 있는 / **concentration** ① 집중 ② 농도 / **desirable** 바람직한 / **depending on** ~에 따라서 / **ingenious** 기발한, 독창적인 / **mechanism** 메커니즘, 기제 / **register** 등록하다

011

》 정답 ①

주어진 글 다음에 이어질 글의 순서로 가장 적절한 것은?

Numerous factors influence the process of retrieving the memory of an event or suspect's characteristics. For example, the manner in which eyewitnesses are requested to provide a description of suspects influences their ability to subsequently identify them.

(A) These inaccurate guesses interfere with their later ability to recognize the person's face in a lineup, producing a higher level of misidentifications than for those who were not urged to give a "complete" description. At the time of retrieval, factors surrounding identification of the suspect from a lineup are critically important.

(B) It is often assumed that asking witnesses an open question about the suspect or event increases accuracy. ("Tell me what you saw.") Yet, the opposite may be true. For example, when people are strongly urged to provide a "complete" description of the suspect, they tend to guess (often inaccurately) about uncertain features.

(C) Among them, the unconscious transference phenomenon where different memory images may become confused with one another plays an important role. In identification processes, for example, this phenomenon occurs when a witness misidentifies an individual from a photo lineup as the actual suspect when, in reality, the witness previously saw the individual either as a bystander at the event or in a completely different context.

*transference 전이, 이동

① (B) – (A) – (C)　　② (B) – (C) – (A)
③ (C) – (A) – (B)　　④ (C) – (B) – (A)

해설 목격자에게 용의자에 대한 설명을 제공하도록 요청하는 방식이 나중에 용의자를 식별하는 그들의 능력에 영향을 미친다는 주어진 글 다음에, 요청하는 방식에 관련된 질문의 형태에 대해 언급하는 (B)가 이어지고, (B)의 마지막에서 용의자가 불확실한 특징에 대해 추측한다는 내용이 (A)로 이어지며, (A)의 마지막에서 기억을 상기시킬 때 용의자 식별에 관련된 요인들이 영향을 미친다는 언급이 (C)로 이어져 무의식적인 전이 현상의 설명으로 연결되는 것이 글의 순서로 가장 적절하다.

해석 수많은 요인들이 사건이나 용의자의 특성에 대한 기억을 되살리는 과정에 영향을 미친다. 예를 들어, 목격자가 용의자에 대한 설명을 제공하도록 요청받는 방식이 나중에 용의자를 식별하는 그들의 능력에 영향을 미친다.
(B) 흔히 목격자에게 용의자나 사건에 대한 열린 질문을 하는 것은 정확성을 증가시킨다고 추정된다. ("당신이 본 것을 저에게 말해 주세요.") 하지만 정반대가 사실일 수도 있다. 예를 들어, 사람들이 용의자에 대한 '완벽한' 묘사를 하도록 강력한 권고를 받을 때, 그들은 불확실한 특징에 대해 (자주 부정확하게) 추측하는 경향이 있다.
(A) 이러한 부정확한 추측은 그들이 나중에 용의자의 열에서 그 사람의 얼굴을 인식하는 능력을 방해하여, '완벽한' 묘사를 하도록 권고 받지 않았던 사람들보다 더 높은 수준의 오인을 낳는다. 기억을 상기시킬 때, 용의자의 열로부터의 용의자 식별을 둘러싼 요인들은 매우 중요하다.
(C) 그것들 중에서, 다른 기억의 영상이 서로 혼동될 수 있는 무의식적인 전이 현상이 중요한 역할을 한다. 예를 들어, 신원확인 과정에서, 실제로 목격자가 이전에 어떤 사람을 그 사건이나 완전히 다른 상황에서 구경꾼으로 보았는데도 사진의 용의자의 열로부터 그 사람을 시제 용의자로 오인할 때 이 현상이 일어난다.

어휘 **numerous** 수많은 / **factor** 요소, 요인 / **retrieve** ① 되찾아오다, 되찾다 ② 상기시키다(= **remind**) ***retrieval** ① 회수 ② 상기, 회상 / **suspect** 용의자 / **characteristic(s)** 특징, 특성 / **eyewitness** 목격자(= **witness**) / **subsequently** 그 후에, 그 다음에, 나중에 / **identify** ① 확인하다 ② 동일시하다 / **inaccurate** 부정확한 ***accurate** 정확한 ***accuracy** 정확함 / **interfere with** ~을 방해하다 / **recognize** 인식하다, 알다 / **lineup** (범인 색출을 위한) 용의자의 열 / **misidentification** 오인, 착오 ***misidentify** 오인하다 / **urge** ① 촉구(재촉)하다 ② 욕구 / **critically** ① 아주, 매우 ② 비판적으로 ***critical** ① 비판적인 ② 중요한, 결정적인 / **assume** 추정하다, 생각하다 / **uncertain** 불확실한 / **feature** 특징, 특성 / **unconscious** 무의식적인 / **transference** 전이, 이동 / **phenomenon** 현상 / **previously** 이전에 / **bystander** 구경꾼, 방관자 / **context** ① 맥락, 문맥 ② 상황

012

》 정답 ③

주어진 문장이 들어갈 위치로 가장 적절한 것은?

Note that copyright covers the expression of an idea and not the idea itself.

Designers draw on their experience of design when approaching a new project. This includes the use of previous designs that they know work — both designs that they have created themselves and those that others have created. Others' creations often spark inspiration that also leads to new ideas and innovation. (①) This is well known and understood. (②) However, the expression of an idea is protected by copyright, and people who infringe on that copyright can be taken to court and prosecuted. (③) This means, for example, that while there are numerous smartphones all with similar functionality, this does not represent an infringement of copyright as the idea has been expressed in different ways and it is the expression that has been copyrighted. (④) Copyright is free and is automatically invested in the author, for instance, the writer of a book or a programmer who develops a program, unless they sign the copyright over to someone else.

해설 저작권이 아이디어 그 자체를 다루는 것이 아니라, 아이디어의 표현을 다룬다는 점에 유의해야 한다는 주어진 문장 다음에는 저작권이 아이디어의 표현을 다루는 것에 관한 구체적인 내용이 이어지는 것이 자연스럽다. ③ 다음 문장에는 모두 유사한 기능을 가진 스마트폰이 많지만, 그 아이디어가 서로 다른 방식으로 표현되었으므로 이는 저작권을 침해한 것이 아니라는 내용이 기술되고 있다. 따라서 주어진 문장이 들어가기에 가장 적절한 곳은 ③이다.

해석 디자이너는 새로운 프로젝트에 접근할 때 자신의 디자인 경험을 이용한다. 이것에는 효과가 있다고 그들이 알고 있는 이전의 디자인, 즉 그들이 직접 만들었던 디자인과 다른 사람들이 만들었던 디자인을 둘 다 활용하는 것이 포함된다. 다른 사람들의 창작물은 흔히 새로운 아이디어와 혁신으로도 이어지는 영감을 불러일으킨다. 이는 잘 알려져 있고 이해되는 일이다. 그러나 한 아이디어의 표현은 저작권에 의해 보호되며, 그 저작권을 침해하는 사람들은 법정에 끌려가고 기소될 수 있다. 저작권은 아이디어의 표현을 다루지, 아이디어 그 자체를 다루지는 않는다는 점에 유의하라. 이것은 예를 들어, 모두 유사한 기능을 가진 많은 스마트폰이 있지만, 그 아이디어가 서로 다른 방식으로 표현되었고 저작권 보호를 받은 것은 그 표현이기 때문에 이것이 저작권 침해를 나타내지 않는다는 것을 의미한다. 저작권은 무료이며 저작자, 예를 들어 어떤 책의 저자나 프로그램을 개발하는 프로그래머가 저작권을 다른 누군가에게 양도하지 않는 한 그 저작자에게 자동으로 부여된다.

어휘 **copyright** 저작권; 저작권을 보호하다 / **cover** 다루다 / **draw on** ~을 이용하다, ~에 의지하다 / **spark** 불러일으키다 / **inspiration** 영감 / **infringe** 침해하다 / **prosecute** 기소하다 / **numerous** 많은 / **functionality** (컴퓨터 · 전자 장치의) 기능 / **represent** 나타내다 / **automatically** 자동으로 / **invest** 부여하다, 투자하다 / **sign A over to B** B에게 A를 양도하다

정답과 해설

013

» 정답 ①

주어진 글 다음에 이어질 글의 순서로 가장 적절한 것은?

The objective of battle, to "throw" the enemy and to make him defenseless, may temporarily blind commanders and even strategists to the larger purpose of war. War is never an isolated act, nor is it ever only one decision.

(A) To be political, a political entity or a representative of a political entity, whatever its constitutional form, has to have an intention, a will. That intention has to be clearly expressed.
(B) In the real world, war's larger purpose is always a political purpose. It transcends the use of force. This insight was famously captured by Clausewitz's most famous phrase, "War is a mere continuation of politics by other means."
(C) And one side's will has to be transmitted to the enemy at some point during the confrontation (it does not have to be publicly communicated). A violent act and its larger political intention must also be attributed to one side at some point during the confrontation. History does not know of acts of war without eventual attribution.

① (B) - (A) - (C) ② (B) - (C) - (A)
③ (C) - (A) - (B) ④ (C) - (B) - (A)

해설 전쟁은 결코 고립된 행위가 아니며 단 하나의 결정도 아니라는 내용의 주어진 글 다음에는 현실 세계에서 전쟁의 더 큰 목적은 정치적 목적으로, 그것은 물리력의 사용을 초월한다는 내용의 (B)가 와야 한다. 그다음에는 (B)에서 언급한 정치적인 목적을 가지기 위해서 대표자는 의지를 가져야 하고 그것을 분명히 표현해야 한다는 내용의 (A)가 와야 한다. 마지막으로 (A)에 나온 내용을 And로 연결하면서 부연 설명하는 (C)가 나오는 것이 가장 자연스럽다. 따라서 주어진 글 다음에 이어질 글의 순서로 가장 적절한 것은 ① (B) - (A) - (C)이다.

해석 전투의 목표, 즉 적군을 '격멸하고' 무방비 상태로 만드는 것은 일시적으로 지휘관과 심지어 전략가까지도 전쟁의 더 큰 목적을 보지 못하게 할 수도 있다. 전쟁은 결코 고립된 행위가 아니며, 또한 결코 단 하나의 결정도 아니다.
(B) 현실 세계에서 전쟁의 더 큰 목적은 항상 정치적 목적이다. 그것은 물리력의 사용을 초월한다. 이 통찰은 "전쟁은 다른 수단으로 단지 정치를 계속하는 것에 불과하다."라고 한 Clausewitz의 가장 유명한 한마디에 의해 멋지게 포착되었다.
(A) 정치적으로 되려면, 정치적 실체나 정치적 실체의 대표자는, 체제상의 형태가 무엇이든지, 의도, 즉 의지가 있어야 한다. 그 의도는 분명히 표현되어야 한다.
(C) 그리고 한쪽의 의지는 대치하는 동안 어느 시점에 적에게 전달되어야 한다(그것이 공개적으로 전달될 필요는 없다). 폭력행위와 그것의 더 큰 정치적 의도 또한 대치하는 동안 어느 시점에 한쪽의 탓으로 돌려져야 한다. 역사는 궁극적인 귀인이 없는 전쟁 행위에 대해 알지 못한다.

어휘 **objective** 목표 / **temporarily** 일시적으로 / **commander** 지휘관 / **strategist** 전략가 / **isolated** 고립된 / **representative** 대표자 / **entity** 실체 / **constitutional** 체제[구성]상의, 헌법(상)의 / **intention** 의도, 의사 / **transcend** 초월하다 / **will** 의지 / **famously** 멋지게, 훌륭하게 / **capture** 포착하다 / **phrase** (간결한) 한마디, 어구 / **transmit** 전달하다, 전수하다 / **confrontation** 대치, 대결 / **be attributed to** ~의 탓으로 돌려지다 / **eventual** 궁극적인 / **attribution** 귀착시킴, 귀인(歸因)

014

» 정답 ④

글의 흐름으로 보아 주어진 문장이 들어가기에 가장 적절한 곳은?

Rather, happiness is often found in the moments we are most vulnerable, alone or in pain.

We seek out feel-good experiences, always on the lookout for the next holiday, purchase or culinary experience. This approach to happiness is relatively recent; it depends on our capacity both to pad our lives with material pleasures and to feel that we can control our suffering. Painkillers, as we know them today, are a relatively recent invention and access to material comfort is now within reach of a much larger proportion of the world's population. (①) These technological and economic advances have had significant cultural implications, leading us to see our negative experiences as a problem and maximizing our positive experiences as the answer. (②) Yet, through this we have forgotten that being happy in life is not just about pleasure. (③) Comfort, contentment and satisfaction have never been the elixir of happiness. (④) Happiness is there, on the edges of these experiences, and when we get a glimpse of that kind of happiness it is powerful, transcendent and captivating.

*elixir 특효약

해설 긍정적인 경험을 극대화하는 것만이 행복에 접근하는 방법인 것은 아니라고 하면서 안락감, 만족감, 충족감이 행복의 특효약이 아니라고 말한 내용과, 행복은 이런 경험의 가장자리에 있다는 말 사이에 '이런 경험'이 가리키는 내용은 주어진 문장의 '상처받기 쉽거나 혼자이거나 고통을 겪는' 순간을 가리키므로, 주어진 문장이 들어가기에 가장 적절한 곳은 ④이다.

해석 우리는 항상 다음 휴일, 물건 사기, 또는 음식 체험이 있는지 살피면서 기분을 좋게 해 주는 경험을 찾아낸다. 행복에 대한 이런 접근은 비교적 최근의 것인데, 그것은 우리의 삶을 물질적으로 즐거움을 주는 것으로 채워 넣기도 하고 우리의 고통을 우리가 제어할 수 있다고 느끼기도 하는 우리의 능력에 달려있다. 오늘날 우리가 알고 있는 진통제는 비교적 최근의 발명품이며, 물질적 안락에 대한 접근은 이제 훨씬 더 큰 비율의 전 세계 사람들의 손이 닿는 곳에 있다. 이런 과학 기술과 경제 발전은 상당한 문화적 영향을 미쳐서 우리가 우리의 부정적인 경험을 문제로 간주하게 하고 그 해결책으로 우리의 긍정적인 경험을 극대화하게 하였다. 하지만 이를 통해 우리는 인생에서 행복한 것이 단지 즐거움에 관련된 것만은 아니라는 것을 잊게 되었다. 안락감, 만족감 그리고 충족감이 행복의 특효약이었던 적은 한 번도 없었다. <u>오히려, 행복은 우리가 가장 상처받기 쉽거나 혼자이거나 고통을 겪는 그런 순간에 자주 발견된다.</u> 행복은 거기, 이런 경험의 가장자리에 있고, 우리가 '그런' 종류의 행복을 언뜻 보게 될 때, 그것은 강력하고 뛰어나며 매혹적이다.

어휘 **vulnerable** 상처받기 쉬운, 연약한 / **culinary** 요리의 / **be on the lookout for** ~을 (~이 있는지)살피다 / **relatively** 비교적, 상대적으로 / **recent** 최근의 / **capacity** 능력 / **pad** 채워 넣다, 메워 넣다 / **painkiller** 진통제 / **proportion** 비율 / **significant** ① 상당한, 꽤 많은 ② 중요한 / **implication** 영향, 함축 / **maximize** 극대화[최대화]하다 / **contentment** 만족(감) / **edge** 가장자리 / **get a glimpse of** ~을 언뜻 보다 / **transcendent** 뛰어난 / **captivating** 매혹적인, 매력적인

015

» 정답 ③

주어진 글 다음에 이어질 글의 순서로 가장 적절한 것은?

One reason why the definitions of words have changed over time is simply because of their misuse. There are a growing number of examples where the incorrect meaning of relatively commonplace language has become more widespread than the original intention or definition.

(A) Now, imagine that an angry customer sent you a letter about the service he received in one of your stores. If your reply is that you 'perused his letter,' he is likely to get even more angry than he was before.

(B) A word 'peruse' is one of them. Most people think that to 'peruse' something means to 'scan or skim it quickly, without paying much attention.' In fact, this is the exact opposite of what 'peruse' really means: 'to study or read something carefully, in detail.'

(C) But the word has been misused so often by so many people that this second sense of it — the exact opposite of what it actually means — has finally been accepted as a secondary definition and as far as most people know, it is the only definition.

① (A) − (C) − (B) ② (B) − (A) − (C)
③ (B) − (C) − (A) ④ (C) − (A) − (B)

해설 (B)에 them은 주어진 문장의 examples를 대신하고 a word 다음 the word가 이어져야 하고 (C)에 this second sense는 (B)의 내용을 설명하므로 글의 순서는 (B) − (C) − (A)가 된다. 따라서 정답은 ③이 된다.

해석 시간이 흐름에 따라 단어의 정의가 변해 온 한 가지 이유는 단지 단어의 잘못된 사용 때문이다. 상대적으로 평범한 언어의 부정확한 의미가 원래의 의도나 정의보다 더 널리 보급되는 사례 수가 점점 증가하고 있다.
(B) 'peruse'라는 단어는 그런 사례 중의 하나이다. 무언가를 'peruse'한다는 것은 '많은 주의를 기울이지 않고 그것을 재빨리 훑어보거나 대충 읽는다'는 것을 의미한다고 대부분의 사람들은 생각한다. 사실, 이것은 'peruse'가 실제로 의미하는 것 '무언가를 주의 깊게, 상세히 연구하거나 읽는다'의 정반대이다.
(C) 하지만 그 단어는 너무 많은 사람들에 의해 아주 흔하게 잘못 사용되었기에, 그 단어의 실제로 의미하는 것의 반대인 두 번째 의미가 2차적인 정의로 결국 받아들여졌고, 대부분의 사람들이 알고 있는 한 그것이 유일한 정의이다.
(A) 이제, 화가 난 고객이 당신의 한 상점에서 받은 서비스에 대해 당신에게 편지를 보냈다고 생각해보자. 만약 당신이 '그의 편지를 peruse했다'고 답변한다면, 그는 전보다 훨씬 더 화를 낼 가능성이 있다.

어휘 **definition** 정의 / **incorrect** 부정확한, 틀린(↔ **correct** 정확한) / **relatively** 비교적, 상대적으로 / **commonplace** 평범한, 흔한 / **widespread** 널리 퍼진, 널리 보급된 / **reply** 대답[응답]하다(= **respond**) / **be likely to** ⓥ ⓥ인 것 같다 / **original** ① 원래[근원]의 ② 독창적인 / **intention** 의도 / **scan** 훑어보다 / **skim** 대충 읽다 / **exact opposite** 정반대 / **in detail** 상세히, 세부적으로 / **secondary** ① 2차적인 ② 중등교육의 / **as far as**~ ~하는 한(= **as(so) long as, so far as**)

016

» 정답 ①

다음 주어진 문장이 들어가기에 가장 적절한 곳은?

In particular, they define a group as two or more people who interact with, and exert mutual influences on, each other.

In everyday life, we tend to see any collection of people as a group. However, social psychologists use this term more precisely. (①) It is this sense of mutual interaction or inter-dependence for a common purpose which distinguishes the members of a group from a mere aggregation of individuals. (②) For example, as Kenneth Hodge observed, a collection of people who happen to go for a swim after work on the same day each week does not, strictly speaking, constitute a group because these swimmers do not interact with each other in a structured manner. (③) By contrast, a squad of young competitive swimmers who train every morning before going to school is a group because they not only share a common objective (training for competition) but also interact with each other in formal ways (e.g., by warming up together beforehand). (④) It is this sense of people coming together to achieve a common objective that defines a "team".

*aggregation 집합

해설 ①에 있는 this sense of mutual interaction은 제시문의 mutual influences를 가리키고 있고 또한 주어진 문장의 they는 사회 심리학자(social psychologists)들을 가리키므로 주어진 문장이 들어가기에 가장 적절한 곳은 ①이다.

해석 일상생활에서 우리는 어떤 사람들의 무리라도 하나의 집단으로 보는 경향이 있다. 그러나 사회 심리학자들은 이 용어를 더 정확하게 사용한다. 특히, 그들은 서로에게 상호 작용을 하고, 상호 영향력을 발휘하는 둘 이상의 사람들로 집단을 정의한다. 집단의 구성원들을 단순한 개인들의 집합으로부터 구별하는 것은 바로 공동의 목적을 위한 서로의 상호 작용 또는 상호 의존감이다. 예를 들어, Kenneth Hodge가 진술한 바와 같이, 매주 같은 날에 일을 마치고 우연히 수영을 하러 가는 사람들의 무리는 엄밀히 말하면 집단을 구성하지 않는데, 이러한 수영하는 사람들은 구조적인 방식으로 상호 작용하지 않기 때문이다. 대조적으로, 매일 아침 학교에 가기 전에 훈련을 하는, 경쟁을 하는 어린 수영 선수들은 공동의 목표(경기를 위한 훈련)를 공유할 뿐만 아니라 공식적인 방식(예를 들면, 미리 함께 워밍업을 함)으로 상호 작용하기 때문에 집단이다. '팀'을 정의하는 것은 바로 공동의 목표를 달성하기 위해 사람들이 함께 모이는 이러한 생각이다.

어휘 **in particular** 특히 / **interact** 상호작용하다 / **exert** (힘을) 가하다, 발휘하다 / **mutual** 상호간에, 서로의 / **collection** 집합체, 집단 / **term** ① 기간 ② 용어 / **precisely** 정확하게 / **inter-dependence** 상호 의존 / **distinguish A from B** A와 B를 구별하다 / **aggregation** 집합 / **strictly speaking** 엄격히 말해서 / **constitute** 구성하다 / **structured** 구조화된, 구조적인 / **manner** 방식 / **squad** (소규모의) 분대, 무리 / **competitive** 경쟁하는 / **objective** ① 목표 ② 객관적인 / **beforehand** 미리, 앞서서

Chapter 06 빈칸 완성

001

» 정답 ③

다음 빈칸에 들어갈 말로 가장 적절한 것은?

Naturally, people eat many different kinds of meals and choose them with the intention of transmitting the right message to the proper audience. One would not reheat half-eaten leftovers when trying to impress a potential lover, just as one would not spend a fortune on extravagant ingredients for a hurried everyday meal eaten in solitude. Every meal has, in a sense, its own coded message. This is not to say, however, that it is always readily perceived or interpreted correctly by others. What may be intended as cozy informality to someone preparing a meal might be interpreted as laziness by an invited guest. Likewise, a meal of roast beef offered to a vegetarian might be construed as a calculated insult. As with all language, there can be a(n) ____________. Despite this, an outsider observing or talking on an eating event can usually decode the intended message without too much difficulty.

① coded message ② decoding
③ miscommunication ④ intention

해설 이 글은 음식이 주는 메시지가 항상 바르게 전달되지는 않는다는 내용의 글이므로 빈칸에 들어갈 말로 가장 적절한 것은 ③이다.

해석 당연히 사람들은 많은 다른 종류의 음식을 먹으며, 적절한 청중에게 적절한 메시지를 전달하려는 의도를 갖고 그것들을 선택한다. 혼자 허둥대며 먹는 일상의 음식을 위해서 사치스러운 재료에 많은 돈을 쓰지 않는 것처럼, 장래에 연인이 될 가능성이 있는 사람에게 감명을 주기 위해 노력할 때, 반쯤 먹다 남은 음식을 다시 데우지는 않을 것이다. 어떤 의미에서 모든 음식은 그 자체에 암호화된 메시지를 갖고 있다. 그러나 이것이 언제나 다른 사람에게 쉽게 인식되거나 올바르게 해석된다는 말을 하려는 것은 아니다. 식사를 준비하는 사람에게는 다정한 약식 행위로 의도될 수 있는 것이 초대받은 손님에게는 나태하게 해석될 수 있다. 마찬가지로, 채식주의자에게 제공된 구운 소고기 식사는 계산된 모욕으로 해석될 수도 있다. 모든 언어에서처럼, 잘못된 전달이 있을 수 있다. 그럼에도 불구하고, 식사하는 것을 관찰하거나 그에 대해서 의견을 말하는 외부인은 보통 아주 큰 어려움 없이 의도된 메시지를 해독할 수 있다.

① 암호화된 메시지 ② 해독 ③ 잘못된 전달 ④ 의도

어휘 **intention** 의도 / **transmit** 전달[전송]하다 / **leftover** 남은 음식 / **impress** 깊은 인상[감명]을 주다 / **potential** 잠재적인 / **fortune** ① 운 ② 돈 / **extravagant** 사치스러운 / **ingredient** 재료 / **in solitude** 혼자서 / **coded** 암호화된 / **perceive** 지각하다, 인식하다 / **interpret** 해석하다 / **cozy** 다정한, 안락한 / **informality** 약식(행위) / **roast** 구운 / **vegetarian** 채식주의자 / **construe** 이해하다 / **calculated** 계산된 / **insult** 모욕 / **comment on** ~에 대해 의견을 말하다

002

» 정답 ②

다음 빈칸에 들어갈 말로 가장 적절한 것은?

People regularly do a kind of backwards thinking, and really believe it. One of the most famous examples in psychological research is cognitive dissonance. This is the idea that people don't like to hold two inconsistent ideas to be true at the same time. Studies conducted more than half a century ago find that when people are induced into behavior that is inconsistent with their beliefs, they simply ____________. It's like when someone ends up spending too much on a new car. Instead of feeling bad about the clash between their original plan and what they've actually done, they prefer to convince themselves that the car is worth the extra money. This is a result of our natural desire to maintain consistency between our thoughts and actions. We all want to be right, and one thing we should all be able to be right about is ourselves. Backwards thinking allows us to do just that.

① stick to their previous plans
② change their beliefs to match
③ give up justifying their behavior
④ restore the situation to its original state

해설 역행적 사고 중 하나인 인지 부조화라는 것은 사람들이 두 가지 모순되는 생각을 동시에 참이라고 간주하기 싫어한다는 발상이며, 이는 가령 어떤 사람이 새 차를 살 때 지나치게 많은 돈을 썼을 경우 자신의 원래 계획과 실제로 한 행동 사이의 충돌에 대해 기분 나빠하는 것 대신에 그는 그 차가 돈을 더 들일 가치가 있다고 스스로를 납득시키기를 선호하는 것과 같은 것이고, 또한 이것은 우리의 생각과 행동 사이에 일관성을 유지하려는 우리의 자연적 욕구의 결과라고 이야기 하고 있으므로, 빈칸에는 ②가 가장 적절하다.

해석 사람들은 자주 일종의 역행적 사고를 하고, 정말로 그것을 믿는다. 심리학 연구 중 가장 유명한 예 하나는 인지 부조화이다. 이는 사람들이 두 가지 모순되는 생각을 동시에 참이라고 간주하기 싫어한다는 발상이다. 반세기 전에 수행된 연구는 사람들이 자신의 신념과 모순된 행동을 하도록 유도되면, 그들은 그냥 간단하게 (그것들을) 일치시키기 위해 자신의 신념을 바꾼다는 것을 밝히고 있다, 그것은 마치 어떤 사람이 새 차를 사는데 결국 지나치게 많은 돈을 지불하게 되었을 때와 마찬가지이다. 자신의 원래 계획과 실제로 한 행동 사이의 충돌에 대해 기분 나쁘게 여기는 대신 그는 그 차가 돈을 더 들일 가치가 있다고 스스로 납득시키기를 선호한다. 이것은 우리의 생각과 행동 사이에 일관성을 유지하려는 우리의 자연적 욕구의 결과이다. 우리는 모두 다 올바르고 싶어 하고, 우리 모두가 옳을 수 있어야 하는 한 가지는 우리 자신이다. 역행적 사고는 우리로 하여금 바로 그렇게 하도록 해 준다.

① 이전 계획을 고수한다
② 일치시키기 위해 자신의 신념을 바꾼다
③ 그들의 행위를 정당화하려 하지 않는다
④ 상황을 원상태로 복구한다

어휘 **backwards** 거꾸로, 반대방향으로, 역행으로 / **cognitive** 인지의, 인식력이 있는 / **inconsistent** 모순된, 불일치하는 / **currently** 현재(에는) / **induce** 유도하다, 권유하다 / **end up** ⓥ-ing 결국 ⓥ하게 되다 / **dissonance** 부조화 / **clash** 충돌 / **convince** 확신시키다, 설득시키다 / **consistency** 일관됨, 일관성

003

» 정답 ①

다음 빈칸에 들어갈 말로 가장 적절한 것은?

When there are multiple witnesses to an event, they are not allowed to discuss it before giving their testimony. This rule is part of a good police investigation. The goal is not only to prevent collusion by hostile witnesses, it is also to prevent unbiased witnesses from influencing each other. Witnesses who exchange their experiences will tend to make similar errors in their testimony, reducing the total value of the information they provide. The principle of independent judgements has immediate applications for the conduct of meetings, an activity in which executives in organizations spend a great deal of their working days. A simple rule can help: before an issue is discussed, all members of the committee should be asked to write a very brief summary of their position. This procedure makes good use of the value of the diversity of knowledge and opinion in the group. Otherwise, the standard practice of open discussion gives too much weight to the opinion of those who speak early and assertively, ______________________.

① causing others to line up behind them
② bringing multiple perspectives to share in
③ allowing each to stick to his own position
④ placing less importance on a unified action

해설 빈칸 앞의 Otherwise를 기준으로 Difference를 이용해야 한다. 빈칸 앞의 내용이 어떤 주제가 논의되기 전에 구성원들이 자신의 입장에 대한 짧은 요약을 쓰게 함으로써 견해의 다양성을 지키는 것이므로, 빈칸에는 그렇게 하지 않을 경우에 대한 내용이 있어야 한다. 따라서 ①이 빈칸에 들어가기에 가장 적절하다.

해석 하나의 사건에 다수의 목격자들이 있을 때, 그들은 증언을 하기 전에 서로 논의하는 것이 허락되지 않는다. 이 규칙은 훌륭한 경찰 수사의 일부이다. 그 목표는 적대감을 가진 목격자들에 의한 공모를 막기 위함뿐 아니라, 선입견이 없는 목격자들이 서로에게 영향을 주는 것을 막기 위해서이다. 그들(목격자들)의 경험을 교환한 목격자들은 그들의 증언에서 유사한 실수를 저지르는 경향이 있는데, 그것은 그들이 제공한 정보의 전체적인 가치를 줄이게 된다. 독립적인 판단의 원칙은 조직의 경영진들이 그들의 근무일에 많은 시간을 보내는 활동적인 회의를 하는 데도 직접적인 적용이 된다. 즉, 한 주제가 논의되기 전에 모든 구성원들이 자신의 입장에 대한 짧은 요약을 쓰게 하는 것이다. 이 절차는 그 그룹에서 지식과 견해의 다양성의 가치를 잘 활용하게 한다. 그렇지 않으면 열린 토론이라는 일반적인 관행이 먼저 단호하게 말하는 사람들의 의견이 너무 큰 비중을 차지하게 만들어서 다른 사람들이 그들 뒤로 줄을 서게 유도한다.
① 다른 사람들이 그들 뒤로 줄을 서게 유도한다
② 공유할 다각도의 견해를 불러온다
③ 각자가 자신의 입장을 고수하게 허락해준다
④ 통일된 행동에는 덜 역점을 주게 된다

어휘 **witness** 목격자, 목격하다 / **testimony** 증언 / **investigation** 조사, 수사 / **collusion** 공모 / **hostile** 적대적인 / **unbiased** 선입견이 없는, 편파적이지 않은 / **principle** 원칙 / **immediate** 직접적인 / **application** 적용 / **committee** 위원회 / **brief** 짧은, 간단한 / **give weight to** ~에 비중을 두다, ~을 중요시하다 / **assertive** 단호한

004

» 정답 ②

다음 빈칸에 들어갈 말로 가장 적절한 것은?

Have you ever considered the possibility that depression serves an important psychological function? Indeed, it has been argued that from an evolutionary perspective, depression can be understood as ______________________. Depression reduces our interest in trivial matters, which explains one of its key characteristics: the inability to deprive pleasure from typically fun and pleasurable activities. Humans, then, evolved the capacity to depressed in order to be better equipped to face difficult challenges, especially those requiring high levels of intellectual focus and concentration. Just like fever is our body's attempt to coordinate a response to an infection, depression is the brain's attempt to deal with taxing events: the loss of someone we love, the end of a great holiday, or coming to terms with failure or disappointing news. Thus the role of depression is to help us process negative events and ensure that we avoid further blows, by minimizing the probability that we repeat the experiences that triggered pain.

① a powerful activator of positive moods
② an adaptive reaction to real-life problems
③ a passive protection from actual difficulties
④ a faithful reminder of insignificant matters

해설 이 글은 우울증이 우리 삶에 있어서 사소한 일이나 중요한 일 모두에 영향을 준다는 내용의 글이므로 빈칸에 들어가기에 가장 적절한 것은 ②이다.

해석 우울증이 중요한 심리적 작용을 한다는 가능성을 고려해 본 적이 있는가? 실제로, 진화적 관점에서 우울증은 실제 삶의 문제들에 대한 적응 반응이라고 이해될 수 있다. 우울증은 사소한 문제들에 대한 우리의 흥미를 감소시키는데, 이것이 우울증의 중요한 특징 중 하나, 즉 일반적으로 재미있고 즐거운 활동들에서 즐거움을 끌어내지 못하는 능력을 설명해준다. 인간은 어려운 문제들, 특히 높은 수준의 지적인 집중력을 요구하는 것들에 맞서는데 더 잘 준비되어 있기 위해서 우울해지는 능력을 발달시켰다. 열이 감염에 대한 반응을 조정하기 위한 우리 몸의 노력인 것처럼, 우울증은 우리가 사랑하는 이를 잃는 것, 멋진 휴일의 끝, 또는 실패나 실망스런 소식과 타협하는 것과 같은 아주 힘든 일들을 다루기 위한 두뇌의 노력이다. 따라서 우울증의 역할은 우리로 하여금 부정적인 일들을 처리하도록 돕고, 우리가 고통을 유발했던 경험을 반복할 가능성을 최소화함으로써, 앞으로 있을 충격을 피하도록 확실히 하는 것이다.
① 긍정적 분위기를 유발하는 강력한 활성제
② 실제 삶의 문제들에 대한 적응 반응
③ 실질적 어려움으로부터의 소극적인 보호
④ 사소한 일들을 충실히 상기시켜주는 것

어휘 **depression** 우울증 / **evolutionary** 진화의 / **adaptive** 적응하는 / **trivial** 사소한 / **derive** 끌어내다 / **typically** 전형적으로 / **be equipped** ~을 갖추다 / **fever** 열 / **coordinate** 조정하다 / **infection** 감염 / **come to terms with** ~와 타협하다, 합의를 보다 / **ensure** ~하게 하다, 보장하다 / **blow** 타격 / **adaptive** 적응하는

005

≫ 정답 ②

다음 빈칸에 들어갈 말로 가장 적절한 것은?

The essence of science is to uncover patterns and regularities in nature by finding algorithmic compressions of observations. But the raw data of observation rarely exhibit explicit regularities. Instead we find that nature's order is hidden from us, it is written in code. To make progress in science we need to crack the cosmic code, to dig beneath the raw data and uncover the hidden order. I often liken fundamental science to doing a crossword puzzle. Experiment and observation provide us with clues, but the clues are cryptic, and require some considerable ingenuity to solve. With each new solution, ______________________. As with a crossword, so with the physical universe, we find that the solutions to independent clues link together in a consistent and supportive way to form a coherent unity, so that the more clues we solve, the easier we find it to fill in the missing features.

① the depth of scientific experiments keeps us in awe
② we glimpse a bit more of the overall pattern of nature
③ the regularity of nature is revealed in its entirety to the observer
④ we crack the cosmic codes one by one, replacing an old solution with the new one

해설 필자는 자연의 규칙성을 찾아내는 기초 과학을 십자말 퍼즐 풀기에 비유하며, 독립된 단서를 하나씩 해결해 가다 보면 숨어 있던 우주의 진리를 밝힐 수 있다고 하였다. 따라서 새로운 해법이 나타날 때마다 우리가 자연의 전반적인 원리를 좀 더 이해하게 된다는 의미에서 빈칸에 ②가 들어가는 것이 적절하다.

해석 과학의 본질은 관찰의 규칙적 압축을 찾아냄으로써 자연의 경향성과 규칙성을 밝히는 것이다. 그러나 관찰의 가공되지 않은 원 자료는 좀처럼 명백한 규칙성을 드러내지 않는다. 대신에 우리는 자연의 질서가 우리로부터 감추어져 있고, 암호로 작성되어 있음을 알게 된다. 과학에서 진보를 이루기 위해서 우리는 우주의 암호를 해독하고 원 자료 아래를 파헤쳐서 숨어 있는 질서를 밝힐 필요가 있다. 나는 종종 기초 과학을 십자말 퍼즐 풀기에 비유한다. 실험과 관찰은 우리에게 단서를 제공해 주지만, 그 단서들은 비밀스럽고, 해결하기에 상당한 재능을 요한다. 각각의 새로운 해법을 가지고, 우리는 자연의 종합적인 경향성을 좀 더 흘긋 보게 된다. 십자말을 가지고 하듯, 물리적 우주를 가지고서도, 우리는 독립된 단서들에 대한 해법들이 통일성 있는 전체를 형성하기 위해 조화롭고 뒷받침하는 방식으로 함께 연결된다는 것을 알게 되는 것이다. 그러므로 더 많은 단서를 해결할수록 부족한 특성들을 채우는 것이 더 쉬워진다는 것을 우리는 알게 된다.

① 과학적 실험의 깊이는 우리에게 두려움을 갖게 한다
② 우리는 자연의 종합적인 경향성을 좀 더 흘긋 보게 된다
③ 자연의 규칙성은 관찰자에게 완전한 형태로 드러난다
④ 우리는 낡은 해법을 새로운 것으로 대체하며 우주의 암호들을 하나씩 해독한다

어휘 **essence** 본질 / **uncover** 밝히다 / **regularity** 규칙성 / **algorithmic** 규칙적인, 알고리즘의 / **compression** 압축 / **observation** 관찰 / **raw data** (가공하지 않은) 원 자료 / **rarely** 거의 ~않는 / **exhibit** 드러내다 / **explicit** 명백한 / **regularity** 규칙(성) / **code** 암호 / **crack** 해독하다, 부수다 / **dig** 파다 / **liken A to B** A를 B에 비유하다 / **fundamental** 기초의, 중요한 / **crossword puzzle** 십자말 풀이 / **clue** 해결책, 실마리 / **cryptic** 비밀스러운, 은밀한 / **considerable** 상당한 / **ingenuity** 재능 / **coherent** 통일성 있는, 일관된(= **consistent**) / **unity** ① 전체 ② 통일(성)

006

≫ 정답 ③

다음 빈칸에 들어갈 말로 가장 적절한 것은?

Very innovative companies, such as Twitter, know how important connecting and combining ideas is to creativity in their business, and they make an effort to hire people with unusual skills, knowing that diversity of thinking will certainly influence the development of their products. According to Elizabeth Weil, the head of organizational culture at Twitter, a random sampling of people at the company would reveal former rock stars, a world-class cyclist, and a professional juggler. She said that the hiring practices at Twitter guarantee that all employees are bright and skilled at their jobs, but are also interested in other unrelated pursuits. Knowing this results in unintentional conversations between employees in the elevator, at lunch, and in the hallways. Shared interests surface through arbitrary dialogues and the web of people becomes even more intertwined. These ______________ often lead to fascinating new ideas.

① moral disparities
② critical thinking skills
③ unplanned conversations
④ professional verbal techniques

해설 지시형용사 These를 이용해서 빈칸을 추론할 수 있다. 빈칸 바로 앞 문장에 random dialogues가 있으므로 빈칸에는 ③이 가장 적절한 정답이 된다.

해석 Twitter와 같은 매우 혁신적인 회사들은 아이디어를 연결하고 결합하는 것이 그들의 사업에 있어서 창의성에 얼마나 중요한지 알고 있으며, 사고의 다양성이 분명 상품 개발에 영향을 끼칠 것을 인식하여 특이한 재능을 가진 사람들을 고용하려고 노력한다. Twitter에서 조직 문화를 책임지고 있는 Elizabeth Weil에 따르면, 그 회사 사람들을 무작위로 표본 추출해 보면, (그 안에 있는) 이전의 록스타, 세계 수준의 사이클 선수, 그리고 전문 곡예사를 드러낼 것이라고 한다. 그녀는 Twitter의 채용관행은 모든 종업원이 똑똑하고 자신의 일에서 전문적이지만, 또한 다른 관련 없는 일에도 관심이 있음을 보장한다고 말했다. 이런 인식이 엘리베이터, 점심식사, 그리고 복도에서 종업원끼리의 임의적인 대화를 가져온다. 공유한 관심사가 드러나고, 사람들의 연결망이 훨씬 더 엮이게 된다. 이러한 계획하지 않은 대화가 자주 매력적인 새로운 아이디어로 이어진다.

① 도덕적 차이
② 비판적 사고 기술
③ 계획하지 않은 대화
④ 전문적인 대화 기술

어휘 **innovative** 혁신적인 / **combine** 결합하다 / **make an effort to** ~하려고 노력하다 / **unusual** 특이한, 드문 / **diversity** 다양성 / **arbitrary** 임의적의, 임의의 / **sampling** 표본 추출 / **reveal** 드러내다, 보여 주다 / **juggler** 곡예사 / **practice** 관행, 연습 / **pursuit** 일, 연구, 취미 / **hallway** 복도 / **surface** 드러나다, 떠오르다 / **intertwine** 엮다, 뒤얽다

007

» 정답 ①

다음 빈칸에 들어갈 말로 가장 적절한 것을 고르시오.

Until the 1960s, the standard sociological approach to explaining the ebb and flow of fashion trends was functionalist. In the functionalist view, fashion trends worked like this: every season, exclusive fashion houses in Paris, Milan, New York, and London would show new styles. Some of the new styles would catch on among the exclusive clientele of big-name designers. The main appeal of wearing expensive, new fashions was that wealthy clients could distinguish themselves from people who were less well off. Thus, fashion helped to preserve the ordered layering of society into classes. However, by the twentieth century, thanks to technological advances in clothes manufacturing, it didn't take long for inexpensive knockoffs to reach the market and trickle down to lower classes. New styles then had to be introduced frequently so that fashion could continue to perform its function of ____________________. Hence there is the ebb and flow of fashion.

① retaining people's relative rank
② generating democratic way of life
③ widening the scope of property rights
④ bridging the gap between social classes

해설 패션 경향이 변하는 이유를 사회 기능론적 관점에서 설명하자면, 한정된 부유층만 입을 수 있는 고급의 새로운 스타일을 통해 사회 계층 간에 구별이 분명하게 드러나게 하는 사회적 기능을 패션이 수행한다는 내용이므로, 빈칸에 들어갈 말로 가장 적절한 것은 ①이다.

해석 1960년대까지 패션 경향의 변동을 설명하는 표준적인 사회학적 접근법은 기능주의였다. 기능주의적 관점에서 패션 경향은 이런 식으로 작용했는데, 매 시즌, 파리, 밀라노, 뉴욕, 그리고 런던에 있는 고급 패션 디자이너의 의상실이 새로운 스타일을 보여줄 것이다. 새로운 스타일의 일부는 유명 디자이너들의 한정된 고객들 사이에서 인기를 얻을 것이다. 비싸고 새로운 패션을 입는 것의 주된 매력은 부유한 고객들이 덜 부유한 사람들과 자신을 구별할 수 있다는 것이었다. 그래서 패션은 사회의 질서정연한 계층화를 유지하는 데 도움이 되었다. 하지만, 20세기에 이르러 의류 제조업의 기술적인 발전 덕분에, 저렴한 복제품들이 시장에 나오고 더 낮은 계층으로 흘러가는 데는 오래 걸리지 않았다. 그러자 패션이 사람들의 상대적인 계급을 유지하는 그것의 기능을 계속 수행할 수 있도록 새로운 스타일이 자주 도입되어야 했다. 그래서 패션의 변동이 있는 것이다.
① 사람들의 상대적인 계급을 유지하는
② 민주적인 삶의 방식을 유발하는
③ 재산권의 영역을 넓히는
④ 사회계층의 격차를 줄이는

어휘 **ebb and flow** 변화, 변동 / **functionalist** 기능주의적인 / **exclusive** 고급의, 한정된 / **fashion house** 패션 디자이너의 의상실 / **catch on** 인기를 얻다, 유행하다 / **clientele** 고객, 의뢰인 / **well off** 부유한 / **preserve** 보존하다 / **ordered** 질서정연한 / **trickle down** (부유층에서 서민층으로) 흘러가다

008

» 정답 ①

다음 빈칸에 들어갈 말로 가장 적절한 것은?

Many disciplines are better learned by entering into the doing than by mere abstract study. This is often the case with the most abstract as well as the seemingly more practical disciplines. For example, within the philosophical disciplines, logic must be learned through the use of examples and actual problem solving. Only after some time and struggle does the student begin to develop the insights and intuitions that enable him to see the centrality and relevance of this mode of thinking. This learning by doing is essential in many of the sciences. For instance, only after a good deal of observation do the sparks in the bubble chamber ____________________ as the specific movements of identifiable particles.

① become recognizable
② be clearly observed
③ spend time and struggle
④ deny abstract disciplines

해설 doing을 통해서 learning을 잘 할 수 있다는 내용에 대한 구체적인 예를 제시한 문장 안에 빈칸이 있고 빈칸 앞에 only after a good deal of observation(doing)이 있으므로 빈칸에는 learning이 있어야 한다. 따라서 빈칸에 가장 적절한 것은 ①이다.

해석 많은 교과가 단순한 추상적인 공부에 의해서보다 실제로 행함으로써 더 잘 학습된다. 이것은 표면적으로 더 실용적인 교과뿐만 아니라 가장 추상적인 교과에서도 흔히 그러하다. 예를 들어, 철학 교과 내에서 논리는 실례의 사용과 실제적 문제 해결을 통해서 학습되어야 한다. 어느 정도의 시간과 노력이 있은 뒤에야 학습자는 이런 사고방식의 중요성과 타당성을 알 수 있게 해주는 통찰력과 직관력을 발달시키기 시작한다. 행함으로써 배우는 이런 학습은 많은 과학 교과에서 필수적이다. 예를 들어, 상당한 양의 관찰이 있은 뒤에야 거품 상자의 불꽃은 확인 가능한 미립자의 구체적 운동으로서 인식될 수 있게 된다.
① 인식될 수 있게 된다
② 명확하게 관찰된다
③ 시간과 노력을 소비한다
④ 추상적인 교과를 거부한다

어휘 **discipline** ① 규율 ② 교과, (학문의) 분야 / **abstract** 추상적인 / **seemingly** 겉보기에는, 외관상으로 / **practical** 실질[실용]적인 / **logic** 논리, 논리학 / **insight** 통찰력 / **intuition** 직관(력) / **centrality** 중요성, 중심임 / **relevance** 타당성, 관련성 / **essential** 필수적인, 본질적인 / **a good deal of** 상당한 많은 / **bubble chamber** (물리학) 거품[기포] 상자(방사선의 궤적(軌跡)을 측정하기 위한 원자핵 실험 장치) / **identifiable** 확인 가능한 / **particle** 미립자

009

정답 ①

다음 빈칸에 들어갈 단어로 적절한 것은?

Contrary to what we usually believe, the best moments in our lives are not the passive, receptive, relaxing times — although such experiences can also be enjoyable, if we have worked hard to attain them. The best moments usually occur when a person's body or mind is stretched to its limits in a voluntary effort to accomplish something difficult and worthwhile. Optimal experience is thus something that we make happen. For a child, it could be placing with trembling fingers the last block on a tower she has built, higher than any she has built so far; for a sprinter, it could be trying to beat his own record; for a violinist, mastering a(n) ______________ musical passage. For each person there are thousands of opportunities, challenges to expand ourselves.

① intricate ② uncomplicated
③ receptive ④ straightforward

해설 어렵고 힘든 일을 수행할 때 우리는 최고의 순간들을 경험한다는 내용의 구체적인 예가 제시하는 내용이므로 빈칸에 가장 적절한 것은 ①이다.

해석 우리가 대체로 믿고 있는 것과는 반대로 우리 삶의 최고의 순간들은 수동적이고, 수용적이며, 긴장을 풀고 있는 시간들이 아니다. 물론 그러한 것들을 얻기 위해서, 우리가 열심히 노력했다면 그러한 경험들도 즐길 수 있긴 하지만 말이다. 최고의 순간들은 어렵고 가치 있는 어떤 것을 성취하기 위한 자발적인 노력 속에서 한 개인의 신체나 정신이 그 한계점에 이르게 될 때에 주로 생겨난다. 따라서 최고의 경험은 우리가 직접 발생하게 만드는 어떤 것이다. 어린 아이에게 있어서 그것은 떨리는 손가락으로 그녀가 지금껏 만들었던 그 어느 것보다 더 높은 자신이 만든 탑 위에 마지막 블록을 놓는 것일 수 있고, 단거리 선수에게는 자신의 기록을 깨려고 애쓰는 것일 수 있으며, 바이올린 연주자에게 있어서는 복잡한 악절을 완벽하게 숙달하는 것일 수 있다. 각 사람에게 있어서 자신을 발전시킬 수 있는 수천 가지의 기회와 도전이 있다.
① 복잡한 ② 단순한 ③ 수용적인 ④ 간단한

어휘 **contrary to** ~와는 반대로 / **receptive** 받아들이는, 수용적인 / **attain** 달성하다, 이루다 / **voluntary** 자발적인 / **optimal** 최고의, 최상의 / **trembling** 떨리는 / **sprinter** 단거리 선수 / **intricate** 뒤얽힌, 복잡한 / **passage** 악절 / **expand** 넓히다 확장시키다 / **uncomplicated** 복잡하지 않은, 단순한 / **straightforward** 간단한, 솔직한

010

정답 ②

다음 빈칸에 들어갈 말로 가장 적절한 것은?

I think of the twentieth century as the Age of Introspection, when you looked inside and thought about your own actions or inner thoughts. It was the era in which the self-help industry and therapy culture promoted the idea that the best way to understand who you are and how to live was to look inside yourself and focus on your own feelings, experiences and desires. This individualistic philosophy, which has come to dominate Western culture, has failed to deliver the good life to most people. So the twenty-first century needs to be different. Instead of introspection, we should create a new Age of Outrospection, where we find a better balance between looking inwards and looking outwards. Outrospection means the idea of discovering who you are and how to live by stepping outside yourself and exploring the lives and perspectives of other people. And the essential art form for the Age of Outrospection is ______________.

① baffled ② empathy
③ craving ④ selfish

해설 반대 · 대조의 공간 개념(Two 개념)을 이용해야 한다. 도입부에서 말하는 Introspection은 individualistic(개인주의)에 대한 설명이고 Instead of introspection을 기준으로 개인주의에 반대 개념이 이어져야 하므로 빈칸에는 empathy가 가장 적절한 답이 된다.

해석 나는 20세기를 '내성의 시대'라고 생각하는데, 그때는 내면을 바라보았고 자신의 행동이나 내면의 생각에 관해 사고했다. 그것은 자기 계발 산업 및 자기 계발 요법의 문화가 자기가 누구인지와 어떻게 살아야 하는지를 이해하는 최선의 방법은 자신의 내면을 보고 자신의 감정과 경험 그리고 욕망에 초점을 두는 것이라는 생각을 고취했던 시대였다. 서구 문화를 지배하게 된 이 개인주의 철학은 대부분의 사람들에게 좋은 삶을 가져다주는 데 실패했다. 그래서 21세기는 달라질 필요가 있다. 내성 대신에 우리는 내면을 보는 것과 외부를 보는 것 사이의 더 나은 균형을 찾는 새로운 '외성의 시대'를 만들어야 한다. '외성'이라는 말의 의미는 자기 밖으로 나가서 다른 사람의 삶과 관점을 탐험함으로써 자기가 누구인지와 어떻게 살아야 하는지를 발견한다는 개념이다. 그리고 '외성의 시대'에 필수적인 기술 형식은 공감이다.
① 좌절된 ② 공감 ③ 갈망 ④ 이기적인

어휘 **introspection** 내성 / **outrospection** 외성 / **explore** 탐험[구]하다 / **perspective** 관점 / **art form** 기술 형식 / **empathy** 공감 / **individualistic** 개인주의적인 / **dominate** 지배하다 / **era** 시대 / **self-help industry** 자기 계발 산업 / **therapy** 요법, 치료

011

>> 정답 ①

다음 빈칸에 들어갈 단어로 가장 적절한 것을 고르시오.

Although intimately related, sensation and perception play two complementary but different roles in how we interpret our world. Sensation refers to the process of sensing our environment through touch, taste, sight, sound, and smell. This information is sent to our brains in raw form where perception comes into play. Perception is the way we interpret these sensations and therefore make sense of everything around us. To illustrate the difference between sensation and perception, take the example of a young baby. Its eyes take the same data as those of an adult. But its perception is entirely different because it has no idea of what it is looking at. With experience, perception enables us to assume that ____________________, even when we can only see part of it, creating useful information of the surroundings.

① the whole of an object is present
② objects are impossible to identify
③ optical illusion is caused by our brain
④ our perception gives us inadequate information

해설 Two 개념을 이용해서 문제를 풀어야 한다. 도입부에서 sensation과 perception의 다름을 제시했고, 빈칸의 위치는 perception에 대한 설명이므로 perception의 내용 설명(perception은 우리 주위의 모든 것을 이해할 수 있다)이 빈칸에 이어져야 한다. 따라서 정답은 ①이 된다.

해석 비록 긴밀히 관련이 있기는 하지만 감각과 지각은 우리가 어떻게 우리 세상을 해석하느냐에 있어 두 가지 서로 보완적이지만 다른 역할을 한다. 감각은 촉각, 미각, 시각, 청각 그리고 후각을 통해서 환경을 감지하는 과정을 말한다. 이 정보는 지각이 활동하는 뇌로 있는 그대로 보내진다. 지각은 우리가 이런 감각을 해석하고 따라서 주변의 모든 것을 이해하는 방법이다. 감각과 지각의 차이를 설명하기 위해서 한 어린 아기의 예를 들어보자. 아기의 눈은 어른과 같은 자료를 받아들인다. 그러나 아기의 지각은 아기가 바라보고 있는 것을 이해하지 못하기 때문에 완전히 다르다. 경험으로 인해 우리가 사물의 일부만 볼 수 있어도 사물의 전체가 존재하고 있음을 추측할 수 있게 해주고 따라서 주변 환경의 유용한 정보를 만들어 낸다.
① 사물의 전체가 존재하고 있다.
② 사물들은 확인하기가 불가능하다.
③ 시각적인 환상은 우리 두뇌에 의하여 발생한다[야기한다].
④ 우리의 지각은 우리에게 불충분한 정보를 준다.

어휘 **intimate** 친밀한, 밀접한 / **sensation** 감각, 느낌 / **perception** 지각, 인식 / **complementary** 상호 보완적인, 보충하는 / **interpret** 해석하다 / **refer to** ① 언급하다 ② 가리키다 / **process** ① 과정, 절차 ② 가공하다 / **sense** ① 감각 ② 의식 ③ 감지[탐지]하다 / **raw** ① 가공되지 않은 ② 날것의 / **come into play** 작동[활동]하기 시작하다 / **make sense** 이해하다 / **illustrate** 설명하다 / **entirely** ① 전체적으로 ② 완전히 / **assume** ① 추정하다 ② 생각하다 / **surroundings** 환경 / **present** ① 선물 ② 출석한 ③ 있는, 존재하는 ④ 제공하다, 주다 / **identify** ① 확인하다 ② 동일시하다 / **optical illusion** 착시 / **inadequate** 부적절한

012

>> 정답 ①

다음 빈칸에 들어갈 말로 가장 적절한 것은?

The identical claim, expressed in two social contexts, may have different qualifiers. When talking among friends, you might say, "Lucé is the world's finest restaurant." When speaking to a group of French chefs, you might find yourself saying, "Lucé is an excellent restaurant, comparable to some of the best in France." Why did you say it differently? Perhaps because you expected a different critical scrutiny in the two groups. Maybe because your ____________________ was strong enough for friends but not as strong among the most knowledgeable. In each instance, you communicated the extent to which you wanted to qualify your claim, to guard yourself by restricting the extent to which you are willing to be held accountable for the claim.

① confidence in the claim
② appetite for French cuisine
③ support for others' opinions
④ suspicion of different claim

해설 이 글은 친구들에게 말할 때보다 전문가들에게 말할 때 동일한 내용의 주장이라 할지라도 더 약하게 표현하게 되는데, 그 이유가 자신이 한 주장에 대해 책임질 범위를 제한함으로 자신을 보호하려 하는 것이라는 내용의 글이다. 따라서, 빈칸에는 ①이 가장 적절하다.

해석 (서로 다른) 두 개의 사회적 맥락에서 표현된 동일한 내용의 주장이 서로 다른 수식어를 가질 수 있다. 친구들 사이에서 말을 할 때, 당신은 "Lucé가 세계 최고의 식당이야."라고 말할지도 모른다. 프랑스 요리사 집단에게 말할 때, 당신은 "Lucé가 프랑스에서 가장 좋은 몇몇 식당들에 견줄 수 있는 훌륭한 식당이야."라고 말하고 있는 자신을 발견하게 될지도 모른다. 왜 당신은 그것을 다르게 말했는가? 아마 당신이 그 두 집단에서 다른 정도의 비판적인 면밀한 검토를 기대했기 때문일 것이다. 어쩌면 당신의 주장에 대한 자신감이 친구들에 대해서는 충분히 강하지만, 가장 식견이 있는 사람들 사이에서는 그렇게 강하지 않았기 때문일 것이다. 각각의 경우에, 그 주장에 대해 기꺼이 책임질 범위를 제한함으로써 자신을 보호하기 위해, 당신의 주장을 제한하고자 하는 범위를 드러내었던 것이다.
① 주장에 대한 자신감
② 프랑스 요리에 대한 태도
③ 타인의 견해에 대한 지지
④ 다른 주장에 대한 의심

어휘 **identical** 동일한, 일치하는 / **claim** 주장(하다) / **context** 문맥, 상황 / **qualifier** 수식어 / **chef** 요리사 / **comparable** 비교할 만한, 필적하는 / **critical** ① 비판적인 ② 중요한 / **scrutiny** (면밀한) 조사 / **knowledgeable** 식견이 있는 / **instance** ① 경우 ② 사례 / **extent** 범위, 정도 / **qualify** (표현 등을) 수식하다, 한정[제한]하다 / **guard** 보호하다 / **restrict** 제한하다 / **be willing to** ⓥ 기꺼이 ~하다 / **be held accountable[responsible] for** ~ ~에 대해 책임지다

013

» 정답 ①

다음 빈칸에 들어갈 말로 가장 적절한 것을 고르시오.

Modern psychological theory states that the process of understanding is a matter of construction, not reproduction, which means that the process of understanding takes the form of the interpretation of data coming from the outside and generated by our mind. For example, the perception of a moving object as a car is based on an interpretation of incoming data within the framework of our knowledge of the world. While the interpretation of simple objects is usually an uncontrolled process, the interpretation of more complex phenomena, such as interpersonal situations, usually requires active attention and thought. Psychological studies indicate that it is knowledge possessed by the individual that determines which stimuli become the focus of that individual's attention, what significance he or she assigns to these stimuli, and how they are combined into a larger whole. This subjective world, interpreted in a particular way, is for us the "objective" world; we cannot know any world other than ____.

① the one we know as a result of our own interpretations
② the world of images no filtered by our perceptual frame
③ the external world independent of our own interpretations
④ the physical universe our own interpretations fail to explain

해설 사람들은 외부로부터의 정보를 자기 자신만의 인식의 틀로 해석해서 세상을 이해한다는 내용의 글로 빈칸에는 ①이 가장 적절하다.

해석 현대의 심리학 이론은 이해의 과정은 재생이 아니라 구성의 문제라고 말하는데, 그것은 이해의 과정이 외부로부터 들어오고, 우리 마음에 의해 생성되는 정보의 해석이라는 모습을 취한다는 말이다. 예를 들어 움직이는 물체를 차라고 인식하는 것은 세상에 대한 우리의 지식이라는 틀 안에서, 들어오는 정보를 해석하는 것에 근간한다. 간단한 물체의 해석은 대개 통제되지 않는 과정이지만, 대인 관계의 상황 같은 더 복잡한 현상에 대한 해석은 대개 적극적인 주의 집중과 사고를 필요로 한다. 심리학 연구는 어떤 자극이 그 개인의 주의에 초점이 되는지, 그 사람이 이 자극에 어떤 의미를 부여하는지, 그리고 그 자극들이 어떻게 결합되어 더 커다란 전체를 이루는지를 결정하는 것은 바로 그 개인이 소유하고 있는 지식이라는 점을 보여준다. 특정한 방식으로 해석되는 이 주관적 세계는 우리에게 있어 '객관적인 세계'인데, 우리는 우리 자신의 해석의 결과로 알고 있는 세계 외에는 그 어떤 세계도 알 수 없다.
① 우리 자신의 해석의 결과로 알고 있는 세계
② 우리의 인식 틀에 의해 걸러지지 않은 이미지의 세계
③ 우리 자신의 해석과 독립된 외부 세계
④ 우리 자신의 해석이 설명하지 못하는 물리적 세계

어휘 **process** 과정, 절차 / **construction** 건설 / **reproduction** ① 재생 ② 번식 / **interpretation** 해석 / **perception** 인식 / **framework** 틀 / **complex** 복잡한 / **phenomena** 현상들 * **phenomenon** 현상 / **interpersonal** 대인관계의 / **indicate** 암시하다, 보여주다 / **possess** 소유하다 / **determine** 결정[결심]하다 / **stimuli** 자극들 * **stimulus** 자극 / **significance** 중요(성), 의미 / **assign** 할당[부여]하다 / **subjective** 주관적인

014

» 정답 ②

다음 빈칸에 들어갈 말로 가장 적절한 것은?

As consultants, my colleagues and I have invested considerable effort in advising business and government leaders on how to create more competitive economies. We have tried to do so in a manner that is respectful of local heritages and institutions. At the same time, we have made strong arguments for the need to change specific policies, strategies, actions or modes of communication. For the most part, the leaders with whom we have had the privilege of working have acknowledged the validity of our perspective. We have learned, however, that good answers to the pressing questions of economic development are not sufficient in engendering the change needed to reverse the tides of poorly performing economies. Individuals will often accept intellectual arguments, understand their need to change, and express commitment to changing, but then resort to what is familiar. This tendency to ____________________ is not a cultural trait, but it is indicative of some of the deeper challenges faced by those who wish to promote a different, more prosperous vision of the future.

① be used to changing
② revert to the intimacy
③ resort to what is different
④ try to hold off the familiarity

해설 빈칸 앞에 This tendency는 바로 앞에 있는 내용(resort to what is familiar)을 지칭하므로 이 내용과 비슷한 내용이 빈칸에 이어져야 한다. 따라서 정답은 ②가 된다.

해석 컨설턴트로서 나의 동료들과 나는 더 경쟁력 있는 경제 체제를 만드는 방법에 관하여 기업과 정부의 지도자들에게 조언하는 것에 상당한 노력을 쏟아왔다. 우리는 현지의 유산과 제도를 존중하는 방식으로 그렇게 하려고 노력해왔다. 동시에 우리는 특정한 정책, 전략, 조치, 또는 의사소통 방식을 바꾸어야 할 필요를 강하게 주장해왔다. 대개 우리가 함께 일하는 영광을 가져온 지도자들은 우리 관점의 타당성을 인정해왔다. 그러나 우리는 경제 발전이라는 긴급한 문제에 대한 훌륭한 해결책이 저조한 성과를 보이는 경제 체제와 추세를 뒤바꾸기 위해 필요한 변화를 낳기에는 충분하지 않다는 것을 알게 되었다. 사람들은 흔히 지적인 주장을 받아들이고, 자신이 변화해야 하는 필요성을 이해하며, 변화에 대한 약속을 표현하지만, 그런 다음에는 익숙한 것에 의존한다. 익숙한 것으로 되돌아가려는 이러한 성향이 문화적 특성은 아니고, 그것은 달라지고 더 번영하는 미래상을 촉진하고 싶어 하는 사람들이 직면하는 더 심각한 난제들 중 일부를 나타낸다.
① 변화에 익숙해지다
② 익숙한 것으로 되돌아가다
③ 다른 것에 의존하다
④ 친숙함을 미루려고 시도하다

어휘 **heritage** 유산, 전통 / **institution** 제도, 기관 / **at the same time** 동시에 / **argument** 주장 / **specific** 특정한, 구체적인 / **for the most part** 대개 / **privilege** 영광, 특권 / **acknowledge** 인정하다 / **validity** 타당성, 유효성 / **perspective** 시각, 관점 / **sufficient** 충분한 / **commitment** 약속, 헌신 / **resort to** ~에 의존[호소]하다 / **revert to** ~로 되돌아가다 / **be indicative of** ~을 나타내다 / **prosperous** 번영하는

015

» 정답 ③

다음 글의 빈칸 (A), (B)에 들어갈 말로 가장 적절한 것은?

Most important among behavioral differences between bees and wasps is that bees are pollen eaters. Wasps, in contrast, are meat eaters. While both visit flowers for nectar (the "energy drink" of the insect world), bees also visit flowers in order to collect pollen for their young. On the contrary, wasps pursue other insects and drag them back to the nest for their offspring to devour. This one ___(A)___ difference has resulted in very different bearings. To aid in the gathering of pollen, bees are usually hairy (pollen sticks to hair), and many species look like cotton candy with wings. Searching around in flowers is messy business, and a few minutes rummaging among floral parts leaves a bee coated in hundreds of tiny grains of pollen. Using her many legs, the bee grooms herself, wiping all the pollen to the back of her body, where she stuffs it into the spaces between special stiff hairs on the legs or belly. Quite the opposite of the ___(B)___ bee, wasps look like Olympic swimmers, with no hair, skinny-waisted, and with long thin legs.

	(A)	(B)
①	sensory	fatty
②	sensory	sticky
③	dietary	furry
④	dietary	sticky

해설 (A) 새끼들을 위해 꿀벌이 꽃가루를 모으고 말벌이 다른 곤충을 끌어가는 것은 음식 섭취와 관련된 차이이므로 빈칸에는 '먹이의[음식의]'라는 뜻인 dietary가 적절하다.
(B) 꿀벌은 꽃가루를 먹이로 하므로 꽃가루를 채집하기 위해 몸에 털이 많다는 내용으로 보아, 빈칸에는 '털로 덮인'의 의미인 furry가 가장 적절하다.

해석 꿀벌과 말벌의 행동 차이 중에서 가장 중요한 것은 꿀벌이 꽃가루를 먹는다는 점이다. 그와 대조적으로 말벌은 고기를 먹는다. 둘 다 꿀(곤충계의 '에너지 음료')을 구하러 꽃을 찾지만, 꿀벌은 또한 자기 새끼들에게 줄 꽃가루를 모으기 위해 꽃을 찾는다. 그와는 반대로 말벌은 다른 곤충을 쫓아가서 자기 새끼들이 게걸스럽게 먹도록 집으로 끌고 돌아간다. 이런 <u>먹이</u>의 차이 하나로 매우 다른 행동 방식들이 생겼다. 꽃가루 채집을 돕기 위해 꿀벌은 보통 털이 많아서(꽃가루가 털에 들러붙는다), 날개 달린 솜사탕처럼 보이는 (꿀벌의) 종도 많다. 꽃들 속에서 뒤지고 다니는 것은 지저분하게 만드는 일인데, 꽃 부위에서 몇 분 동안 샅샅이 뒤지고 나면 꿀벌의 표면은 수백 개의 미세한 꽃가루 알갱이로 덮인다. 꿀벌은 자신의 많은 다리를 이용하여 자신을 깔끔하게 다듬으면서 모든 꽃가루를 자기 몸의 뒤 쪽으로 쓸어 가는데, 거기에서 그 꽃가루를 다리나 배에 난 뻣뻣한 특수한 털들 사이의 공간에 채워 넣는다. <u>털로 덮인</u> 꿀벌과는 정반대인 말벌은 털이 전혀 없고 잘록한 허리에 길고 가느다란 다리를 한 올림픽 수영선수처럼 보인다.
① 감각의 – 지방이 많은
② 감각의 – 끈적거리는
④ 먹이의 – 끈적거리는

어휘 **behavioral** 행동의 / **wasp** 말벌 / **pollen** 꽃가루 / **in contrast** 대조적으로 / **nectar** (꽃의) 꿀 / **young** 새끼(들), 젊은이들 / **on the contrary** 반대로, 이에 반해서 / **pursue** 추적하다, 뒤쫓다 / **offspring** 후손, 자손 / **insect** 곤충 / **drag** 질질 끌다 / **devour** 게걸스럽게 먹다 / **result in** ~을 초래하다, 야기하다 / **bearing** 행동 방식, 몸가짐, 거동 / **aid in** ~에 도움이 되다 / **gathering** 수집, 모음 / **species** 종(種), 종류 / **hairy** 털이 많은 / **stick to** ~에 집착하다, 달라붙다 / **cotton candy** 솜사탕 / **wing** 날개 / **search** 찾다 / **messy** 지저분하게 만드는, 지저분한 / **rummage** 샅샅이 뒤지다 / **floral** 꽃의 / **coat** (~의) 표면을 덮다, 웃옷을 입히다 / **grain** 알갱이, 곡물 / **groom** 털을 고르다, 깔끔하게 다듬다 / **wipe** ① 쓸다, 쓸어내다 ② 닦다, 닦아내다 * **wipe A to B** A를 B쪽으로 쓸어내다 / **stuff** 채워 넣다 / **stiff** 뻣뻣한 / **belly** 배 / **opposite** 반대; 반대의 / **skinny** ① 잘록한, (폭이) 좁은 ② 말라빠진 * **skinny-waisted** 잘록한 허리의 / **thin** 가느다란, 살이 많지 않은

016

» 정답 ①

다음 글의 빈칸에 들어갈 말로 가장 적절한 것은?

While there is no denying that exceptional players like Emmitt Smith can put points on the board and enhance team success, new research suggests there is a limit to the benefit top talents bring to a team. Researchers compared the amount of individual gift on teams with the teams' success, and they found striking examples of ______________________. The researchers looked at three sports: basketball, soccer, and baseball. In each sport, they calculated both the percentage of extraordinary players on each team and the teams' success over several years. For both basketball and soccer, they found that top talent did in fact predict team success, but only up to a point. Furthermore, there was not simply a point of diminishing returns with respect to top talent; there was in fact a cost. Basketball and soccer teams with the greatest proportion of outstanding players performed worse than those with mediocre proportions of top level athletes.

① more talent worsening the team
② top players being more invaluable
③ elite athletes contributing to teams' victory
④ top players interfering in the flow of the game

해설 이 글은 정상급 기량의 선수들이 반드시 팀 승리에 기여하지는 않는다는 내용의 글이므로 빈칸에 가장 적절한 것은 ①이다.

해석 Emmitt Smith 같이 특출난 선수들이 득점판에 점수를 올려 팀의 승리 가능성을 높이는 것은 부정할 수 없지만, 새로운 연구는 정상급 기량의 선수들이 팀에 가져오는 이점에는 한계가 있다는 것을 보여 준다. 연구자들은 팀의 개인적 기량과 팀의 승리를 비교해서, <u>더 많은 재능이 팀을 해친다는</u> 주목할 만한 예를 찾아냈다. 연구자들은 세 가지 운동, 즉 농구, 축구, 그리고 야구를 조사해 보았다. 각각의 운동에서 각 팀의 비범한 선수들의 비율과 팀의 승리를 몇 년 동안 계산해 냈다. 농구와 축구 둘 다의 경우, 그들은 정상급 기량의 선수가 실제로 팀의 성공을 예견했지만, 단지 어떠한 지점까지만 임을 알아냈다. 더욱이, 정상급 기량의 선수와 관련해서 수익이 감소하는 지점이 있을 뿐만 아니라, 실제로 손실도 있었다. 뛰어난 운동선수가 비율적으로 가장 많은 농구와 축구팀은 최고 수준의 선수 비율이 그저 그런 팀들보다 더 안 좋은 성과를 냈다.
① 더 많은 재능이 팀을 해친다는
② 정상급 기량의 선수들이 더 가치있다는
③ 엘리트 운동선수들이 팀 승리에 기여한다는
④ 정상급 기량의 선수들이 경기의 흐름에 방해하는

어휘 **there is no ~ing** ~할 수 없다 / **deny** 거절(거부, 부정)하다 / **enhance** 강화시키다, 높이다 / **top talent** 정상급 기량의 선수 / **compare A with B** A와 B를 비교하다 / **striking** 주목할 만한, 두드러진 / **calculate** 계산하다 / **predict** 예상하다, 예측하다 / **diminish** 감소하다 / **returns** 수익 * **diminishing returns** 수확체감 / **with respect to** ~에 관하여, ~와 관련하여 / **proportion** 비율 / **mediocre** 그저 그런, 평범한, 보통의

Chapter 07 내용 일치

001

» 정답 ②

다음 글의 내용과 일치하지 않는 것을 고르시오.

The newest approach to automobile repair is the clinic, a place where car doctors go over an automobile in an attempt to detect defects. Since the clinic does no repairs, its employees do not neglect the truth. So many automobile owners feel that mechanics deceive them that the clinics, even though they undoubtedly charge high fees, are quite popular. The experts do a thorough job for each client. They explore every part of the engine, body, and brakes ; they do all kinds of tests with expensive machines. Best of all, the comprehensive examination takes only about half an hour. With the clinic's report in your hand no mechanics will be able to defraud you by telling you that you need major repairs when only a small repair is necessary.

① The clinic discovers the problems of the car.
② The clinic requests repairs to the clients without telling the truth.
③ In spite of the high fees, the clinics are popular among automobile owners.
④ The clinic's report prevents you from being cheated by mechanics.

해설 ② 본문 2번째 문장 its employees do not neglect the truth(수리를 하지 않기 때문에 진실을 소홀히 하지 않는다)라고 했으므로 내용과 일치하지 않는다.
① 본문 1번째 문장 car doctors go over an automobile in an attempt to detect defects(결함을 찾느라 자동차를 조사하다)라고 했으므로 내용과 일치한다.
③ 본문 3번째 문장 the clinics, even though they undoubtedly charge high fees, are quite popular(비용은 많이 들지만 인기가 있다)라고 했으므로 내용과 일치한다.
④ 본문 마지막 문장의 no mechanics will be able to defraud you(정비공이 당신을 속일 수 없다)고 했으므로 내용과 일치한다.

해석 자동차 수리에 있어 가장 최신 접근 방식은 클리닉(진료소)인데, 이곳은 자동차 의사가 결함을 찾아내고자 자동차를 검사하는 곳이다. 클리닉은 수리를 하지 않기 때문에 이곳의 직원들은 진실을 소홀히 하지 않는다. 상당히 많은 자동차 운전자들은 정비사들이 자신들을 속이고 있다고 느끼기 때문에 클리닉이 확실히 비싼 비용이 들기는 하지만 꽤 인기가 있다. 전문가들은 철저한 작업으로 고객 한 명 한 명을 대한다. 그들은 엔진, 차체, 그리고 브레이크 모두를 살피고 비싼 기계로 모든 종류의 검사를 한다. 무엇보다 좋은 것은 포괄적인 검사가 불과 1시간 반밖에는 걸리지 않는다는 것이다. 클리닉의 보고서가 수중에 있다면 어느 정비사도 단지 작은 수리만이 필요한 경우에 심각한 수리가 필요하다고 말해서 당신을 속일 수는 없을 것이다.
① 클리닉은 차의 문제점을 발견한다.
② 클리닉은 진실을 말하지 않고서 고객에게 수리를 요구한다.
③ 비싼 수수료에도 불구하고 클리닉은 자동차 소유주들에게 인기가 높다.
④ 클리닉의 보고서가 당신이 정비사에 의해 속임을 당하는 것을 막아준다.

어휘 **approach** ① 방법, 접근법 ② 다가가다, 접촉하다 / **clinic** 진료(소), 치료소 / **go over** 조사하다, 고치다 / **in an attempt to** ⓥ ⓥ하려는 시도로 / **defect** 결함 / **neglect** 소홀히 하다, 무시하다 / **undoubtedly** 틀림없이, 확실히 / **charge** (요금을) 청구하다 / **thorough** 철저한 / **comprehensive** 포괄적인, 범위가 넓은 / **defraud** 편취하다, 사취하다, 속이다 / **major** ① 주된 ② 심각한 ③ 전공 / **repair** 수리(하다)

002

» 정답 ②

다음 brown recluse spider에 관한 글의 내용과 일치하지 않는 것은?

Part of the danger of the brown recluse spider is its check patterned brown body, which makes it look so harmless and which is not able to tell itself from a wood pile. Some people call it a violin spider, because the marking on its back looks like a tiny violin. Recluse is the word used to describe a person who chooses to live alone, away from other people. This six-eyed spider weaves its sticky web as a recluse, but those places are under furniture, behind pictures, or in empty boots. The bite of a brown recluse doesn't usually kill, but it does a lot of damage. The bite itself may not be sore. People say they never even saw the spider, and didn't realize they'd been bitten until much later, when the wound turned black.

① 홀로 거미집을 만든다.
② 무는 순간 큰 고통을 유발한다.
③ 격자무늬 모양의 갈색 몸체이다.
④ 나뭇더미에 있으면 식별하기가 어렵다.

해설 ② 본문 6번째 문장에서 물리는 것 자체는 아프지 않다고 했으므로 내용과 일치하지 않는다.
① 본문 4번째 문장에서 다른 거미들로부터 떨어져 나와 홀로 거미집을 짓는다고 했으므로 내용과 일치한다.
③ 본문 1번째 문장에서 격자무늬 모양의 갈색 몸체라고 했으므로 내용과 일치한다.
④ 본문 1번째 문장에서 나뭇더미와 식별이 가능하지 않다고 했으므로 내용과 일치한다.

해석 갈색 은둔거미의 위험성 중 일부는 그것의 격자무늬의 갈색 몸체인데, 그것은 갈색 은둔거미를 아주 해롭지 않아 보이게 하고, 나뭇더미 속에서는 발견하기 어렵다. 어떤 사람들은 갈색 은둔거미의 등에 있는 표식이 아주 작은 바이올린처럼 보이기 때문에, 그것을 바이올린 거미라고도 부른다. '은둔자'란 다른 사람들에게서 떨어져 혼자 살기로 선택한 사람을 묘사할 때 사용하는 단어이다. 이 여섯 개의 눈을 가진 거미는 은둔자로서(홀로) 자신의 끈적이는 거미집을 짜지만, 그 장소들은 가구 아래, 액자 뒤, 혹은 빈 부츠 속이다. 갈색 은둔거미에 물리면 보통 죽지는 않지만, 많은 손상을 입게 한다. 물리는 것 자체는 아마 아프지 않을 것이다. 사람들은 심지어 전혀 그 거미를 보지 못했고, 훨씬 나중에 그 상처가 검게 변해버릴 때 비로소 자신들이 물렸다는 사실을 알게 되었다고 말한다.

어휘 **recluse** 은둔한, 은둔자 / **check patterned** 격자무늬 모양의 / **harmless** 해롭지 않은 / **marking** 표식 / **tiny** 아주 작은 / **weave** 짜다 / **sticky** 끈적이는 / **damage** 손상 / **sore** 아픈 / **wound** 상처

003

>> 정답 ②

다음 글의 내용과 일치하는 것은?

Researchers at the Eastern Michigan University believe that socializing can be an effective tool for exercising the mind. They interviewed 3,617 people between the ages of 24 and 65, and asked them how often they talked on the telephone with their friends and relatives, or got together with them. Researchers also gave the people a series of mental tests to check their brain power and memory. They found that, regardless of age, those who were more socially engaged did better. They say, "Most advice for preserving and enhancing mental function emphasizes intellectual activities. But our research suggests that just getting together and making a small talk with our friends and family are also effective."

① The only way to preserve good memory is dong intellectual activities as many as possible.
② Chatting with acquaintances and hanging out with them can help your mental function properly.
③ With aging, keeping social relation no longer is conducive to enhance mental function.
④ Interviewers asked juveniles as well as toddlers how often they talked on the phone with their friends.

해설 ② 본문 마지막 문장에서 가족이나 친구들과 이야기하고 어울리는 것이 도움이 된다고 하였으므로 내용과 일치한다.
① 본문 5~6번째 문장에서 지적 활동을 향상시키는 여러 가지 방법을 제시했으므로 The only way(유일한 방법)는 내용과 일치하지 않는다.
③ 본문 4번째 문장에서 나이와 상관없이(regardless of age) 사교적 관계를 맺는 것이 좋다고 했으므로 내용과 일치하지 않는다.
④ 본문 2번째 문장에서 나이대가 24~65세까지라 했으므로 청소년(juvenile)이나 유아(toddler)는 해당사항이 없다. 따라서 내용과 일치하지 않는다.

해석 Eastern Michigan University 대학교의 연구원들은 교제하는 것이 정신을 훈련시키는 데 효과적인 도구가 될 수 있다고 믿는다. 그들은 24세에서 65세 사이의 사람들 3,617명을 면담해서 그들이 전화상으로 그들의 친구들과 친척들과 얼마나 자주 대화를 나누는지, 또는 그들과 얼마나 자주 만나는지 물어 보았다. 연구자들은 또한 그 사람들의 지력과 기억력을 확인하기 위해 그들에게 일련의 지능 검사를 실시했다. 그들은 나이와 상관없이 사교적으로 더 많이 관계를 맺는 사람들이 더 낫다는 것을 발견했다. "정신 기능을 보호하고 향상시키기 위한 대부분의 조언은 지적 활동들을 강조합니다. 그러나 우리의 연구는 우리의 친구들과 가족들과 단지 모여서 잡담을 나누는 것 또한 효과적이라는 것을 시사합니다."라고 그들은 말한다.
① 좋은 기억력을 유지하는 오직 한 가지 방법은 가능한 한 많은 지적 활동을 하는 것이다.
② 친구들과 잡담을 하거나 그들과 함께 시간을 보내는 것은 당신의 정신이 제대로 기능하게 도와준다.
③ 늙어감에 따라, 사회적인 관계를 갖는 것은 더 이상 정신 기능의 강화에 도움이 되지 않는다.
④ 면접관들은 유아뿐만 아니라 청소년들에게 얼마나 자주 친구들과 전화로 이야기하는지를 물어보았다.

어휘 **socializing** 사고 / **relative** ① 친척 ② 상대적인 / **regardless of** ~와 관계[상관]없이 / **do good** 효과가 있다 ***do better** 더 낫다 / **preserve** 보존[보호]하다 / **enhance** 강화시키다 / **function** 기능 / **emphasize** 강조하다 / **intellectual** 지적인 / **make a small talk** 잡담하다(=chat) / **hang out with** ~와 어울리다 / **properly** 적절하게, 적당하게 / **conducive** 도움이 되는 / **juvenile** 청소년 / **toddler** 유아

004

>> 정답 ④

다음 글의 내용과 일치하는 것은?

The new study, being published Monday in *The American Journal of Obstetrics and Gynecology*, finds that pregnant women who consume 200 milligrams or more of caffeine a day — the amount in 10 ounces of coffee or 25 ounces of tea — may double their risk of miscarriage. However, Dr. Carolyn Westhoff, a professor of obstetrics and gynecology, and epidemiology, at Columbia University Medical Center, had reservations about the study, noting that miscarriage is difficult to study or explain. Dr. Westhoff said most miscarriages resulted from chromosomal abnormalities, and there was no evidence that caffeine could cause those problems. "I think we tend to go overboard on saying expose your body to zero anything when pregnant. The human race wouldn't have succeeded if the early pregnancy was so vulnerable to a little bit of anything. We're more robust than that."

① Caffeine could cause chromosomal abnormalities, which eventually result in miscarriages.
② The early pregnancy is very vulnerable to even a little caffeine.
③ You should expose your body to zero caffeine when pregnant.
④ Most miscarriages are caused by chromosomal abnormalities.

해설 ④ 본문 3번째 문장에서 유산은 염색체 이상으로 일어난다고 했으므로 내용과 일치한다.
① 본문 3번째 문장에서 유산은 염색체 이상으로 일어나지만 카페인이 그것을 초래한다는 증거는 없다고 했으므로 내용과 일치하지 않는다.
② 본문 5번째 문장에서 약간의 카페인이 임신 초기에 크게 영향을 주었다면 인류가 계속되지 않았을 것이라고 했으므로 내용과 일치하지 않는다.
③ 본문 4번째 문장에서 몸을 어떤 것에도 노출시키지 않는 것은 지나치다고 했으므로 내용과 일치하지 않는다.

해석 미국 산부인과 잡지 월요일판에서 발표된 새로운 연구는 하루에 커피 10온스나 차 25온스의 양인 카페인 200밀리그램이나 그 이상을 소비하는 임신한 여성은 유산의 위험성이 2배나 될 것이라고 밝힌다. 그러나, 콜롬비아 의과 대학의 산부인과와 전염병학 교수인 Carolyn Westhoff 박사는 그 연구에 대해서 의구심을 갖고, 유산은 연구하거나 설명하기가 어렵다고 언급했다. Westhoff 박사는 대부분의 유산이 염색체 이상으로 나오며, 카페인이 그러한 문제점을 야기시킨다는 어떤 증거도 없다고 말했다. "우리는 임신할 때 당신의 몸을 어떤 것에도 노출시키지 말라고 말하는 데 너무나 열광하는 경향이 있다고 생각합니다. 만약 임신 초기에 약간의 어떤 것에 너무나 취약했다면, 인류는 계속되지 못했을 겁니다. 우리는 그것보다 더 강건합니다."
① 카페인은 궁극적으로 유산을 초래하는 염색체 이상을 야기할 수 있다.
② 초기 임신은 약간의 카페인에도 아주 취약하다.
③ 당신은 임신기간에는 카페인 섭취를 완전히 금해야 한다.
④ 대부분의 유산은 염색체 이상에 의해 야기된다.

어휘 **Obstetrics and Gynecology** 산부인과 / **pregnant** 임신한 / **miscarriage** 유산 / **epidemiology** 전염병학 / **reservation** 의구심, 거리낌 / **note** 언급하다 / **chromosomal** 염색체의 / **abnormality** 이상 / **go overboard on** ~에 너무 열중하다, 열광하다 / **vulnerable** 취약한 / **robust** 강건한

005

» 정답 ③

다음 글의 내용과 일치하지 않는 것을 고르시오.

With very rare exceptions, American elementary and secondary school students have no contact with a foreign language until at least high school. Even at that level, according to recent information, no more than 20% of the students have as much as a superficial exposure to foreign languages. The high schools which do teach languages other than English usually offer Spanish, French, Latin, or German to their students, in that order of frequency, depending upon the section of the country and the wealth of the individual school system.

① Foreign languages are not typically taught to American students.
② Majority of American high school students do not receive intensive foreign language education.
③ American high schools teach German more than French.
④ Foreign language education in American high schools may vary from place to place.

해설 ③ 본문 3번째 문장에서 빈도순으로(그 순서대로) 외국어를 가르친다 했다. 따라서 독일어보다는 프랑스어를 더 많이 가르침을 알 수 있으므로 ③은 내용과 일치하지 않는다.
① 본문 1번째 문장에서 외국어에 대한 접촉이 거의 없다고 했으므로 내용과 일치한다.
② 본문 2번째 문장에서 표면상으로만 외국어에 노출되었다고 했으므로 내용과 일치한다.
④ 본문 3번째 문장 마지막 부분에서 지역마다 다르다고 했으므로 내용과 일치한다.

해석 거의 예외 없이, 미국의 초·중등학교 학생들은 최소한 고등학교 때까지 외국어에 접촉이 없다. 심지어 그 수준에서도, 최근의 정보에 따르면, 학생들 중 20% 이하만이 표면상으로만 외국어에 노출된다. 영어가 아닌 언어를 가르치는 고등학교들은 보통 스페인어, 프랑스어, 라틴어 또는 독일어를 그 순서대로, 나라에서의 지역별로 또는 각 학교 시스템의 재정에 따라 그들의 학생들에게 제공한다.
① 외국어는 보통 미국학생들에 가르쳐지지 않는다.
② 대부분의 미국 고등학교 학생들은 집중적인 외국어 교육을 받지 않는다.
③ 미국 고등학교들은 독일어를 프랑스어보다 많이 가르친다.
④ 미국 고등학교들에서의 외국어 교육은 이곳저곳에서 각기 다를 수 있다.

어휘 **rare** 드문 * **with (very) rare exception** 거의 예외 없이 / **superficial** 피상적인 / **secondary school** 중등학교 (주로 미국에서는 중고등학교를 의미한다) / **exposure** 노출 / **frequency** 빈도 / **depending upon** ~에 따라서 / **section** ① 부분, 부문 ② 구획 / **wealth** 부 / **individual** 개개의 / **typically** 전형적으로

006

» 정답 ④

다음 글의 내용과 일치하는 것은?

Charles Darwin was as keen an observer of nature as ever walked the earth, but even he missed the pink iguana of the Galapagos. The rare land iguanas were first seen, in fact, only in 1986, when one was spotted by park rangers on Volcan Wolf on the island of Isabela. Since then, they have been found only on that Volcan Wolf, which would explain why Darwin slipped them, since he didn't explore it. An analysis by the researchers shows that there is significant genetic isolation between the pink iguana and a yellow iguana that also lives on Volcan Wolf. And besides the obvious difference in color, they have no analogy in morphology between the two reptiles, the researchers say. Their genetic analysis suggests that the pink iguana diverged from the other land iguana lineages about 5.7 million years ago. Since Volcan Wolf formed much more recently, the current distribution of the pink iguanas only on that volcano represents something of a riddle, the researchers report.

① Charles Darwin first found the pink iguana of the Galapagos.
② The pink iguana is similar form to yellow iguanas.
③ The pink iguana originates in Volcan Wolf.
④ Even Charles Darwin who was enthusiastic had not been to Volcan Wolf.

해설 ④ 본문 3번째 문장에서 그 섬의 탐험을 못했다고 했으므로 내용과 일치한다.
① 본문 1번째 문장에서 핑크 이구아나는 빠뜨렸다고 했고 바로 다음 문장에서 1986년에 공원 관리인에 의해 처음 발견되었다고 했으므로 내용과 일치하지 않는다.
② 본문 5번째 문장에서 형태학적으로 유사점이 없다고 했으므로 내용과 일치하지 않는다.
③ 본문 6번째 문장에서 핑크 이구아나는 다른 땅에서 나뉘어졌다고 했으므로 Volcan Wolf에서 기원했다는 것은 내용과 일치하지 않는다.

해석 찰스 다윈은 세상에 있어왔던 누구 못지않을 만큼 열정적인 자연의 관찰자였지만, 그마저도 갈라파고스의 핑크 이구아나는 빠뜨렸다. 그 희귀한 육지 이구아나들은 사실 1986에서야 겨우 처음 발견되었는데, 한 마리가 이사벨라의 섬에 있는 볼칸 울프의 공원 관리인에 의해 목격되었을 때이다. 그 이후로, 그들은 그 볼칸 울프에서만 발견되어 왔다. 다윈은 그것(화산)을 탐사하지 않았기 때문에 이것이 다윈이 왜 그들을 놓쳤는지 설명해 줄 것 같다. 연구자들에 의한 한 분석은 핑크 이구아나와 또한 볼칸 울프에 사는 노란 이구아나 사이에 중요한 유전적 고립이 있다는 것을 보여준다. 그리고 그 분명한 색의 차이 이외에도, 그 두 파충류 사이에 형태학적 차이들이 있다고 그 연구자들은 말한다. 그들의 유전적 분석은 약 570만 년 전에 핑크 이구아나가 다른 육지 이구아나 혈통으로부터 갈라져 나왔다고 시사한다. 볼칸 울프가 훨씬 최근에 형성되었으므로, 현재 핑크 이구아나가 그 화산에서만 분포하는 것은 상당한 수수께끼를 나타낸다고 연구자들은 보고한다.
① 찰스 다윈이 갈라파고스의 핑크 이구아나를 처음 발견했다.
② 핑크 이구아나는 형태학적으로 노란 이구아나들과 비슷하다.
③ 핑크 이구아나는 볼칸 울프에서 유래했다.
④ 심지어 열정적이었던 찰스 다윈조차도 볼칸 울프는 가 본 적이 없었다.

어휘 **keen** 열정적인 / **observe** 관찰자 / **spot** (지점을) 목격하다, 발견하다 / **park ranger** 공원 관리인 / **slip** ① 미끄러지다 ② 놓치다, 빠트리다 / **explore** 탐험하다 / **analysis** 분석 / **significant** ① 중요한 ② 상당한, 꽤 많은 / **besides** ① (,와 함께) ② (,없이) ~ 이외에도 / **obvious** 분명한 / **isolation** 격리 / **analogy** ① 유사(점) ② 비유 / **morphology** 형태학 / **reptile** 파충류 / **diverge from** ~에서 나뉘다, 분기하다 / **lineage** 가계도, 혈통 / **distribution** 분포 / **represent** ① 나타내다, 보여주다 ② 대표하다 / **riddle** 수수께끼

007

» 정답 ④

위 글의 내용과 일치하지 않는 것은?

Many Englishmen were eager to make their glass business in the New World. They moved to New Jersey where commodities were abundant. In particular, South Jersey had silica or fine white sand that was needed for making glass. In addition, there was an ample supply of limestone, which was added to process the glass. However, initially the glass industry in the U.S. did not develop due to a lack of technology and poor economic conditions. Although several glasshouses were operated in the colonies, a German-born manufacturer named Caspar Wistar, in Salem County, New Jersey in 1739, set up the first successful glasshouse. Production began with distinctive table and glassware. By 1760, the company, known as Wistar Glass Works, was producing flasks, glass bottle, and spice jars. Wistar's company was important as the cradle of the American glass known today as South Jersey type. That glass is the work of individual glassblowers using refined glass to make objects of their own design. Wistar was also successful with applied glass and pattern molding.

① American glass known as South Jersey type derived from Wistar's company.
② The reason glass workers moved to the New Jersey was for getting raw materials.
③ A German-born producer founded the first successful glasshouse in the U.S.
④ South Jersey was always scant of the supply of limestone which was able to improve the glass.

해설 ④ 본문 4번째 문장에서 South Jersey는 풍부한 limstone이 있다고 했으므로 부족(scant)하다는 표현은 내용과 일치하지 않는다.
① 본문 8번째 문장에서 Wistar's company가 South Jersey 유형의 요람으로 중요하다고 했으므로 내용과 일치한다.
② 본문 2번째 문장에서 영국인들이 원자재(commodity)가 풍부한 New Jersey로 이동했다 했으므로 내용과 일치한다.
③ 본문 6번째 문장에서 독일 태생 제조업자가 최초로 성공적인 유리 공장을 세웠다고 했으므로 내용과 일치한다.

해석 많은 영국인들은 신세계에서 그들의 유리산업을 하고 싶어했다. 그들은 원자재가 많은 New Jersey로 이동했다. 특히 South Jersey는 유리를 만드는 데 쓰이는 실리카나 고운 백사인 규토가 있었다. 게다가 유리의 품질을 개선시키는 석회암이 충분히 공급되었다. 하지만 미국에서의 초장기 유리산업은 기술 부족과 낮은 경제 여건으로 인해 발전하지 못했다. 몇 개의 유리공장이 식민지에서 운영되긴 했지만 독일에서 태어난 제조업자 Caspar Wistar는 1973년 New Jersey Salem County에 최초로 성공적인 유리공장을 세웠다. 특색 있는 테이블과 유리제품이 만들어지기 시작했다. 1760년경에 Wistar Glass Works로 알려진 이 회사는 플라스크, 유리병 그리고 양념 단지를 제조하게 되었다. Wistar의 회사는 오늘날 South Jersey 타입으로 알려진 미국 유리산업의 요람으로서 중요하다. 그 유리제품은 고유한 디자인으로 만들기 위해 정제된 유리를 이용하는 개별 유리세공인들의 작품이다. 그들의 창의력은 Wistar를 정제 유리 디자인으로 성공하게 만들었다. Wistar는 뿐만 아니라 응용 유리와 패턴 주조에서도 성공적이었다.
① South Jersey 유형으로 알려져 있는 미국 유리는 Wistar회사에서 유래했다.
② 유리공들이 New Jersey로 이주한 이유는 원자재를 얻기 위함이었다.
③ 독일태생 제조업자는 미국에 처음으로 성공적인 유리 공장을 세웠다.
④ South Jersey는 유리를 향상시키기 위한 석회암의 공급이 늘 부족했다.

어휘 **be eager to** ⓥ ⓥ하기를 간절히 바라다 / **commodity** ① 상품 ② 원자재(=raw material) / **abundant** 풍부한 / **ample** 충분한, 풍부한 / **process** 가공하다 / **limestone** 석회석 / **colony** 식민지 / **manufacturer** 제조업자 / **distinctive** 특색 있는, 다른 / **glassware** 유리 제품 / **spice** 양념 / **refined** 정제된 / **molding** 주형 / **cradle** 요람 / **glassblower** 유리공

008

» 정답 ②

gerenuk에 관한 다음 글의 내용과 일치하는 것은?

Also called the giraffe-gazelle, the gerenuk has a very long, feeble neck and similar legs. It can curve its spine into an S shape, balancing its weight over its rear legs, in order to stand vertically for long periods. This allows it to browse more aloft than similar-sized omnivores in open woodland and scattered bush. The gerenuk uses its long, pointed tongue, mobile lips, and sharp-edged incisors to pluck and nip the smallest leaves. Only the males have horns, which are 14 inches (35cm) long, relatively thick and curved. Social units are male-female pairs, or small groups of one male and 2-4 females, with offspring. Only territory-holding males breed, from about 3 years old.

① 체중을 두툼한 뒷다리에 두어 균형을 유지한다.
② 비슷한 크기의 잡식 동물보다 더 높이 둘러볼 수 있다.
③ 영역소유와 상관없이 수컷은 대략 3살 때부터 번식을 한다.
④ 뾰족한 혀를 가지고 있고 배를 S자 모양으로 구부릴 수 있다.

해설 ② 본문 3번째 문장에서 비슷한 크기의 잡식 동물(omnivores)보다 더 높이(more aloft) 둘러볼(browse) 수 있다고 했으므로 내용과 일치한다.
① 본문 1번째 문장에서 연약한(feeble) 뒷다리라고 했고 2번째 문장에서 그 다리로 균형을 유지한다 했으므로 글의 내용과 일치하지 않는다.
③ 본문 마지막 문장에서 영역 소유가 있는 수컷만이 번식을 한다고 했으므로 내용과 일치하지 않는다.
④ 본문 4번째 문장에서 뾰족한(pointed) 혀를 갖고 있다고 했으므로 내용과 일치하지만 2번째 문장에서 척추(spine)를 S자 모양으로 구부릴 수 있다고 했으므로 내용과 일치하지 않는다.

해석 기린영양으로도 불리는 게레눅은 또한 매우 길고 연약한 목과 그와 유사한 다리를 가지고 있다. 그것은 오랜 시간 동안 수직으로 서 있기 위해 척추를 S자 모양으로 구부려 체중을 뒷다리에 두어 균형을 유지할 수 있다. 이렇게 하여 그것은 개방 삼림지대와 드문드문 있는 덤불에서 비슷한 크기의 잡식 동물보다 더 높이 둘러볼 수 있다. 게레눅은 길고 뾰족한 혀와 움직임이 자유로운 입술, 날카로운 앞니를 이용하여 가장 작은 잎들을 뜯어 잘라낸다. 수컷들만이 뿔을 가지고 있는데 뿔은 길이가 14인치(35cm)로 비교적 굵고 굽어 있다. 사회적 단위는 수컷과 암컷 쌍으로 또는 한 마리의 수컷과 암컷 2~4마리가 새끼와 함께이다. 영역을 가지고 있는 수컷만이 번식하는데, 대략 3살 때부터이다.

어휘 **feeble** 연약한 / **spine** 척추 / **rear** 뒤쪽의 / **vertically** 수직으로 / **browse** 둘러보다[훑어보다] / **aloft** 높이, 위에 / **omnivore** 잡식 동물 / **incisor** 앞니 / **pluck** 뜯다 / **nip** 잘라내다 / **horn** 뿔 / **offspring** 새끼, 자식 / **territory** 영역, 영토 / **breed** 번식하다; 기르다, 양육하다

정답과 해설

009

» 정답 ④

다음 글의 내용과 일치하는 것은?

Electric cars were always environmentally friendly, quiet, clean but definitely not sexy. The Sesta Speedking has changed all that. A battery-powered sports car that sells for $ 120,000 and has a top speed of 125 m.p.h. (200 km/h), the Speedking has excited the clean-tech crowd since it was first announced. Some Hollywood celebrities also joined a long waiting list for the Speedking; magazines like Wired drooled over it. After years of setbacks and shake-ups, the first Sesta Speedkings were delivered to customers this year. Reviews have been ecstatic, but Sesta Motors has been hit severely by the financial crisis. Plans to develop an affordable electric sedan have been put on hold, and Sesta is laying off employees. But even if the Speedking turns out to be a one-hit wonder, it's been an exciting electric ride.

① Speedking is a new electric sedan.
② Speedking has received negative feedback.
③ Sesta is hiring more employees.
④ Sesta has suspended a new car project.

해설 ④ 본문 7번째 문장에서 affordable electric sedan(적절한 가격의 전기 승용차) 계획을 put on hold(일시 중지)했다 했으므로 suspend(중단, 보류)는 내용상 일치한다.
① 본문 3번째 문장에서 speedking은 sports car라고 했으므로 sedan(승용차)에 대한 언급은 내용과 일치하지 않는다.
② 본문 6번째 문장에서 review는 ecstatic(열광적인)이라 했으므로 부정적(negative) 피드백은 내용상 일치하지 않는다.
③ 본문 7번째 문장에서 Sesta는 직원들을 lay off(해고하다)한다고 했으므로 더 많은 직원을 고용(hiring)한다는 내용은 적절하지 않다.

해석 전기차는 언제나 환경 친화적이고, 조용하고, 청정했지만 분명히 섹시하지는 않았다. 세타 스피드킹은 이것을 다 바꿨다. 전지로 충전되고 가격은 12만 달러며 최고 속도는 시속 200킬로인 스피드킹은 이것이 처음 소개된 이후 청정기술 애호가들을 매료시켜왔다. 몇몇 할리우드 배우들도 스피드킹의 대기자 명단에 올랐으며 <와이어드>같은 잡지들도 이것에 눈독을 들였다. 몇 년의 실패와 개선이후에 최초의 세타 스피드킹이 고객들에게 올해 전달되었다. 사용 후기는 굉장했지만 세타 자동차 그룹이 금융위기로 심한 타격을 입었다. 가격이 적당한 전기 승용차 개발 계획이 중단되었고 세타 자동차는 직원들을 대량으로 해고하고 있다. 그러나 스피드킹이 한 번의 히트로 끝났지만 이것은 매력적인 전기 차 탑승 경험이었다.
① Speedking은 새로운 전기 승용차이다.
② Speedking은 부정적 피드백을 받았다.
③ Sesta는 더 많은 직원을 고용하고 있다.
④ Sesta는 새로운 자동차 프로젝트를 중단했다.

어휘 **environmental** 친환경적인 / **definitely** 분명[확실]하게 / **clean-tech (nologly)** 청정기술 / **crowd** 군중, 무리, 사람들(집단) / **announce** 알리다 / **celebrity** 유명인사 / **drool** 침[군침을] 흘리다 / **setback** ① 역경, 고난 ② 차질 / **shake-ups** 개혁, 개편 / **ecstatic** 열광하는 / **severely** 심각하게 / **financial** 재정적인, 재정상의 / **crisis** 위기 / **affordable** (가격이) 적당한[알맞은] / **sedan** 승용차 / **put on hold** 중단[보류]하다 / **lay off** 해고하다 / **turn out to** ⓥ ~라고 판명되다 / **one-hit wonder** 하나뿐인 히트작 / **suspend** 보류[중단]하다

010

» 정답 ①

다음 글의 내용과 일치하는 것을 고르시오.

The Berlin Games are best remembered for Adolf Hitler's failed attempt to use them to prove his theories of Aryan racial superiority. However as it turned out, the most popular hero of the Games was the African-American sprinter and long jumper Jesse Owens, who won four gold medals in the 100m, 200m, 4×100m relay and long jump. The 1936 Games were the first to be broadcast on television. Twenty-five television viewing rooms were set up in the Greater Berlin area, allowing the locals to follow the Games free of charge. Thirteen-year-old Marjorie Gestring of the US won the gold medal in springboard diving. She remains the youngest female gold medallist in the history of the Summer Olympic Games. Twelve-year-old Inge Sorensen of Denmark earned a bronze medal in the 200m breaststroke, making her the youngest medallist ever in an individual event. Basketball, canoeing and field handball all made their first appearances. The Berlin Games also became the first to introduce the torch relay, in which a lighted torch is carried from Olympia in Greece to the site of the current Games.

① The Berlin Games were the first to be broadcast on television, and television viewing rooms were built in the Greater Berlin region.
② Marjorie Gestring, a Canadian athelete, was the youngest female gold medallist in the history of the Olympic Games.
③ Inge Sorensen of Denmark earned a bronze medal in the 200m breaststroke, which made her the youngest medallist in the history of the Olympic Games.
④ Jesse Owens was a proof that Hitler's use of the 1936 Games to prove his theories of Aryan racial superiority was attempted.

해설 ① 본문 3번째 문장에서 베를린 경기가 TV로 처음 방영되었고 TV를 볼 수 있는 공간이 Greater Berlin 지역에 만들어졌다고 했으므로 내용과 일치한다.
② 본문 5번째 문장에서 Marjorie Gestring을 미국 선수라고 했으므로 캐나다 선수라는 내용과는 일치하지 않는다.
③ 본문 7번째 문장에서 Inge Sorensen은 200m 평영 종목에서 최연소 동메달리스트이지 전 올림픽 경기의 최연소 동메달리스트는 아니므로 내용과 일치하지 않는다.
④ 본문 1번째 문장에서 Jesse Owens는 Hitler의 아리아인의 우월성을 증명하려는 시도와 정반대의 결과를 가져온 인물이므로 내용과 일치하지 않는다.

해석 베를린 올림픽은 아리아인의 인종적 우월성 이론을 증명하기 위해 올림픽을 이용하려 했던 Adolf Hitler의 실패한 시도로 가장 잘 기억된다. 하지만, 입증된 바로는 베를린 올림픽의 가장 인기 있었던 영웅은 미국 흑인 단거리 주자이자 멀리뛰기 선수였던 Jesse Owens였는데, 그는 100m, 200m, 400m 릴레이와 멀리뛰기에서 4개의 금메달을 땄다. 1936년 올림픽은 최초로 TV로 방송된 올림픽이었다. 25개의 TV를 볼 수 있는 공간이 베를린 광장에 설치되었고 그래서 지역 주민들이 무료로 올림픽을 시청할 수 있었다. 13세의 미국인 Marjorie Gestring은 스프링보드 다이빙에서 금메달을 땄다. 그녀는 하계 올림픽 역사상 최연소 여성 금메달리스트로 남아 있다. 덴마크의 12세 Inge Sorensen은 200m 평영 경기에서 동메달을 땄는데 이로 인해 그녀는 200m 평영 경기의 최연소 메달리스트가 되었다. 농구, 카누, 그리고 핸드볼 경기 모두 (그때) 처음으로 등장했다. 베를린 올림픽은 또한 성화 봉송을 처음으로 도입했고, 점화된 성화가 그리스에서 현지 올림픽 장소로 운반이 되었다.
① 베를린 올림픽은 TV 중계된 첫 올림픽이며, TV 시청실이 베를린 광역 지역에 설치되었다.
② 캐나다 선수인 Majorie Gestring은 올림픽 역사상 최연소 금메달리스트였다.
③ 덴마크의 Inge Sorensen은 200m 평영 경기에서 동메달을 땄고, 그녀를 올림픽 역사상 최연소 메달리스트로 만들었다.
④ Jesse Owens은 아리아 인종의 우월성을 입증하기 위한 Hitler의 1936년 올림픽 경기의 이용이 시도되었다는 증거였다.

어휘 attempt 시도(하다) / Aryan (독일 나치당에서 주장한) 비 유대계 코카소이드인 / racial 인종의 / superiority 우월성 / sprinter 단거리 주자 / long jumper 멀리뛰기 선수 / broadcast 방송하다 / set up 설치하다, 세우다 / local ① 지역 주민 ② 지역의 / free of charge 무료로 / earn 얻다, 획득하다 / breaststroke (수영 영법) 평영 / appearance 등장 / torch relay 성화 봉송 / site 장소 / current 현재의 / region 지역 / proof 증거 *prove 입증하다 / current ① 현재의 ② 흐름

011

>> 정답 ④

다음 글의 내용과 일치하지 않는 것을 고르시오.

Most writers lead double lives. They earn good money at legitimate professions, and carve out time for their writing as best they can : early in the morning, late at night, weekends, vacations. William Carlos Williams and Louis-Ferdinand Céline were doctors. Wallace Stevens worked for an insurance company. T. S. Elliot was a banker, then a publisher. Don DeLilo, Peter Carey, Salman Rushdie, and Elmore Leonard all worked for long stretches in advertising. Other writers teach. That is probably the most common solution today, and with every major university and college offering so-called creative writing courses, novelists and poets are continually scratching and scrambling to land themselves a spot. Who can blame them? The salaries might not be big, but the work is steady and the hours are good.

① Some writers struggle for teaching positions to teach creative writing courses.
② As a doctor, William Carlos Williams tried to find the time to write.
③ Teaching is a common way for writers to make a living today.
④ Salman Rushdie worked briefly in advertising with great triumph.

해설 ④ 본문 3번째 문장에서 Salmon은 오랫동안(long) 광고업에 종사했다고 했으므로 잠깐(briefly)은 내용과 일치하지 않는다.
① 본문 5번째 문장에서 시인과 소설가가 자리를 차지하기(land a spot) 위해 서로 할퀴고 밀치고 한다고 했으므로 내용과 일치한다.
② 본문 1번째 그리고 2번째 문장에서 작가가 이중적 삶을 살고 최대한 시간을 내어서 글을 쓴다 했고 3번째 문장에서 William은 의사라고 했으므로 내용과 일치한다.
③ 본문 4번째 문장과 5번째 문장에서 작가들이 가르친다고 했고 요즘에 가장 일반적인 직업이라 했으므로 내용과 일치한다.

해석 대부분의 작가들은 이중적 삶을 산다. 그들은 적당한 직업에서 괜찮은 수입을 올리고 이른 아침, 늦은 밤, 주말, 휴가 등을 이용해 최대한 시간을 내어서 글을 쓴다. William Carlos Williams와 Louis-Ferdinand Celine은 의사였다. Wallace Stevens는 보험 회사에서 근무했다. T. S. Elliot은 은행원이었다가 후에는 출판업자가 되었다. Don DeLilo, Peter Carey, Salman Rushdie, and Elmore Leonard는 모두 광고업에 오래 종사했다. 다른 작가들은 가르치는 일을 한다. 이 일이 아마도 요즘에 가장 일반적인 작가들의 직업일 것이다. 그리고 모든 주요한 대학들이 소위 창작과정을 개설하고 있어서 소설가와 시인들은 강의의 한 자리를 차지하기 위해 계속 할퀴고 밀친다(다툰다). 누가 그들을 비난할 수 있는가? 월급은 많지 않지만 일이 안정적이고 시간도 괜찮다.
① 어떤 작가들은 창작 과정을 가르치는 자리를 잡기 위해 애쓴다.
② 의사로서 William Carlos Williams는 작품을 쓰는 시간을 찾기 위해 노력했다.
③ 오늘날 작가들이 가르치는 일은 생계를 유지하는 흔한 방법이다.
④ Salman Rushdie는 광고업계에서 짧게 일했으며 큰 성취를 이루었다.

어휘 earn good money 돈을 잘 벌다 / legitimate ① 적당한, 타당한 ② 합법적인, 적법한 / stretch ① (쭉) 펴다, 펼치다 ② 계속되다 / scramble ① 재빨리 움직이다 ② 서로 밀치다[앞 다투다] / land a spot 자리를 차지하다 / steady 안정적인, 꾸준한 / make a living 생계를 유지하다 / triumph 승리

012

>> 정답 ①

다음 글의 내용과 일치하지 않는 것은?

Mark Ishaya was a toddler in Baghdad when his father died and his mother abandoned the family. He was a child laborer in a Lebanese oil filter factory when Palestine Liberation Organization guerrillas commit genocide coworkers as he hid in a cabinet. Zdenka Bulic was 21 when she emigrated from Bosnia nine years ago, frustrated at the career roadblocks she faced as a Croat. David Nunez left his home in Mexico at the age of 16 in search of higher wages. All three have ended up in management jobs at the McDonald's restaurant on Peterson Avenue on Chicago's north side, overseeing the 50 other immigrants on a staff of 55. Their achievement testifies to the energy and talent of immigrants who use 'burger flipping' jobs that most Americans deride as dead ends to lift themselves to modest prosperity. Their success also reflects the effectiveness of systems that McDonald's Corp. and other fast food chains have been forced to develop to integrate vast numbers of low-skilled workers into their work forces. Hourly pay for McDonald's crew members is typically only a bit higher than the $5.25 minimum wage, and fringe benefits are meager. As a result, employees leave so frequently that this year McDonald's and its franchises, which employ more than 500,000 workers in the United States and Canada, will have to hire well over that number of new employees to stay fully staffed.

① McDonald's has trouble keeping employees although the hourly pay is good enough.
② Most Americans do not look upon part time 'burger flipping' positions as satisfying jobs.
③ Native born Americans rarely make up more than a handful of the employees at the Peterson Avenue McDonald's.
④ The success of Mark Ishaya, Zdenka Bulic, and David Nunez is due both to their abilities and to well developed systems of employee training.

해설 ① 본문 8번째 문장에서 시간 임금이 충분치 않다고 했으므로 내용과 일치하지 않는다.
② 본문 6번째 문장에서 햄버거를 뒤집는 일은 대부분 미국 사람들에게 조롱거리라 했으므로 내용과 일치한다.
③ 본문 5번째 문장에서 맥도날드 햄버거를 구성하는 55명의 직원 중 50명 이상이 이민자라고 했으므로 내용과 일치한다.
④ 본문 5, 7번째 문장에서 그들의 성공은 그들의 능력뿐 아니라 패스트푸드 체인점의 시스템도 포함된다 했으므로 내용과 일치한다.

해석 Mark Ishaya는 그의 아버지가 죽고 어머니는 가족을 버렸을 때 바그다드에서는 아장아장 걷는 아이였다. 그는 팔레스타인해방기구(PLO) 게릴라들이 동료들을 대량학살 했을 때 캐비닛에 숨어있던 레바논의 한 오일필터 공장에서 일하는 어린이 노동자였다. Zdenka Bulic은 크로아티아인으로 그녀가 직면했던 바리케이드에서 좌절당했던 9년 전 보스니아에서 이민을 나갔을 때 21세였다. David Nunez는 더 높은 임금을 찾아서 멕시코에 있는 자신의 집에서 16세의 나이로 떠났다. 이 세 명 모두 55명의 직원 가운데 50명의 다른 이민자들을 감시하면서 시카고 북쪽에 있는 Peterson가의 맥도날드 레스토랑에서 관리직을 맡는 지위에까지 오르게 되었다. 그들의 성취는 대부분의 미국인들이 적당한 성공으로 자신들을 끌어올리기 위해 막다른 길로 조롱거리인 햄버거를 뒤집는 일을 하는 이민자들의 에너지와 재능을 입증해 주고 있다. 그들의 성공은 또한 맥도날드 사와 기타 패스트푸드 체인점들이 방대한 수의 저숙련 근로자들을 그들의 노동력이 통합하기 위해 개발할 수 밖에 없었던 (고용)시스템의 효율성을 반영하고 있는 것이기도 하다. 맥도날드 근무자들의 시간당 임금은 전형적으로 5달러 25센트의 최저임금보다 약간 높을 뿐이며 각종 수당은 미미하다. 그 결과로서, 근로자들은 너무 빈번히 이직을 하게 되므로 금년에는 미국과 캐나다에서 50만 명 이상을 고용하는 맥도날드와 그 프랜차이즈 점들은 충분히 직원으로 남아 있을 수 있도록 그 수 이상의 신규직원들을 채용해야 할 것이다.

① 맥도날드는 비록 시급이 충분히 많지만 직원들을 유지하는 데 어려움을 겪고 있다.
② 대부분의 미국인들은 '햄버거를 뒤집는' 임시직이 만족스럽다고는 생각하지 않는다.
③ Peterson가의 맥도날드에는 본토박이 미국인들의 수는 아주 소수이다.
④ Mark Ishaya, Zdenka Bulic 그리고 David Nunez의 성공은 그들의 태도와 근로자 교육의 잘 발달된 시스템 덕분이다.

어휘 **toddler** 유아(걸음마를 배우는 아이) / **abandon** 버리다, 포기하다 / **laborer** 노동자 / **guerrilla** 게릴라 / **commit** ① 헌신[몰두]하다 ② 약속[다짐]하다 ③ 저지르다 / **genocide** 집단학살 / **emigrate** 이민 가다(≠ **immigrate** 이민 오다) / **frustrate** 좌절시키다 / **roadblock** 장애물, 바리케이트 / **in search of** ~을 찾아서 / **wage** 봉급, 급여 / **end up (in)** 결국 ~이 되다 / **oversee** 감독하다 / **testify to** ~을 증명하다 / **immigrant** 이주자, 이민자 / **flip** 뒤집다 / **deride** 조롱하다 / **dead end** 막다른 길 / **modest** ① 적절한, 적당한 ② 겸손한 / **prosperity** ① 번영 ② 성공 / **reflect** ① 반영하다 ② 반사하다 / **effectiveness** 효율성 / **integrate** 통합하다 / **vast** 거대한, 큰 / **hourly** 한 시간의 / **crew** ① 승무원 ② 직원 / **fringe benefit** 각종 수당 / **abundant** 풍요로운, 풍부한 / **meager** ① 메마른 ② 빈약한 / **conducive** 도움이 되는 / **benign** ① 상냥한, 유순한, 온화한 ② 양성의 / **a handful of** 소수의 / **have trouble ⓥ-ing** ⓥ하는 데 어려움을 겪다

013

» 정답 ②

다음 글의 내용과 일치하는 것은?

JP-Ware, an American software corporation, has recently agreed to settle its legal battle from the U.S. government. The General Services Administration (GSA), which is a federal agency, alleged that employees of the tech company provided its representatives with elevated pricing information. As a result, Morace received none of the discounts other businesses habitually receive and paid significantly more than was necessary for JP-Ware's products. While JP-Ware denies that any deception occurred in its dealings with the Federal agency, the fact that it is willing to pay $76 million in fines suggests otherwise.

① Discounts were offered to Morace besides other companys.
② JP-Ware may have attempted to defraud the Federal agency.
③ JP-Ware sued the U.S. government for legal conflict.
④ The GSA urged employees of the tech company to supply pricing information .

해설 ② 본문 마지막 문장에서 연방기관을 속였다는 것을 부인하지만 돈을 지불함으로써 그렇지 않음을 보여준다고 했으므로 내용과 일치한다.
① 본문 3번째 문장에서 Morace를 제외한 다른 회사들이 할인을 받았으므로 내용과 일치하지 않는다.
③ 본문 1번째 문장에서 JP-Ware가 정부로부터 법정 분쟁에 합의를 했다고 했으므로 내용과 일치하지 않는다.
④ 본문 2번째 문장에서 GSA가 회사 직원들이 가격 정보를 제공한 것에 혐의를 제기했다고 했으므로 내용과 일치하지 않는다.

해석 미국의 소프트웨어 회사인 JP-Ware는 최근 미국 정부로 부터 법적 분쟁에 합의를 할 것에 동의했다. 연방 기관인 General Services Administration(GSA)은 그 기술 회사의 직원들이 그들의 대표들에게 높아진 가격 변경 정보를 제공했다는 혐의를 제기했다. 그 결과 Morace는 다른 회사들은 늘 받는 할인을 조금도 받지 못했고, JP-Ware 제품에 필요한 것보다 상당히 많은 돈을 지불했다. JP-Ware는 정부 기관과의 거래에서 속임수가 있었다는 것을 부인하지만, 그 회사가 손해로 7천 6백만 달러를 지불하는 것을 꺼리지 않는다는 사실은 다른 측면의 근거를 보여준다.

① 다른 회사들 이외에도 Morace에게도 할인이 제공되었다.
② JP-Ware는 연방 기관을 속이려 시도했을 수 있다.
③ JP-Ware는 법정 분쟁 때문에 미국 정부를 고소했다.
④ GSA는 그 기술 회사의 직원들이 가격 정보를 제공할 것을 촉구했다.

어휘 **corporation** 회사 / **recently** 최근에 / **settle** 합의를 보다, 해결하다 / **legal** 법적인 / **federal** 연방의 / **allege** 혐의를 제기하다 / **representative** 대표 / **elevated** 높아진 / **discount** 할인 / **habitually** 늘 / **significantly** 상당히 / **deny** 부인하다 / **deception** 속임수 / **dealing** 거래 / **fine** 벌금 / **besides** ~이외에도 / **defraud** 속이다, 사기치다 / **urge** 촉구하다

014

» 정답 ③

다음 글의 내용과 일치하지 않는 것은?

In America when a man fails to maintain his lawn according to the community standards, his yard is presumed to be "a menace to public health." In a suburb of Buffalo, New Yok, there lived a man who spent the last several years letting grass grow the way nature intended. He argued that he had a right to grow a wildflower meadow in his front yard. Some neighbors offered to lend him a lawn mower. But others took it upon themselves to mow down the offending meadow. They regarded the man's yard as an archetype of laziness. When he charged his neighbors of damaging his garden, a local judge ordered the man to cut his lawn regularly or face a fine of $50 a day. He ignored the court order and his disobedience cost him more than $25,000 in fines.

① 법원에서는 그에게 벌금형을 부과했다.
② 미국에서는 잔디를 정기적으로 관리해야 한다.
③ 그의 이웃은 잔디를 가꾸지 않은 그를 고발했다.
④ 뉴욕의 어떤 사람은 자연 상태로 잔디를 관리했다.

해설 ③ 본문 7번째 문장에서 그가 이웃을 고발했다고 했으므로 내용과 일치하지 않는다.
① 본문 마지막 문장에서 법정이 벌금을 부과했다고 했으므로 내용과 일치한다.
② 본문 1번째 문장에서 잔디를 정기적으로 관리하지 않으면 공공의 적이 된다고 했으므로 내용과 일치한다.
④ 본문 2번째 문장에서 자연이 의도한 대로 잔디를 방치했다고 했으므로 내용과 일치한다.

해석 미국에서는 공동체사회의 기준에 따라 잔디를 유지하지 못하면 그의 앞뜰은 공공의 적으로 여겨진다. 뉴욕의 버팔로의 한 교외지역에 지난 몇 년간 자연 상태로 잔디를 방치했던 어떤 남자가 있었다. 그는 그의 앞마당에 야생 목초지를 재배할 권리가 있다고 주장했다. 몇몇 이웃들은 그에게 잔디 깎는 기계를 빌려주겠다고 했다. 그러나 다른 이웃들은 그 불쾌한 목초지에 직접 들어가서 잔디를 깎아주겠다고 했다. 그들은 그 남자의 앞마당을 게으름의 전형으로 여겼다. 그가 그의 정원을 훼손한 것에 대해 이웃들을 고발했을 때 지방 판사는 그에게 정기적으로 잔디를 깎을 것을 명령했고 그것을 어기면 매일 50불의 벌금을 물릴 것이라고 했다. 그는 그 명령을 무시했고 그로 인해 25,000불의 벌금을 내야 했다.

어휘 **lawn** 잔디 / **presume** 추정하다, 생각하다 / **menace** 위협, 성가신 존재 / **suburb** 교외의 / **intend** 의도하다 / **meadow** 목초지 / **mower** 잔디 깎는 기계 ***mow** (잔디를) 깎다 / **offending** 불쾌하게 하는; 성가신 / **archetype** 전형 / **laziness** 게으름 / **charge** 고소[고발]하다; 요금(을 부과하다) ***charge A of B** A를 B 때문에 고발하다 / **jude** 판사 / **fine** 벌금 / **court** 법정 / **disobedience** 불복(종)

015

» 정답 ①

다음 글의 내용과 일치하는 것은?

The first grain elevator was built by Joseph Dart in 1842. Before that, grain was loaded and unloaded by hand, a back breaking job that took several days. The elevator consisted of a large wooden structure that served as a storage bin for the grain. The elevator allowed ships to be unloaded at a rate of over 35,000 liters per hour, leading to ships docking, unloading, and departing all within the same day. The elevator was an ideal store for grain as it was cool, dry, and free of pests that could endanger the crop. The only risk was from fire in the wooden elevator since grain dust is highly flammable. Despite being the first person to actually build one, Joseph Dart claimed not to be the inventor of the elevator, saying instead that he had based his designs entirely on those of Oliver Evans.

① Joseph Dart designed the first grain elevator from scratch.
② The first grain elevator was cool, dry, and prone to fire.
③ Joseph Dart made the first grain elevator in the nineteenth century.
④ The first grain elevator had a large storage bin for grain.

해설 ① 본문의 내용상 from scratch(아무 준비 없이)는 언급된 바가 없으므로 내용과 일치하지 않는다.
② 본문 5번째 문장(The elevator was~)과 6번째 문장(The only risk~)에서 cool and dry 그리고 화재에 의한 위험이 언급되어 있으므로 내용과 일치한다.
③ 본문 1번째 문장에서 Joseph Dart가 1842년에 만들었다고 했으므로 내용과 일치한다.
④ 본문 3번째 문장(The elevator consisted of~)에서 곡물 저장을 위한 통(용기) 역할을 한다고 했으므로 내용과 일치한다.

해석 최초의 곡물 엘리베이터는 1842년에 Joseph Dart에 의해 만들어졌다. 그 이전에 곡물은 손으로만 싣고 내리는 며칠이 걸리는 아주 힘든 일이었다. 그 엘리베이터는 거대한 목재구조로 구성되었는데 이 목재가 곡물에 대한 저장 통으로의 역할을 했다. 그 엘리베이터는 시간당 35,000리터 분량의 곡물을 내릴 수 있게 해 줬고 그리고 배를 부두에 정박할 수도 있게 해 줬고, 그리고 당일 날 떠나게 해 줄 수도 있었다. 그 엘리베이터는 그 자체로 시원하고 건조하며 곡물의 위협을 가하는 해충으로부터 벗어날 수 있기 때문에 곡물을 위한 이상적인 장소였다. 유일한 위험은 목재로 된 엘리베이터의 화재였는데 이는 곡물의 먼지가 꽤 불에 잘 탔기 때문이다. 그것을 만든 사람은 분명히 Joseph Dart였지만 본인은 그 엘리베이터의 발명가가 아니라고 주장하는데 그 이유는 그가 Oliver Evans의 디자인을 전적으로 기초했기 때문이라고 그는 말했다.
① Joseph Dart는 아무 준비 없이 최초의 곡물 엘리베이터를 디자인했다.
② 최초의 곡물 엘리베이터는 시원하고 건조하며 화재가 나기 쉬웠다.
③ Joseph Dart는 19세기에 최초의 곡물 엘리베이터를 만들었다.
④ 최초의 곡물 엘리베이터는 곡물을 위한 거대한 저장 통을 가지고 있었다.

어휘 **grain** 곡물, 곡식 / **load** 싣다, 선적하다 / **back-breaking** 등골이 휘는, 아주 힘든 / **consist of** ~로 구성되다 / **wooden** 나무(목재)의 / **storage** 저장 / **bin** ① 쓰레기통 ② 통, 용기 / **dock** ① 부두, 선창 ② 부두에 대다 / **pest** 해충 / **endanger** 위험하게 하다 / **highly** 아주, 매우 / **flammable** 불에 잘 타는 / **despite** ~에도 불구하고 / **from scratch** 아무 준비 없이 / **prone to** ~하기 쉬운

016

» 정답 ②

다음 글의 내용과 일치하는 것은?

Another important tool and marketing trend is the introduction of interactive home TV shopping. This is already a $2 billion-plus industry reaching over 60 million consumers and growing at about 20% per year. Although home TV shopping has been around for nearly two decades, it is only recent that it has been successfully used by big-name stores such as Macy's and even luxury merchants such as Saks Fifth Avenue to market a wide range of products appealing to the upscale urban and suburban consumers. Home shoppers are now younger, better educated, more affluent, and more style conscious than in the past, and a growing list of retailers are giving serious thought to the idea of producing "informercials," launching shopping channels, or investing in interactive shopping ventures. This does not mean, however, that store shopping will disappear.

① The home shopping industry started almost 30 years ago.
② The consumers who use home shopping are now trendier than in the past.
③ Home TV shopping has grown into nearly a $ 2 billion business.
④ Saks Fifth Avenue was the first to start the home shopping industry.

해설 ② 본문 4번째 문장에서 홈쇼핑 사용자들이 더 젊어지고 스타일에 신경 쓴다고 했으므로 내용과 일치한다.
① 본문 3번째 문장에서 홈쇼핑의 시작이 거의 20년이 되었다고 했으므로 내용과 일치하지 않는다.
③ 본문 2번째 문장에서 20억불 이상(2 billion - plus)이라고 했으므로 내용과 일치하지 않는다.
④ 본문 3번째 문장에서 Saks Fifth Avenue가 최근 홈쇼핑 사업을 시작했다고 했으므로 내용과 일치하지 않는다.

해석 또 하나의 중요한 도구이자 마케팅 경향은 쌍방향의 TV 홈쇼핑의 도입이다. 이것은 이미 6천만 이상의 소비자들에게 미치는 매년 약 20%로 성장하고 있는 20억 달러 이상의 산업이다. TV 홈쇼핑이 거의 20년 동안 주변에 있었지만 그것이 상류계급의 도시와 교외의 소비자들의 마음에 드는 다양한 제품들을 팔기 위해 Macy's와 같은 유명한 가게들 그리고 심지어 Saks Fifth Avenue와 같은 사치품 상인들에 의해서도 성공적으로 이용된 것은 단지 최근의 일이다. 홈쇼핑을 하는 사람들이 과거보다 지금 더 젊고, 더 교양 있고, 더 부유하고 그리고 더 유행에 민감하다. 그리고 점점 증가하는 소매업자들이 정보량이 많은 상업 광고를 만들거나 홈쇼핑 채널을 시작하거나 또는 쌍방향 쇼핑 사업에 투자하려는 아이디어를 진지하게 고려하고 있다. 하지만 이것이 가게 쇼핑이 사라질 것을 의미하지는 않는다.
① 홈쇼핑 산업은 거의 30년 전에 시작되었다.
② 홈쇼핑을 이용하는 소비자들은 과거보다 지금 더욱 유행을 따른다.
③ TV 홈쇼핑은 거의 20억 달러 사업으로 성장했다.
④ Saks Fifth Avenue는 홈쇼핑 산업을 시작한 최초의 기업이었다.

어휘 **tool** 도구 / **marketing trend** 마케팅 경향 / **introduction** 도입, 소개 / **interactive** 상호 작용하는 / **$2 billion-plus** 20억 달러 이상의 / **reach** ~에 이르다 / **per** ~마다 / **nearly** 거의 / **decade** 10년 / **big-name** 유명한 / **such as** ~와 같은 / **luxury** 사치품 / **merchant** 상인 / **Saks Fifth Avenue** 삭스 피프스 에비뉴(뉴욕 5번가에 본점을 두고 있는 패션 중심의 고급 백화점 체인) / **market** 팔다, 시장에 내놓다 / **a wide range of** 다양한 / **appeal to** ~에 마음에 들다, 호소하다 / **upscale** 상류 계급의 / **urban** 도시의 / **suburban** 교외의 / **educated** 교육받은, 교양 있는 / **affluent** 부유한 / **style conscious** 유행에 민감한 / **retailer** 소매업자 / **give serious thought to** ~에 대해 진지하게 고려하다[생각하다] / **informercial** 정보 광고 / **launch** ① 시작하다 ② 발사하다 / **venture** 모험 / **disappear** 사라지다 / **trendier** 유행을 따르는

정답과 해설

Chapter 01 유의어(밑줄 어휘)

001

» 정답 ①

다음 밑줄 친 부분과 의미가 가장 가까운 것은?

Taxpayers may waive scheduled audits in case of certain unforeseen circumstances.

① relinquish ② meander
③ submit ④ supersede

해설 waive는 '포기하다, 철회하다'의 뜻이다. 문맥상 waive는 예정된 회계 감사(scheduled audits)를 철회한다는 의미이므로 ① relinquish가 가장 적절하다.

해석 납세자들은 어떤 예상치 못한 상황이 발생할 시에는 회계 감사를 철회할 수도 있다.

어휘 taxpayer 납세자 / in case of ~이 발생할 시에는, ~의 경우에, 만일 ~한다면 / certain 어떤, 확실한, 분명한 / unforeseen 예측하지 못하는 / circumstance 상황 / relinquish 포기하다 / meander 구부러지게 하다 / submit 제출하다, 항복하다 / supersede 대체하다, 대신하다

002

» 정답 ①

다음 밑줄 친 부분과 의미가 가장 가까운 것은?

Pride goes before destruction, and an insolent spirit before a fall.

① impertinent ② humble
③ precarious ④ copious

해설 insolent는 '거만한, 오만한'의 뜻으로 이와 가장 가까운 유의어는 ① impertinent이다.

해석 교만은 패망의 선봉이요, 거만한 마음은 넘어짐의 앞잡이니라.

어휘 destruction 파괴 / impertinent 거만한, 오만한 / humble ① 겸손한 ② 비천한 / precarious 위험한 / copious 풍부한

003

» 정답 ②

다음 밑줄 친 부분과 의미가 가장 가까운 것은?

Most insurance agents won't even talk to you because you are under 20. Suppose you eventually find an agent who will get you insurance. Not only does it cost $1,800 per year, you also have to pay the premium affluent to activate the insurance.

① off balance ② well off
③ at a premium ④ up front

해설 affluent는 '부유한, 잘사는'의 뜻으로 이와 가장 가까운 유의어는 ② well off이다.

해석 대부분의 보험사 직원은 당신이 20세 미만이기 때문에 당신에게 말조차 하지 않을 것이다. 당신에게 보험금을 지급할 직원을 궁극적으로 찾았다고 가정해 보라. 그 보험료는 연간 1800불일 뿐만 아니라 당신은 보험을 유지시키기 위해 꽤 많은[부유한] 할증료를 지불해야만 한다.

어휘 insurance 보험 / agent 대리인, 직원 / eventually 궁극적으로, 결국 / not only A, also B A뿐만 아니라 B도 역시 / premium ① 보험료 ② 할증료 ③ 고급의, 아주 높은 / activate 작동시키다. 활성화시키다 / off balance 균형을 잃은 / well off 부유한, 잘 사는 / at a premium 구하기 힘든, 품절상태인

004

» 정답 ②

다음 밑줄 친 부분과 의미가 가장 가까운 것을 고르시오.

Bill Gates, the well-known CEO of Microsoft, once advised young people wanting to emulate his success to first of all find work they love.

① adhere ② mimic
③ intrigue ④ surpass

해설 emulate은 '모방하다'의 뜻이므로 가장 가까운 유의어는 ② mimic이다.

해석 Microsoft사의 유명한 최고 경영자인 Bill Gates가 한 번은 그의 성공을 흉내내려는 젊은이들에게 자신이 사랑하는 일을 찾는 것이 무엇보다 중요하다고 조언했다.

어휘 well-known 잘 알려진 / CEO 최고 경영자(Chief Executive Officer) / once ① 한때, 한 번은 ② (접속사로서) 일단 ~하면 / adhere (전치사 to와 함께) 집착[고수]하다 / mimic 흉내내다, 모방하다 / intrigue 모의하다, 음모를 꾸미다 / surpass 능가하다, 뛰어넘다

005

» 정답 ②

다음 밑줄 친 부분과 괄호 안에 주어진 의미가 서로 다른 것은?

① Many families struggle to make ends meet. (be from hand to mouth)
② The police left no stone unturned to solve the crime. (left as it is)
③ Please stop putting your nose into this matter. (butting in)
④ He has his career path clearly mapped out. (arranged)

해설 ② leave no stone unturned는 '온갖 수단을 다 써보다'의 뜻으로 leave as it is(있는 그대로 놔두다 → 방치하다)는 그 의미가 서로 다르다.
① make ends meet은 '수입 내에서 겨우 살아가다'의 뜻으로 be from hand to mouth(겨우겨우 살아가다)와 그 의미가 비슷하다.
③ put A nose into는 'A가 ~에 끼어들다'라는 뜻으로 butt in(끼어들다)은 의미가 비슷하다.
④ map out은 '계획하다, 준비하다'의 뜻으로 arrange(마련하다)는 그 의미가 비슷하다.

해석 ① 많은 가족들이 수입 내에서 겨우 살아가느라 애쓰고 있다.
② 경찰은 그 범죄를 해결하기 위해 온갖 수단을 다 써 보았다.
③ 제발 이 일에 끼어들지 마.
④ 그는 자기 진로에 대한 계획을 분명히 준비하고 있다.

어휘 struggle 투쟁하다, 애쓰다 / from hand to mouth 겨우겨우 살아가는 / career ① 경력 ② 직업 / path 길, 통로

006

≫ 정답 ③

다음 밑줄 친 부분과 의미가 가장 가까운 것은?

We have arranged for card holders like you to receive one thousand dollars of <u>complimentary</u> life insurance.

① absolute ② extravagant
③ gratuitous ④ supreme

해설 complimentary는 '무료의, 칭찬하는'를 의미하는데 본문에서는 '무료의' 뜻이 된다. 따라서 정답은 ③ gratuitous가 된다.

해석 귀하와 같은 카드 소지자들이 천 달러 상당의 <u>무료</u> 생명 보험 혜택을 받을 수 있도록 마련해 두었습니다.

어휘 **arrange** 마련하다, 준비하다 / **card holder** 카드 소지자 / **receive** 받다 / **complimentary** ① 무료의 ② 칭찬하는 / **insurance** 보험 / **absolute** 완전한, 절대적인 / **extravagant** 낭비하는, 사치스러운 / **gratuitous** 무료의 / **supreme** 최고(상)의

007

≫ 정답 ②

다음 밑줄 친 부분과 의미가 가장 가까운 것을 고르시오.

We will strengthen cooperation from a <u>comprehensive</u> standpoint to construct future-oriented relations based on trust.

① adjustable ② broad
③ precise ④ understandable

해설 comprehensive는 '포괄적인'의 뜻이므로 정답은 ② broad가 된다.

해석 우리는 <u>포괄적인</u> 관점에서 신뢰를 기반으로 미래 지향적인 관계를 구축하기 위해 협력을 강화할 것입니다.

어휘 **strengthen** 강화하다 / **cooperation** 협력, 협동 ***corporation** 회사 / **comprehensive** 포괄적인, 종합적인 ***comprehensible** 이해할 수 있는 / **standpoint** 관점, 견지 / **construct** 건설하다, 구축하다 / **A-oriented** A 지향적인 / **adjustable** 조절 가능한 / **broad** 넓은 / **precise** 정확한 / **understandable** 정상적인, 이해하기 쉬운

008

≫ 정답 ①

다음 밑줄 친 부분과 의미가 가장 가까운 것은?

The first condition that a student can be successful in this apathetic world is that he ought to be <u>sedulous</u>.

① assiduous ② callous
③ deciduous ④ specious

해설 sedulous는 '근면한, 부지런한'의 뜻으로 이와 가장 가까운 유의어는 ① assiduous이다.

해석 이 냉담한 세상에서 학생이 성공할 수 있는 첫 번째 조건은 <u>근면해야</u> 한다는 것이다.

어휘 **apathetic** ① 냉담한 ② 무관심한 / **assiduous** 근면한, 부지런한 / **callous** 냉담한 / **deciduous** 낙엽성의, 떨어지는 / **specious** 허울뿐인, 그럴듯한

009

≫ 정답 ③

다음 밑줄 친 부분과 의미가 가장 가까운 것을 고르시오.

Their <u>ostensible</u> goal was to root out government corruption, but their real aim was to unseat the government.

① bogus ② provident
③ seeming ④ mundane

해설 ostensible은 '표면적인, 외견상'이라는 뜻의 형용사이다. 따라서 보기 중에 가장 가까운 뜻을 가진 어휘는 ③ seeming이다.

해석 그들의 <u>표면상의</u> 목표는 정부 부패를 근절시키는 것이었지만, 실제 목표는 정부를 물러나게 하는 것이었다.

어휘 **ostensible** 표면적인, 외견상 / **root out** 근절시키다, 뿌리를 뽑다 / **corruption** 부패 / **unseat** 자리에서 몰아내다, 떨어뜨리다 / **bogus** 가짜의, 위조의 / **provident** (앞날을) 대비하는 / **seeming** 외견상의, 겉보기의 / **mundane** 재미없는, 일상적인

010

≫ 정답 ①

다음 밑줄 친 부분과 의미가 가장 가까운 것을 고르시오.

The main reason the show was able to captivate such a multi-generational audience is its ability to <u>harness</u> the essence of human angst, with plot twists complicated enough to hold the attention, and humor and romance light-hearted enough to allure people of all ages.

① exploit ② bolster
③ procrastinate ④ resolve

해설 harness는 동사로 '~을 적극 활용하다, 이용하다'의 뜻이다. 따라서 ① exploit가 가장 적절한 유의어이다.

해석 이 공연이 전 세대 관객을 사로잡을 수 있었던 주된 요인은 인간이 가진 불안의 핵심을 <u>이용하는</u> 능력과 동시에 관심을 끌기 충분한 복잡한 반전, 그리고 모든 연령층을 사로잡기 충분한 마음 편한 유머와 로맨스였다.

어휘 **captivate** (마음을) 사로잡다 / **multi-** 다수의~ / **generational** 세대 간의 / **audience** 관객, 시청자 / **harness** 이용하다, 활용하다 / **essence** 핵심, 본질 / **angst** 불안, 고뇌 / **plot twists** (이야기의) 반전 / **light-hearted** 가벼운, 경쾌한 / **allure** 관심을 끌다 / **exploit** (부당하게) 이용하다 / **bolster** 북돋우다, 강화하다 / **procrastinate** 연기하다, 미루다 / **resolve** 해결하다

011

≫ 정답 ④

다음 밑줄 친 부분과 의미가 가장 가까운 것을 고르시오.

Doubts were cast on the <u>authenticity</u> of her alibi after three people claimed to have seen her at the scene of the robbery.

① assertion ② hypothesis
③ forgery ④ veracity

해설 authenticity는 '진실'이라는 뜻을 가진 명사이므로 ④ veracity가 가장 적절한 유의어이다.

해석 세 사람이 그녀를 강도 현장에서 보았다고 주장한 다음 그녀의 알리바이의 <u>진실</u> 여부에 대해 많은 의혹이 제기됐다.

어휘 **doubt** 의심 / **cast** 드리우다, 던지다 / **authenticity** 진실 / **claim** 주장하다 / **robbery** 강도 / **assertion** 주장, 단언 / **hypothesis** 가설 / **forgery** 위조 / **veracity** 진실(성)

012

» 정답 ④

다음 밑줄 친 부분과 의미가 가장 가까운 것을 고르시오.

Each year we solicit donations of goods or services from local merchants and businesses, and then we auction them on the radio.

① acquire ② enquire
③ inquire ④ require

해설 solicit은 '요청하다'의 뜻이다. 따라서 ④ require가 가장 적절한 유의어이다.

해석 우리는 매년 지역 상인들과 기업들에게 상품이나 서비스 기부를 요청하고, 거기서 들어온 물건들을 라디오에서 경매에 붙인다.

어휘 **solicit** 요청하다, 간청하다 / **donation** 기부(금) / **goods** 상품 / **local** 지역(의) / **merchant** 상인 / **auction** 경매(로 팔다) / **acquire** 획득하다, 성취하다 / **enquire(= inquire)** 묻다, 문의하다 / **require** 요구하다, 요청하다

013

» 정답 ①

다음 밑줄 친 부분과 의미가 가장 가까운 것을 고르시오.

Starting in January, employees will be reimbursed for continuing education courses that they successfully complete.

① refunded ② exempted
③ selected ④ qualified

해설 reimburse는 '상환하다, 배상하다'의 뜻을 가진다. 따라서 ① refunded가 적절한 유의어이다.

해석 1월부터는 사원들이 평생 교육 과정을 성공적으로 마치는 경우 등록금을 상환받게 된다.

어휘 **complete** 마치다, 완수하다 / **refund** 변제하다, 되돌려 주다 / **exempt** 면제하다 / **qualify** 자격을 갖추다

014

» 정답 ②

다음 밑줄 친 부분과 의미가 가장 가까운 것을 고르시오.

The reality is that terrorism is pervasive; the terrorists continue to use intimidation against jurors to prevent justice from being applied. Therefore, it is necessary that justice continue to be applied to the activities of terrorist organizations.

① radial ② rampant
③ rebellious ④ relevant

해설 pervasive는 '만연한'의 뜻을 지닌 형용사이다. 따라서 ② rampant가 가장 적절한 유의어이다.

해석 현실은 테러가 만연하고 있다는 것이다. 테러리스트들은 계속 배심원을 위협해서 정의가 실현되는 것을 막으려 한다. 따라서 테러 조직의 활동에 지속적으로 정의를 구현하는 것은 필수적이다.

어휘 **pervasive** 만연한, 널려 있는 / **intimidation** 위협, 협박 / **juror** 배심원 / **prevent** 방해하다, 막다 / **apply** 적용하다, 응용하다 / **justice** 정의, 사법 / **activity** 활동 / **organization** 조직(체) / **radial** 광선의, 방사상의 / **rampant** 만연하는, 걷잡을 수 없는 / **rebellious** 반항적인 / **relevant** 관련 있는, 적절한

015

» 정답 ④

다음 밑줄 친 부분과 의미가 가장 가까운 것을 고르시오.

In fact, the city government did not earmark a budget for free meals for elementary schoolchildren; a stance that civic groups and opposition parties strongly opposed.

① contribute ② accumulate
③ compensate ④ allocate

해설 earmark는 '책정하다, 배정하다'는 뜻을 가진다. 따라서 ④ allocate가 적절한 유의어이다.

해석 사실 시 정부는 초등학교 학생들을 위한 무료 급식 예산을 배정하지 않았는데 이것을 시민 단체와 야당들은 강하게 반대하는 입장이다.

어휘 **government** 정부 / **budget** 예산 / **meal** 식사 ***free meal** 무료 급식 / **elementary** 초급의, 기본적인 / **stance** 입장, 태도 / **civic** 시민(의) / **opposition** 반대 / **party** 정당, 단체 / **contribute** 기부하다 / **accumulate** 모으다, 축적하다 / **compensate** 보상하다 / **allocate** 할당하다

016

» 정답 ①

다음 밑줄 친 부분과 의미가 가장 가까운 것을 고르시오.

Similar to home training, there should always be someone for children to fall back on in a proper school education.

① resort to ② hit on
③ lay upon ④ stumble upon

해설 fall back on은 '~에 의지하다'는 뜻이다. 따라서 ① resort to가 가장 적절하다.

해석 가정 교육과 마찬가지로, 적절한 학교 교육에서도 아이들이 의지할 누군가가 항상 존재해야만 한다.

어휘 **home training** 가정 교육 / **proper** 적절한, 타당한 / **resort to** ~에 의지하다 / **hit on** ~을 우연히 생각해내다, ~에 부딪히다 / **lay upon** 남에게 ~을 조르다 / **stumble upon** 우연히 마주치다

017

» 정답 ①

다음 밑줄 친 부분과 의미가 가장 가까운 것을 고르시오.

You must stop ignoring Thomas because of what he said, and have it out with him once and for all.

① work out ② have to do with
③ have nothing to do with ④ get in touch with

해설 have it out은 '결판내다, 해결하다'라는 뜻을 가진 관용적 표현이다. 따라서 ① work out이 의미가 가장 가깝다.

해석 Thomas가 했던 말 가지고 그를 그만 좀 무시하고 마지막으로 한 번만 해결을 좀 봐라.

어휘 **ignore** 무시하다 / **once and for all** 끝으로, 마지막으로 (한 번) / **work out** ~을 해결하다 / **have to do with** ~와 관련이 있다 / **have nothing to do with** ~과 관련이 없다 / **get in touch with** ~와 (계속) 연락하다

018

» 정답 ①

다음 밑줄 친 부분과 의미가 가장 가까운 것을 고르시오.

> Andrew's life in the absence of his family, as it were, a succession of adversity. It was like living in a desert island where no one is around.

① so to speak ② needlessly to say
③ to his dismay ④ with his luck

해설 as it were는 '말하자면, 이를테면'의 뜻을 가진 관용적 표현이다. 따라서 ① so to speak가 가장 가까운 유의어이다.

해석 가족이 없던 때의 Andrew의 삶은, 말하자면, 고난의 연속이었다. 이것은 마치 주위에 아무도 없는 무인도에서 사는 것과 같았다.

어휘 **in the absence of** ~이 없던 때에, ~의 부재중인 / **succession** 연속, 계속 / **adversity** 고난, 역경 / **desert island** 무인도 / **so to speak** 말하자면 / **needlessly to say** 말할 필요도 없이 / **to one's dismay** 놀랍게도 / **with luck** 운으로

019

» 정답 ④

다음 밑줄 친 부분과 의미가 가장 가까운 것은?

> For your convenience, Kansas City Tribune offers an automatic payment service which will allow your payment to be automatically deducted from your checking account on the last day of each month.

① recited ② estimated
③ prosaic ④ withdrawn

해설 deduct는 문맥상 '인출하다'의 뜻으로 이와 가장 가까운 유의어는 ④ withdraw이다.

해석 당신의 편의를 위하여 <캔사스시 트리뷴>은 자동결제 서비스를 제공하고 자동이체 서비스는 매달 마지막 날에 당신의 예금계좌로부터 자동적으로 인출하여 지급하도록 할 것입니다.

어휘 **convenience** 편리함 / **deduct** ① 인출하다(=**withdraw**) ② 빼다, 공제하다(=**subtract**) / **checking account** 예금 계좌 / **recite** 암송하다 / **estimate** 추정하다, 어림잡다 / **prosaic** 평범한, 일상적인 / **withdraw** ① 인출하다 ② 철수하다, 물러나다

020

» 정답 ③

다음 밑줄 친 부분과 의미가 가장 가까운 것을 고르시오.

> Trying to use a public loo in the mountain was out of the question. We had to play it by ear.

① sing for air ② follow advice
③ improvise ④ listen carefully

해설 play it by ear는 '즉석으로 처리하다, 임기응변으로 하다'라는 뜻의 관용적 표현이다. 따라서 ③ improvise가 가장 적절한 유의어이다.

해석 산에서 공중화장실을 쓰려는 노력은 무의미했다. 즉흥적으로[알아서] 처리해야만 했다.

어휘 **loo** 화장실(= **toilet**) / **out of the question** 불가능한, 무의미한 / **sing for air** 숨이 차다 / **improvise** 즉흥으로 하다

021

» 정답 ③

다음 밑줄 친 부분과 의미가 가장 가까운 것을 고르시오.

> Scores of government critics were accused of breaking the law while peacefully expressing their views or attending rallies.

① Calculating ② Increasing
③ Numerous ④ High-end

해설 scores of는 '아주 많은'의 뜻을 나타낸다. 따라서 ③ numerous가 보기 중 가장 적절한 유의어이다.

해석 아주 많은 정부 비평가들이 위법 행위로 기소되었지만, 평화적으로 그들의 견해를 밝히거나 집회들에 참석했을 뿐이었다.

어휘 **critic** 비평가 / **be accused of** ~로 기소되다 / **rally** 집회 / **calculating** 계산적인 / **high-end** 고급의, 고가의

022

» 정답 ②

다음 밑줄 친 부분과 의미가 가장 가까운 것을 고르시오.

> Those who have died in the struggle for free media do not die to no end.

① endlessly ② in vain
③ to the purpose ④ on purpose

해설 to no end는 '헛되이'라는 뜻을 가진 관용적 표현이다. 따라서 ② in vain이 가장 가까운 의미의 유의어이다.

해석 언론의 자유를 위해 투쟁하다 돌아가신 분들은 헛되이 죽지 않았다.

어휘 **struggle** 애쓰다, 고군분투하다 / **media** 매체, 언론 / **endlessly** 끊임없이 / **in vain** 헛되이 / **to the purpose** 적절하게, 요령 있는 / **on purpose** 고의로

023

» 정답 ①

다음 밑줄 친 부분과 의미가 가장 가까운 것을 고르시오.

> White House Press Secretary Tony Snow said the United States will not set about bilateral negotiations with North Korea and stands by its insistence that North Korea rejoin the multi-lateral talks.

① set in ② settle in
③ set upon ④ settle up

해설 set about은 '시작하다, 착수하다'의 뜻을 가진 숙어이다. 따라서 ① set in이 의미가 가장 가까운 숙어이다.

해석 Tony Snow 백악관 대변인은 미국은 북한과 양자 협상을 개시하지 않을 것이며, 북한이 6자 회담에 복귀해야 한다는 기존 입장은 변함이 없다고 말했다.

어휘 **White House** 백악관 / **press secretary** 대변인, 공보 담당관 ***press** 언론, 보도 ***secretary** 비서, 총무 / **set about** 시작하다, 착수하다 / **bilateral** 양자의, 쌍방의 / **negotiation** 협상 / **stand by** 고수하다, 계속 지키다 / **insistence** 주장, 입장 / **rejoin** 재가입 / **multi-lateral** 다자간의, 다국 간의 ***lateral** 옆의, 측면의 / **talk** 회담, 대화 / **set in** 시작하다 / **settle in** 적응하다 / **set upon** 습격하다 / **settle up** 결말짓다, 처리하다

024

» 정답 ①

다음 밑줄 친 부분과 의미가 가장 가까운 것을 고르시오.

The death penalty is a very controversial topic all over the world, for people's lives are at stake.

① on the line ② on the blink
③ on the spot ④ on the table

해설 at stake는 '~이 걸려 있는, 위태로운'의 뜻을 가진 숙어이다. 따라서 ① on the line이 가장 가까운 의미의 유의어이다.

해석 사형 제도가 전 세계에서 매우 논란이 많은 주제인 이유는 사람의 목숨이 달려 있기 때문이다.

어휘 **death penalty** 사형(제도) / **controversial** 논란이 많은 / **on the line** 위태로운 / **on the blink** 제대로 작동하지 않는 / **on the spot** 즉석에서, 현장에서 / **on the table** 상정되어 있는, 연기된

025

» 정답 ③

다음 빈칸에 가장 적절한 것은?

Quick-tempered people find it hard to control their anger, that more often than not, they hit the ceiling and even become physically violent.

① lose their heart ② have a level head
③ throw a fit ④ hang loose

해설 hit the ceiling은 '노발대발하다, 격분하다'의 뜻을 가진 숙어이다. 따라서 ③ throw a fit이 가장 적절한 관용적 표현이다.

해석 성질이 급한 사람들은 자신의 화를 다스리는 데 어려움을 겪기 때문에 종종 그들은 격분하고 과격한 행동까지 한다.

어휘 **quick-tempered** 성급한, 화를 잘 내는 / **control** 다스리다, 관리하다 / **more often than not** 종종, 자주 / **physically** 신체적으로, 실제로 / **lose one's heart** 사랑에 빠지다 / **have a level head** 침착성을 갖다 / **throw a fit** 노발대발하다 / **hang loose** 평정을 유지하다

026

» 정답 ②

다음 밑줄 친 부분과 의미가 가장 가까운 것을 고르시오.

Witnesses said that the life vests were not handed out minutes before the ship overturned.

① submitted ② capsized
③ subsidized ④ captivated

해설 overturn은 '뒤집히다'의 뜻이다. 따라서 ② capsized가 가장 적절한 유의어이다.

해석 배가 뒤집히기 직전까지 구명조끼가 지급되지 않았다고 목격자들이 증언했다.

어휘 **witness** 증인, 목격자 / **life vest** 구명조끼 / **hand out** 나눠 주다, 지급하다 / **submit** 제출하다 / **capsize** (배가) 뒤집히다 / **subsidize** 보조금을 지급하다 / **captivate** (마음을) 사로잡다

027

» 정답 ②

다음 밑줄 친 부분과 의미가 가장 가까운 것은?

Adept at leading a team or working as part of a team, I am also an ardent self-starter able to work from home.

① sporadic ② vehement
③ versed ④ immediate

해설 ardent는 '열정적인, 열렬한'의 뜻으로 이와 가장 가까운 유의어는 ② vehement이다.

해석 팀을 통솔하거나 혹은 팀의 일원으로 일하는 것에 정통하지만 나는 또한 재택근무를 할 수 있는 열정적인 솔선수범하는 사람이다.

어휘 **adept** 능숙한, 정통한(=skillful) / **self-starter** 솔선수범하는 사람 / **work form home** 재택근무 / **sporadic** 산발적인, 간헐적인 / **vehement** 열정적인, 격렬한 / **versed** 능숙한, 숙달된 / **immediate** 즉각적인

028

» 정답 ④

다음 밑줄 친 부분과 의미가 가장 가까운 것을 고르시오.

In fact, despite the relatively meager population of Spartans, the community had a strong military presence, and extraordinary power.

① retarded ② inundant
③ suitable ④ sparse

해설 meager는 '메마른, 부족한'의 뜻이다. 따라서 ④ sparse가 가장 적절한 유의어이다.

해석 사실 비교적 부족한 인구에도 불구하고, 스파르타는 막강한 군대가 존재했고 대단한 국력을 가지고 있었다.

어휘 **relatively** 비교적 / **community** 사회, 공동체 / **military** 군대의 / **presence** ① 존재(감) ② 참석 / **extraordinary** 우월한, 대단한, 비범한 / **retarded** 지능이 떨어지는, 지연된 ***retard** 지연시키다 / **inundant** 넘쳐흐르는, 압도적인 / **suitable** 적당한, 알맞은 / **sparse** 드문, 희박한

029

» 정답 ②

다음 밑줄 친 부분과 의미가 가장 가까운 것을 고르시오.

This plant was built around 60 years ago. Although the firm that sold off this manufacturing complex had spent some money renovating it, the structure itself is too worn out to be improved much.

① signed out ② signed over
③ took out ④ took over

해설 sell off는 '팔아치우다, 매도하다'의 뜻으로 글의 흐름상 ② signed over이 가장 적절한 유의어이다.

해석 이 공장은 지어진 지 약 60년이 되었다. 비록 이 제조 복합 시설을 처분한 회사가 보수를 하는 데 이미 상당한 돈을 들였지만 구조 자체가 너무 낡아서 많이 개선되지는 않은 상태다.

어휘 **plant** ① 공장 ② 식물 ③ ~을 심다 / **firm** ① 회사 ② 확고한, 단단한 / **manufacture** 제조하다, 생산하다 / **complex** ① 복잡한 ② 복합 건물, 시설, 단지 / **renovate** 개선하다, 보수하다 / **structure** 구조 / **worn out** 낡은, 닳은 / **sign out** ① 퇴근 시간을 기록하다 ② 서명하고 (책 등을) 대출하다 / **sign over** 양도하다, 매각하다 / **take out** 꺼내 놓다 / **take over** 인수하다, 인계받다

030

>> 정답 ③

다음 밑줄 친 부분과 의미가 가장 가까운 것은?

Opened 10 years ago, cafe Bauhaus was the forerunner of the "dog cafe", where dogs were free to wander around.

① investor ② successor
③ precursor ④ predecessor

해설 forerunner은 '선구자'로서 이와 가장 가까운 유의어는 ③ precursor이다.

해석 10년 전에 문을 연 카페 바우하우스는 개들이 자유롭게 돌아다닐 수 있는 '애견카페'의 선구자이다.

어휘 **be free to** ⓥ 자유롭게 ⓥ하다 / **wander around** (여기저기를) 배회하다 / **investor** 투자자 / **successor** 후임자 / **precursor** 선구자 / **predecessor** 전임자

031

>> 정답 ①

다음 밑줄 친 부분과 의미가 가장 가까운 것을 고르시오.

The Indiana Department of Administration (IDOA) announced plans for the onset of construction for the Bicentennial Plaza to begin as soon as state house approval is given. The $2 million project will embark in no time, which will comprise infrastructure replacement, beautification, and safety improvements. For more information on the Bicentennial Plaza project, visit http://www.indiana2016.org.

① commence ② deviate
③ fluctuate ④ procrastinate

해설 embark는 '시작하다'의 뜻이다. 따라서 ① commence가 가장 가까운 유의어이다.

해석 Indiana 행정부 발표에 따르면 건국 200주년 기념 광장 공사 착수가 준비됐었고 주 의회에서 승인만 받게 되면 곧바로 시작할 예정입니다. 200만 달러짜리 이 프로젝트가 곧 시작되면 사회 기반 시설 교체, 미화 사업 그리고 안전성 개선을 포함하게 될 것입니다. 200주년 기념 광장 프로젝트의 더 많은 정보를 원한다면 http: //www.indiana 2016.org를 방문해 보세요.

어휘 **department** 부서 / **administration** 행정(부) / **onset** 시작, 착수 / **bicentennial** 200주년의 / **plaza** 광장, 쇼핑센터 / **state house** 주정부(회의) / **approval** 승인, 허가 / **embark** 진수하다, 시작하다 / **in no time** 즉시 / **comprise** 포함하다, 구성하다 / **infrastructure** 사회 기반 시설 / **replacement** 교체 / **beautification** 미화(사업) / **commence** 시작되다[하다] / **deviate** 일탈하다 / **fluctuate** 변동을 거듭하다, 오르내리다 / **procrastinate** 지연하다, 연기하다

032

>> 정답 ④

다음 밑줄 친 부분과 의미가 가장 가까운 것은?

Infosys rightly sees itself as more agile than IBM.

① wary ② prodigal
③ zealous ④ nimble

해설 agile은 '민첩한, 기민한'의 뜻으로 이와 가장 가까운 유의어는 ④ nimble이다.

해석 Infosys는 당연히 자신을 IBM보다 더 기민하다고 여긴다.

어휘 **rightly** 당연히, 마땅히 / **see A as B** A를 B라고 여기다, 간주하다 / **wary** 신중한, 조심하는, 경계하는 / **prodigal** 낭비하는 / **zealous** 열정적인 / **nimble** 민첩한, 기민한

033

>> 정답 ②

다음 밑줄 친 부분과 의미가 가장 가까운 것을 고르시오.

He talked in detail about those efforts to try to get a perfect American accent, including all the slang.

① bluntly ② at length
③ with concision ④ wordily

해설 in detail은 '상세히'라는 뜻이다. 따라서 ② at length가 가장 가까운 의미의 어휘이다.

해석 그는 속어를 포함한 완벽한 미국식 억양을 익히기 위해 자신이 기울인 노력에 대해 상세히 이야기했다.

어휘 **effort** 노력 / **perfect** 완벽한 / **accent** ① 억양 ② 강조(하다) / **slang** 속어, 은어 / **bluntly** 직설적으로 ***blunt** ① 무딘, 뭉툭한 ② 직설적인 / **at length** 자세히, 마침내 / **with concision** 간결하게 ***concision** 간결 / **wordily** 장황하게 ***wordy** 장황한

034

>> 정답 ①

다음 중 밑줄 친 부분과 의미가 가장 가까운 것은?

On account of New Zealand's remote location, there was no higher animal life in the country when the Maori arrived. There were two species of lizard. There were also a few primitive species of frog and two species of bats.

① secluded ② inhabitable
③ obsolete ④ barren

해설 remote는 '거리가 먼, 외딴'이라는 뜻을 가진 형용사이다. 따라서 ① secluded가 가장 가까운 의미의 유의어이다.

해석 뉴질랜드의 위치가 동떨어져 있어서, Maori족이 도착했을 땐 고등 동물이 없었다. 두 종의 도마뱀이 있었다. 또한 몇몇 원시 단계의 개구리 종 그리고 두 종의 박쥐가 있었다.

어휘 **on account of** ~ 때문에 / **remote** 외딴, 거리가 먼 / **higher animal** 고등 동물 / **species** (동식물의) 종 / **lizard** 도마뱀 / **primitive** 원시적인, 원시 단계의 / **inhabitable** 살기 적합한, 거주 가능한 / **secluded** 한적한, 외딴 / **obsolete** 구식의, 오래된 / **barren** 척박한, 황량한, 불모의

035

>> 정답 ②

다음 중 밑줄 친 부분과 의미가 가장 가까운 것은?

A new born chick uses its egg tooth to break the shell of its egg and escape from it at hatching. This toothlike structure is a dead loss after its only use is to help the bird break the eggshell. Egg teeth of the chick are consequently shed.

① exploited ② degraded
③ deployed ④ reincarnated

해설 shed는 과거분사로 '사라진, 없어진'의 뜻이다. 따라서 ② degraded가 문맥상 가장 알맞은 유의어이다.

해석 햇병아리는 부화할 때 난치를 사용해서 알을 깨고 나온다. 이것은 유일한 용도로 새가 달걀 껍데기를 깨는 데 도움을 주고 나면 이런 이빨과 같은 구조는 쓸모가 없다. 병아리의 난치는 결국 없어진다.

어휘 **chick** 병아리, 영계 / **egg tooth** 난치, 알을 깨고 나올 때 사용하는 이빨 / **shell** 껍질 / **escape** 벗어나다 / **hatch** 부화하다 / **structure** 구조 /

dead loss 쓸모 없어진 / use ① 이용(하다) ② 용도, 쓸모 / eggshell 달걀 껍데기 / consequently 결과적으로, 결국 / shed(shed－shed－shed) 없애다, 버리다 / exploit 이용하다, 착취하다 / degrade 퇴화한 / deploy 배치하다 / reincarnate 환생하다

036

» 정답 ②

다음 중 밑줄 친 부분과 의미가 가장 가까운 것은?

Instead of continually obsessing over something that is not worth your time, try as hard as you can to do something that will keep you busy and away from <u>apprehension</u>.

① seizure ② concern
③ boredom ④ comprehension

해설 apprehension은 '체포, 걱정, 이해'의 뜻을 가진 다의어이다. 문맥상 '걱정'의 ② concern이 가장 적절한 유의어이다.

해석 당신의 시간을 낭비할 가치가 없는 어떤 것에 계속해서 사로잡히는 대신, 할 수 있는 한 열심히 당신을 바쁘게 만드는 일을 하고 <u>걱정</u>에서 멀어지려고 해라.

어휘 continually 지속적으로, 계속해서 / obsess 사로잡히다, 집착하다 / worth ~할 가치가 있는 / seizure 체포, 구금 / concern 걱정, 배려 / boredom 지루함, 따분함 / comprehension 이해(력)

037

» 정답 ①

다음 중 밑줄 친 부분과 의미가 가장 가까운 것은?

Office equipment <u>takes up</u> three percent of the nation's total demand for electricity.

① accounts for ② is occupied with
③ confines to ④ is liable for

해설 take up은 '~을 차지하다'의 뜻이다. 따라서 ① accounts for가 가장 가까운 의미의 숙어이다. 참고로 account for는 ~을 해명하다, ~의 원인이 되다, ~을 설명하다 등 다양한 의미로 쓰인다.

해석 사무용 기기는 그 나라 전체 전기 수요의 3%를 <u>차지한다</u>.

어휘 equipment 기기, 장비 / take up 차지하다 / demand ① 수요 ② 요구 / be occupied with ~으로 바쁘다 / confine to ~에[~로만] 제한하다 / be liable for ~에 대해 책임이 있다, 의무가 있다

038

» 정답 ②

다음 중 밑줄 친 부분과 의미가 가장 가까운 것은?

With the rapid spread of industry and the <u>ensuing</u> transformation of the urban landscape, city dwellers have found themselves living in increasingly bleak surroundings.

① prompt ② subsequent
③ brisk ④ appalling

해설 ensuing은 '뒤이어 일어나는, (결과로) 뒤따르는'의 뜻이다. 따라서 ② subsequent가 가장 가까운 뜻의 유의어이다.

해석 급속한 산업 확산과 이에 <u>뒤따르는</u> 도시 풍경의 변화로 인해, 도시 거주자들은 점점 더 황량한 환경에 살고 있다는 사실을 알게 되었다.

어휘 spread ① 확산, 전파 ② 펼치다, 퍼트리다 / transformation 변화, 탈바꿈 / dweller 거주자, 주민 / bleak ① 황량한, <u>으스스한</u> ② 암울한, 절망적인 / prompt 즉각적인(= immediate, quick, rapid) / subsequent 그 다음의 / brisk ① 빠른(= rapid) ② 활기찬(= vigorous, energetic) / appalling 소름 끼치는, 오싹한 *appall 오싹하게 하다, 겁에 질리게 하다(= terrify, horrify)

Chapter 02 빈칸 어휘

001

» 정답 ④

다음 빈칸에 들어갈 말로 가장 적절한 것은?

My coffee was too strong, so I ______________ it with more water.

① condensed ② afflicted
③ evacuated ④ adulterated

해설 문맥상 커피가 너무 진했기 때문에 물로 희석시켰다가 적절하므로 ④ adulterated가 정답이 된다.

해석 커피가 너무 진해서 물을 넣어 <u>희석시켰다</u>.

어휘 condense 농축시키다 / afflict 괴롭히다, 고통을 가하다 / evacuate 대피시키다 / adulterate 희석하다

002

» 정답 ③

다음 빈칸에 들어갈 말로 가장 적절한 것은?

My wife drives me crazy when she's got a problem or is talking about what she intends to do that day. She talks out loud about all her options. It's so ___________ that I can't concentrate on anything.

① perilous ② exuberant
③ distracting ④ haute

해설 아내의 큰 목소리 때문에 집중할 수 없다는 내용의 글이므로 빈칸에 가장 적절한 것은 ③ distracting이다.

해석 나의 아내는 문제가 있을 때나 그날 하려고 했던 일에 대해 이야기 할 때 나를 미치게 한다. 나의 아내는 자신의 의견을 큰 소리로 말한다. 이것은 내 마음을 너무 <u>산만하게 해서</u> 나는 어떤 것도 집중할 수 없다.

어휘 intent to ⓥ ⓥ할 의도[작정]이다 / concentrate on ~에 집중하다 / perilous 위험한 / exuberant 풍부한, 풍요로운 / distracting 마음을 산만하게[흩어지게]하는 / haute 아주 높은, 고급의

003

» 정답 ②

다음 빈칸에 들어갈 표현으로 가장 적절한 것은?

Doctors are being ______________ in prescribing these drugs for people who are more severely mentally ill.

① causal ② circumspect
③ communal ④ corporative

해설 의사들이 처방을 할 때 이렇게 해야 한다는 말이므로 문맥상 ② circumspect가 빈칸에 들어갈 말로 가장 적절하다.

해석 의사들은 심각한 정신 질환자에게 이 약물을 처방하는 데 있어 <u>신중을</u> 기하고 있다.

어휘 prescribe 처방하다 / drug 약, 마약 / severely 심각하게 / mentally 정신적으로, 심리적으로 / causal 원인의, 인과 관계의 / circumspect 신중한 / communal 자치 단체의, 공동체의 / corporate 법인의, 단체의

004

≫ 정답 ①

다음 빈칸에 가장 알맞은 것은?

Wood is material that is generally acknowledged to be environmental friendly. However, where wood is harvested, then transported halfway across the globe, the associated energy cost are high, causing negative impact on the environment. What is more, where wood is treated with chemicals to improve fire-resistance and pest-resistance, its healthful properties are ______________.

① compromised ② compatible
③ consistent ④ contented

해설 앞 내용에서 부정적 영향을 준다고 했는데, what is more(게다가, 더욱이)를 보면 다음 내용에도 역시 부정적 내용이 이어져야 한다는 것을 알 수 있다. 따라서 ① compromised가 정답이 된다.

해석 목재는 일반적으로 친환경적이라고 알려진 재료이다. 하지만 목재를 채취하고 지구 반 바퀴를 돌아 운반하는 과정에서, 관련된 에너지 비용이 높아서 환경에 부정적인 영향을 준다. 게다가, 불과 해충에 강하게 버티도록 목재를 화학 약품으로 처리하는 과정에서 목재의 유익성이 손상된다.

어휘 **material** 재료 / **acknowledge** 인정하다 / **environmental** 환경의 ***environment** 환경 / **harvest** 수확하다, 채집하다 / **transport** 운반하다, 이동시키다 / **globe** 지구, 구 / **associate** 연관시키다, 관련짓다 / **treat** 다루다, 처리하다 / **chemical** 화학 약품 / **resistance** 저항, 내구성 ***fire-resistance** 내화성 / **pest** 해충 / **healthful** 건강에 이로운, 몸에 좋은 ***healthy** (사람이) 건강한 / **property** ① (주로 복수형으로) 특성, 속성 ② 재산, 부동산 / **compromise** ① 손상시키다 ② 타협[양보]하다 / **compatible** 양립할 수 있는 / **consistent** 일관된, 지속적인 / **contented** 만족한

005

≫ 정답 ④

다음 빈칸에 가장 알맞은 것은?

Diseases may require a minimum ______________ of population size or density to support ongoing transmission of the disease. Therefore, a rise in human population size or density can expose the population to a disease that previously could not be sustained in the population.

① endeavor ② lifespan
③ panacea ④ threshold

해설 인구가 어느 정도 존재해야 질병이 존재한다는 글이므로 빈칸에는 '최소한의 한계점'이 가장 적절하다. 따라서 ④ threshold가 정답이다.

해석 질병들은 아마도 그 질병의 계속적인 전염을 유지하기 위하여 개체 수 또는 개체 밀도의 최소한의 한계점이 필요하다. 따라서 인구나 인구 밀도의 증가는 그 인구가 전에는 그 정도의 인구에 지속될 수 없었던 질병을 (현재) 인구에게 노출시킬 수도 있다[어느 정도 인구가 존재해야 질병은 유지될 수 있다].

어휘 **disease** 질병 / **require** 요구하다 / **minimum** 최소한의 / **population** 개체 수, 인구(수) / **density** 밀도, 밀집 / **ongoing** 진행 중인 / **transmission** ① 전염 ② 전달 / **rise** 증가 / **expose** 노출시키다 / **previously** 이전에 / **sustain** 버티다, 유지시키다 / **endeavor** 노력 / **lifespan** 수명 / **panacea** 만병통치약 / **threshold** ① 문턱 ② 한계점

006

≫ 정답 ④

다음 빈칸에 들어갈 말로 가장 적절한 것은?

Under the current policy, high school students who miss more than eight days of class automatically ________. Thus parents must report every absence and call the office if the student is going to be late.

① forge ② dodge
③ suspend ④ flunk

해설 8일간 결석을 하면 자동적으로 낙제한다는 내용의 글이므로 빈칸에 가장 적절한 것은 ④ flunk이다.

해석 지금 정책하에서는 8일 이상 결석하면 자동적으로 그 학생들은 낙제를 하게 된다. 따라서 부모는 아이들이 결석을 하게 되면 반드시 보고해야 하고 지각하는 경우에는 전화를 해야 한다.

어휘 **current** ① 현재의 ② 흐름 / **miss** ① 놓치다 ② 그리워하다 ③ 실종되다 / **absence** 부재, 결석 / **forge** 위조하다 / **dodge** 피하다 / **suspend** ① 연기하다, 미루다 ② 중단[정지]하다 / **flunk** 낙제하다, 시험에서 떨어지다

007

≫ 정답 ④

다음 빈칸에 가장 적절한 것은?

The two universities have a ______________ arrangement whereby undergraduate students from one college can attend classes at the other.

① belligerent ② exclusive
③ isolated ④ reciprocal

해설 글의 흐름상 두 대학 학생들은 양쪽 수업을 들을 수 있다는 내용이다. 따라서 '쌍방의, 상호 간의'의 뜻을 지닌 ④ reciprocal이 적절하다.

해석 두 대학은 한 대학의 학부생들이 다른 학교의 수업을 들을 수 있도록 하는 상호 협정을 맺고 있다.

어휘 **arrangement** 협정, 합의 / **whereby** ~(선행사)에 의해 ~하는 / **undergraduate** 학부생(의), 대학생(의) / **college** 대학 / **attend** 수업을 듣다, 참석하다 / **belligerent** 적대적인 / **exclusive** 배타적인 / **isolated** 고립된 / **reciprocal** 쌍방의, 상호 간의

008

≫ 정답 ①

다음 빈칸에 가장 적절한 것은?

Previously, not only still lifes and portraits, but also landscapes, had been painted indoors, but the Impressionists found that they could capture the momentary and ______________ effects of sunlight by painting in the open air. The artists tried to capture this ever-changing moment on the objects they were painting.

① transient ② perpetual
③ stable ④ contemporary

해설 시시각각 변하는 순간을 포착하려 했다는 인상주의 화가에 대한 글이다. 따라서 ① transient가 적절하다.

해석 이전에는 정물화나 초상화뿐만 아니라, 풍경화도 실내에서 그렸지만, 인상주의자들은 실외에서 그림을 그림으로써 햇빛의 순간적이고 일시적인 효과를 포착할 수 있다는 것을 알게 되었다. 당시 화가들은 그들이 그리고 있는 대상에서 시시각각 변하는 순간을 잡아내려 애썼다.

어휘 **previously** 이전에 / **still life** 정물 / **portrait** 초상화 / **landscape** 풍경 / **indoor** 실내 / **impressionist** 인상주의 작가 / **capture** 포착하다, 잡다 / **momentary** 순간적인 / **ever-changing** 시시각각 변화하는 /

moment 순간 / object 사물, 대상 / transient 일시적인, 순간적인 / perpetual 영원한, 지속적인 / stable 안정된, 변함없는 / contemporary 동시대의, 현대의

009

» 정답 ②

다음 빈칸에 가장 알맞은 것은?

China is offering Taiwan a series of trade ______________ in an effort to boost public sentiment on the island in favor of reunification with the mainland.

① balances ② concessions
③ embargoes ④ plights

해설 중국이 대만에게 우호적으로 행한 내용이 들어가야 하므로 ② concessions가 적절하다.

해석 중국은 타이완[대만]에서 본토 중국과의 통일에 우호적인 여론을 강화하기 위한 노력의 일환으로 타이완에 대한 일련의 무역상의 양보를 제의했다.

어휘 **a series of** 일련의 / **boost** 강화하다, 북돋다 / **public sentiment** 여론 / **in favor of** ~에 이익이 되도록, ~에 찬성하여 / **reunification** 통일 / **mainland** 본토 / **concession** (정치적, 사업적) 양보 / **embargo** 금수 조치, 통상 금지 / **plight** 곤경, 궁지

010

» 정답 ③

다음 빈칸에 가장 알맞은 것은?

I am sure you know that our history is filled with uneducated or poorly educated millionaires, who didn't let this supposed ______________ hold them back.

① affluence ② foothold
③ shortcoming ④ windfall

해설 많은 백만장자에게 있어 교육을 받지 못한 것이 성공의 걸림돌은 아니었다는 취지의 글이다. 따라서 ③ shortcoming이 가장 적절하다.

해석 내가 확신하건대 여러분도 알다시피 우리의 역사는 교육을 못 받았거나 제대로 교육받지 못한 백만장자들이 가득하지만, 이런 결점도 그들을[성공을] 방해할 수는 없었다.

어휘 **be filled with** ~로 가득 차다 / **uneducated** 교육받지 못한 / **supposed** 여겨지던, 소위 / **hold back** 저지하다, 방해하다 / **affluence** 풍부함, 부유함 / **foothold** (성공의) 기반, 확고한 발판 / **shortcoming** 결점, 단점, 부족 / **windfall** 뜻밖의 행운

011

» 정답 ②

다음 빈칸에 가장 적절한 것은?

Parkinson's syndrome is described as an ______________ malady that gradually threatens one's quality of life as it progresses.

① acute ② insidious
③ nonchalant ④ rapid

해설 서서히 삶의 질을 위협해 간다는 파킨슨병을 설명하고 있는 글이므로 빈칸에 ② insidious가 적절하다.

해석 파킨슨 증후군은 병이 진행될수록 서서히 한 개인의 삶의 질을 위협하는 잠행성(서서히 퍼지는) 질병으로 설명되고 있다.

어휘 **syndrome** 증후군 / **describe** 설명하다, 묘사하다 / **malady** 병, 심각한 문제 / **gradually** 서서히 / **threaten** 위협하다 / **quality** 질 / **progress** ① 진행하다 ② 발전[진보]하다 / **acute** ① 급성의 ② 예리한 / **insidious** 서서히 퍼지는 / **nonchalant** 무관심한, 차분한 / **rapid** 급속도의

012

» 정답 ②

다음 빈칸에 들어갈 말로 가장 적절한 것은?

The hare regained consciousness during an experimental surgery owing to the inadequate amount of ______________ being administered.

① euthanasia ② anesthetic
③ euphoria ④ sincerity

해설 실험 도중 마취제의 부족으로 토끼가 의식을 다시 찾았다는 내용의 글이므로 빈칸에 가장 적절한 것은 ② anesthetic이다.

해석 그 산토끼는 투여된 마취제의 부족으로 실험 수술 도중 의식을 되찾았다.

어휘 **hare** 산토끼 / **regain** 다시 얻다 / **consciousness** 의식 / **experimental** 실험의 / **surgery** 수술 / **owing to** ~ 때문에 / **inadequate** 부적절한, 적당하지 않은 / **administer** ① 집행하다 ② 관리[운영]하다 ③ 약을 투여하다 / **euthanasia** 안락사 / **anesthetic** 마취제 / **euphoria** 희열 / **sincerity** 진실됨

013

» 정답 ③

다음 빈칸에 들어갈 말로 가장 적절한 것은?

Most nations agreed with the proposal to cut down on pollution. However, some participants wondered about the ______________ of such a proposal.

① conjecture ② curtailment
③ viability ④ interference

해설 대부분의 국가는 동의했지만 몇몇 나라들은 그 제안에 대해 의문을 제기했다는 내용의 글이므로 문맥상 정답은 ③ viability가 된다.

해석 대부분의 국가들은 오염을 줄여야 한다는 제안에 동의했다. 하지만 일부 참여자들은 그러한 실행가능성에 관해 의문을 가졌다.

어휘 **proposal** 제안 / **cut down** 삭감하다(=curtail) / **participant** 참가자 / **wonder** 궁금해하다 / **conjecture** 추측(하다) / **curtailment** 삭감 / **viability** ① 실행가능성 ② 생존능력 / **interference** 간섭, 방해

014

» 정답 ③

다음 빈칸에 가장 알맞은 것은?

If you have a talent, use it in every which way possible. Don't ______________ it like a miser. Spend it like a millionaire intent on going broke.

① extort ② lavish
③ hoard ④ squander

해설 이 글은 재능이 있다면 구두쇠처럼 아껴 두지 말고 쓰라는 취지의 글이다. 따라서 ③ hoard가 빈칸에 가장 적절하다.

해석 재능이 있거든 가능한 모든 방법으로 사용하라. 구두쇠처럼 쌓아 두지 마라. 파산하려는 백만장자처럼 아낌없이 써라.

어휘 talent 재능 / every which 어느 것이든 / miser 구두쇠 / millionaire 백만장자 / intent on ~을 꾀하는, 작정한 / go broke 파산하다 / extort 갈취하다, 착취하다 / lavish 낭비하다 / hoard 비축하다, 쌓아두다 / squander 낭비하다, 허비하다

015

» 정답 ②

다음 빈칸에 가장 적절한 것은?

For all a great number of firms ____________ in the past recession, some of them gained their feet again.

① came down to earth ② went to the wall
③ put on airs ④ sit on the fence

해설 불경기에도 불구하고 많은 회사들이 다시 일어섰다는 내용의 글이다. 따라서 빈칸에 ② went to the wall이 가장 적절하다.

해석 비록 지난 불경기에 수많은 회사들이 궁지에 빠졌지만, 몇몇 회사들은 재기에 성공했다.

어휘 for all ~에도 불구하고 / a (great) number of 많은 / firm ① 회사 ② 확고한, 굳은 / recession 불황, 불경기 / gain one's feet 재기하다, 일어서다 / come down to earth 제정신이 들다 / go to the wall 실패하다, 궁지에 몰리다 / put on airs 잘난 체하다 / sit on the fence 중립적인 자세를 취하다

016

» 정답 ③

다음 빈칸에 가장 적절한 것은?

The budding writer appeared awkward and ____________ with the sustained applause from audience that greeted him.

① calling off ② got even with
③ ill at ease ④ hitting the ceiling

해설 계속되는 박수에 어색하고 불편한 심정을 나타내고 있는 ③ ill at ease가 적절하다.

해석 그 신인 작가는 자신을 환영하는 청중들의 지속적인 박수갈채에 어색하고 불편한 것 같았다.

어휘 bud 싹(이 트다), 봉오리 *budding 싹이 트는, 신예의 / awkward 어색한, 불편한 / sustained 지속적인, 계속되는 *sustain 지속시키다, 견디다 / applause 박수(갈채) / greet 환영하다, 맞이하다 / call off 취소하다 / get even with ~에 복수하다 / ill at ease 불편해 하는 / hit the ceiling 격노하다, 길길 날뛰다

017

» 정답 ②

다음 빈칸에 가장 알맞은 것은?

Jerry was indifferent to his dog and the TV set, deeply ____________ the new book-of-the-month that had come in the mail.

① lost to ② engrossed in
③ sensible of ④ apprehensive of

해설 책 이외에 다른 것에는 관심이 없다는 내용을 통해서 ② engrossed in을 추론해 낼 수 있다.

해석 Jerry는 그의 개와 TV에 신경도 쓰지 않고, 우편으로 배송된 새로운 이달의 책에 푹 빠져 있었다.

어휘 indifferent 무관심한 / deeply 매우, 깊이 / book-of-the-month 이달의 책[베스트셀러] / in the mail 우편으로 / lost to ~에 전혀 신경 쓰지 않는 / engrossed in ~에 열중한, ~에 정신을 뺏긴 / sensible of ~을 알고 있는 *sensitive 예민한, 민감한 / apprehensive of ~을 걱정하는

018

» 정답 ①

다음 빈칸에 가장 알맞은 것은?

Microsoft in U.S had filed a suit against Samsung Electronics in New York last year after trying unsuccessfully to resolve its disagreement with Samsung on a 2011 royalty agreement. It had claimed that Samsung Electronics unilaterally decided not to ____________ the contract.

① abide by ② ascribe to
③ plead with ④ let out

해설 2011년 삼성과 MS의 합의가 지켜지지 않아 Microsoft사가 소송을 제기했다는 기사 내용이다. 따라서 빈칸은 ① abide by가 가장 적절하다.

해석 작년 New York에서는 미국의 Microsoft사가 삼성전자를 상대로 소송을 제기했는데 그 전에 2011년 삼성과 특허권 사용 합의에 관한 의견 차이를 해결하지 못했기 때문이다. Microsoft의 주장에 따르면 삼성 측이 일방적으로 계약(2011년 합의)을 준수하지 않기로 결정했다는 것이다.

어휘 file 제기하다, 제출하다 / suit(=lawsuit) 소송, 탄원 / against ~을 상대로, 대항하여 / resolve 해결하다 / disagreement 의견 대립 *agreement 합의, 동의 / royalty 로열티, 특허권 사용료 / claim 주장하다 / unilaterally 일방적으로 / contract 계약 / abide by (계약, 합의 등을) 지키다, 준수하다 / ascribe to ~의 탓으로 돌리다 / plead with ~에 항변하다, 청원하다 / let out 파기하다

019

» 정답 ④

다음 빈칸에 가장 적절한 것은?

It is imperative that the contract for nuclear generating capacity take into strict account the anticipated costs including reprocessing and decommissioning of plant, ____________ the disposal of waste.

① nothing but ② more or less
③ anything but ④ let alone

해설 핵 발전 시설 계약 시 반드시 고려해야 하는 예상 비용에 관한 내용이다. 따라서 문맥상 ④ let alone이 빈칸에 가장 적절하다.

해석 핵 발전 시설의 계약에서 폐기물 처리는 말할 것도 없고, 재처리와 발전소 해체를 포함하는 예상 비용을 꼼꼼하게 고려해야 하는 것은 필수적이다.

어휘 imperative 필수적인 / contract 계약 / nuclear 핵(의) / generate 생산하다, 전기를 얻다 / capacity ① 능력 ② 시설 / take into account 고려하다 / strict 엄격한, 꼼꼼한 / anticipate 예상하다 / reprocess 재처리 / decommission 해체하다 / plant ① 공장 ② 식물(을 심다) / disposal 처리, 처분 / waste 쓰레기 / nothing but 단지, 다만, 오직 / more or less 다소, 약간 / anything but 결코 ~이 아닌

020

≫ 정답 ②

다음 빈칸에 가장 적절한 것은?

The new prime minster announced in his inauguration that corruption is like a cancer that creates distrust of the government. He will adopt a zero tolerance policy and ______________ corruption from officialdom. The Prime Minister's Office will take a leading role in the anti-corruption campaign.

① keep abreast of ② root out
③ lay aside ④ leave out

해설 신임 국무총리의 취임사에서 반부패에 앞장서겠다는 내용이다. 따라서 문맥상 ② root out이 빈칸에 가장 알맞다.

해석 신임 국무총리는 그의 취임사에서 부패는 정부를 불신하게 만드는 암과 같다고 말했다. 어떠한 관용도 용납되지 않을 것이며 관료 집단의 부정부패를 뿌리 뽑겠다고 말했다. 새 총리의 집무실은 반부패 운동에 앞장서는 역할을 하겠다고 밝혔다.

어휘 **prime minster** 수상, 국무총리 / **inauguration** 취임사 / **corruption** 부패 / **distrust** 불신 / **tolerance** 관용 / **policy** 정책 / **officialdom** (못마땅한 의미) 관료 집단 / **leading** 선도하는, 앞장서는 / **role** 역할 / **anti-corruption** 반부패 / **campaign** 운동, 캠페인 / **keep abreast of** ~와 보조를 맞추다 / **root out** 뿌리 뽑다, 근절하다 / **lay aside** (미래를 위해) 비축하다, 저축하다 / **leave out** 빼먹다, 생략하다

021

≫ 정답 ③

다음 빈칸에 가장 적절한 것은?

While denouncing the nuclear test in North Korea, liberal groups demanded the government ______________ North Korea and the United States to open a dialogue.

① pass for ② run over
③ prevail on ④ do away with

해설 핵 실험을 한 북한을 비난했으나 대화의 장으로 나오게 설득해야 한다는 글이다. 따라서 ③ prevail on이 빈칸에 가장 적절한 어휘이다.

해석 진보 단체는 핵 실험을 비난했으나 정부가 북한과 미국을 설득하여 대화하도록 해야 한다고 했다.

어휘 **denounce** 비난하다 / **nuclear test** 핵 실험 / **liberal group** 진보 단체 ***liberal** 자유로운, 진보적인 / **demand** 요구하다 / **pass for** ~으로 통하다 / **run over** (차로) 치다 / **prevail on** 설득하다 / **do away with** 없애다, 제거하다

022

≫ 정답 ③

다음 빈칸에 가장 적절한 것은?

The truth commission and the special prosecutor should ____________ in their probe into the ferry Sewol tragedy. Only when we know all the truth of what happened and who are held accountable, can we make progress as a nation and prevent such accidents from happening again.

① make head or tail ② loose their temper
③ leave no stone unturned ④ read between the lines

해설 세월호 참사 조사와 관련해 책임자와 원인을 확실히 찾아내야 한다는 취지의 글이다. 따라서 ③ leave no stone unturned가 빈칸에 가장 적절한 의미의 숙어이다.

해석 진실 조사 위원회와 특검은 세월호 참사를 조사하는 데 있어서 모든 방법을 총동원해야 한다. 무슨 일이 일어났고 누구에게 책임이 있는지에 대한 모든 진실을 우리가 알게 될 때, 한 국가로서 발전할 수 있을 것이며 이런 사건이 다시는 일어나지 않도록 할 수 있을 것이다.

어휘 **commission** 위원회 / **prosecutor** 검사 / **probe** 조사하다, 탐사하다 / **tragedy** 참사, 재앙 / **accountable** 책임이 있는 / **make progress** 진보하다, 발전하다 / **prevent** 막다, 예방하다 / **make head or tail** ~을 이해하다 / **loose one's temper** 부아가 나다, 이성을 잃다 / **leave no stone unturned** 온갖 수를 다 쓰다 / **read between the lines** 행간을 읽다, 숨은 뜻을 파악하다

023

≫ 정답 ①

다음 빈칸에 가장 적절한 것은?

Small scale businessmen in particular are already groaning under the burden ______________ introduced by the Government.

① red tape ② blue pages
③ red cap ④ blue streak

해설 글의 흐름상 영세업자들이 정부로 인해 느끼고 있는 힘든 점에 대해 말하고 있다. 따라서 ① red tape이 가장 적절한 표현이다.

해석 특히 소규모 영세업자들은 이미 정부의 불필요한 형식적인 절차가 주는 부담에 시달리고 있다.

어휘 **particular** 특히 / **groan** 신음하다, 끙끙대다 ***groan under** ~한 상황에서 힘들어하다 / **burden** 짐, 부담 / **introduce** 도입하다, 소개하다 / **red tape** 불필요한 형식 / **blue pages** (관공서) 전화번호부 / **red cap** 수하물 운반인(= **porter**) / **blue streak** 길고 장황한 말, 번갯불(처럼 빠른 것)

024

≫ 정답 ①

다음 밑줄 친 부분에 들어갈 가장 적절한 것을 고르시오.

More people in Korea are reporting child abuse and more reported cases are being brought to justice. According to the welfare ministry nearly 18-thousand cases of child abuse were registered last year, of which roughly 98-hundred cases were confirmed and flagged for monitoring. That's about a 44 percent increase from the number in 2013. Experts ______________ the increase to a special law that went into effect that strengthens punishments for child abuse.

① attribute ② affiliate
③ renounce ④ rebuke

해설 아동 학대에 대한 신고가 늘어난 이유에 관한 보도문이다. 이러한 증가(the increase)의 원인이 특별법(a special law) 때문이라는 글을 나타내고 있으므로 따라서 원인과 결과의 관계를 나타내는 ① attribute A to B가 빈칸에 가장 적절한 어휘이다.

해석 한국에서 더 많은 사람들이 아동 학대를 신고하고 있고 더 많은 신고된 사건들이 심판을 받고 있다. 복지부에 따르면 거의 18,000건의 아동 학대 신고가 작년에 접수되었고 그 중 약 9,800건 정도가 확인되었으며 감시 대상으로 지정되었다. 이는 2013년에 비해 약 44퍼센트가 증가된 것인데, 전문가에 따르면 이러한 증가의 원인은 아동 학대에 대한 처벌을 강화하는 특별법이 실효를 거두게 되었기 때문으로 본다.

어휘 **report** 신고하다, 보고하다 / **abuse** ① 학대 ② 오용, 남용 ***child abuse** 아동 학대 / **bring to justice** 법의 심판을 받다 / **welfare** 복지 / **ministry** 부, 기관 / **case** 사건 / **register** 등록하다, 접수하다 / **confirm** 확정하다, 확인하다 / **flag** ① 표시하다, 지정하다 ② 깃발 /

monitor 감시하다 / go into effect 실효를 거두다, 성과를 내다 / strengthen 강화하다 / attribute 결과로 보다 / punishment 처벌 / affiliate 제휴하다, 연계하다 / renounce 포기하다, 단념하다 / rebuke 비난하다

025

>> 정답 ④

다음 빈칸에 가장 적절한 것은?

In America, the president is usually the ______________ leader of the ruling party. The practical authority is exercised by the members of the political party.

① anonymous ② notorious
③ authentic ④ nominal

해설 미국에서 실제 권력은 대통령보다 의원들이 행사한다는 글의 내용이 있으므로, 빈칸에는 ④ nominal이 가장 적절한 어휘이다.

해석 미국에서, 대통령이란 대개 집권당의 이름뿐인 지도자이다. 실제 권력은 그 정당 구성원들에 의해서 행사된다.

어휘 **rule** 지배하다, 집권하다 ***ruling party** 집권당, 여당 / **party** ① 정당, 당 ② 단체 ③ 파티 / **practical** 실제적인, 실현 가능한 / **authority** 권력, 권한 / **exercise** ① 행사하다, 실행하다 ② 연습하다 / **anonymous** 익명의 / **notorious** 악명 높은 / **authentic** 진정한, 확실한 / **nominal** 이름뿐인

026

>> 정답 ③

다음 빈칸에 가장 적절한 것은?

Business is all about relationships. You may have to dig deep into your network or even forge new connections, but the effort will be worth it. An employer knowing that someone they trust is willing to ______________ you can help you get an interview or even a job.

① pick on ② inquire of
③ vouch for ④ stand up to

해설 구직 시 고용주 측에서 믿을 만한 사람의 행동이 구직에 도움이 되어야 한다. 따라서 ③ vouch for이 빈칸에 가장 알맞은 표현이다.

해석 비즈니스는 모든 것이 인맥으로 이루어진다. 당신은 당신의 인맥을 더 깊게 파거나 새로운 인맥을 구축해야 할 수도 있으나 그 노력은 그럴만한 가치가 있을 것이다. 고용주가 믿을 수 있는 사람이 당신을 보증한다면 적어도 인터뷰 기회를 얻거나, 직장을 얻는 데 도움이 될 수 있다.

어휘 **dig** 파다, 구하다 / **network** ① 망, 연결 ② 인맥 / **forge** ① 구축하다 ② 위조하다 ③ 대장간, 제철소 / **be worth** ~할 만한 가치가 있다, ~할 보람이 있다 / **be willing to** ⓥ 기꺼이 ⓥ하다 / **pick on** ~을 괴롭히다 / **inquire of** ~에게 묻다 / **vouch for** 보증하다 / **stand up to** 저항하다, 맞서다

027

>> 정답 ②

다음 빈칸에 가장 적절한 것은?

Because the body of the snake is well ______________ between dead leaves, the frog or lizard becomes easy prey when mistaking the tail for something to eat.

① transparent ② camouflaged
③ temperamental ④ conspicious

해설 개구리나 도마뱀이 뱀을 인지하지 못해 잡혀 먹히는 상황을 묘사한 글이다. 따라서 빈칸에는 ② camouflaged가 적절한 어휘이다.

해석 뱀의 몸통은 낙엽 사이에서 잘 위장되기 때문에, 꼬리를 먹을 것으로 오인했을 때 개구리나 도마뱀은 쉬운 먹잇감이 된다.

어휘 **dead leaf** 낙엽, 마른 잎 / **lizard** 도마뱀 / **prey** 먹잇감 / **mistake A for B** A를 B로 오인하다 / **transparent** 투명한 / **comouflage** 위장하다 / **temperamental** 신경질적인, 괴팍한 / **conspicious** 눈에 잘 띄는

028

>> 정답 ①

다음 빈칸에 가장 적절한 것은?

She had a physical therapy session yesterday morning in order to ______________ the stiffness of her neck which resulted from constant computer tasks.

① alleviate ② aggravate
③ elaborate ④ eloquate

해설 물리 치료를 받은 이유는 뻣뻣한 목을 치료할 목적이므로 ① alleviate가 빈칸에 적절한 어휘이다.

해석 그녀는 어제 아침에 물리 치료를 받아서 지속적인 컴퓨터 업무로 뻣뻣해진 목을 완화시키려 했다.

어휘 **physical** 신체적인, 물리적인 / **therapy** 치료 / **stiffness** 뻣뻣함, 경직 / **result from** ~로 기인한 / **constant** 지속적인, 끊임없는 / **task** 업무, 일 / **aggravate** 악화시키다 / **alleviate** 완화하다 / **elaborate** ① 정교한 ② 공들인 ③ 자세히 말하다 / **eloquate** 달변으로 말하다, 유창히 말하다

029

>> 정답 ④

다음 빈칸에 들어갈 말로 적절하지 않은 하나는?

That the company can do so with such __________ is counterevidence of how dysfunctional the patent system in the United States has become.

① exemption ② exoneration
③ impunity ④ equanimity

해설 미국의 특허 제도가 제 기능을 다하지 못하는 이유는 처벌 받지 않기 때문이라는 내용의 글이므로 빈칸에 들어가기에 적절하지 않은 하나는 ④ equanimity이다.

해석 그 회사가 이렇게 아무런 처벌도 받지 않고 지낼 수 있다는 것은 미국의 특허 제도가 얼마나 제 기능을 다하지 못하게 되었는가에 대한 반증이다.

어휘 **counterevidence** 반증 / **dysfunctional** 제 기능을 못하는 / **patent** 특허 / **exemption** 면제 / **impunity** 벌 받지 않음(=**exoneration**) / **equanimity** 침착, 냉정

030

>> 정답 ③

다음 빈칸에 가장 적절한 것은?

There's good chance that a couple living together will never ______________. Estimates from experts are that 50 to 60 percent of cohabitants is unlikely to marry each other.

① burn their bridges ② get worked up
③ tie the knot ④ save their faces

해설 동거하는 사람들은 결혼하지 않을 가능성이 높다는 내용의 글이다. 따라서 빈칸에 ③ tie the knot가 가장 적절한 관용적 표현이다.

해석 동거하는 커플은 결혼하지 않을 가능성이 매우 높다. 전문가들의 추산에 따르면 동거하는 커플 가운데 50~60%는 서로 결혼하지 않을 가능성이 있다고 한다.

정답과 해설

어휘 **good chance** 높은 가능성 / **estimate** 추산, 추정치 / **cohabitant** 동거하는 사람 / **be unlikely to** ~하기 쉽다 / **burn one's bridge** 배수의 진을 치다 / **get worked up** 흥분하다 / **tie the kont** 결혼을 하다 / **save one's face** 체면을 차리다, 면목을 세우다

031

» 정답 ③

다음 빈칸에 가장 적절한 것은?

Most pet owners assume that their small creatures are incapable of springing at a child. This is an absolute nonsense. The most docile canines have been known to ______________ a child, unprovoked.

① hustle up ② embark on
③ turn on ④ shudder at

해설 순한 개라도 아이에게 덤벼들 수 있다는 내용의 글이다. 따라서 ③ turn on이 빈칸에 가장 적절한 표현이다.

해석 대부분의 애완동물 주인들은 그들의 작은 동물이 아이들에게 덤벼드는 일은 없을 거라 생각한다. 이것은 완전히 터무니없는 생각이다. 가장 유순한 개도 자극을 받지 않아도 아이들에게 덤벼들 수 있다고 알려져 있다.

어휘 **assume** 추정하다, 생각하다 / **creature** 생명체 / **incapable** 불가능한, 능력이 없는 / **spring at** 뛰어들다, 덤벼들다 / **nonsense** 허튼소리, 터무니없는 생각 / **docile** 유순한, 고분고분한 / **canine** 개 / **unprovoked** 이유 없는, 자극되지 않은 / **hustle up** 서두르다 / **embark on** ~에 착수하다, ~에 나서다 / **turn on** ~에 달려있다, 덤벼들다 / **shudder at** ~에 몸을 떨다, ~에 무서워 떨다

032

» 정답 ②

다음 빈칸에 들어갈 말로 가장 적절한 것은?

I wish Paul and Ted would forget about their old quarrel. It's time they ______________ and became friends again.

① knew their onions ② buried the hatchet
③ turned up trumps ④ called the shots

해설 Paul과 Ted가 더 이상 싸우지 말고 사이좋게 지냈으면 좋겠다는 내용의 글이므로 정답은 ② buried the hatchet가 된다.

해석 나는 Paul과 Ted가 그들의 묵은 말다툼에 대해 잊어버리면 좋겠다. 그들은 이제 화해하고 다시 친구가 될 때이다

어휘 **quarrel** 논쟁, 말다툼 / **know one's onions** (자기 일에) 정통[능숙]하다 / **bury the hatchet** 화해하다 / **turn up trumps** 기대 이상의 성과를 거두다 / **call the shots** 지휘하다, 명령하다

033

» 정답 ①

다음 빈칸에 들어갈 표현으로 가장 적절한 것은?

Naturally formed caves evolve mainly as a result of the solvent action of water and chemical compounds it contains. Known as solution caves, they are most common in regions that have ______________ water.

① ample ② fermented
③ contaminated ④ purified

해설 자연 동굴은 물의 용해 작용에 의해 생성된다는 설명이 문두에 있다. 따라서 ① ample이 빈칸에 적절한 어휘이다.

해석 자연적으로 형성된 동굴은 주로 물의 용해 작용과 물에 포함된 화합물의 결과로 발달한다. 용해 동굴로 알려진 이 동굴들은 풍부한 물이 있는 지역에 가장 흔히 분포한다.

어휘 **evolve** 발달하다 / **mainly** 주로 / **solvent** ① 용해력이 있는, 녹이는 ② 용제, 용매 ③ 지불 능력이 있는 ***solution** ① 용해, 용식 ② 해결책 / **compound** ① 화합물, 복합체 ② 합성의 / **contain** 포함하다 / **common** ① 흔한 ② 공통의 / **ample** 풍부한 / **fermented** 발효된 / **contaminated** 오염된 / **purified** 정화된

034

» 정답 ④

다음 빈칸에 들어갈 말로 가장 적절한 것은?

The delicate look and feel of silk are deceptive. It is a strong, rough natural fiber. To the naked eye, it appears to be sleek, but under the microscope, cultivated silk fiber looks ______________. It is the coolest of hot-weather fabrics, it can absorb up to 30 percent of its weight in moisture without feeling wet.

① water-proof ② damp
③ fancy ④ coarse

해설 눈에 보이는 것과 달리 비단이 거칠다는 내용의 글이다. 따라서 ④ coarse가 빈칸에 가장 적절한 어휘이다.

해석 비단이 가진 연약해 보이는 외견이나 감촉은 속임수다. 비단은 강하고 거친 천연 섬유다. 맨눈으로 보면 매끄러워 보이지만, 현미경으로 보면 재배한 (천연) 비단 섬유는 거칠어 보인다. 이 섬유는 더운 날씨에 입는 직물 중에 가장 시원하다. 비단은 자신의 무게의 30%까지 수분을 흡수할 수 있는데 축축한 느낌을 주지 않는다.

어휘 **delicate** 연약한, 부서지기 쉬운 / **deceptive** 기만하는, 속이는 / **rough** 거친 / **fiber** 섬유(질) / **naked** 벌거벗은, 아무것도 걸치지 않은 / **sleek** 매끄러운, 윤이 나는 / **microscope** 현미경 / **cultivate** 경작하다, 재배하다 / **water-proof** 방수의 / **damp** 축축한 / **fancy** 원하다 / **coarse** 거친

035

» 정답 ③

다음 빈칸에 들어갈 말로 가장 적절한 것은?

Kuwait is ______________ with enormous reserves of oil and capital, boasting an excellent port on Persian Gulf.

① acquainted ② toppled
③ bulging ④ dispensing

해설 쿠웨이트가 가진 자원과 훌륭한 항구를 자랑하는 내용이다. 따라서 ③ bulging이 빈칸에 가장 적절한 어휘이다.

해석 쿠웨이트는 엄청난 석유 매장량과 자본금으로 가득 차 있으며 페르시아만에 있는 훌륭한 항구를 자랑하고 있다.

어휘 **enormous** 엄청난, 많은 / **reserve** ① 보존하다 ② 매장량 / **capital** ① 수도 ② 자본(금) ③ 대문자 / **boast** 자랑하다 / **port** 항구 / **gulf** 만 / **acquaint** 익히다, 알리다 ***be acquainted with** ~와 친분이 있다, ~에 정통하다 / **topple** 넘어뜨리다, 몰락시키다 / **bulge** 가득 차다 / **dispense** 나누어 주다, 분배하다 ***dispense with** ~을 없애다, 제거하다

036

>> 정답 ①

다음 빈칸에 들어갈 말로 가장 적절한 것은?

It's best not to ask people how their marriage life is going if they are ______________ about discussing their personal lives.

① touchy ② pathetic
③ extroverted ④ zealous

해설 결혼 생활 같은 질문을 하지 않는 게 낫다는 글의 내용으로 미루어 보아 사적인 질문에 부정적이라고 추론할 수 있다. 따라서 ① touchy가 빈칸에 가장 적절한 어휘이다.

해석 만약 자신의 개인사에 대해 말하는 데 민감한 사람이라면, 그들에게 그들의 결혼 생활이 어떤지에 관해 묻지 않는 것이 최선이다.

어휘 **touchy** 민감한, 과민한 / **pathetic** ① 불쌍한, 애처로운 ② 한심한 / **extroverted** 외향적인(= **outgoing**) ***introverted** 내성적인 / **zealous** 열성인, 열정적인(= **enthusiastic**)

037

>> 정답 ④

다음 빈칸에 들어갈 표현으로 가장 적절한 것은?

Statistics indicate that children who have innate nearsightedness are increasingly outnumbered by those who have a(n) __________ form of the ailment.

① congenital ② epidemic
③ chronic ④ acquired

해설 outnumber(~보다 수가 많다)를 기준으로 선천적인(innate) 근시를 가진 아이들과 대비되는 내용인 후천적인 근시를 가진 아이들의 내용이 나와야 한다. 따라서 ④ acquired이 빈칸에 가장 적절한 어휘이다.

해석 통계에 따르면 선천적인 근시를 가진 아이들보다 후천적인 형태의 근시를 가진 아이들의 수가 점차 늘어나는 것을 보여 준다.

어휘 **statistic** 통계(자료) / **indicate** 나타내다, 보여 주다 / **innate** 선천적인, 타고난 / **nearsightedness** 근시(= **myopia**) ***farsightedness** 원시 / **A outnumber B**(= **B be outnumbered by A**) A가 B보다 수가 더 많다 / **form** 형태 / **ailment** 질병 / **congenital** 타고난, 선천적인(= **inherent, genetic**) / **epidemic** ① 전염병 ② 전염성의(= **contagious**) ③ 보급, 유행 / **chronic** 만성의 / **acquired** 습득한, 후천적인

038

>> 정답 ①

다음 빈칸에 들어갈 표현으로 가장 적절한 것은?

Neuroscientists have long known that each hemisphere of the human brain specializes in certain activities. The left brain is better at language and analytical skills and the right brain is more ______________ at spatial relation and figure pattern recognition.

① adept ② adhesive
③ inert ④ inept

해설 좌뇌와 우뇌가 서로 다른 능력에 있어 뛰어나다는 설명에 관한 글이다. 문맥상 ① adept가 빈칸에 가장 적절한 어휘이다.

해석 신경 과학자들은 인간 뇌의 각각의 반구가 특정 활동에 전문화되어 있다는 사실을 오래 전부터 알고 있었다. 좌뇌는 언어와 분석력에 있어 더 뛰어나고 우뇌는 공간적 관계와 도형 인식에 더 능숙하다.

어휘 **neuroscientist** 신경 과학자 / **hemisphere** 반구 / **specialize in** ~에 특성화하다 / **analytical** 분석적인 / **spatial** 공간의 / **figure** ① 수치 ② 인물 ③ 도형 / **recognition** 인식 / **adept** 능숙한 / **adhesive** ① 접착제 ② 들러붙는(= **clinging, sticking**) / **inert** 기력이 없는, 비활성의(= **inactive**) / **inept** 서투른, 솜씨 없는(= **clumsy, poor, unskilled**)

Chapter 01 대화 완성

001

≫ 정답 ①

다음 대화 중 빈칸에 가장 알맞은 것을 고르시오.

A : Can I cash my traveler's check?
B : Yes, of course. ____________
A : Three twenties and five tens, please.

① How do you want this?
② What do you want this for?
③ Would you give me changes?
④ Can I have a look at it.

해설 여행자 수표를 현금으로 바꾸는 상황이다. 이때 B가 환전 방식을 묻고 있으므로 빈칸에 ① '어떻게 해 드릴까요?'가 된다.

해석 A : 여행자 수표를 현금으로 바꿔 주시겠어요?
B : 예, 물론이죠. 어떻게 해[바꿔] 드릴까요?
A : 20불짜리 3장하고 10불짜리 5장으로 바꿔 주세요.
① 어떻게 해 드릴까요?
② 이 수표가 무엇 때문에 필요합니까?
③ 잔돈은 저에게 주시겠습니까?
④ 한 번 봐도 될까요?

어휘 **cash a check** 수표를 현금으로 바꾸다 / **change** 잔돈

002

≫ 정답 ②

다음 빈칸에 가장 적절한 것을 고르시오.

Father : Why so blue, Rachel?
Rachel : My golf score is on the skids.
Father : ____________, Rachel. There are millions people who can't afford to play golf in this country.

① That's my favorite color
② Count your blessings
③ That does it
④ I play truant

해설 빈칸 뒤에 많은 사람들이 골프를 칠 수도 없는 형편이라는 내용이 있으므로 빈칸에는 ② '복 받은 줄 알아야지'가 적절하다.

해석 Father : Rachel, 왜 그렇게 축 처진거니?
Rachel : 골프 성적이 나빠지고 있어요.
Father : 복 받은 줄 알아야지, Rachel. 이 나라에는 골프를 칠 형편도 못되는 수백만의 사람들이 있단다.
① 그것은 내가 좋아하는 색이야
② 복 받은 줄 알아야지
③ (말을 중간에 끊을 때) 됐다
④ 나는 땡땡이를 친다

어휘 **blue** 우울한, 의기소침한 / **on the skids** 내리막길에 있는, 실패할 것 같은 / **afford** 형편이 되다 / **play truant** 땡땡이치다

003

≫ 정답 ①

다음 밑줄 친 부분에 가장 적절한 것은?

A : Mr. and Mrs. Edwards have such wonderful children!
B : Sure, they do.
A : Their children are very well mannered!
B : That's true.
A : And they are so friendly to everybody in the neighborhood.
B : ____________

① I couldn't agree with you more.
② The ball's in your court.
③ I can't afford it.
④ It's beyond my comprehension.

해설 문맥상 ① '전적으로 당신의 의견에 동의합니다.'가 가장 적절하다.

해석 A : Edward 부부는 참 훌륭한 자식을 두었더군요.
B : 정말 그래요.
A : 자식들이 예의가 참 바르더군요.
B : 옳은 말이에요.
A : 그리고 동네의 모든 사람에게 정말 친절하던데요.
B : 전적으로 당신의 의견에 동의해요.
① 전적으로 당신의 의견에 동의해요.
② 그것은 당신한테 달렸어요.
③ 나는 그것을 할 여유가 없어요.
④ 그것은 내 이해 범주를 뛰어넘었어요.

004

≫ 정답 ②

다음 밑줄 친 부분에 가장 적절한 것은?

A : Can you use chopsticks, Mr. White?
B : Oh, yes. I can even pick up these peanuts with them. Watch me do it there!
A : Well-done, you're real expert with chopsticks now.
____

① I wish I could use chopsticks well.
② I couldn't do better myself.
③ You spill the peanuts all of a sudden.
④ You can say that again.

해설 문맥상 ② '나라도 더 잘할 수는 없을 것 같아요.'가 가장 적절하다.

해석 A : White 씨, 젓가락 쓸 줄 아나요?
B : 오, 그럼요, 심지어 이런 땅콩들도 젓가락으로 집을 줄도 알아요. 제가 하는 걸 보세요.
A : 정말 잘하네요, 이제 젓가락질 전문가네요! 나라도 더 잘할 수는 없을 것 같아요.
① 내가 젓가락 사용을 잘하길 바라요.
② 나라도 더 잘할 수는 없을 것 같아요.
③ 당신이 갑자기 땅콩을 쏟았네요.
④ 전적으로 (당신 말에) 동의해요.

005

» 정답 ②

다음 밑줄 친 부분에 들어갈 표현으로 가장 적절한 것을 고르시오.

A : The long and tiring commute is getting to me.
B : How long does it take you?
A : It's a two-hour drive one way. I'm considering joining a car pool.
B : ____________

① We need to pool our natural resources.
② Yeah, that'll also help the traffic congestion.
③ Compact cars have good gas mileage.
④ I agree with you, but I think it's too expensive.

해설 A가 카풀을 할 것을 고려하고 있다는 말에 대한 응답으로 가장 적절한 응답은, ② '교통 혼잡을 해소하는 데에도 도움이 될 거야.'이다.

해석 A : 긴 피곤한 통근이 나를 힘들게 해.
B : 얼마나 걸려?
A : 한 번에 (가는 데만) 2시간 운전이야. 카풀을 할까 생각 중이야.
B : 응, 그러면, 교통 혼잡을 해소하는 데에도 도움이 될 거야.
① 우리의 천연자원을 공동으로 관리할 필요가 있어.
② 응, 그러면 교통 혼잡을 해소하는 데에도 도움이 될 거야.
③ 소형차는 연비가 좋아.
④ 동의해. 하지만, 그건 너무 비싼 것 같아.

어휘 **tiring** 피곤한, 지치게 하는 / **commute** 통근, 출퇴근 / **get to somebody** ① ~에게 영향을 미치다 ② 괴롭히다 / **How long does it take you?** 얼마나 걸려? / **consider** 고려하다 / **join** 합류하다, 참가하다 / **car pool** 카풀(승용차 함께 타기) / **natural resources** 천연자원 / **traffic congestion** 교통 혼잡, 교통 체증 / **gas mileage** 연비, 가솔린 1갤런당 주행 마일 수 / **expensive** 비싼

006

» 정답 ④

다음 빈칸에 들어갈 가장 알맞은 것을 고르시오.

A : Why didn't you attend a party?
B : My dad imposed a curfew from 9 p.m.
I'm sorry. I didn't stick to my promise.
A : Oh, that's all right. I think ____________

① how your father is generous.
② you have as generous dad.
③ your dad is too a strict.
④ you have so strict a father.

해설 문맥상 아버지는 엄격한(strict) 분이기 때문에 ③ 또는 ④가 정답이 되는데, ③은 문법적인 오류가 있다[부정관사 a를 빼야 한다]. 따라서 정답은 ④가 된다.

해석 A : 왜 파티에 참석 못했어?
B : 아빠가 9시 통금을 부과했어[9시까지 집에 들어가야 했어]. 미안해. 약속을 못 지켰네.
A : 아, 그랬구나. 아빠가 엄격하신가 보다.

어휘 **attend** 참석하다 / **impose** 부과하다 / **curfew** 통행금지 / **stick to promise** 약속을 지키다 / **generous** 관대한 / **strict** 엄격한

007

» 정답 ②

다음 대화의 흐름으로 보아 빈칸에 가장 적절한 것은?

A : Shall we order? What would you like to have?
B : I'd like to have anything but seafood. I have allergies.
A : Don't worry, I'll make sure of it.
B : Thanks, the last thing I want is to ____________

① make ends meet. ② get a shot.
③ put on my tab. ④ eat a dessert.

해설 B는 해산물에 알레르기가 있다. 문맥상 적절한, 가장 원치 않는 일은 ② '주사를 맞다'이다.

해석 A : 주문할까? 뭐 먹을래?
B : 해산물 빼고 다 괜찮아. 알레르기가 있거든.
A : 걱정 마, 확실히 하도록 할게.
B : 고마워, 주사 맞는 건 정말 질색이거든.
① 겨우 먹고 살 만큼 벌다
② 주사를 맞다
③ 내 장부에 달아 두다(외상으로 하다)
④ 후식을 먹다

어휘 **order** 주문하다 / **have** 먹다 / **anything but** 절대 ~은 아닌 / **allergy** 알레르기 / **make sure** 확실히 하다, 확인하다 / **the last thing ~ is to** 결코 ~하는 것은 원치 않다

008

» 정답 ④

다음 대화의 흐름으로 보아 빈칸에 가장 적절한 것은?

A : Doctor, I've had nausea and vomiting and also a fever.
B : When did the symptoms occur?
A : I've had them since last night. I feel terrible.
B : Well, that could be caused by many things. After running a few tests I will ____________

① sterilize my gloves.
② clean the wound thoroughly.
③ revise the prescription.
④ get to the bottom of it.

해설 의사와 환자의 대화를 통해서 아직 병의 원인을 찾지 못하고 있음을 알 수 있다. 따라서 검사 후 ④ '원인을 밝혀내겠다'는 뜻이 가장 적절하다.

해석 A : 의사 선생님, 제가 메스껍고 토하고 열까지 나요.
B : 언제 이런 증상이 시작됐죠?
A : 어제 저녁부터 이랬어요. 정말 안 좋아요.
B : 음, 여러 가지 원인으로 이럴 수 있어요. 몇 가지 검사 후에 원인을 밝혀내도록 할게요.
① 내 장갑을 소독하겠다
② 상처를 깨끗이 닦아 내겠다
③ 처방전을 수정하겠다
④ 원인을 밝혀내겠다

어휘 **nausea** 메스꺼움 / **vomit** 구토하다 ***vomiting** 구토 / **fever** 열 / **symptom** 증상 / **run a test** 검사를 하다 / **sterilize** 소독하다 / **clean** 닦아 내다, 소독하다 / **wound** 상처 / **thoroughly** 철저히, 완벽하게 / **revise** 수정하다, 고치다, 다시 쓰다 / **prescription** 처방전

009

» 정답 ③

다음 대화의 흐름으로 보아 빈칸에 가장 적절한 것은?

A : Where is Alice? Is she absent from work?
B : I've got a call from her husband. She is in labor.
A : Really? Is this time her second?
B : Yes, you're right. ____________________

① She shouldn't leave the office any more.
② She will be fired soon.
③ She will be on maternity leave for a while.
④ She must pay the price for the absence.

해설 She is in labor라는 표현에서 Alice가 분만 중이라는 것을 알 수 있다. 따라서 ③ '당분간 출산 휴가를 낼 것이다.'가 가장 적절한 표현이다.

해석 A: Alice 어디 간 거야? 오늘 결근한 거니?
B: 남편한테서 전화 왔었어. 분만 중이래.
A: 정말? 이번이 그녀의 둘째가?
B: 그래, 맞아. 당분간 그녀는 출산 휴가를 쓰게 될 거야.
① 더 이상 자리를 비우면 안 되는데.
② 그녀는 곧 해고당할 거야.
③ 그녀는 당분간 출산 휴가를 쓰게 될 거야.
④ 결근한 것에 대한 대가를 치러야 해.

어휘 **be absent from** ~을 결근하다 / **in labor** 분만 중인, 산통이 있는 / **fire** 해고하다 / **maternity** 임산부인, 어머니 상태인 ***maternity leave** 출산 휴가 / **pay the price** 대가를 치르다

010

» 정답 ②

다음 대화의 흐름으로 보아 빈칸에 가장 적절한 것은?

A : We've spent 15 minutes circling already.
B : What should we do? We'll be late for the luncheon.
A : There's no choice but to keep cruising around.
B : ____________________ in this area.

① I've never seen a park
② Parking is at a premium
③ I want to get a parking ticket
④ Lucky! The sign says "Fine for Parking"

해설 주차할 곳을 찾지 못한 두 친구의 대화이다. 따라서 이 지역에서 '주차하기가 힘들다'는 표현이 적절하므로 정답은 ②이다.

해석 A: 우리 벌써 15분째 빙빙 돌고 있어.
B: 어쩌지? 우리 이러다 오찬에 늦겠는걸.
A: 별 수 없지, 천천히 돌아보는 수밖에.
B: 이 동네에서 주차하기는 정말 힘들구나.
① 난 공원을 한 번도 본 적이 없어
② 주차하기는 정말 힘들구나.
③ 나는 주차 딱지를 원해
④ 앗싸! "주차 시 벌금"이라고 써 있네

어휘 **circle** 빙빙 돌다, 원 / **luncheon** 오찬 / **There is no choice but to ⓥ** ⓥ할 수밖에 없다 / **cruise** ① 순항하다 ② 돌아다니다 ***cruise around** 천천히 돌다 / **at a premium** 품귀 상태인, 구하기 힘든 / **parking ticket** 주차 위반 딱지 / **sign** ① 표지판 ② 징조 ③ 서명하다 / **fine** ① 벌금, 과태료 ② 좋은, 괜찮은

011

» 정답 ③

다음 대화에서 빈칸에 가장 잘 어울리는 속담은?

A : The President has announced his new housing project today.
B : I'm afraid the project is doomed to failure.
A : Why? The President has named three top administrators to head the project.
B : That's precisely it. You know the old saying, "____________________"

① Every cloud has a silver lining.
② Beauty is in the eyes of the beholder.
③ Too many cooks spoil the broth.
④ A little knowledge is a dangerous thing.

해설 A가 '대통령이 세 명의 최고 관리자를 임명했다'고 하자, B가 '그게 바로 문제다'라고 했으므로, 빈칸에는 ③ '요리사가 너무 많으면 스프를 망친다(사공이 많으면, 배가 산으로 간다).'가 적절하다.

해석 A: 대통령이 오늘 그의 새로운 주택 사업 계획을 발표했어.
B: 그 사업은 결국 실패할 것 같아.
A: 왜? 대통령이 그 사업을 이끌 세 명의 최고 관리자를 임명했잖아.
B: 정확히 바로 그게 문제야. 알다시피 "요리사가 너무 많으면 스프를 망친다."라는 속담이 있잖아.
① 모든 구름의 뒤편은 은빛으로 빛난다(괴로움 뒤에는 기쁨이 있다).
② 아름다움은 보는 사람의 눈에 있다(제 눈에 안경이다).
③ 요리사가 너무 많으면 스프를 망친다(사공이 많으면, 배가 산으로 간다).
④ 적은 지식이 위험하다(선무당이 사람 잡는다).

어휘 **housing project** 주택 사업 계획 / **I'm afraid** ~ (유감이지만) ~할 것 같다 / **doomed to failure** 결국 실패하게 되어 있는, 실패할 운명인 / **name** 임명하다 / **administrator** 관리자 / **head** 이끌다 / **that's it** 바로 그게 문제다, 바로 그거야 / **old saying** 속담 / **lining** 안감 / **beholder** 보는 사람 / **cook** 요리사 / **broth** 묽은 수프, 국

012

» 정답 ③

다음 대화의 흐름으로 보아 빈칸에 가장 적절한 것은?

A : Where on earth were you? I was looking all over for you.
B : I was getting my hamburger. I can get you one though.
A : ____________________ The game is starting any time soon.
B : Then, you can have a bite.

① I'm worn out.
② I'm stuffed.
③ Don't bother.
④ Don't be the demand.

해설 '햄버거 하나를 사 줄까?'라는 A의 질문에 '괜찮다', 또는 '신경 쓸 거 없다'는 뜻이 가장 적절한 대답이므로 정답은 ③이다.

해석 A: 도대체 어디 있었던 거야? 널 찾아 여기저기 다녔어.
B: 햄버거 사고 있었지. 네 것도 사 줄 수 있는데.
A: 신경 쓸 거 없어. 곧 게임 시작할 거야.
B: 그럼 한 입 먹어도 돼.
① 나 완전히 지쳤어.
② 난 배불러.
③ 신경 쓸 거 없어.
④ 이래라저래라 하지 마.

어휘 **on (the) earth** 도대체 / **any time soon** 곧 / **bite** 한 입 (물다) / **worn out** 완전히 지친, 기진맥진한 / **stuffed** 꽉 찬, 배부른 / **demand** 요구, 일, 부담

013

>> 정답 ②

다음 대화의 흐름으로 보아 빈칸에 가장 적절한 것은?

A : Excuse me, can I change to a seat with more legroom?
B : All I have are a window and a middle seat.
A : How about something in an exit row?
B : ________________ Coaches are nearly full.
A : I'll even pay to upgrade to first class if permitted.
B : I'm afraid that's not allowed during the flight.

① Call a spade a spade. ② You have a fat chance.
③ It's time to shake a leg. ④ It's a real pushover.

해설 자리를 바꾸어 달라는 A(승객)의 요청에 불가능하다는 대답을 전하는 B(승무원)의 상황이다. 따라서 ② '가망이 없어요.'가 가장 적절한 의미의 관용적 표현이다.

해석 A : 실례합니다만, 좀 더 다리를 뻗을 공간이 있는 좌석으로 바꿔 줄 수 있나요?
B : 비어 있는 자리는 창가 또는 중간 좌석뿐이네요.
A : 출구 쪽 좌석은 어떨습니까?
B : 가망이 없네요. 일반석은 거의 만석이에요.
A : 허락만 한다면 일등석으로 바꾸는 비용이라도 지불할게요.
B : 죄송합니다만 비행 중에는 불가능합니다.
① 솔직히 말하세요.
② 가망이 없네요.
③ 서둘러야 합니다.
④ 식은 죽 먹기죠.

어휘 **legroom** 다리를 뻗을 수 있는 공간 / **exit** 출구 / **row** ① 열, 줄 ② 좌석 / **coach** ① 2등석, 일반 좌석 ② 코치 / **permit** 허락하다 / **flight** 비행(기) / **call a spade a spade** 솔직히 말하다 / **fat chance** 가망이 없는 / **shake a leg** 서두르다 / **pushover** 식은 죽 먹기, 아주 쉬운 일

014

>> 정답 ③

다음 대화의 흐름으로 보아 빈칸에 가장 적절한 것은?

A : I hope I didn't make too much blunders in my recital.
B : No, you did not. You performed with verve and polish.
A : But surely, others were equally as proficient.
B : ________________

① I've seen better days.
② I'll cross my fingers for you.
③ You were cut above the rest.
④ That's a relief to hear.

해설 연주회를 망쳤을까 걱정하는 A에게 건넬 수 있는 B의 표현으로 ③ '다른 연주자보다 한 수 위였다.'라는 위로가 가장 적절하다.

해석 A : 연주회에서 큰 실수를 너무 많이 안 했다면 좋았을 텐데.
B : 안 했어, 활기차고 세련된 연주였어.
A : 하지만, 다른 연주자들도 똑같이 능숙했는걸.
B : 네가 남들보다 한 수 위였어.
① 난 더 좋은 시절도 겪어 봤는걸.
② 행운을 빌게.
③ 네가 남들보다 한 수 위였어.
④ 그 말을 들으니 안심이 되네.

어휘 **blunder** 큰 실수 / **recital** 연주회 / **perform** ① 수행하다 ② 연주하다 / **verve** 열정, 활기 / **polish** ① 광택, 윤 ② (기교가) 세련됨 / **proficient** 능숙한, 능란한 / **cross one's fingers** 행운을 빌다 / **cut above** 한 수 위의 / **relief** 안도, 편안함

015

>> 정답 ②

다음 대화의 흐름으로 보아 빈칸에 가장 적절한 것은?

A : I've just discovered that my credit card company has been charging me an annual fee of $65 for the past two years.
B : You haven't noticed that on your statement before now?
A : No. I usually just pay my bills without checking over every little item.
B : ________________

① I'm so credulous.
② It's a matter of circumspection.
③ You're all discretion.
④ I believe you are very credible.

해설 A가 돈을 지불할 때 확인하지 않는 행동에 대한 B의 의견으로 ② '이건 신중함의 문제야.'가 적절한 대화이다.

해석 A : 신용카드 회사가 연회비로 지난 2년 동안 65달러씩 부과하고 있었다는 걸 이제야 알았어.
B : 지금까지 명세서에서 알아채지 못했던 거야?
A : 응, 난 모든 작은 항목들은 확인하지 않고 보통 돈을 그냥 지불하거든.
B : 이건 신중함의 문제야.
① 난 너무 잘 속아.
② 이건 신중함의 문제야.
③ 넌 매우 신중하구나.
④ 내 생각에 넌 믿을 만해.

어휘 **charge** 청구하다, 부과하다 / **annual** 해마다, 일 년마다 / **fee** 회비, 수수료, 요금 / **statement** (은행) 고지서, 명세서 / **item** 항목, 품목 / **credulous** 잘 믿는, 잘 속는 / **circumspection** 신중함 / **discretion** 신중함 / **credible** 믿을 만한, 신용할 수 있는

016

>> 정답 ②

다음 대화의 흐름으로 보아 빈칸에 가장 적절한 것은?

A : Did you hear the news? There was a head-on collision between two trains yesterday.
B : Oh my god! There must be countless people injured.
A : There are over 200 casualties. It isn't clear exactly what lead to the catastrophe yet.
B : ________________

① More than 200 death means the worst train disaster ever.
② We cannot help but wait for the further investigation.
③ It was clear in the morning when the accident happened.
④ I guess some people had a crush on each other on the train.

해설 200명이 넘는 사상자를 냈고 원인이 아직 명확하지 않다는 A의 말에 대한 대답으로 ② '더 깊은 조사를 지켜볼 수밖에 없겠군.'이 적절하다.

해석 A : 소식 들었니? 어제 기차 두 차량이 정면충돌했다던데.
B : 세상에나! 수도 없이 많이 다쳤겠네.
A : 사상자 수가 200명이 넘었대. 아직 이 참사의 정확한 이유는 밝혀지지 않았고.
B : 더 깊은 조사를 지켜볼 수밖에 없겠군.
① 200명이 넘는 사망자 수라니 최악의 열차 사고네.
② 더 깊은 조사를 지켜볼 수밖에 없겠군.
③ 사고가 났던 아침은 화창했는데.
④ 내 생각에 몇몇 사람들은 기차 내에서 서로 반했을 거야.

어휘 **head-on** 정면으로 (부딪힌) / **collision** 충돌 / **countless** 셀 수 없이 많은 / **casualty** 사상자 수(부상자와 사망자) / **lead** 이끌다, 인도하다, 원인이 되다 / **catastrophe** 참사, 재앙 / **disaster** 참사, 재난 / **further** 더 나아가는, 더 심도 있는 / **investigation** 조사 / **clear** ① 명확한 ② (날씨가) 맑은 / **crush** ① 뭉개다, 으스러뜨리다 ② 밀어 넣다, 쑤셔 넣다 ***have a crush on** ~에게 반하다

017

» 정답 ②

다음 대화의 흐름으로 보아 빈칸에 가장 적절한 것은?

A: How do you get such good grades? You make it look so easy.
B: I have to study hard like everyone else.
A: I do too. I even sit up last night. But I worked in vain.
B: ____________ is not the same as consistent studying.
A: So you study every night, even weekend?
B: Of course! Twenty-four seven.

① Crackdown
② Cramming
③ Self-examination
④ A night watcher

해설 밤샘 공부도 허사였다는 A의 말에 지속적인 공부와 빈칸은 다르다는 B의 대답으로 미루어 보아 ② '벼락치기'가 가장 적절하다.

해석 A: 어쩜 그렇게 성적이 잘 나오니? 너한텐 아주 쉬워 보이는 구나.
B: 나도 다른 사람들처럼 열심히 해야만 돼.
A: 나도 열심히 하지. 난 심지어 어제 밤도 새웠는데 다 헛수고였어.
B: 벼락치기랑 꾸준한 공부는 전혀 다른 거야.
A: 그럼 넌 매일 밤마다 공부한다는 거니? 주말에도?
B: 물론이지, 언제나.

어휘 **sit up** 밤을 새우다 / **in vain** 헛되이 ***work in vain** 헛수고하다 / **consistent** 지속적인, 꾸준한 / **twenty-four seven** 언제나, 항상, 하루 24시간 일주일에 7일간 / **crackdown** 집중 단속, 탄압 / **cram** 벼락치기하다 / **self-examination** 자기반성, 성찰 / **night watcher** 야경꾼

018

» 정답 ②

다음 밑줄 친 부분에 가장 적절한 것은?

A: Did you lend money to Richard?
B: Yes, he seemed to have a sincere need.
A: You know he never pays back. What were you thinking?
B: ____________

① It's better late than never.
② I was taken in by his smooth talking.
③ I wasn't thinking of getting him back.
④ He knew you would have done same.

해설 돈을 갚지 않는 Richard에게 빌려준 이유를 묻고 있다. 따라서 ② '그의 화려한 말솜씨에 넘어갔다.'가 가장 적절한 대답이다.

해석 A: Richard에게 돈 빌려줬다며?
B: 응, 절실히 필요한 듯 보였어.
A: 그 녀석 돈 절대 안 갚는 것 알잖아. 무슨 생각을 한 거야?
B: 그의 화려한 말솜씨에 넘어갔어.
① 아예 안 갚는 것보다는 늦는 게 낫지.
② 그의 화려한 말솜씨에 넘어갔어.
③ 그의 마음을 돌릴 생각은 없었어(다시 그와 일할 생각은 없다).
④ 너도 그랬을 거라고 그는 알고 있었어.

어휘 **sincere** 진정한, 거짓 없는 / **pay back** 돈을 되갚다 / **better late than never** 아예 안 하는 것보다 늦는 게 낫다 / **take in** 받아들이다, (수동태로) 속이다, 현혹하다 / **smooth talking** 화려한 언변, 그럴 듯한 말

019

» 정답 ①

다음 밑줄 친 부분에 가장 적절한 것은?

A: Good morning, Dr. Kim's clinic.
B: Hello? Say that again?
A: Hi, what can I do for you, sir?
B: ____________
A: That's strange. I can hear you fine.

① You keep breaking up.
② I've barely heard from you.
③ I guess the line is very busy.
④ Check this listening problem.

해설 전화가 잘 안 들리는 상황에서 A의 마지막 대답에 대한 B의 상황을 추론해 보면, ① '통화가 계속 끊기네요.'가 가장 적절한 내용이다.

해석 A: 안녕하세요, Dr. Kim's Clinic입니다.
B: 여보세요? 다시 말해 주실래요?
A: 여보세요? 무엇을 도와드릴까요?
B: 통화가 계속 끊기네요.
A: 이상하군요. 전 잘 들리는데요.
① 통화가 계속 끊기네요.
② 당신 소식을 들어 본 적은 거의 없네요.
③ 내 생각에 통화 중인가 봅니다.
④ 이 듣기 평가 문제 좀 확인해 주세요.

어휘 **clinic** 병원, 의원, 진료소 / **break up** ① 통화가 끊기다 ② 부서지다 ③ 헤어지다 / **barely** 거의 ~하지 않다 / **hear from** ~의 소식을 듣다 / **busy** ① 바쁜 ② (전화가) 통화 중인 / **listen** 경청하다, 귀 기울여 듣다 ***listening problem** 청취 문제, 듣기 평가(문제)

020

» 정답 ③

다음 밑줄 친 부분에 가장 적절한 것은?

A: I've been trying to lose weight, but it's so hard.
B: You are exercising, aren't you?
A: Of course. I even changed my diet.
B: Then, I think you should do fine.
A: But, it's been a month and I still see no difference.
B: ____________

① Strike while the iron is hot.
② A sound mind in a sound body.
③ The darkest hour is always before the dawn.
④ Don't cry before you're hurt.

해설 오랜 시간 다이어트를 했지만 아직 성과가 없는 A에게 건네는 격려의 말로 ③ '동트기 전이 가장 어두운 법이다[조금 더 기다려 봐라].'가 가장 적절하다.

해석 A: 나 살을 좀 빼려는데 너무 힘드네.
B: 운동은 하고 있겠지. 안 그래?
A: 물론이지, 식단도 바꿨는걸.
B: 그럼 잘 될 거야.
A: 하지만 벌써 한 달째인데, 아무 변화가 없어.
B: 동트기 전이 항상 가장 어두운 법이야.
① 쇠뿔도 단김에 빼라(좋은 기회를 놓치지 마라).
② 건전한 몸에 건전한 정신이 깃든다.
③ 동트기 전이 가장 어두운 법이다(조금 더 기다려 봐라).
④ 다치기도 전에 울지 마라(엄살 부리지 마라).

Chapter 02 짧은 대화

001

>> 정답 ③

다음 대화 중 어색한 것을 고르시오.

① A : Kyle, I saw that woman put a scarf in her pocket. What should I do?
B : Don't say anything. Call undercover security over here to watch her.

② A : How long do I have to rest? I was hoping you could give me something to ease the pain so that I could get back to work this afternoon.
B : Well, I'm afraid that any kind of exertion is out of the question just now.

③ A : You can have 1:00 p.m or 6:30 p.m. Which is better for you?
B : I have had trouble breathing 6:30 p.m.

④ A : Where can I find slumberous pill?
B : Those are only available with a prescription. Do you have one?

해설 두 가지 시간의 선택 사항 중 하나를 택하라는 이야기인데 엉뚱한 대답을 하고 있다. 따라서 정답은 ③이 된다.

해석 ① A: Kyle, 난 저 여자가 스카프 하나를 그녀의 주머니에 넣는 걸 봤어. 어떻게 하지?
B: 아무 말도 하지 마. 위장 경비원을 여기로 불러서 그녀를 감시하게 해.
② A: 제가 얼마나 오래 쉬어야 하는 건가요? 전 당신이 내게 고통을 경감시킬 무언가를 주어서 내가 오늘 오후에 일하러 돌아갈 수 있기를 바랐어요.
B: 글쎄요, 유감스럽지만 지금으로써는 어떠한 종류의 힘든 일도 당장은 불가능해요.
③ A: 오후 1시 또는 6시 30분이 가능합니다. 어느 쪽이 더 낫겠어요?
B: 저는 6시 30분에 호흡 곤란을 겪어왔어요.
④ A: 수면제를 어디서 구할 수 있을까요?
B: 그 약은 처방전이 있어야만 이용 가능해요. 가지고 있으세요?

어휘 **undercover** 비밀의, 첩보 활동에 종사하는 / **out of the question** 불가능한[의논해 봐야 소용없는] / **ease** ~을 경감시키다, 완화시키다 / **slumberous** 잠들게 하는

002

>> 정답 ④

다음의 대화들 중 가장 자연스럽지 않은 것을 고르시오.

① A : I bet he will get the best records at the final exam.
B : If it happens, I will eat my hat.

② A : I lost a huge amount of money at the deal.
B : You got what you bargained for.

③ A : I spent a wonderful holiday on the beach. Moreover, I ran into an old friend whom I hadn't seen in years.
B : It is an icing on the cake.

④ A : He does not want to join our fund raising for a charity.
B : Spare the rod, spoil the child.

해설 '그가 자선 모금에 함께하기를 원하지 않는다.'에 대해, '매를 아끼면 아이를 망치게 된다.'는 적절한 대답이 아니다. 따라서 정답은 ④가 된다.

해석 ① A: 난 그가 기말 시험에 최고의 점수를 받을 거라 확신해.
B: 그런 일이 일어난다면, 내 손에 장을 지지겠어.
② A: 그 거래에서 큰돈을 잃었어.
B: 자업자득이지.
③ A: 난 해변에서 멋진 휴가를 보냈어. 게다가, 오랫동안 만나지 못했던 오랜 친구를 우연히 만났어.
B: 금상첨화였네.
④ A: 그는 우리의 자선 모금에 함께하기를 원하지 않아.
B: 매를 아끼면 아이를 망치게 되지.

어휘 **bet** 확신하다 / **I will eat my hat.** 내 손에 장을 지지겠다. / **deal** 거래 / **You got what you bargained for** 자업자득이다 / **run into** ~와 우연히 만나다, 충돌하다 / **in years** 오랫동안 / **icing on the cake** 금상첨화 / **join** 참가하다, 함께하다 / **fund raising** 모금 / **charity** 자선 / **Spare the rod, spoil the child.** 매를 아끼면 아이를 망친다.

003

>> 정답 ②

다음 대화 내용 중 어색한 것은?

① A : Come again? What did you just said?
B : Sorry! I'll eat my word.

② A : Did you watch the game last night?
B : Let's call it even.

③ A : Look at this shirt! Only 2 bucks.
B : No way! It's a steal.

④ A : Do I have to dress up?
B : Come as you are.

해설 '어젯밤 게임을 봤냐'는 질문에 '없었던 일로 하자'는 대답이 잘못되었다. 따라서 정답은 ②가 된다.

해석 ① A: 뭐라고? 방금 뭐라 그랬어?
B: 미안해! 취소할게.
② A: 어젯밤 경기 봤니?
B: 비긴 것으로 하자(없었던 일로 해).
③ A: 이 셔츠 좀 봐! 2달러 밖에 안 해.
B: 말도 안 돼! 거저나 마찬가지네.
④ A: 정장을 입어야 하니?
B: 입던 대로 와(편하게 와).

어휘 **eat one's word** (했던) 말을 취소하다 / **even** 대등한, 동일한, 막상막하의 / **buck** 달러 / **be a steal** 거저나 마찬가지다 / **dress up** 차려입다, 정장을 입다 / **as you are** 있는 모습 그대로

004

>> 정답 ④

다음 대화 내용 중 어색한 것은?

① A : Is this seat taken?
B : No, help yourself.

② A : I'd like to have you over this Friday.
B : Thanks, I'll bring my bottles.

③ A : I have butterflies in my stomach. I'll forget my lines!
B : Don't worry. Break a leg.

④ A : How come you were here last night.
B : I took a cab.

해설 '어젯밤에 왜 있었냐'는 질문에 '택시를 탔다'는 대답은 잘못되었다. 따라서 정답은 ④가 된다.

해석 ① A: 이 자리에 임자가 있나요?
B: 아니요, 마음대로 하세요(앉아도 됩니다).
② A: 이번 주 금요일에 널 초대하고 싶은데.
B: 고마워, 내 술은 가져갈게.
③ A: 조마조마하네. 대사를 다 까먹을 거야!
B: 걱정하지 마. 행운을 빌게!
④ A: 왜 어제 여기에 있었던 거야?
B: 택시를 탔지.

어휘 **seat** 좌석, 자리 / **have over** 초대하다 / **bottle** 술, 병 / **I have butterflies in my stomach.** 조마조마하다. / **line** 대사 / **break a leg** 행운을 빌다 / **how come** 왜(= why), 어째서 / **cab** 택시, 모자

정답과 해설

005

» 정답 ②

다음 대화 내용 중 어색한 것은?

① A : You catch on really fast.
B : Thanks for the compliment.

② A : Tom is just cut out for a teacher.
B : Right! He'd better find another job.

③ A : Are you pulling my leg?
B : Nope! I'm telling you the truth.

④ A : I'm so fed up with your lame excuses.
B : Believe it or not, I'm not making them up.

해설 '교직이 적성에 잘 맞는다'는 A의 의견에 '다른 직업을 찾아보라'는 B의 대답은 잘못되었다. 따라서 정답은 ②가 된다.

해석 ① A : 너 정말 이해가 빠르구나.
B : 칭찬해 줘서 고마워.
② A : Tom은 선생님으로 제격이야.
B : 맞아! 다른 직업을 찾는 게 좋을 거야.
③ A : 지금 나 놀리는 거지?
B : 아니야! 내 말이 진짜라니까.
④ A : 너의 궁색한 변명들에 이제 진저리가 난다.
B : 믿거나 말거나, 꾸며 낸 말이 아니야.

어휘 **catch on** ① 이해하다 ② 유행하다 / **compliment** 칭찬(하다) / **cut out for** ~에 적합한 / **pull one's leg** 놀리다 / **be fed up with** ~에 진저리 나다 / **lame** 변변찮은, 궁색한 / **excuse** 변명(하다), 핑계

006

» 정답 ③

다음 대화 내용 중 어색한 것은?

① A : You're so full of yourself.
B : Look who's talking.

② A : You can do better. Try it again!
B : I'm really all thumbs.

③ A : Have you tried Italian cuisine here?
B : It's all Greek to me.

④ A : What made you such a penny pincher.
B : I have no choice. I'm flat broke.

해설 '이탈리안 요리를 먹어 봤냐'는 A의 질문에 '무슨 말인지 모르겠다(이해가 안 간다)'는 B의 대답은 잘못되었다. 따라서 정답은 ③이 된다.

해석 ① A : 너 자기 생각만 하는구나.
B : 사돈 남 말하네.
② A : 더 잘할 수 있어. 한 번 더 해봐!
B : 난 정말 손재주가 없나 봐.
③ A : 여기서 이탈리아 요리 먹어 봤니?
B : 무슨 말인지 모르겠다.
④ A : 어째서 그렇게 구두쇠가 됐니?
B : 그럴 수밖에 없어. 나 완전 빈털터리거든.

어휘 **be full of oneself** 거만하다, 자기만 알다 / **look who's talking** 사돈 남 말하다 / **be all thumbs** 몹시 서툴고 어색한, 손재주 없는 / **cuisine** 요리, 음식 / **It's all Greek to me** 이해가 안 간다, 무슨 말인지 모르겠다 / **penny pincher** 구두쇠 / **flat** ① 평평한 ② 완전히, 매우 / **broke** 파산한, 돈이 없는

007

» 정답 ②

다음 대화 내용 중 어색한 것은?

① A : I'm afraid my article didn't meet your expectations.
B : Yes, it leaves a lot to be desired.

② A : I had good time with you at ski resort.
B : Let it slide one more time.

③ A : You still owe me last two months' rent.
B : I couldn't help it. I'm low on dough.

④ A : You know Jake? He donated all his savings to charity.
B : No way! Please, fill me in.

해설 '스키장에서 즐거웠다'는 대답에 '한 번만 더 봐달라'는 대답은 어색하다. Let it slide는 관용적 표현으로 '봐 달라, 눈 감아 달라'는 표현이다. 따라서 정답은 ②가 된다.

해석 ① A : 제 기사가 기대에 못 미칠까봐 걱정스럽네요.
B : 그러네요, 부족한 게 꽤 많네요.
② A : 너랑 스키장에서 정말 재밌었어.
B : 한번만 더 봐 줘.
③ A : 월세가 여전히 두 달째 밀려 있군요.
B : 어쩔 수가 없었어요. 지금 돈이 없어요.
④ A : 너 Jake 알지? 그 사람 모아 둔 돈 전부를 자선 단체에 기부했다네.
B : 말도 안 돼! 어떻게 된 건지 말해 봐.

어휘 **be afraid** ~가 걱정스럽다, 두렵다 / **article** 기사, 논문 / **meet** 맞추다, 부응하다 / **expectation** 기대 / **desired** 바래지는, 요구되는 / **have good time** 즐거운 시간을 보내다 / **let it slide** 봐 주다, 눈감아 주다 / **owe** 빚지다 / **rent** 임대(료) / **can't help it** 어쩔 수 없다 / **dough** ① (밀가루) 반죽 ② 돈 ***low on dough** 돈이 없다 / **donate** 기부하다 / **saving** 저축, 절약 / **charity** 자선 단체 / **fill me in** 설명하다

008

» 정답 ④

다음 대화 내용이 적절한 것은?

① A : Do you take plastic?
B : Sorry, we only have paper bags.

② A : Gosh! I'm dying for coffee.
B : Yeah, you may have a heart problem.

③ A : Jake never answer the phone.
B : I'll ring it up for you.

④ A : It's on sale! Let's buy it!
B : Well, I'd like to sleep on it.

해설 ④ '물건을 사자'는 A의 의견에 '좀 더 생각해 보겠다'는 B의 의견을 나타낸 이 대화는 적절하다.
① 여기서 plastic은 '신용 카드'의 의미로 쓰였다. B의 대답은 적절하지 않다.
② die for은 '~을 (간절히) 하고 싶다'의 뜻이다. B의 대답은 적절하지 않다.
③ ring it up은 '계산하다'의 뜻이다. A의 말에 대한 답으로 적절하지 않다.

해석 ① A : 신용 카드 받나요?
B : 죄송하지만, 종이봉투밖에 없네요.
② A : 으아! 나 정말 커피 마시고 싶어.
B : 맞아, 너 심장에 문제가 있을 수 있어.
③ A : Jake가 전화를 안 받네.
B : 제가 계산해 드릴게요.
④ A : 할인 중이네. 이거 사자!
B : 글쎄, 생각 좀 해 보고.

어휘 **plastic** ① 플라스틱 ② 신용카드 / **ring it up** 계산하다, 금전 출납기에 입력하다 / **sleep on** 곰곰이 생각하다, 시간을 두고 고려하다

009

>> 정답 ④

다음 대화 내용 중 어색한 것은?

① A : What have you been up to?
B : Same o' same o'.
② A : Do you have anything to declare?
B : No, I didn't do any shopping.
③ A : It's so hot. How would you like a glass of iced coffee?
B : Ah, that's just what the doctor ordered.
④ A : You've got a lot of nerve to say that.
B : I could have done it without your support.

해설 B를 나무라는 A의 표현에 대해 감사해 하는 B의 대답은 적절하지 않다. 따라서 정답은 ④가 된다.

해석 ① A : 요즘 어떻게 지냈어?
B : 늘 똑같지 뭐.
② A : 신고하실 물품 있나요?
B : 아니오, 쇼핑을 전혀 하지 않았습니다.
③ A : 덥다, 아이스커피 한 잔 어때?
B : 바로 내가 원하던 바야.
④ A : 그런 말을 하다니 뻔뻔하구나.
B : 너의 도움이 없었다면 난 해내지 못했을 거야.

어휘 **same o' same o'**(= **same old same old**) 거기서 거기다, 늘 변함없다 / **declare** ① 선언하다 ② (세관) 신고를 하다 / **just what the doctor ordered** 정확히 원하는 대로 / **nerve** ① 신경 ② 용기, 대담성 ***have a lot of nerve** 뻔뻔하다

010

>> 정답 ④

다음 대화의 내용이 적절하지 않은 것은?

① A : Everything I do seems to fail.
B : Every cloud has a silver lining.
② A : We seem to see eye to eye on this matter.
B : I'm relieved that we come to agreement.
③ A : Could we have a doggie bag.
B : Sure, I'll have it packed up for you.
④ A : Honey, you neglected to pay utilities.
B : Yeah, I was neglected.

해설 공과금 지불을 잊었다(neglected to pay)는 배우자의 말에 방치됐다(be neglected)는 대답은 어색하다. 따라서 ④가 정답이다.

해석 ① A : 하는 모든 일들이 실패하는 것 같아.
B : 하늘이 무너져도 솟아날 구멍은 있어.
② A : 우리는 이번 문제에 관하여 의견 일치를 보는 것 같군요.
B : 우리가 합의에 이르러 다행입니다.
③ A : 남은 음식 좀 싸 주실래요?
B : 물론이죠, 싸 드릴게요.
④ A : 여보, 이 공과금 내는 거 잊었나 보네.
B : 응, 나는 방치됐었어.

어휘 **Every cloud has a silver lining.** 하늘이 무너져도 솟아날 구멍은 있다, 괴로움 뒤에는 기쁨이 있다 / **see eye to eye** 의견을 같이하다 / **doggie bag** (남은) 음식을 넣어 주는 봉지 / **neglect** 잊다, 방치하다 / **utility** 공과금

011

>> 정답 ③

다음 대화 내용 중 어색한 것은?

① A : Can you describe the pain?
B : It's like heavy weight pressing on my abdomen.
② A : How long will this package take to arrive in Korea?
B : Approximately five days via air.
③ A : Would you mind if I ask when you're going to retire?
B : Yes, I've been thinking about my retirement in 2 years.
④ A : What time is Tom's school bus supposed to arrive?
B : It is high time that the bus were here.

해설 A의 질문 Would you mind ~?(~을 꺼리니? 신경 쓰이니?)에 대한 B의 대답을 No 또는 Never로 고쳐야 대화의 내용상 적절하다. 따라서 정답은 ③이다.

해석 ① A : 통증에 대해서 설명해 주시겠어요?
B : 뭔가 무거운 것이 내 배를 누르고 있는 것 같아요.
② A : 이 화물이 한국에 도착하는 데 얼마나 걸릴까요?
B : 항공으로 약 5일 정도 걸리겠네요.
③ A : 은퇴를 언제 할 것인지에 대해 물어봐도 될까요?
B : 아니오, 나는 2년 후쯤 은퇴할 생각입니다.
④ A : Tom의 학교 버스는 몇 시에 도착 예정이야?
B : 버스가 이미 도착했어야 했는데.

어휘 **describe** 설명하다, 묘사하다 / **abdomen** 배, 복부 / **package** 소포, 상자 / **approximately** 대략, 약 / **via** ~을 통하여, ~에 의하여 / **mind** 꺼리다, 언짢아하다 / **retire** 은퇴하다 ***retirement** 은퇴 / **be supposed to** ~하기로 되어 있다

012

>> 정답 ①

다음 대화의 내용이 적절하지 않은 것은?

① A : I'm sorry for not getting back to you sooner.
B : You should have come back earlier.
② A : It's time to head back to the office.
B : I'll catch you later.
③ A : Could you squeeze me in tomorrow afternoon.
B : Sorry, It's all booked.
④ A : How did you make so much profit in stocks?
B : I've got my sources.

해설 '회답을 못 해서 미안하다'는 A의 사과에 대한 대답으로 '더 일찍 돌아와야 했어요.'라는 B의 말은 어색하다. 따라서 정답은 ①이다.

해석 ① A : 더 빨리 회신을 못 드려 죄송합니다.
B : 당신은 더 일찍 왔어야 했어요.
② A : 사무실로 돌아갈 시간이야.
B : 사무실에서 나중에 봐.
③ A : 내일 오후 시간에 저를[예약을] 넣어 주실 수 있나요?
B : 죄송합니다만, 전부 꽉 찼네요.
④ A : 어떻게 주식으로 그렇게 이득을 많이 냈나요?
B : 소식통이 있지요.

어휘 **get back to** ~에게 회답을 하다 / **head back** 돌아가다 / **catch you later**(= **see you later**) 나중에 봐 / **squeeze** 구겨 넣다, 쥐어짜다 ***squeeze in** 짬을 내다, 틈새를 비집고 들어가다 / **book** ① 예약하다(= **reserve**) ② 책 / **profit** 이득, 이익 / **stock** ① 주식 ② 재고 / **source** ① 원천, 근원 ② 정보원, 소식통

013

» 정답 ③

다음 대화 내용 중 어색한 것은?

① A : Here is your order.
B : Good! I'm starved to death.
② A : I'd like to book a flight to New York.
B : All the available flights have a stopover in Seattle.
③ A : How do you like your steak?
B : I'd like to have one in the rear, please.
④ A : It seems to have a lump here.
B : Let's run some test to see if benign or not.

해설 '스테이크를 어떻게 요리해 줄까?'라는 A의 질문에 '뒤 편(좌석)으로 부탁해요.'라는 B의 대답은 어색하다. 따라서 정답은 ③이다.

해석 ① A : 주문하신 것 나왔습니다.
B : 잘됐네요. 배고파서 죽겠네요.
② A : 뉴욕행 항공편을 예매하려는데요.
B : 이용할 수 있는 항공편 전부는 시애틀을 경유해요.
③ A : 스테이크 어떻게 해 드릴까요.
B : 뒤쪽(좌석)으로 부탁해요.
④ A : 이곳에 혹이 있는 것 같은데요?
B : 양성인지 아닌지 확인할 테스트 좀 해 보죠.

어휘 **order** ① 주문(하다) ② 질서, 순서 / **starve** 굶주리다 ***starved to death** 너무 배고픈 / **book** ① 책 ② 예약하다 / **flight** 항공(편) / **stopover** 경유, 머무름 / **rear** 뒤, 후면 ***rare** ① 드문 ② 덜 익은 / **lump** 혹 / **benign** ① 유순한 ② 양성인

014

» 정답 ③

다음 대화 내용 중 어색한 것은?

① A : Does this check include gratuity?
B : Yes, a 15% tip has already been added.
② A : Aren't the midterm all over?
B : No, I've got to take a make-up.
③ A : How long were you grounded?
B : I spent 2 hours playing baseball.
④ A : Please put Mr. Park through.
B : I'm afraid he's on another line.

해설 여기 대화에서 ground는 '외출 금지를 시키다'라는 뜻이다. 따라서 외출 금지 기간에 대한 A의 물음에 '2시간 동안 야구를 했다'는 B의 대답은 어색하다. 따라서 정답은 ③이다.

해석 ① A : 이 계산서에 봉사료가 포함되어 있나요?
B : 네 15% 팁이 이미 합해진 겁니다.
② A : 너 중간고사 다 끝난 거 아니었어?
B : 아니, 난 추가 시험을 봐야 해.
③ A : 얼마나 외출 금지를 당했던 거야?
B : 난 2시간 정도 야구를 했지.
④ A : 박 선생님 좀 바꿔 주세요.
B : 죄송하지만 지금 통화 중이세요.

어휘 **check** ① 확인하다 ② 계산서 ③ 수표 / **gratuity** 봉사료, 팁 / **midterm** 중간고사 / **have got to** ~해야 한다(= have to) / **make-up** 추가 시험 / **put through** 전화를 바꿔 주다 / **on another line** (다른 사람과) 통화 중인

015

» 정답 ③

다음 대화 내용 중 어색한 것은?

① A : How is the fit?
B : It pinches under the arms.
② A : Can you have the alterations done by Tuesday?
B : I'm afraid we are backed up with orders.
③ A : So are you keeping up with your classes?
B : We have a lot of catching up to do.
④ A : Where do you plan to stay for the summer?
B : I'll hire a little cabin in the mountain.

해설 A가 말하는 keep up with는 수업에 처지지 않고 '보조를 맞추다'라는 뜻이고 B의 대답에서 a lot of catching up은 '밀린 이야기가 많다(할 얘기가 많다)'는 뜻이다. 따라서 ③의 대화는 어색하다.

해석 ① A : (옷이) 잘 맞나요?
B : 팔 아래가 조이네요.
② A : 화요일까지 수선해 줄 수 있나요?
B : 죄송하지만 주문이 밀려서요.
③ A : 수업들은 잘 따라가고 있니?
B : 우린 밀린 얘기가 너무 많아.
④ A : 여름에 어디서 머물 계획이야?
B : 산속의 산장을 빌릴 거야.

어휘 **pinch** 꼬집다, 죄다, 끼다 / **alteration** 개조, 수선 / **be backed up with** ~로 꽉 차다, 밀리다 / **hire** ① 고용하다 ② 빌리다

한눈에 보이는 정답

PART 01

Chapter 01 동사의 본질

001	③	002	①	003	③	004	②	005	①	006	③	007	③	008	②	009	③	010	③

Chapter 02 동사의 수 일치

001	④	002	④	003	③	004	①	005	④	006	③	007	③	008	②	009	④	010	③

Chapter 03 동사의 시제

001	③	002	③	003	②	004	①	005	③	006	①	007	④	008	③	009	③	010	①

Chapter 04 동사의 태 일치

001	②	002	①	003	④	004	③	005	③	006	③	007	②	008	④	009	①	010	④

Chapter 05 준동사

001	②	002	②	003	③	004	②	005	②	006	②	007	①	008	①	009	③	010	④
011	③	012	③	013	③	014	①	015	①	016	③	017	②	018	④	019	③	020	①

Chapter 06 관계사

001	④	002	④	003	④	004	④	005	②	006	③	007	④	008	④	009	③	010	④

Chapter 07 접속사

001	④	002	①	003	③	004	③	005	②	006	③	007	③	008	④	009	③	010	②

Chapter 08 조동사 · 가정법

001	①	002	①	003	④	004	③	005	①	006	①	007	④	008	②	009	①	010	②

Chapter 09 명사 · 관사 · 대명사

001	②	002	③	003	④	004	②	005	③	006	①	007	③	008	①	009	④	010	②

Chapter 10 형용사 vs. 부사

001	④	002	①	003	①	004	③	005	④	006	③	007	③	008	④	009	③	010	④

Chapter 11 비교 구문

001	④	002	①	003	③	004	④	005	③	006	④	007	②	008	④	009	④	010	④

Chapter 12 어법 종합문제

001	③	002	④	003	①	004	①	005	①	006	②	007	②	008	①	009	①	010	②
011	③	012	③	013	④	014	②	015	③	016	③	017	②	018	④	019	①	020	③

PART 02

Chapter 01 주제 · 제목 · 요지

001	③	002	②	003	④	004	①	005	①	006	①	007	④	008	②	009	③	010	②
011	④	012	③	013	②	014	①	015	①	016	④								

Chapter 02 Pattern and Signal

001	④	002	②	003	④	004	④	005	③	006	③	007	②	008	②	009	④	010	④
011	①	012	②	013	④														

Special : Pattern and Signal 기출분석

001	②	002	③	003	④	004	②	005	④	006	④	007	②	008	①	009	①	010	④
011	②	012	④																

Chapter 03 통일성

001	③	002	③	003	③	004	④	005	③	006	④	007	②	008	③				

Chapter 04 연결사

001	①	002	①	003	①	004	④	005	①	006	①	007	④	008	①				

Chapter 05 일관성

001	③	002	②	003	②	004	④	005	②	006	①	007	②	008	③	009	③	010	④
011	①	012	③	013	①	014	④	015	③	016	①								

Chapter 06 빈칸 완성

001	③	002	②	003	①	004	②	005	②	006	③	007	①	008	①	009	①	010	②
011	①	012	①	013	①	014	②	015	③	016	①								

Chapter 07 내용 일치

001	②	002	②	003	②	004	④	005	③	006	④	007	④	008	②	009	④	010	①
011	④	012	①	013	②	014	③	015	①	016	②								

PART 03

Chapter 01 유의어(밑줄 어휘)

001	①	002	①	003	②	004	②	005	②	006	③	007	②	008	①	009	③	010	①
011	④	012	④	013	①	014	②	015	④	016	①	017	①	018	①	019	④	020	③
021	③	022	②	023	①	024	①	025	③	026	②	027	②	028	④	029	②	030	③
031	①	032	④	033	②	034	①	035	②	036	②	037	①	038	②				

Chapter 02 빈칸 어휘

001	④	002	③	003	②	004	①	005	④	006	④	007	④	008	①	009	②	010	③
011	②	012	②	013	③	014	③	015	②	016	③	017	②	018	①	019	④	020	②
021	③	022	③	023	①	024	①	025	④	026	③	027	②	028	①	029	④	030	③
031	③	032	②	033	①	034	④	035	③	036	①	037	④	038	①				

PART 04

Chapter 01 대화 완성

001	①	002	②	003	①	004	②	005	②	006	④	007	②	008	④	009	③	010	②
011	③	012	③	013	②	014	③	015	②	016	②	017	②	018	②	019	①	020	③

Chapter 02 짧은 대화

001	③	002	④	003	②	004	④	005	②	006	③	007	②	008	④	009	④	010	④
011	③	012	①	013	③	014	③	015	③										

김세현

약력

- 현 남부고시학원 영어 강사
- Eastern Michigan University 대학원 졸
- TESOL(영어교수법) 전공
- 전 EBS 영어 강사
- 전 Megastudy/Etoos/Skyedu 영어 강사
- 전 에듀윌 영어 강사

저서

- 박문각 김세현 영어 기본서
- 박문각 김세현 영어 문법 줄세우기
- 박문각 김세현 영어 단원별 기출문제
- 박문각 김세현 영어 단원별 실전 400제
- 박문각 김세현 영어 파이널 모의고사
- 에듀윌 기본서
- 에듀윌 기출문제분석
- 에듀윌 심화문제풀이
- EBS 완전 소중한 영문법
- EBS 이것이 진짜 리딩스킬이다

역서

- Longman 출판사 Reading Power 번역
- Longman 출판사 TOEIC / TOEFL 번역

동영상강의

www.pmg.co.kr

합격기준 박문각 공무원

김세현 영어

단원별 실전 400제

초판인쇄 | 2023. 1. 10. **초판발행** | 2023. 1. 16. **편저자** | 김세현

발행인 | 박 용 **발행처** | (주)박문각출판 **등록** | 2015년 4월 29일 제2015-000104호

주소 | 06654 서울시 서초구 효령로 283 서경 B/D **팩스** | (02)584-2927

전화 | 교재 주문·내용 문의 (02)6466-7202

저자와의 협의하에 인지생략

정가 22,000원 ISBN 979-11-6987-105-1